扫描右侧二维码，
免费获取图书配套课程

小 学
综合素质

（最新修订版）

《小学综合素质》编写组◎主编

高清大屏课程
考点系统讲解
云端移动学习

中国人民大学出版社
·北京·

前言 Foreword

随着国家教育战略的一系列改革，教育行业作为朝阳行业越来越受到人们的重视。一方面，国家、社会与家庭持续增加对教育的投入；另一方面，社会各界对教育的提供方，尤其是教师职业的入门资格及发展的重视程度越来越高。

2015 年教育部宣布，我国全面推行教师资格全国统考，提高教师入职门槛，同时打破教师资格终身制，实行定期注册制度；2018 年 8 月发布的《教育部办公厅关于切实做好校外培训机构专项治理整改工作的通知》明确要求，"经过教师资格考试未能取得教师资格的，培训机构不得继续聘用其从事学科类培训工作"。也就是说，只要想成为一名公办学校或私立学校（机构）的教师，就必须拥有教师资格证书。教师资格考试作为通往教师职业的门槛与必经之路，其含金量越来越高。

据教育部新闻办微信公众号"微言教育"发布的数据，2019 年下半年中小学教师资格考试（笔试），共计 28 个省（自治区、直辖市）的考生参加全国统考，考试报名人数高达 590 万，比 2018 年同期考生人数增加约 32%，创下历史新高。教师资格考试报名人数的急剧上升，一方面体现出教师区别于其他职业的特殊优势，另一方面也反映出市场对于教师人才的极大渴求。与此同时，教师资格考试的难度也在逐年提高，建议广大考生及早准备，争取早日通关。

我们一直致力于帮助广大考生实现教师梦，通过近十年的教师资格考试专项研究，基于历年全国教师资格考试真题的大数据分析，严格按照考试大纲及最新的考试标准，编写了本书，供各位考生使用。总的来说，本书具有如下特点：

一是体系的权威性。本书严格按照教师资格考试大纲及最新考试标准编写。

二是内容的规律性。本书基于历年考试真题，精准把握出题规律，把握最新的考试命题动向，全面系统地梳理、归纳、讲解各项考点。

三是学习方法针对性强。本书采用专项密集训练的方法，各位考生在学习过程中可以单拿出任何一个单元作为专项知识复习。建议先仔细阅读每章节知识点，然后抽出每章内的大标题，形成章节知识体系，将书中具体的知识点系统化、体系化，通过知识逻辑记忆而非机械记忆。

真诚感谢人大芸窗王海明老师对本书构架的中肯意见以及对本书的鼓励支持；真诚感谢中国人

民大学出版社的编辑，他们的辛勤劳动使本书精益求精；更要感谢全国各地的考生，是你们的进取精神与鼎力支持鞭策着我们最终完成这本书。但因水平有限，书中难免存在不足和错漏，希望广大读者能对本书的不足之处不吝赐教。

最后希望这本书能最有效地帮助你开启你的教师之旅。

李胜双

目录 Contents

模块三 教师职业道德规范

模块四 教师文化素养

模块五　教师基本能力

模块一

教师职业理念

模 块 分 析

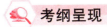 **考纲呈现**

1. 教育观

理解国家实施素质教育的基本要求。

掌握在学校教育中开展素质教育的途径和方法。

依据国家实施素质教育的基本要求，分析和评判教育现象。

2. 学生观

理解"人的全面发展"的思想。

理解"以人为本"的含义，在教育教学活动中做到以学生的全面发展为本。

运用"以人为本"的学生观，在教育教学活动中公正地对待每一个学生，不因性别、民族、地域、经济状况、家庭背景和身心缺陷等歧视学生。

设计或选择丰富多样、适当的教育教学活动方式，因材施教，以促进学生的个性发展。

3. 教师观

了解教师专业发展的要求。

具备终身学习的意识。

在教育教学过程中运用多种方式和手段促进自身专业发展。

理解教师职业的责任与价值，具有从事教育工作的热情与决心。

备考策略

教师职业理念模块主要考查教育观、学生观、教师观，其中的重点为：素质教育的基本内涵，新课程改革背景下的现代教师观，"以人为本"的学生观，教育公平与全面发展，新课程改革背景下教师行为的转变。

本模块内容多以单项选择题与材料分析题的形式出现，单项选择题侧重常识积累，而材料分析题通常情况下是从教育观、学生观和教师观中选择"一观"进行考查，主要考查相关知识点在实际工作和生活中的应用。当然，也有比较特殊的情况，比如材料分析题要求从"职业理念"的角度评析材料中教师的某种行为，此时考生应该将教育观、学生观与教师观三部分的核心内容结合起来作答。

知识逻辑思维导图

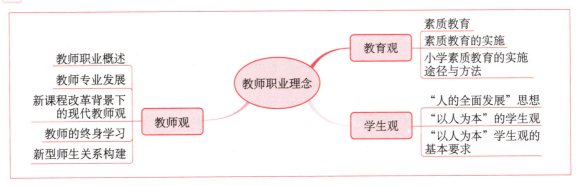

第一章

教育观

教育观是人们对教育所持有的看法，它既受社会政治、经济制度的制约，又受人们对教育要素不同观点的影响。具体地说，就是人们对教育者、教育对象、教育内容、教育方法等教育要素及其属性和相互关系的认识；人们对教育与其他事物相互关系的看法，以及由此派生出的对教育的作用、功能、目的等各方面的看法。教育观的核心是"教育为了什么"，即教育目的。由于教育目的不同，教育者实施的教育活动也不同，从而区分了不同社会、不同时期的教育活动，也产生了不同的教育结果。

 考点详解

一、素质教育的发展

（一）素质教育产生的时代背景

早在 20 世纪 80 年代，我国许多优秀的知识分子就提出了中小学教育要以基础知识和基本技能教育为主（即双基），目的是使学生全面发展。在当时，应试教育作为教育的主流，偏离了我国教育方针的根本目的，不利于培养社会进步与发展所需的综合性人才。而反观国外，从"学会学习"到"学会关心"早已成为全球性的教育观点。

（二）素质教育的价值导向与初步尝试阶段

中共中央、国务院于 1993 年 2 月颁布的《中国教育改革和发展纲要》，强调"中小学要由应试教育，转向全面提高国民素质的轨道，面向全体学生，全面提高学生的思想道德、文化科学、劳动技能和身体心理素质"；"基础教育是提高民族素质的奠基工程，必须大力加强"。

1994 年 6 月第二次全国教育工作会议在北京召开，时任国务院副总理李岚清指出："基础教育必须从'应试教育'转到素质教育的轨道上来，全面贯彻教育方针，全面提高教育质量。"这是国家领导人首次在正式会议上明确提到"素质教育"。1994 年 8 月颁布的《中共中央关于进一步加强和改进学校德育工作的若干意见》指出："增强适应时代发展、社会进步，以及建立社会主义市场经济体制的新要求和迫切需要的素质教育。"这是第一次在国家层面的正式文件中使用"素质教育"的概念，标志着素质教育开始成为我国教育政策的一个重要的、明确的指导思想。

1995 年 3 月第八届全国人大三次会议通过了《中华人民共和国教育法》，首次对"素质教育"的概念进行了界定：素质教育包括"政治素质、道德素质的培养""科学文化素质教育""身体素质教育""心理素质教育"四个方面。

考点 1:
素质教育

内容提要：素质教育是面向全体学生的教育，是促进学生全面发展的教育，是促进学生个性发展的教育，是以培养创新精神和实践能力为重点的教育。国家实施素质教育的基本要求：面向全体；促进学生全面发展；促进学生创新精神和实践能力的培养；促进学生生动活泼地、主动地发展；着眼于学生的终身可持续发展。

(三）素质教育的全面推进阶段

1999年1月国务院批转教育部发布的《面向21世纪教育振兴行动计划》，提出"实施跨世纪素质教育工程"。2001年5月，《国务院关于基础教育改革与发展的决定》发布，标志着素质教育已经形成了系统的思想。

2006年6月，第十届全国人民代表大会常务委员会第二十二次会议修订的《中华人民共和国义务教育法》明确规定："义务教育必须贯彻国家的教育方针，实施素质教育。"这标志着素质教育已经上升到法律层面，成为国家意志。

《国家中长期教育改革和发展规划纲要（2010—2020年）》指出："坚持以人为本、全面实施素质教育是教育改革发展的战略主题，是贯彻党的教育方针的时代要求，其核心是解决好培养什么人、怎么培养人的重大问题，重点是面向全体学生、促进学生全面发展，着力提高学生服务国家服务人民的社会责任感、勇于探索的创新精神和善于解决问题的实践能力。"

二、素质教育的内涵

（一）素质教育的概念

素质教育全面贯彻党的教育方针，以提高国民素质为根本宗旨，以培养学生的创新精神和实践能力为重点，造就"有理想、有道德、有文化、有纪律"的德、智、体、美全面发展的社会主义事业建设者和接班人。

（二）素质教育的基本内涵

1. 素质教育以提高国民素质为根本宗旨

我国目前正处在经济大发展时期，对于国民素质有着很高的要求。素质教育是实现民族伟大复兴的关键，提高国民素质是实施素质教育的根本宗旨和总目标。

2. 素质教育是面向全体学生的教育

素质教育以提高国民素质为根本宗旨，强调整个国家的国民素质，在教育中使每一个学生都得到全面发展，而不是一部分学生得到全面发展，更不是少数学生得到全面发展。国家以法律保障适龄儿童和青少年学习的权利，尊重学生的身心发展规律与教育规律，使学生在安全的环境中得到充分发展。

3. 素质教育是促进学生全面发展的教育

我国现代社会主义的发展不仅需要专业人才，更需要符合现代化建设发展要求的综合人才。素质教育推动个体的全面发展，促使学生德、智、体、美、劳都得到充分的发展，一方面满足社会发展的需要，另一方面也满足学生个体发展的需求。这就要求学校在教育活动中，不仅要抓好智育，还要抓好德育、体育、美育、劳动教育及学生的身心健康教育。

4. 素质教育是促进学生个性发展的教育

素质教育要求教育以人为本，就是要对每一位学生的个体需求予以满足，针对学生的个性特点展开个性化教育，充分开发每位学生的潜在能力，以促进学生的个性化发展。

5. 素质教育是以培养学生的创新精神和实践能力为重点的教育

素质教育与传统的教育有着不同的教育理念，素质教育强调培养学生的创新精神和实践能力，充分开发学生潜能，以满足学生个体发展和社会需要。

 例题精讲

单选题

1. 素质教育是以（ ）为重点的教育。

A. 面向全体学生　　　　　　　　　　B. 培养创新精神和实践能力

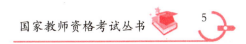

C. 促进学生全面发展 　　　　 D. 促进学生个性发展

【答案】B

【解析】培养学生的创新精神和实践能力是素质教育的重点，反映了时代的要求，具有鲜明的现实针对性。"素质教育"是热门考点，出现的频率非常高，并且出题的形式多种多样，但只要考生充分掌握其概念和特点就能很好地作答。

2. 素质教育的总目标是（　　　）。

A. 提高教育质量 　　　　　　 B. 全面提高国民素质

C. 培养学生的创新能力 　　　 D. 促进学生全面发展

【答案】B

【解析】《中国教育改革和发展纲要》提出：中小学要由"应试教育"转向全面提高国民素质的轨道。"全面提高国民素质"是素质教育的总目标。关于素质教育的目标，除了总目标外，还有可能围绕"总目标下的各具体目标"来命题。

3. 在教学活动中，教师既要重视学生的知识学习，又要注重学生的品德养成与能力发展，这说明教育具有（　　　）。

A. 全面性 　　　　　　　　　 B. 阶段性

C. 独立性 　　　　　　　　　 D. 片面性

【答案】A

【解析】素质教育具有全体性、全面性、基础性、主体性、发展性、合作性、未来性等特点。全面性是指素质教育既要实现功能性目标，又要体现形成性的要求，通过实现全面发展教育，促进学生个体的最优发展。

 考点详解

一、实施素质教育的基本要求

（一）面向全体

基础教育是培养社会主义现代化人才的保障，是为培养社会主义现代化人才做准备。国家实行和普及九年义务教育，必须面向全体学生，促使每一位适龄儿童都能享受受教育的权利，充分开发其个人的个性潜能，使学生能够成为不同层次、不同规格的有用人才。

（二）促进小学生的全面发展

素质教育在教育方针的指导下，从学生身心发展的不同特点出发，因地因校制宜，着眼于教育教学全过程与各个环节，运用多种方式着力培养学生学习的主动性和创造精神，德、智、体、美、劳五育并举，促进学生生动活泼地全面成长。素质教育重视"人"的各方面的均衡发展，提高学生的综合素质，为社会主义现代化建设培养合格的建设者和接班人。

（三）促进小学生创新精神和实践能力的培养

创新能力是民族进步的灵魂，是国家兴旺发展的不竭动力。素质教育与应试教育的本质区别就是其能够激发并培养学生的创新精神和实践能力。在教育过程中，教师要运用多种方式来激发学生的创造热情，注重对学生实践能力的培养，最终促使学生的创新思维、实践技能得到充分发展。

（四）促进小学生生动、活泼、主动地发展

学生是学习的主体，是学习过程中具有强烈主观能动性的个体。素质教育要求教师尊重小学生的主动精神，进行启发式教学，鼓励小学生主动

考点2：
素质教育的实施

内容提要：掌握新课程改革的六大方面以及素质教育与应试教育的区别，能够针对素质教育的相关命题作出价值判断。

探索、主动思考，在教学中促进小学生生动、活泼、主动地发展。

（五）着眼于小学生的终身可持续发展

教育不是一个学期或者一个阶段的事情，教育是伴随学生一生发展的活动。素质教育要求以学生的终身可持续发展为着眼点，不仅"授之以鱼"，还要"授之以渔"，使学生掌握学习的方法。

二、素质教育理念指导下的新课程改革

（一）新课程改革的具体目标

1. 实现课程功能的转变（核心目标）

改变课程过于注重知识传授的倾向，强调形成积极主动的学习态度，使获得基础知识与基本技能的过程同时成为学会学习和形成正确价值观的过程。新课程改革将知识与技能、过程与方法、情感态度价值观设定为教学的三维目标，打破原有只重视知识传授而忽视学生是学习的主体这一事实，进而关注学生作为"整体的人"的存在与发展，这一根本的转变，对于素质教育的全面实施及学生的全面发展起到了重要作用。

2. 调整课程结构，体现课程结构的综合性、均衡性和选择性

改变课程结构过于强调学科本位、科目过多和缺乏整合的现状，整体设置九年一贯课程门类和课时比例，并设置综合课程，以适应不同地区和学生发展的需求。新课程改革强调课程之间的综合性、均衡性和选择性，打破原来单一的学科枷锁，这对学生的全面发展起到了重要作用。

3. 密切课程内容与生活和时代的联系

改变课程内容"繁、难、偏、旧"和过于注重书本知识的现状，加强课程内容与学生生活以及现代社会和科技发展的联系，关注学生的学习兴趣和经验，精选终身学习必备的基础知识和技能。密切课程内容与生活和时代的联系，可以促使学生学习的知识与生活不再脱节，体现出鲜明的时代特点，极大地调动了学生学习的积极性和求知的主动性。

4. 改善学生的学习方式

新课程改革强调学习方式的转变，提倡自主学习、合作学习、探究学习，改变之前课程实施过于强调接受学习、死记硬背、机械训练的情况。学习方式的转变以教师教学行为的转变为前提。

（1）自主学习。

自主学习是指以学生为学习的主体，通过学生独立地分析、探索、实践、质疑、创造等方法来实现学习目标，即学生能够主动地自觉自愿地学习，而不是被动地或不情愿地学习。

（2）合作学习。

合作学习是指学生为了完成共同的任务，有明确的责任分工的互助性学习。合作学习鼓励学生为集体的利益和个人的利益而一起工作，在完成共同任务的过程中实现自己的理想。

（3）探究学习。

探究学习是学生在主动参与的前提下，根据自己的猜想或假设，在科学理论的指导下，运用科学的方法对问题进行研究，在研究过程中获得创新实践能力和思维发展，自主构建知识体系的一种学习方式。

5. 建立与素质教育理念相一致的评价与考试制度

改变课程评价过分强调甄别与选拔的功能，发挥评价促进学生发展、教师提高和改进教学实践的功能。一方面要建立促进学生全面发展的评价体系，另一方面要建立促进教师不断提高的评价体系，最终形成一个评价主体多元化、评价内容综合化、评价过程动态化、评价方式多样化的评价系统。

（1）评价主体的多元化。改革单一评价主体的现状，加强自评、互评。

（2）评价内容的综合化。不仅关注学业成绩，还关注学生的创新精神、实践能力、心理素质、

学习兴趣、学习方法和积极的情感体验等。尊重个体差异，注重对个体发展的独特性的认可，发挥学生多方面的潜能，增强学生的自信。

（3）评价过程的动态化。把终结性评价与形成性评价有机结合，给予多次评价机会，鼓励将评价贯穿于日常的教育教学活动中。

（4）评价方式的多样化。将量化评价方法与质性评价方法相结合，丰富评价和考试的方法，追求科学性、实效性和可操作性。

6. 实行三级课程管理制度

改变课程管理过于集中的状况，实行国家、地方、学校三级课程管理，增强课程对地方、学校及学生的适应性。

（1）国家对课程的管理。

制定课程发展的总体规划；制定国家课程的门类和课时；制定国家课程的标准；观察指导课程实施。

（2）地方对课程的管理。

贯彻国家课程政策；制订课程实施计划；组织课程的实施与评价；加强课程资源的开发和管理。

（3）学校对课程的管理。

在执行国家课程和地方课程的同时，开发或选用适合本校特点的课程。

（二）新课程改革的教学观

1. 教学从"以教育者为中心"转向"以学习者为中心"

（1）鼓励学生参与教学，创设智力操作活动。

（2）教给学生思维的方法并加强训练。

2. 教学从"教会学生知识"转向"教会学生学习"

（1）指导学生掌握基本的学习过程，掌握学科研究方法。

（2）培养学生良好的学习习惯。

3. 教学从"重结论轻过程"转向"重结论的同时更重过程"

师生之间是教学相长的关系，提倡重结论的同时更重过程。

4. 教学从"关注学科"转向"关注人"

（1）以学科为本位的教学理念的局限：重认知轻情感，重教书轻育人。

（2）关注人的教学理念的表现：关注每一位学生，关注学生个体的情绪生活和情感体验，关注学生的道德生活和人格养成。

 例题精讲

单选题

1. 某小学对学生评优制度进行了改革，增设了"创造之星""孝心之星"等多项荣誉称号。该学校的做法（　　　）。

　　A. 不利于端正学生的学习态度　　　　B. 不利于促进学生的全面发展

　　C. 有利于强化学生之间的竞争　　　　D. 有利于促进学生的个性发展

【答案】D

【解析】我国教育提倡的是使学生在脑力和体力方面和谐发展，实现德、智、体、美、劳全面发展，促进学生的个性发展，并逐渐改革和完善评价机制，建立多元化的评价体系。题干中某小学增设多项荣誉称号，能够激发学生的参与热情，有助于促进学生的个性发展。

2. 晓光多次在钢琴比赛中获奖，但不愿意学习文化课程。方老师说道："特长需要保持，可是只有打好文化基础，你才能在音乐道路上走得更远。"方老师的做法（　　）。

  A. 不合理，不利于学生发展特长

  B. 不合理，违背了学生的兴趣爱好

  C. 合理，学生必须在各个学科领域平均发展

  D. 合理，教师应该关注学生的全面发展

【答案】D

【解析】方老师给予晓光文化课与专业课共同发展的建议，说明方老师关注学生的全面发展，践行了素质教育。

  3. 期末考试来临，某校老师决定将音、体、美提前一个月进行考试，把语、数、外放在期末考试期间考，这种做法（　　）。

  A. 正确，有利于教师组织教学

  B. 正确，有利于提高学生成绩

  C. 不正确，不利于校际公平竞争

  D. 不正确，不利于学生全面发展

【答案】D

【解析】本题主要考查教育观与素质教育观，学校的做法破坏了语、数、外和音、体、美学科之间的课时比重，打破了均衡性，违背了学生全面发展的理念。

  4. 孙老师给小华写下了这样的评语："填空题错了一道，其他题全对，能够很好地运用循环小数简便识记，等级定为优秀。"下列关于孙老师的做法的评价，不正确的是（　　）。

  A. 孙老师以分数作为评价标准   B. 孙老师关注学生知识的掌握

  C. 孙老师关注学生的学业水平   D. 孙老师关注学生的学习效果

【答案】A

【解析】孙老师的教学行为是正确的，对学生起到了鼓励与支持作用，他并没有用分数来衡量学生，而是用发展的观点来看待学生的发展。

[材料分析]

  李老师认为，要让学生树立自信心，就必须让学生发现自己的优点。李老师组织学生讨论："你有哪些优点？"同学们讨论得非常激烈，有的说自己孝顺父母，有的说自己尊敬老师……这时，一向活泼好动的小明把手举得很高。李老师说："小明，你的优点是什么？"小明说："您为什么总是叫我们说优点啊？我爸爸说，每个人都有缺点，您也有缺点，我想说缺点。"教室里一下子安静了。李老师说："是的，我们每个人都有优点和缺点。老师也有缺点，请大家围绕小明的观点进行讨论吧！"大家七嘴八舌。最后，李老师总结道："我们在谈自己优点的同时，也要正视自己的缺点，改正了缺点，我们会更强。"

  课后，李老师在自己的日记里记录了这件事，并打算在合适的时候组织学生开展一次"我的小秘密"讨论活动，让同学们说说自己平时不好意思说出来的缺点，并引导他们改掉这些缺点。

  问题：请结合材料，从教育观的角度，评析李老师的教育行为。

【解析】"综合素质"考试一般会从教育观、学生观和教师观这三部分内容中抽取"一观"对考生进行考查，所以在考试的时候，尤其要注意试卷是从哪个角度进行考查的。这道题考查的是教育观的内容，其实就是在考查素质教育的内容。

【参考答案】李老师的教育行为体现了素质教育的教育观，值得我们学习。

  （1）素质教育观认为，教育活动应当面向全体学生，促进学生全面发展。材料中，李老师组织全班学生讨论自己的优缺点，帮助学生认识自我及树立信心。

  （2）素质教育以培养学生的创新精神和实践能力为重点，促进学生活泼、主动地发展。材料中，李老师组织学生进行讨论，改变传统教学方式，调动了学生的主动性和积极性。

  （3）素质教育把学生作为有差异、有个性的人，着眼于学生的终身可持续发展。材料中，李老师承认学生之间存在个性差异，每个人的优点、缺点不一样，引导他们健康和谐地发展。

考点详解

小学素质教育的实施途径与方法包括学校教育、社会实践教育和家校合作。

一、学校教育

中共中央、国务院《关于深化教育改革全面推进素质教育的决定》提出："努力造就能够带领广大教师和教育工作者积极实施素质教育的学校领导以及管理干部队伍。学校校长在推进素质教育中具有特殊作用，要率先转变教育观念，把领导教职工创造性地实施素质教育作为重要职责。"这就明确地要求学校管理也要从应试教育管理向素质教育管理转变。

学校开展素质教育的基本途径是通过学科教学。学科教学要从优化课程结构、改革教学方法和发展学生个性特征三个角度重新梳理教育活动过程，确保按照素质教育理念进行教学活动，保证学生积极、主动地参与其中，最终促进学生的整体发展。

二、社会实践教育

除学校的正式课程是实施素质教育的途径外，各种课外、校外教育活动也是实施素质教育的途径。例如课外开展的兴趣活动、社区服务活动等，这些活动拓展了学生素质发展的领域，成为学生素质全面发展的必要条件。

三、家校合作

在学校教育中，班级是有组织地开展素质教育活动的基层单位。其中，班主任既是班级的组织者、教育者和管理者，也是沟通家长、联系社会的关键人物。家校合作是实施素质教育的重要途径之一。

常见的家校合作模式有组建学生家长委员会、举办家长学校以及建立学校与家长联系制度等，这些方式一方面能使家长充分了解学生在校的各种状态与表现，另一方面也能引导家长科学、合理、正确地进行家庭教育，与学校共同促进学生的发展。

 例题精讲

单选题

素质教育对教师的要求不包括（　　）。

A. 有高尚的思想道德　　B. 有良好的理想、信念、道德品质

C. 有开阔的胸襟和创新精神　　D. 完全放弃传统的教学方式

【答案】D

【解析】我们虽然提倡素质教育，但是传统的教学方式也有一定的优越性，不可能完全放弃。

考点3：
小学素质教育的实施途径与方法

内容提要：包括学校教育、社会实践教育和家校合作三个方面。

第二章
学生观

学生观是指教育者对学生在教育教学活动中的性质、地位、特征等的基本看法与认识。学生观在具体的教育实践活动中支配着教育者的行为，决定着教育者与受教育者之间的关系。教育者的教育活动是在一定的思想认识基础之上开展的，而这种思想认识的核心就是学生观。科学合理的学生观有助于建立和谐的良性师生关系，有助于高效地开展教学实践，取得理想的教育效果。

 考点详解

一、"人的全面发展"思想的渊源

古希腊哲学家亚里士多德明确指出，德育、智育和体育是人发展过程中不可缺少的三个部分，人是由德、智、体诸多要素共同构成的有机统一体。我国古代所推崇的"六艺"（即射、御、礼、乐、书、数），是对"人的全面发展"的一种诠释。马克思关于"人的全面发展"思想的论述，其核心就是把人作为社会历史发展的核心，认为全面发展的人是指精神和身体、个体性和社会性得到普遍充分自由发展的人。党的十七大提出的科学发展观也明确提出了"以人为本"的全面发展观，要求以促进"人的全面发展"为根本要求。

依据马克思主义关于"人的全面发展"学说，"人的全面发展"是指人的智力和体力的全面、和谐、充分发展，以及才能、志趣和道德品质的发展。

二、全面发展教育的基本内涵

《国家中长期教育改革和发展规划纲要（2010—2020年）》对于坚持全面发展有这样的阐释："全面加强和改进德育、智育、体育、美育。坚持文化知识学习与思想品德修养的统一、理论学习与社会实践的统一、全面发展与个性发展的统一。加强体育，牢固树立健康第一的思想，确保学生体育课程和课余活动时间，提高体育教学质量，加强心理健康教育，促进学生身心健康、体魄强健、意志坚强；加强美育，培养学生良好的审美情趣和人文素养。加强劳动教育，培养学生热爱劳动、热爱劳动人民的情感。重视安全教育、生命教育、国防教育、可持续发展教育。"

全面发展教育是对含有各方面的素质培养功能的整体教育的一种概括，是对为使受教育者多方面得到发展而实施的多种素质培养的教育活动的总

考点1:
"人的全面发展"思想

内容提要："人的全面发展"是指人的智力和体力的全面、和谐、充分发展，以及才能、志趣和道德品质的发展。学生是独立的个体，具有发展的潜能。每一位学生都具有自身的特点，教师要充分发挥学生的主观能动性。

称，由多种相互联系而又各具特点的教育所组成。

三、全面发展教育的构成

（一）德育

广义的德育指所有有目的、有计划地对社会成员在政治、思想与道德等方面施加影响的活动，包括社会德育、社区德育、学校德育和家庭德育等方面。

狭义的德育专指学校德育。学校德育是指教育者按照一定的社会或阶级要求，有目的、有计划、有系统地对受教育者施加政治、思想和道德等方面的影响，并通过受教育者积极的认识、体验与践行，以使其形成一定社会与阶级所需要的品德的教育活动。简言之，学校德育即教育者有目的地培养受教育者品德的活动。

学校德育的内容：政治品质教育、思想品质教育和道德品质教育。

学校德育的任务：

（1）培养学生成为热爱社会主义祖国、具有社会公德、拥有文明行为习惯、遵纪守法的公民。

（2）引导学生逐步确立正确的世界观、人生观、价值观，不断提高社会主义思想觉悟。

（3）发展学生良好的思想品德。

（二）智育

智育是指教育者有目的、有计划、有组织地向学生传授系统的文化科学知识和技能的教育活动。智育是全面发展教育的重要组成部分。

学校智育要向学生传授科学文化基础知识，培养学生的基本技能，还要发展学生的智力。

（三）体育

体育是指教育者根据人体生长发育、技能形成和机能提高等规律，以促进全面发育、提高身体素质与全面教育水平、增强体质与提高运动能力、改善生活方式与提高生活质量为目的而组织的一种教育活动。

（四）美育

美育是指培养学生健康的审美观，发展学生鉴赏美和创造美的能力的教育，也称审美教育或美感教育。美育要通过各种艺术活动以及自然和社会生活中美好的事物来进行。在"人的全面发展"教育中，美育占有重要地位。

1793年，德国古典文学和古典美学最重要的代表人物之一席勒，在以书信体写成的《审美教育书简》（又译《美育书简》）一书中首次提出"美育"一词。

我国近代著名的民主革命家和教育家蔡元培先生曾提出著名的"五育并举"的教育方针，即军国民教育、实利主义教育、公民道德教育、世界观教育、美感教育。其中，美感教育是蔡元培先生非常有特色的教育思想，尤其以"以美育代宗教"的口号闻名于世。新中国成立后，提出了新时期的五育，即德、智、体、美、劳。

美育的任务：

（1）培养学生正确的审美观，使学生具备感受美、理解美和鉴赏美的能力。

（2）培养学生的艺术活动技能，使学生具备创造美的能力。

（3）培养学生的心灵美和行为美，使学生在生活中实现内在美和外在美的统一。

（五）劳动技术教育

劳动技术教育是指培养学生的劳动观念，形成劳动习惯，并初步掌握一定的劳动技术知识和技能的教育。

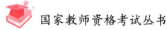

四、"人的全面发展"思想与素质教育的关系

"人的全面发展"思想与素质教育之间有着密切的联系。总体来说，"人的全面发展"是素质教育的目的，素质教育是实现"人的全面发展"的重要途径。

(一)"人的全面发展"是素质教育的目的

素质教育坚持对学生进行应用知识的传授，同时也注重对学生能力的培养，注重开发学生的生理素质、心理素质、思想道德素质和科学文化素质。素质教育重视全体学生，是真正的"全面发展"。所以说，"人的全面发展"是素质教育的目的。

(二)素质教育是实现"人的全面发展"的重要途径

素质教育是提高国民综合素质、实现"人的全面发展"的重要途径，是民族振兴、社会进步的重要基石，是对中华民族伟大复兴具有决定性意义的事业。

(三)素质教育体现了"人的全面发展"和个性化的统一

素质教育是一个具有探索性的教育专业概念，它是社会发展和时代要求的产物，也是我国教育事业发展的必然产物。素质教育以培养学生的创新精神和实践能力为重点，造就有理想、有道德、有文化、有纪律的德智体美劳全面发展的社会主义事业的建设者和接班人，同时，素质教育又尊重学生身心发展特点和教育规律，使学生生动、活泼、积极主动地得到发展。因此，素质教育体现了"人的全面发展"和个性化的统一。

 例题精讲

单选题

1. 马克思主义认为，培养全面发展的人的唯一方法是（ ）。

A. 脑力劳动与体力劳动相结合　　　　B. 城市与农村相结合

C. 知识分子与工人、农民相结合　　　D. 教育与生产劳动相结合

【答案】D

【解析】教育与生产劳动相结合是马克思和恩格斯教育思想的重要内容之一，被视为培养全面发展的人的唯一途径。

2. 马克思主义的最高价值理想是（ ）。

A. 人的智力和体力的划分

B. 人的才能和道德充分发展

C. "人的全面发展"思想

D. 人类整体的全面发展

【答案】C

【解析】"人的全面发展"思想源于马克思的"人的全面发展"理论，是马克思主义的最高价值理想，是未来社会的价值目标，也是实现人的发展的最高理想境界。

3. 班主任张老师决定，凡是考试成绩前三名的学生可以免除班级卫生义务。张老师的做法（ ）。

A. 不利于学生品德养成

B. 有利于班级管理创新

C. 有利于激发学生学习

D. 不利于学生平均发展

【答案】A

【解析】本题主要考查全面发展教育的内容，学生应德、智、体、美、劳全面发展。

 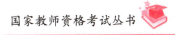

考点详解

一、"以人为本"的本质内涵

（一）"以人为本"的教育价值观是科学发展观在教育领域的生动体现

（1）强调"以人为本"，弘扬人的主体精神和人的价值，丰富人的精神，提高人的生命质量，提升人的生存竞争，把学生的知识学习、能力发展、人格完善和精神升华有机结合起来，并且提出要注重为学生获得终身学习能力、创造能力打好基础的理念。

（2）在重视人的发展、把"人的全面发展"作为教育及社会发展的核心的同时，还非常重视人与自然的和谐统一，倡导通过教育促进中国特色社会主义现代化建设。

（二）"以人为本"教育思想在小学教育活动中的具体表现

1. 坚持"以人为本"，全面实施素质教育

坚持"以人为本"、全面实施素质教育是教育改革发展的战略主题，是贯彻党的教育方针的时代要求，其核心是解决好培养什么人、怎样培养人的重大问题，重点是面向全体学生、促进学生全面发展，着力提高学生服务国家和服务人民的社会责任感、勇于探索的创新精神和善于解决问题的实践能力。

2. 注重教育机会的公平性

（1）人人都享有平等的受教育的权利和义务。

（2）提供相对平等的受教育的机会和条件。

（3）教育成功机会和教育效果相对均等，即每个学生接受同等水平的教育后能达到一个最基本的标准，包括学生学业成绩上的实质性公平及教育质量公平、目标层面上的平等。

其中，"人人都享有平等的受教育的权利和义务"是前提和基础，"提供相对平等的受教育的机会和条件"是进一步的要求，也是"教育成功机会和教育效果相对均等"的前提。这三个层次通常被概括为：起点公平、过程公平和结果公平。

3. 满足学生发展的个性期望与需求

1994年在西班牙萨拉曼卡召开的世界特殊教育大会通过的《萨拉曼卡宣言》中提出了一种新的教育理念——全纳教育。它的核心理念是容纳所有学生，反对歧视排斥，促进积极参与，注重集体合作，满足不同需求，是一种没有排斥、没有歧视、没有分类的教育。"以人为本"要求每一位学生的个性都能得到充分发展，所以教育的最高境界是满足每个人的个性需求和期望。

二、"以人为本"的学生观的主要内容

学生观是指教育者对学生的基本看法，它支配着教育行为，决定着教育者的工作态度和工作方式。"以人为本"的学生观就是以学生为根本，尊重学生学习的主体性，根据学生不同的个性特征充分开发其潜力，在尊重、关心学生的前提下，教育、引导学生的学习、生活，促进学生的健康发展。

考点2：
"以人为本"的学生观

内容提要：学生是发展中的人，是完整的人，是独特的人，是具有独立意义的人，因此，教师应该用发展的眼光看待学生，学会尊重学生。

（一）学生是发展的人

学生的发展是指学生在遗传、环境、学校教育及自我内部矛盾运动的相互作用下，身体和心理两个方面所发生的质、量、结构方面变化的过程，是内外部因素综合作用的结果。学生作为发展的人，其发展的根本动力是身心发展的社会需要与个体现有发展水平之间的矛盾。

（1）学生发展的规律性主要体现在身心发展上，不同阶段的学生具有不同的身心特征。学生的身心发展规律主要表现在顺序性、阶段性、差异性、不平衡性和互补性五个方面。

（2）学生具有巨大的发展潜能，"以人为本"的学生观要求教师把学生看作发展过程中的客观存在，用发展的眼光看待学生，对学生进行形成性评价。

（二）学生是独特的人

学生是具有个性与差异的个体，"以人为本"的学生观不仅要求将学生作为一个整体来全面看待，而且要求关注学生的个体差异和个性化成长，要关注每一个学生的发展，承认学生的个体差异性，满足学生的个性发展要求。

（1）"人的全面发展"以承认学生差异和个性发展为基础。"人的全面发展"不等于各个方面的平均化发展，教育活动涉及德、智、体、美、劳等诸多方面，"人的全面发展"思想要求将每个受教育者作为一个独立而完整的个体，各个方面都能够获得应有的发展，但同时也要承认人的各个方面发展水平具有一定差异性，不能用同样的标准去衡量各个方面的发展指标。

（2）学生的个性与差异要求切实贯彻因材施教的教育理念。教育的生机和活力，在于促进学生的个性健康发展。

（三）学生是具有独立意义的主体

"以人为本"的学生观要求把学生置于教育活动的主体地位，注重学生的主体性需求，关注学生的全面成长，尊重学生的自主意识，不以教师的个人意志去支配学生，按照学生的成长规律开展具体的教育教学活动。

（1）学生是学习的主体。学生在教育活动中处于主体地位，强调学生在学习活动中是认识的主体、时间的主体和发展的主体，是学习的主人。

（2）学生具有个体独立性，不以教师的意志为转移。学生作为个体，具有主观意志，学生并非简单、被动地接受知识，而是经过自己的考量之后做出的判断。

（3）学生是责权的主体。学生在教育活动中具有主体的需求与责权，学生主体性的根源在于个体需求与责权的统一。学生是认识世界和改造世界的独立的主体，在教育教学活动中具有学习的自主需求和动力，拥有享受相关需求的权利。

 例题精讲

单选题

1. "以人为本"具体到教学实践中就是以（　　）为本。

A. 社会需求　　　　　B. 教师　　　　　C. 学生　　　　　D. 家长

【答案】C

【解析】"以人为本"表现在教学中是指要促进学生各方面能力的发展，所以"以人为本"具体到教学实践中就是以学生为本。

2. 下列说法中正确的是（　　）。

A. 只有成绩优良的学生才是好学生　　　B. 学生在教学中处于从属的地位

C. 成绩差的学生也有可能获得成功　　　D. 头脑笨的学生怎么教都教不好

【答案】C

【解析】从学生方面考虑，每个学生都不同，各有差异，所擅长的内容也不一样，成绩不是评价学生的唯一标准，故选C。

3. 每次老师提问，小虎总爱抢着回答，但基本上都答错，对此老师应该（　　）。

A. 引导小虎仔细思考　　　　　　B. 安排小虎多做作业

C. 批评小虎思考不认真　　　　　D. 对小虎举手置之不理

【答案】A

【解析】小虎同学的学习积极性很高，但回答问题的准确率比较低，这是因为他没有认真思考，所以老师应该积极引导小虎仔细思考后再作答，但不能挫伤小虎学习的积极性。

材料分析

晓星经常欺负同学，班上的同学都不愿意跟他交朋友。在一次课外活动中，其他同学都三五成群地玩着，只有晓星一个人待在角落里。马老师悄悄地走过去，对他说："咱俩一起玩吧。"晓星生硬地问道："为什么？"马老师蹲下身来，俯在晓星耳边说："因为我喜欢你啊！"他们玩起了游戏。游戏中，马老师问："想和大家一起玩吗？那就大声招呼大家一起来吧！"因为有老师的参与，同学们很快围拢过来。这一次晓星和同学们玩得很开心。之后，马老师仔细观察晓星的行为，了解了他与同伴相处的困难所在：其实晓星很想和同学们一起玩，就是不知道怎么和他人相处，欺负同学只是想引起老师和同学的注意而已。马老师组织以"交朋友"为主题的班队活动，在活动中教给晓星与人正确交往的方法，并鼓励班干部主动与晓星交往。在马老师和全班同学的帮助下，晓星渐渐地不再欺负同学了，并有了自己的好朋友。

问题：请从学生观的角度，评析马老师的教育行为。

【参考答案】马老师的教育行为体现了"以人为本"的学生观。（1）"以人为本"的学生观要求教师在教育教学活动中公正地对待每一个学生，关爱全体学生，尊重和平等对待学生，做学生的良师益友。材料中的马老师在教学实践中关注到每一个学生，包括独自待在角落里的晓星。（2）"以人为本"的学生观认为学生是发展的人，具有巨大的发展潜力。材料中的马老师能够耐心地发现晓星的问题，并且积极寻找促进晓星发展的方法。（3）"以人为本"的学生观认为学生具有个体差异性，每一个学生都是独特的个体。材料中的马老师看到晓星的个体差异性，并且寻求适当的方法帮助他解决问题，促进其全面和谐发展。总之，马老师的教学行为很好地诠释了"以人为本"的学生观，对于我们的教学实践有指导意义。

📖 考点详解

一、尊重、热爱学生，用全面发展的眼光看待学生

学生是整个教育活动的主体，教育活动必须要围绕这个主体展开。尊重学生是尊重学生主体性的首要前提，教师要关心爱护全体学生，在学生的身心发展过程中，一方面要尊重人的发展规律与教育规律的客观要求，另一方面要发挥自身的主观能动性，尊重学生、爱护学生，促进学生的全面发展。

学生具有个性化、主体性、发展性等诸多特点，是各具特点的人，是

考点3：
"以人为本"
学生观的基本要求

内容提要：坚持"以人为本"，必须以学生作为教育活动的出发点。要尊重、热爱学生，公平公正地对待每一位学生，因材施教。

有生命活力的人，同时又是变化发展的人。教师要充分认识到学生在教育活动中的主体地位，用全面发展的眼光去看待学生的优缺点，通过德育、智育、体育、美育、劳动技术教育等方式引导学生，开展丰富的教育活动来促进学生个体的全面发展。

二、以人为本，公平公正地对待每一位学生

素质教育的理念强调，每位学生都是独立的、平等的个体，在教育中拥有同样的权利和义务。教师应该相信每一位学生都能进步，并促进每一位学生在其原有基础上获得最大的提高。因此，教师应公平公正地对待每一位学生，这也是以人为本的本质要求。

（1）尊重学生的人格与受教育的权利。

（2）公正合理地对学生进行教育。

（3）公正合理地对学生进行评价。

（4）公正公平客观地处理学生中的各类矛盾冲突。

三、因材施教

（一）因材施教的教育意义

1. 因材施教是素质教育的必然要求

因材施教能够保证个体学生的身心发展得到有效促进，培养学生的创新精神和实践能力。

2. 因材施教是学生成才最重要的内在条件

学生的个性发展在其人身发展中有着重要的作用，教师应该充分运用因材施教的教育方式，对不同的学生采取不同的教学管理策略，进而为社会培养个性化专业人才。

3. 因材施教有利于教师自我形象的塑造

教师是教学过程的主导者，是学生学习的促进者和引导者。这就要求教师应根据学生的个性特点，进行个性化的教学。教师应不断提高自己的综合品质，塑造正面的积极形象，成为学生学习的榜样。

4. 因材施教有助于提升学校办学品位

学校通过开展个性化教学活动，一方面能够创设浓厚的校园文化，另一方面能够促使教师真正做到教书育人，塑造学生的良好个性，有效发挥学生特长，从而全面提升学校的办学品位。

（二）因材施教在教学中的具体运用

（1）教师要了解和研究学生。

（2）在教学过程中，既要主抓班集体教学，又要兼顾个别学生，针对学生的特点进行有区别的教学，使每个学生都得到发展。

（3）针对学生的个性特点，采取有效措施促使学生得到充分发展。

四、教育机会均等

教育机会均等应当包括两个方面：入学机会均等和教育过程中机会均等。

入学机会均等就是无论学生的性别、民族、地域、经济状况、家庭背景和身心发展状况如何，都享有同样的入学机会。在确保入学机会均等的情况下，教育过程中的机会均等更加重要。

例题精讲

单选题

1. 李老师一个学期对父亲是副乡长的小杜家访多次，却从未对需要帮助的留守儿童小龙家访过。李老师的做法（　　　　）。

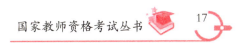

A. 符合主观联系家长的要求   B. 有违平等对待学生的要求

C. 符合因材施教的教育要求   D. 有违严慈相济的要求

【答案】B

【解析】教师要关心爱护全体学生，尊重学生人格，平等公正地对待学生。关爱学生的范围是全体学生，而不是某一部分学生。本题中李老师明显没有做到此项要求，故选B。

2. 大嗓门的小张在课堂上回答问题时声音却很小，老师批评说："声音这么小，难道你是蚊子吗？"全班同学哄堂大笑。该老师的做法（   ）。

A. 合理，有助于促进学生学习自主   B. 合理，有助于学生反思

C. 不合理，没有体现对学生的尊重   D. 不合理，歧视学生的生理缺陷

【答案】C

【解析】老师对学生进行侮辱，是不尊重学生的表现。

3. 面对违纪学生，个别老师采取罚款的办法，叶老师没有这样做，而是耐心地与学生交流，帮助他们改正缺点。这说明叶老师能够做到（   ）。

A. 依法执教   B. 团结协作   C. 尊重同事   D. 终身学习

【答案】A

【解析】可以采用排除法解答此题。C项的"尊重同事"如果改为"尊重学生"也可以。教师是不可以采用罚款的方式处理违纪学生的，这侵犯了学生的权利。

4. 并不富裕的汪老师时常资助一些家庭经济困难的学生，在学习上给予他们切实的帮助。这体现了汪老师能够做到（   ）。

A. 长善救失   B. 严慈相济   C. 因材施教   D. 关爱学生

【答案】D

【解析】题干中汪老师资助学生，属于关心爱护学生。

5. 熊老师在家长会上说："要想使孩子得到更好的发展，家长要做的不能只是帮助孩子提高考试成绩，还要促进他们全面发展。"熊老师的说法表明（   ）。

A. 分数决定孩子的未来   B. 学生的成绩高低关键在家长

C. 教育不能仅追求分数   D. 素质教育需要废除考试

【答案】C

【解析】题干中明确指出家长要促进孩子的全面发展，不能只提高孩子的考试成绩，说明教育不能仅追求分数。

材料分析

王老师教六年级语文兼班主任，他每天都给学生布置大量的作业。其实，要批改堆积如山的作业对王老师来说也是一种折磨。他想，学生完成这些作业肯定不轻松。

一天下午放学前，王老师突然想：让学生自己给自己设计一次作业会怎么样呢？就叫"自设作业"吧。当他把这一想法告诉学生时，学生很惊讶。

第二天，王老师带着期盼和不安的心情打开了那一份份作业，着实吃了一惊！有"老师，我考考您"，有"小发明介绍"，有"诉说我的烦恼"，有"我喜欢的名人名言"，有主题班会设计方案，有显示个性的硬笔书法，有的干脆是一幅自画像……看着这些丰富多彩的作业，王老师激动不已！这些作业是同学们怀着极大的热情设计的，那里有学生的坦诚和率真，有学生的希望、喜悦、烦恼、困惑，还有他们对美的理解和对是非的判断，这其中闪烁着创造和智慧的火花，是师生之间心与心的交流。

当下午放学前王老师把作业本发下去时，同学们一改以往看也不看便塞进书包的习惯，而是迫不及待地翻开作业本，认真读着王老师批改的一字一句。借此时机，王老师指导学生把"自设作业"和语文学习结合起来。

问题：请从学生观的角度，谈谈你从材料中获得的启示。

【解析】本题是从学生观的角度考查，可以从学生观的关键词着手作答。

【参考答案】（1）学生是发展中的人，要用发展的眼光认识学生。王老师让学生自己设计自己的作业，学生很惊讶，感到既新鲜又激动。但学生"自设作业"的结果表明学生具有巨大的潜能，可以完成原本他们自身和老师认为无法完成的任务。

（2）学生是独立的人，教师要尊重学生学习的主体性。学生是学习的主体，教师应努力构建学生的主体地位。王老师让学生自己设计作业，构建了学生的主体地位。学生是具有一定主体性的人，是学习活动的主体，但在教育实践中其主体程度较低、范围较窄，往往比较被动，因此教师要发挥主导作用，努力构建学生的主体地位。

（3）学生是独特的人，应使每个学生在原有基础上能够得到完全、自由的发展。每个学生都有自身的独特性，让学生"自设作业"可以展示出学生独特的内心世界。学生的作业丰富多彩，王老师将其视为一种财富而珍惜开发，指导学生把"自设作业"和语文学习结合起来，可以使每个学生在原有基础上得到完全、自由的发展。

第三章
教师观

教师观是关于教师职业的基本观念，是人们对教师职业的认识、看法和期望。它既包括对教师职业性质、职责和价值的认识，也包括对教师这种专门职业的基本素养及专业发展的理解。

考点详解

"教师"一词有两重含义，既指一种社会角色，又指这一角色的承担者。广义的教师泛指传授知识、经验的人，狭义的教师是指受过专门教育和训练并在教育机构（学校）中担任教育、教学工作的人。

一、教师职业的性质

（一）教师职业是一种专业性职业，教师是专业人员

1966年，联合国教科文组织在《关于教师地位的建议》中提出，应该把教师工作视为专门职业。

1993年，我国颁布的《中华人民共和国教师法》明确规定：教师是履行教育教学职责的专业人员，承担着教书育人，培养社会主义事业的建设者和接班人、提高民族素质的使命。

1995年，我国颁布《教师资格条例》，旨在提高教师素质，加强教师队伍建设。

（二）教师是教育者，教师职业是促进个体社会化的职业

教师是教育者，承担着培养合格的社会成员的重要职责。个体从自然人发展成为社会人是在学习、接受人类经验与消化、吸收人类文化的过程中逐步实现的，这一过程是社会教化的结果。个体只有通过社会教化，才能适应社会生活，实现个体的社会化。

教师的身份特征是专业人员，职业特征是教育教学，职业使命是教书育人。

二、教师的职业责任

教师的职业责任是指教师在实际工作中所应承担的职责和任务。教师的职业责任包含两方面：促进学生个体发展和促进社会进步。这就要求教师在履行自己的工作职责时，自觉关注学生的成长与需要，同时肩负社会责任，培养社会主义现代化事业的建设者和接班人。

（一）教师的根本职责

教师的根本职责（即教师的根本任务）是教书育人，全面实现教育目的。

(二) 教师的具体任务

1. 教学工作的管理

教学是学校的工作中心，是全面推行素质教育、实现教育目的的根本途径。在整个教学过程中，教师要充分利用自身的专业知识，完成教学任务，促使学生在德、智、体、美、劳等各个方面得到充分发展。

2. 学生思想教育的管理

当前，素质教育得到全面推进。教师在重视知识传授的过程中，不能忽视学生的思想品德建设。教师要通过课堂内和课堂外等多种途径对学生进行思想品德建设，提高学生的思想觉悟。

3. 关心学生身心发展及生活

教师在关注学生知识学习的同时，也要关注学生个体的身心发展。教师要积极引导学生合理安排生活与学习，既保障学生身体的健康发展，又培养学生健康的心理素质、审美情趣，使学生各个方面都得到均衡的发展。

4. 提升自身职业素养

教师的发展是一个动态发展的过程，教师要不断地提高自己的整体素质。教师不仅要完成专业知识的积累与学习，而且要不断进行自身反思，持续提高自己的教学水平，最终提高教学质量。

三、教师的职业价值

教师的职业价值是指教师职业这一客体对于主体的意义，主体涵盖社会、群体和个体。教师的职业价值不仅包括职业外在价值层面，也包括职业内在价值，即社会价值与个人价值。

教师的社会价值主要体现在教师的培养对象（即学生）上。学生是社会中的人，正处于人生的初级阶段，在社会未来发展中发挥着重要的作用。教师职业与社会未来面貌紧密联系。

教师的个人价值主要体现在教师尊重学生的个性特征，充分发挥学生的潜能，促使学生得到全面充分的发展。

四、教师的职业角色

教师职业的最大特点就是职业角色多样化。一般来说，教师职业角色主要有以下几种。

(一) 传道者角色

正所谓"道之所存，师之所存也"，教师具有传递社会传统道德、正统价值观念的使命。进入现代社会后，虽然道德观、价值观呈现出多元化的特点，但教师的道德观、价值观总是代表着居社会主导地位的道德观、价值观，并且用这些观念引导年青一代。

(二) 授业解惑者角色

"师者，所以传道、受（授）业、解惑也。""学高为师。"这就是传统意义上大家对教师普遍的和最具代表性的认识。对于教师而言，其对自身职业的认识绝不能仅仅停留在这种程度上，而应该适应时代发展，不断提升对自我的认识和了解，理性、全面地看待教师职业。

(三) 管理者角色

学校教育是一个规范化的教育教学过程，它是对学生集体的教育。对于集体而言，要实现共同的目标或目的，就必须要有规范的管理。

教师对教育教学活动的管理，包括确定目标，建立班集体，制定和贯彻规章制度，组织班级活动，协调人际关系等，对教育教学活动进行控制、检查和评价。

(四) 示范者角色

学生在成长过程（即由自然人发展成社会人的过程）中，其对社会的认识没有一个固定的标准，若缺失了榜样，就无法对行为的正确恰当与否做出合理的判断。教师在与学生的交往过程中，其言行自然而然地就成了学生学习和模仿的榜样。

（五）朋友、家长角色

一般来说，在知识的传递过程中，教师的教和学生的学似乎将教师与学生放在一个相互对立的层面上；其实在真正的学校生活中，教师与学生之间的交往，不仅仅是教和学的关系，还有很多关于生活和成长方面的内容。

为了更好地实现学校的教育目标，教师在一定程度上扮演着学生的父母和朋友的角色，与学生分担快乐与痛苦、幸福与忧愁，同时也对学生进行学习、生活、人生等多方面的指导。

（六）研究者角色

教师工作的对象是充满生命力的、千差万别的个体，教育过程又是一个复杂的动态变化过程。这就决定了教师要以变化发展的观点、研究的态度对待自己的工作对象、工作内容和各种教育活动，不断学习新知识、新理论，不断反思自己的实践，不断发现新的特点和问题，以使自己的工作适应不断变化的形势，并且有所创新。

五、教师劳动的特点

教师劳动是一项复杂而艰苦的脑力劳动。教师劳动的特点主要体现在以下几个方面。

（一）复杂性

教师劳动的对象具有复杂性。学生在性别、家庭环境、文化背景、生活方式及个性上的差异，都决定了教师劳动的复杂性。

教师劳动的任务和内容是复杂的。教师既要教书，又要育人；既要传授知识，又要发展学生的智力；既要培养学生生存和发展的技能，又要培养他们适应社会、改造社会及正确处理各种社会关系和人际关系的能力。

（二）示范性

教师的劳动具有较强的示范性，当教师在传道授业解惑时，其人格品质往往对教学成果产生非常大的影响。学生具有天然的"向师性"和"模仿性"，教师往往成为学生最直接、最有效的榜样。

（三）创造性

教育必须根据学生的具体情况来进行，教师必须灵活地运用教育原则，创造性地设计教育方法，对不同学生要因材施教。在教学内容方面，教师要根据所教学生的实际情况对教学内容进行加工改造，变成学生可以接受的知识体系，准确、通俗地教给学生。教师劳动的创造性还体现在教师的教育机智上，这是一种教师处理教育教学过程中突发或偶发事件的特殊能力，特别是教师面对突发的意外情况，快速做出反应、及时采取恰当措施的能力。

（四）长期性

教师培养学生的周期不是一天两天，而是一个长期的过程。教师要将一位学生培养成才，绝对不是一蹴而就的事情。正因为教师的劳动价值具有滞后性，故要多年后才能见到成果。

（五）群体和个体的统一性

每一位教师都要以自己的知识、才能、品德、智慧去影响学生，完成自己的教育教学任务，即教师的劳动从劳动手段的角度看主要是以个体劳动的形式进行的。同时，教师的劳动成果又是集体劳动和多方面影响的结果。任何一个学生的身心发展，都是不同学业阶段不同科目的许多教师共同影响的结果。教师的个体劳动最终都要融汇于教师的集体劳动之中，教育工作需要教师的群体劳动。

（六）连续性和广延性

教师劳动的连续性是指教师的劳动从时间维度而言是一个连续的过程，为了促进学生的全面发展，教师不仅要了解学生的现状，还要熟知学生过去的情况并且要能够预测未来；为了确保教育工作的有效性，教师在上课之前要备课、上课之后还要布置课外作业与批改作业，对学生进行个别辅导以及检查和评定学生的学习成绩。教师劳动的广延性是指从空间维度而言，教师劳动不仅仅局限于课堂、校园，为了实现全面发展的教育目标，教师还需要到家庭、社会中去寻求支持，从而形成教育合力。

六、教师的职业素质

（一）教师的职业素质的内涵

教师的职业素质是指教师在其职业生活中，调节和处理与他人、与社会、与集体、与工作关系所应遵守的基本行为规范或行为准则，以及在这基础上所表现出来的观念意识和行为品质。这一概念界定包含以下两个层面的内涵：

一是说明了教师职业素质是教师这一职业所特有的，是与教师这种职业密切联系的，是教师在其现实职业生活中应遵守和应具备的。

二是说明了教师职业素质不只是教师在职业生活中所应遵循的行为规范和行为准则，还包括教师从这些规范或准则中内化而成的观念意识和行为品质。

教师职业素质是职业素质的一种表现形式，它是有了教师职业劳动之后，由一些教育家、思想家总结概括而成的。

（二）教师职业素质的基本构成

1. 道德素质

教师的道德素质是从教师对待事业、对待学生、对待集体和对待自己的态度上来体现的。具体包括：忠于人民的教育事业、热爱学生、团结协作、为人师表。

2. 知识素质

教师的知识素质主要涵盖以下几个方面：政治理论修养、学科专业知识、教育科学知识。其中，学科专业知识是"本体性知识"，主要解决教师教什么的问题；教育科学知识是"条件性知识"，主要解决教师如何将知识传授给学生的问题，即怎么教。

3. 能力素质

教师除了具备语言表达能力、教育教学能力、组织管理能力、自我调控和自我反思能力（较高的教育机智）外，还应该具备教育科研能力、学习能力、观察学生的能力、创新能力以及运用现代教育技术手段的能力。

4. 心理素质

教师的心理素质是指教师对内外环境及人际关系的适应能力，主要包括高尚的师德、愉悦的情感、良好的人际关系和健康的人格。其中，教师的人格素养对学生的发展起着推动作用，是素质教育的基础。它主要表现为：积极乐观的情绪、豁达开朗的心胸；坚忍不拔的毅力；广泛的兴趣；积极的创新品质。

 例题精讲

单选题

1. 教师职业的最大特点是（ ）。

A. 创造性　　　　B. 复杂性　　　　C. 角色的多样性　　　　D. 示范性

【答案】C

【解析】教师的职业角色包括传道者角色、授业解惑者角色、示范者角色、管理者角色、朋友与家长角色、研究者角色，因此多样性是教师职业的最大特点。该题有一定的迷惑性，若考生对课本内容不够熟悉，则极有可能错选。此考点还可以从教师职业角色的具体内容入手进行考查。

2. 根据育人为本的理念，教师的下列做法不正确的是（　　）。

A. 培养学生特长　　　　　　　　B. 发展学生潜能

C. 尊重学生个性　　　　　　　　D. 私拆学生信件

【答案】D

【解析】"以人为本"的学生观要求以学生为中心，从学生的角度出发，培养学生全面发展。"私拆学生信件"侵犯了学生的隐私权，违背了育人为本的教育理念。

3. 万老师教学很认真，经常辛辛苦苦从上课讲到下课，嗓门特别大，被同事戏称为"全天候广播员"，可教学效果一直不好。万老师需要反思的是（　　）。

A. 教学态度　　　　　　　　　　B. 教学方式

C. 教学目的　　　　　　　　　　D. 教学条件

【答案】B

【解析】从题干中可以看出，万老师的教学态度没有任何问题，认真、耐心，但效果不好，显然是教学行动出现了问题，即教学方式有误。

4. 骨干教师闵老师在年终的同行评测中得分不高，很郁闷，上课时学生出一点差错他就大发雷霆，闵老师应该（　　）。

A. 严格待生，专注教学　　　　　B. 保持个性，坚持自我

C. 注重反省，调适自我　　　　　D. 配合同事，搞好关系

【答案】C

【解析】题干中闵老师在年终的同行评测中得分不高，应该积极反思自己，了解问题出现的原因，调整自己，而不是控制不住情绪，对待学生态度恶劣。

5. 某小学要求教师重视教学科研。卢老师抱怨道："搞研究有什么用，上课又用不着。"卢老师的说法（　　）。

A. 不正确，教师须服从学校的一切安排

B. 不正确，研究有利于教师专业发展

C. 正确，小学教师搞研究没用

D. 正确，研究对应试帮助不大

【答案】B

【解析】教师在教育过程中承担着研究者的角色，应把教育教学工作中碰到的问题作为研究的课题，运用科学的方法进行研究，以寻找有效的解决方法。同时，教师也要树立终身学习的思想，不断提升自己的专业素养，促进自身的专业发展。

考点详解

一、教师职业的发展历史

教师职业是伴随着人类社会的产生而产生的，是人类社会古老而永恒的职业之一。在人类漫长的历史上，很早就存在着教学活动。

（一）非职业化阶段

这个时期，教师之所以为教师，是因为他具有知识或观念。制度化教

考点2：
教师专业发展

内容提要：教师专业发展是指教师作为专业人员在专业知识、专业能力、专业情意等方面不断发展与完善的过程，即由一个专业新手发展成为专家型教师的过程。

育形成以前，教师没有专门培养的必要，教师对教育内容的把握无须借助附加的外在力量，而内容过于简单也使得教学方法的问题并不突出，现实生活化的模仿与实践基本能够满足需要。因而，在这一时期，还不至于非有培养教师的教育机构不可，也没有进行专业化训练的师范教育或教师教育，基本上是"长者为师"或"能者为师"。

（二）职业化阶段

教师职业由兼职到独立发展，一方面是社会发展推动的结果，另一方面是由于社会发展所带来的独立师范教育的诞生。

随着普及义务教育和班级授课制的实施，人们对原来的教育表现出越来越强的不满。人们已经认识到，一个有知识的人可以做教师，但如果没有或缺乏职业训练，就会直接影响教育的质量和效果，这样的人也难以成为好的教师。设立专门的教师培训机构以培养专职教师被提上社会议事日程。在这一背景下，1681年法国天主教神甫拉萨尔创立了第一所师资训练学校，这成为世界独立师范教育的开始。我国最早的师范学校则是出现在1897年的上海，名为"南洋公学"，其中内设的师范院是我国最早的师范教育机构。

（三）专业化阶段

1.教师专业化的产生与发展

1996年，联合国教科文组织召开的第45届国际教育大会提出，"在提高教师地位的整体政策中，专业化是最有前途的中长期策略"。教师的工作是一种专门的职业，具有专业的基本特征，主要表现在教师职业的声望、教师需要经过严格的岗前训练、教师具有专业自主性、教师职业有自己的专业标准以及教师实践是现代教育科学最重要的专业研究领域。

1993年10月31日，第八届全国人民代表大会常务委员会第四次会议通过的《教师法》明确规定"教师是履行教育教学职责的专业人员"。这是我国第一次以法律形式确认了教师的专业地位和专业性要求。

2.教师专业化的含义

教师专业化是指教师职业具有自己独特的职业要求和职业条件，有专门的培养制度和管理制度。教师专业化的基本含义是：

（1）教师专业既包括学科专业性，也包括教育专业性，国家对教师任职既有规定的学历标准，也有必要的教育知识、教育能力和职业道德的要求。

（2）国家有教师教育的专门机构、专门教育内容和措施。

（3）国家有对教师资格和教师教育机构的认定制度和管理。

（4）教师专业发展是一个持续不断的过程，教育专业化也是一个发展的概念，既是一种状态，也是一个不断深化的过程。

二、教师专业发展的内涵

教师专业发展是指教师作为专业人员，在专业知识、专业能力、专业情意等方面不断完善的过程，即由一个专业新手发展成为专家型教师的过程。

具体来说，教师专业发展包括以下内容。

（一）专业知识

专业知识就其核心而言，自然是教师任教学科的系统知识，是任教学科的教学理论。教师一方面要巩固以前所学的专业知识，并将它们转化为活的知识，转变为能动的知识；另一方面，要不断更新已学的专业知识，使之能跟上时代的步伐。因为随着时代的高速发展，专业知识也在不断更新。此外，教师要不断学习先进的教学理论，更新自己的教学理念，用新颖的教学理论来武装头脑。

（二）专业能力

因为不是有了教学专业知识就能上课，有了教学专业理论就能辅导，所以教师要不断地将教学专业知识转化为教学专业能力，将教学专业理论升华为教学专业技能。

（三）专业情意

1. 专业理想

专业理想就是当教师的追求。换句话说，教师应当为什么样的目标去奋斗，为什么样的梦想去拼搏；应该当一个什么层次的教师，做一个什么品位的教师。没有专业理想的教师，不会成为一名优秀的教师。

2. 专业思想

概括起来说，就是教师要通过各种教育体验，产生先进的教育理念；要通过多样的教育总结，形成科学的教育思想。具体来说，主要包括以下两个方面：一方面是在学科教学中，以什么样的教育理念来组织教学活动，以什么样的教育思想来活跃课堂教学；另一方面是在教育活动中，以什么样的教育理念来开展教育活动，以什么样的教育思想来从事教育工作。专业思想不是静止不变的，而是动态发展的。

3. 专业品格

专业品格的核心包括三部分内容：一是终身从教。教师职业是个崇高的职业，关系到国家的前途和命运，关系到人类的发展与未来。因此，作为教师，不仅要热爱教师职业，更要立志终身从教。二是育人为本。教师的本职工作不仅仅是教书，还要育人；不仅仅是尽心尽力教好书，还要不遗余力育好人；不仅仅是为人民教好书，还要为国家育好人。三是为人师表。具体地说，就是要求学生做到的，教师首先要做到；要求学生带头的，教师首先要带头。

4. 专业智慧

教育是一门科学，更是一门艺术。而艺术是最讲究智慧、最需要智慧的。所以，教育也需要智慧。教育智慧不会凭空产生，不会从天而降，它只能来自先进的教育理论，源于坚实的教育实践，源自先进的教育理论与坚实的教育实践的融合。

三、教师专业发展的基本要求

（一）构建职业道德

教师职业道德是从事教学工作的脑力劳动者在教学实践中所应遵循的道德规范。教师要在实际工作中，坚持爱国守法、爱岗敬业、关爱学生、为人师表、教书育人、终身学习。

（二）扩展专业知识

专业知识是一名合格教师的必备条件，它解决的是学生从教师这儿学什么和怎么学的问题。无论教师担任哪一门科目的教学与授课，都必须掌握相关的专业知识，这是对一个教师的基本要求。

（三）提升专业能力

专业能力是教师在教育教学活动中运用一定的专业知识和经验顺利完成某种教育教学任务的活动方式和本领。专业能力是教师综合素质最突出的外在表现，也是评价教师专业性的核心因素。

（四）形成教师人格

教师人格是指教师作为教育职业活动的主体，在其职业劳动过程中形成优良的情感意志、合理的智能结构、稳定的道德意识和个体内在的行为倾向性。可以说，教师人格包括教师的智慧、道德、情感、意志等品质。教师人格体现着教师个体的独特价值和教师职业特点，不仅影响着学生的人格形成和学业成绩，也影响着教师的教育和专业发展。教师的理想人格内核是真善美的和谐统一。

（五）搭建专业思想

专业思想是教师在深入理解教育工作的本质、目的、价值的基础上形成的关于教育教学的基本观点和信念，是教师专业发展的理性支点和专业自我的精神内核。

（六）发展专业自我

专业自我就是教师在职业活动中创造并体现符合自己志趣、能力与个性的独特的教育教学生活方式，以及在职业活动中形成的知识、观念、价值体系和教学风格的总和。

四、教师专业发展阶段

（一）教师发展的三阶段理论

福勒和布朗根据教师的需要和不同时期所关注的焦点问题，把教师的成长划分为关注生存、关注情境和关注学生三个阶段。

1. 关注生存阶段

此阶段关注的是教师自己的"生存"问题。新教师通常非常关注自己的生存适应性，最担心的问题是"学生喜欢我吗""同事们如何看我""领导是否觉得我干得不错"等。因而他们可能会把大量的时间都花在如何与学生搞好个人关系上，想方设法控制学生，而不是更多地考虑如何让学生获得学习上的进步。

2. 关注情境阶段

此阶段所关注的是教学情境的限制和挫折，以及各种不同的教学要求，如"内容是否充分、得当""如何呈现教学信息""如何掌握教学时间"等。传统教学评价集中关注这一阶段，一般来说，老教师比新教师更关注此阶段。

3. 关注学生阶段

此阶段教师考虑学生的个别差异，认识到不同发展水平的学生有不同的需要，根据学生的差异采用适当的教学方式，促进学生的发展。能否自觉关注学生是衡量一个教师是否成熟的重要标志之一。

（二）教师发展的五阶段理论

教师发展的五阶段理论，是美国亚利桑那州立大学的伯利纳在人工智能领域的"专家系统"研究以及德赖弗斯职业专长发展五阶段理论的基础上，根据教师教学专业知识和技能的学习与掌握情况提出的，分别是新手教师阶段、熟练新手教师阶段、胜任型教师阶段、业务精干型教师阶段和专家型教师阶段。

（三）叶澜"自我更新"取向教师专业发展阶段

"自我更新"取向教师专业发展阶段论认为，教师专业发展分为"非关注"阶段、"虚拟关注"阶段、"生存关注"阶段、"任务关注"阶段、"自我更新关注"阶段五个阶段。

1. "非关注"阶段

这是进入正式教师教育之前的阶段。这一阶段的经验对今后教师的专业发展的影响不可忽视。在这一阶段所形成的"前科学"的教育教学知识、观念甚至迁延到教师的正式执教阶段。

2. "虚拟关注"阶段

该阶段一般是职前接受教师教育阶段（包括实习期）。该阶段专业发展主体的身份是学生，至多只是"准教师"。这使得他们所接触的中小学实际和教师生活带有某种虚拟性，他们会在虚拟的教学环境中获得某些经验，对教育理论及教师技能进行学习和训练，有了对自我专业发展反思的萌芽，从而为正式进入任职阶段打下良好的基础。

3."生存关注"阶段

这一阶段是教师专业发展的一个关键阶段，他们不仅面临着由教育专业的学生向正式教师角色的转换，也存在所学理论知识和具体教学实践的"磨合期"，需要在教学实践过程中对理论、实践及其关系进行反思，以克服对于教学实践的不适应。新任教师一般处于这一阶段。

4."任务关注"阶段

在度过了初任期之后，决定留任的教师逐渐步入"任务关注"阶段。这是教师专业结构诸方面稳定、持续发展的时期。随着基本"生存"知识、技能的掌握，教师自信心日益增强，由关注自我的"生存"到更多地关注教学，由关注"我能行吗"转为关注"我怎样才能行"。

5."自我更新关注"阶段

处于该阶段的教师，其专业发展的动力转移到了专业发展自身，不再受外部评价或职业升迁的牵制，直接以专业发展为指向。同时教师已经可以自觉依照教师发展的一般路线和自己目前的发展条件，有意识地自我规划，以谋求最大限度的自我发展。

五、教师专业发展的途径与方法

（一）教师专业发展的途径

1.终身学习——教师专业发展的前提保证

知识的迅猛更新客观上要求教师学会学习，养成学习的习惯。教师必须不断更新自己的知识结构，使自己的课堂常教常新；要树立较强的教育科研意识，认真学习和掌握教育研究的基本方法与相关理论知识并自觉地在研究中应用；要在教书育人的实践中学习，学习，再学习；要做教学实践中的"有心人"，在实践中不断探究。

2.行动研究——教师专业发展的基本途径

行动研究的起点和对象是教学实践中出现的问题，通过制订计划、系统地收集资料、分析问题、提出改进方案、付诸实施、检验和反省成果等流程，把学习与培训、学习与行动结合起来。研究的成果直接用于学校教学实践的改进和教师教学实践能力的提高，并以研究成果为依据，进行教育改革，提升教学质量，实现教师学习培训和教学过程的统一，促进教师专业发展。近年来，行动研究已经成为教师专业成长、课程改革的重要手段之一。

3.教学反思——教师专业发展的必经之路

教学反思是指教师以自己的教育教学实践活动为认知对象，有意识地对教育教学活动过程中的教育理念、教育思维方式和教育行为方式进行批判性的分析和再认知，从而实现自身专业发展的过程。

（1）波斯纳的教师成长公式：经验＋反思＝成长。

如果一个教师仅仅满足于获得感性经验而不进行理性思考，其原有的教育理念及不当的教学行为就很难改变，即使是有多年的教学经验，也许只是一年教学工作的多次重复；如果不从经验中进行教学反思，吸取经验教训，或许永远只能停留在一个新手型教师的水准上，无法使自己成为一个研究型的教师。教学反思是教师专业化成长的必由之路。

（2）布鲁巴奇的教学反思的四种方法。

反思日记：教师在一天的教学活动结束之后写下自己的体验，与指导教师共同分析。

详细描述：教师相互观摩教学，详细描述所看到的情景，并对此进行讨论分析。

交流讨论：来自不同学校的教师就课堂上发生的问题进行讨论，提出解决方案，并与所有教师分享。

行动研究：教师及研究者为弄清楚课堂上出现的问题的实质，探索更先进的教学方案，采取调查和实验研究的方法，直接着眼于教学实践的改革。

（3）**两大反思策略：内省反思法和交流反思法。**

内省反思法是指教师主动地对自己的教学实践进行反思的方法。根据反思对象及反思载体的不同，内省反思法又可分为以下几种具体的方法：

1）反思总结法。反思总结法主要是指通过自己的记忆，对自己的教学实践予以总结、反思，从而使教学实践中的"灵感"内化，也使教学实践中出现的问题得到考虑。

2）录像反思法。录像反思法是指通过录像再现自己的教学实践，教师以旁观者的身份反思自己的教学过程的方法。这种方法的优点是能够客观地对自己的教学过程进行评价，这样能更好地强化自己已有的经验，改正和弥补自己的不足。

3）档案袋反思法。档案袋反思法以专题的形式为反思线索，对教学实践进行反思，包括课堂提问的内容是否为课堂的重点、难点，对某学生的提问形式、难度是否符合该学生的实际能力等。

交流反思法可以就某一问题与其他教师进行交流，也可以在听完某教师的一堂课以后，针对这堂课进行交流。这样可以反观自己的意识与行为，加深对自己的了解，并了解与自己不同的观念，进而取他人之长，补己之短。

4. 同伴互助——教师专业发展的有效方法

新课程计划的颁布，新教材的推行，新课程理念的逐渐渗透，不同学科的相互融合以及与现代信息技术的整合等，这些都要求教师彼此合作、共同提高，如磨课、沙龙、展示等。

5. 专业引领——教师专业发展的重要条件

在学习化社会，人人需要终身学习。教师为了提高自己的专业素养，往往会向周围的同事、学生、家长学习，向书本、实践学习。在当前我国课程发展大变动的时期，先进的理念如若没有以课程内容为载体的具体指引与对话，没有研究者与骨干教师等高一层次人员的协助与带领，同事之间的横向互助常常会囿于同水平反复。因此，教师必须向专业人士学习，不断接受先进理论、技术、方法和经验的专业引领。

6. 课题研究——教师专业发展的有效载体

课题是某一领域里具有普遍意义的，有明确而集中的研究范围、研究目的和研究任务的研究项目，它有效整合了教师专业成长的基本途径，是教师专业成长的有效载体，能促进教师自主成长，提升教师的自我更新能力和可持续发展能力，最终使学生获益。

教师通过课题研究能够有效促进专业理论水平的提升，专业知识的拓展，专业能力的提高以及自我专业形象的形成。

（二）教师专业发展的方法

1. 观摩和分析优秀教师的教学活动

课堂教学观摩可分为组织化观摩和非组织化观摩。组织化观摩是有计划、有目的的观摩，非组织化观摩则没有这些特征。为培养、提高新教师和教学经验欠缺的年轻教师，可以进行组织化观摩。非组织化观摩要求观摩者有相当完备的理论知识和洞察力。

2. 开展微格教学

微格教学以少数学生为对象，在较短的时间（5～20分钟）内尝试做小型的课堂教学，并将教学过程录像，课后进行分析。这是训练新教师、提高教学水平的一条重要途径。

3. 进行专门训练

要想促进新教师的成长，可以对其进行专门训练。

例题精讲

单选题

1. 李老师为了赢得学生的喜爱，把大量时间花在如何与学生搞好关系上。从教师专业成长的角

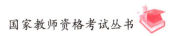

度来看，李老师的做法表明她着重关注的是（ ）。

    A. 教学情境   B. 职业生存

    C. 学生发展   D. 教学设计

【答案】B

【解析】教学情境是指教师在教学过程中创设的情感氛围。教学设计是指根据教学对象和教学目标，确定合适的教学起点与终点，将教学诸要素有序、优化安排，形成教学方案的过程。职业生存是指关心在工作中的适应性以及职业关系，教师关注与学生的关系是职业生存的表现，故选B。

2. 某校组织同一学科教师观摩教学，课后针对教学过程展开研讨，提出完善教学的建议，这种做法属于教师专业发展途径中的（ ）。

    A. 进修培训   B. 同伴互助

    C. 师德结对   D. 自我研修

【答案】B

【解析】题干中展现的场景即为同学科教师之间的相互交流，应体现的是同伴互助的教师专业发展途径。

3. 刚参加完培训的张老师自费将资料复印送给同事，并将自己的心得与同事分享。下列说法不正确的是（ ）。

    A. 张老师具有团结协作的精神   B. 张老师注重业务能力的提高

    C. 张老师具有循循善诱的品德   D. 张老师重视专业素养的提高

【答案】C

【解析】本题主要考查教师的专业发展，刚参加完培训的张老师自费将资料复印送给同事，并将自己的心得与同事分享，并没有体现循循善诱的内容。

4. 孙老师针对数学课堂气氛沉闷、学生表现不积极的现象进行认真分析，寻找解决问题的途径与方法，并在教学中予以实施，取得了良好效果。这说明孙老师注重（ ）。

    A. 行动研究   B. 同伴互助

    C. 微格教学   D. 专业引领

【答案】A

【解析】行动研究是指教师以及研究者为弄清楚课堂上出现的问题的实质，探索更先进的教学方案，所进行的调查和实验研究。题干中的孙老师针对课堂气氛不好的现象而寻找解决问题的途径和方法，属于行动研究。

5. 青年教师王老师想提高教学水平，主动向特级教师李老师学习，经常跟班听课。然而，尽管王老师的教学设计、教学方法甚至教学语言都与李老师相仿，但教学效果不佳。下列分析不恰当的是（ ）。

    A. 王老师只注重了模仿，忽视了自己对教学的反思

    B. 王老师不注重专业学习，专业知识与技能不扎实

    C. 王老师一味模仿李老师，未形成自己的教学风格

    D. 王老师不重视班级学情，忽视了学生个体差异性

【答案】B

【解析】题干中的王老师模仿李老师，但效果不佳，说明他缺乏反思的意识，并没有考虑本班学生与李老师班级学生的差异性，所以实际效果不好。

6. 江老师十分注重自我学习，却经常不参加学校的校本研修活动。江老师的行为（ ）。

    A. 不恰当，自我学习是权宜之计   B. 不恰当，学习方式应该多元化

    C. 恰当，自我学习优于校本研修   D. 恰当，校本研修理论价值不大

【答案】B

【解析】江老师的做法不恰当，自我学习固然重要，但是校本教研也有利于教师的专业发展，教师应该注意自身学习方式的多元化。

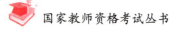

考点详解

一、现代教师角色转换

（一）从教师与学生的关系看

从教师与学生的关系看，教师由知识的传授者转变为学生学习的引导者和学生发展的促进者。

第一，教师不能将传授知识作为自己的主要职责和目的，而应该把激发学生的学习动机，指导学生学习方法，组织管理和指导学生的学习过程，培养学生自主学习、合作学习的能力作为自己工作的主要目标。在教学过程中，教师要注重培养学生的发现和探究能力以及实践动手能力，激发学生的创造潜能，引导学生学会学习、学会合作、学会做事、学会做人。

第二，现代社会的发展要求教师不仅仅是向学生传播知识和社会规范，更要关注学生人格的健康成长与个性发展，真正成为学生发展的促进者。

（二）从教学与研究的关系看

从教学与研究的关系看，教师从课程的忠实执行者转变为课程的建设者和开发者。

新课程改革倡导民主、开放、科学的课程理念，同时确立了国家、地方和学校的三级课程管理体制，建立了包括国家课程、地方课程和校本课程的三级课程体系。三级课程体系的建立，要求课程与教学必须相互整合，教师必须在课程改革中发挥主体作用，转变长期以来形成的课程的忠实执行者的角色，成为课程的积极的开发者和建设者。

新课程要求教师具有强烈的课程意识和参与意识，改变以往学科本位的观念和被动实施课程的做法。教师要整体理解基础教育课程的结构系统，熟悉国家课程方案，理解国家课程、地方课程、校本课程之间的关系，理解课程实施中从"专家课程"到"现实课程"的转变过程，正确认识教材在课程中的地位和功能，创造性地使用国家课程教材，积极进行国家课程地方化、校本化的实践探索。同时，积极参与地方课程和校本课程的建设，培养开发课程、评价课程、主动选择和创造性地使用新课程教材的能力。

（三）从教学与课程的关系看

从教学与课程的关系看，教师要从"教书匠"转变为教育教学的研究者和反思的实践者。

新课程要求教师应该是一个研究者，以研究者的心态置身于教学情境中，以研究者的眼光审视和分析教学理论与教学实践中的各种问题，对出现的教学问题进行研究，总结经验，并形成规律性的认识。

（四）从学校与社区的关系看

从学校与社区的关系看，教师要从学校的教师转变为社区型的开放的教师。

新课程特别强调学校与社区的互动，重视挖掘社区的教育资源。在这

考点3：

新课程改革背景下的现代教师观

内容提要：在新课程改革背景下，教师的职业角色发生了转变：是学生学习的促进者，是教育教学的研究者，是课程的建设者和开发者，是社区型的开放的教师；同时，教师的教学行为也发生了转变。

种情况下，教师的角色不能再仅仅局限于学校和课堂，教师不仅是学校的一员，而且是整个社区的一员，是整个社区教育、文化事业建设的共建者。

二、教师行为的转变

（一）在对待师生关系上，新课程强调尊重、赞赏学生

首先，"为了每一位学生的发展"是新课程改革的核心理念。为了实现这一理念，教师必须尊重每一位学生做人的尊严和价值，尤其是对于学习成绩不好的学生，有缺点和过错的学生。其次，尊重学生意味着不能伤害学生的自尊心，这就要求教师不体罚学生，不大声训斥学生，不羞辱、嘲笑学生，不随意当众批评学生。最后，教师不仅要尊重每一位学生，还要学会赞赏每一位学生。

（二）在对待教学上，新课程强调帮助、引导学生

教育的本质在于引导，引导的特点是含而不露、指而不明、开而不达、引而不发；引导的内容不仅包括方法和思维，也包括价值观和怎样做人。在新课程条件下，教师在教学过程中要与学生积极互动、共同发展；要创设丰富的教学情境，信任学生的学习能力，营造一个轻松、宽容的课堂气氛；教学活动具有创造性，可以结合课堂的具体情境和学生的兴趣即性发挥；知识的学习不必遵循固定不变的程序，应该根据学生的需要因势利导；学生的学习是一个主动建构的过程，不必将知识作为"绝对的客观真理"强加给学生。

（三）在对待自我上，新课程强调反思

新课程强调教学反思。按教学的进程，教学反思分为教学前、教学中、教学后三个阶段。教学反思是教师专业发展和自我成长的重要手段，促使教师形成自我反思的意识和自我监控的能力。

（四）在对待与其他教育者的关系上，新课程强调合作

新课程强调课程的综合，这种趋势特别需要教师之间的合作。教师之间一定要相互尊重、相互学习、团结互助。

 **例题精讲**

单选题

1. 小虎平时纪律松散，经常迟到，上课还与邻座讲话。班主任让小虎把桌椅搬到教室后面的角落里一个人坐。下列选项中，对该班主任的行为评价正确的一项是（　　）。

A. 激励了学生的学习积极性　　　　B. 没有发挥学生的主体性

C. 没有尊重学生的人格　　　　　　D. 维护了教师的权威

【答案】C

【解析】面对学生小虎出现的问题，班主任要采取多种方式与其沟通，有针对性地进行思想教育，而不应让小虎把桌椅搬到教室的角落，这种做法没有尊重学生的人格。

2. 常老师利用周末时间向农民请教农业知识，看科普书籍，并把内容融入教学中，而且制作成册发给同事共享。这说明常老师具有（　　）。

A. 校本教研意识　　　　　　　　　B. 课程开发意识

C. 课程评价意识　　　　　　　　　D. 校本培训意识

【答案】B

【解析】本题主要考查教师的专业发展，常老师的做法体现了极强的课程开发意识。

3. 小红怀疑同桌小刚偷了她新买的文具盒，就报告了老师，老师让班干部搜查小刚的书包和抽

屈。该老师的做法（　　　）。

A. 错误，应该充分尊重信任小刚 　　　B. 错误，应该搜查所有学生的书包

C. 错误，应不当着学生的面搜查 　　　D. 错误，应该通知学生家长再搜查

【答案】A

【解析】从题干中可以看出，该老师的行为本身就是错误的，关键是要找出他错误的点，即没有尊重学生，没有信任学生。

4. 教师由"教书匠"转变为"教育家"的主要条件是坚持学习课程理论和教学理论，（　　　），对自身的行为进行反思。

A. 热爱教育事业

B. 认真备课，认真上课

C. 经常撰写教育教学论文

D. 以研究者的眼光审视和分析教学理论与教学实践中的各种问题

【答案】D

【解析】教师由"教书匠"转变为"教育家"的主要条件是坚持学习课程理论和教学理论，以研究者的眼光审视和分析教学理论与教学实践中的各种问题，对自身的行为进行反思。

【材料分析】

刘老师从师范学校毕业后，在一所乡村小学开始了她的教师生涯。三十年来，她一直坚守在教学的第一线。

为了寻找供孩子们观察用的野花，刘老师在河岸、田埂精心识别和挑选；为了让孩子们更好地体会课文所蕴含的情感，在家人熟睡的时候，她一个人在厨房里反复朗读课文；大雪过后，她又会兴致勃勃地带孩子们去找蜡梅，去看苍翠的松树，让孩子们更好地感受自然。

刘老师坚持每天黎明即起，坐在校园旁的荷花池畔背唐诗、宋词，背郭沫若、艾青、普希金、海涅、泰戈尔等中外名家的诗篇，用优美的诗篇来陶冶自己的情操。她摘抄的古今中外的优秀诗篇，有厚厚的几本。她还如饥似渴地学习教育学、心理学和美学知识，阅读许多中外教育名著，撰写教学日志，并不断改进自身的教学实践。

问题：请结合材料，从教师观的角度，评析刘老师的教育行为。

【参考答案】材料中刘老师的教育行为符合新课改背景下教师观的要求，值得肯定。

（1）新课改下的教师观要求教师是学生学习的引导者和发展的促进者。教师从过去的仅作为知识传授者这一核心角色中解放出来，致力于促进以学习能力为中心的学生的和谐、健康、全面发展。材料中的刘老师能够在大雪之后，带领学生去寻找蜡梅、松柏，充分调动了学生学习的主动性，促进学生亲身感受大自然的变化，有效引导学生的学习，促进学生的发展。

（2）新课改下的教师观要求教师要做课程的建设者和开发者。新课改要求教师必须将课程与教学相整合，教师需要在课程改革中发挥主导性作用，形成强烈的课程意识和参与意识，不断提高自身的课程建设能力与课程评价能力。材料中的刘老师为学生识别、挑选野花，带领学生找蜡梅、看松树，为学生创设良好的教学环境，为学生创设开放的课堂。

（3）刘老师的行为体现了教师观中终身学习的要求。终身学习是新课程改革对教师的要求，是教师专业发展的不竭动力和重要途径。教师在促进学生发展的同时，自身也应该有最大限度的发展。教师要走终身学习之路，成为学习型教师。材料中的刘老师背诵唐诗宋词及中外名家的诗篇，陶冶自己的情操，摘抄优秀诗篇，学习教育学、心理学和美学知识，阅读中外教育名著，做到了终身学习，促进了自身的专业发展。

（4）刘老师的行为体现了教师观中勤于反思的要求。教师要把自身已有的教育实践作为思考的内容，对已有的教育实践成败原因进行反思，进而获得解决教育实际问题的新知，成为勤于反思的教育实践者。材料中的刘老师能够撰写教学日志，不断改进自身的教学实践，体现了教师观中勤于反思的要求。

总之，教师在教育教学过程中应树立正确的教师观，刘老师的行为值得我们学习。

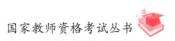

考点详解

一、终身学习的内涵

"终身教育"这一术语是1965年在联合国教科文组织主持召开的国际成人教育促进会议上，由联合国教科文组织成人教育局局长保罗·朗格朗正式提出的。终身学习是指社会每个成员为适应社会发展和实现个体发展的需要，贯穿于人的一生的持续的学习过程，即我们常说的"活到老学到老"。终身学习具有终身性、全民性、广泛性等特点。终身学习理念要求教师树立终身教育思想，使学生学会学习，培养学生主动的、不断探索的、自我更新的、学以致用的良好学习习惯。

二、终身学习的途径

（一）在教学工作中进行终身学习

教师在教学过程中，必须树立终身学习的意识，进而通过教育来影响学生的终身学习理念。教师与学生的终身学习理念的养成不是单纯地通过教与学才能实现，更多的是需要教师和学生不断通过实践来实现，只有这样才能跟得上知识经济时代发展的客观要求。

（二）在教学反思中进行终身学习

终身学习和持续反思是教师自我发展的重要途径。广泛的反思性教学实际上就是要求教师对教学不断反思，使业务能力不断提高、自我不断发展，以促进教师发展朝终身化方向发展。教学反思会强化教师的创造性，激励个人成长愿望，有益于传授主要知识和培养课堂技能，养成教师的专业气质。以高标准进行反思性教学的教师将逐渐形成敏锐的专业判断力，更加专业化。这就要求教师改变一次性学习的观念，树立终身学习的理念，将每一堂课的教学都作为反思和提高的机会。

 例题精讲

单选题

1. 终身教育概念的首创者是（　　）。

A. 埃德加·富尔　　　　　　B. 雅克·德洛尔

C. 保罗·弗莱雷　　　　　　D. 保罗·朗格朗

【答案】D

【解析】1965年，法国教育理论家保罗·朗格朗在联合国教科文组织于巴黎召开的国际成人教育促进会议上，提出"终身教育"的概念。

2. 人在从出生到死亡的整个过程中都应进行持续的教育，教育的目的和形式根据个人发展不同阶段的需要而确定，从而使教育成为个人生活中不可缺少的一部分。这句话说明教师应当（　　）。

A. 职前培养　　　　　　　　B. 反思和研究

C. 观摩学习　　　　　　　　D. 终身学习

【答案】D

【解析】终身学习是指社会成员为适应社会发展和实现个体发展的需要，贯穿于人的一生的持续的学习过程。教师必须不断强化自身学习，树立终身学习的观念。

考点4：
教师的终身学习

内容提要：终身学习的理念和保罗·朗格朗提出的"终身教育"的概念一脉相承，是现代社会发展和教师职业的必然要求。教师必须从师德修养、教研能力、反思能力等方面实现突破和提升。

3. 王老师每年都给自己制订读书计划并严格执行。这体现了王老师注重（　　）。

    A. 团结协作　　　　　　　　B. 教学创新

    C. 循循善诱　　　　　　　　D. 终身学习

【答案】D

【解析】教师的职业发展要求教师有终身学习的理念，终身学习要求教师通过不断的自主学习、自我监控、实践反思、探究和研修，实现自我更新和发展。王老师每年都制订读书计划并且严格执行，不断完善自己，不断实现自我发展，体现了他注重终身学习。

4. 陈老师在教学时引用徐霞客的诗句"五岳归来不看山，黄山归来不看岳"，有学生产生了疑问："为什么黄山不在五岳之列？"陈老师下列处理方式恰当的是（　　）。

    A. 不予理睬继续上课　　　　B. 批评该学生上课分心

    C. 布置学生课外探究　　　　D. 解释说作者弄错了

【答案】C

【解析】当学生提出疑问时，老师应该引导学生展开探究，这样有助于学生更好地理解知识。

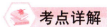 **考点详解**

一、师生关系的基本类型及两种对立的观点

（一）师生关系的基本类型

认识不同类型的师生关系，有助于教师自觉地处理好自己与学生的关系，促进教育、教学质量的提高。当前，有不少小学教师热爱自己的工作，热爱自己的教育对象，能正确地对待学生，善于以教育学原理为指导，按学生的特点开展教育、教学工作，形成民主、平等、和谐的师生关系。常见的师生关系类型主要有高压型、放任型和民主型。

1. 高压型

处于这种师生关系中的教师受师道尊严思想支配，过分突出自己教育者的角色地位，以高压手段，甚至以体罚或精神虐待方式对待学生，师生关系如同猫鼠关系。这种师生关系的危害性很大，会导致学生心理紧张和恐惧、表面顺从教师，在课堂上或其他教育场合形成一种严格守纪的假象。但教师在学生内心中只有权力，没有威信。这种师生关系有可能使学生的学习处于被动状态，学生甚至会产生厌学情绪或讨厌学校生活。

2. 放任型

这是与高压型相反的另一种极端情况。处于这种师生关系中的教师的态度特征是对学生缺乏必要的责任感，对学生在学业上、思想上、道德上缺乏应有的要求，采取一种听其自然的放任态度。师生关系呈现出"宽松""随和"的特点，但并不是建立在为完成教育任务基础上的尊师爱生关系。在这种师生关系中，教师在学生心目中缺乏真正的威信，有可能造成学生在思想上、学业上不求上进，对自己缺乏严格要求，纪律松弛等问题。

3. 民主型

民主型师生关系是指在教育教学活动中，师生以人际交往为基础，以学生主动发展、终身发展为目的而建立起的以民主、平等、对话与合作为

考点 5：

新型师生关系构建

内容提要：教师和学生在教学上是授受关系，人格上是平等关系，道德上是互相促进关系；建立新型师生关系是现代教育发展的要求。

特征的师生共同完善其人格的和谐关系。在民主型师生关系中，学生的学习努力程度比较适中，学习成绩比较稳定。

新课程理念倡导的新型师生关系为民主型师生关系。

（二）两种对立的观点

关于师生关系，有两种对立的观点，即教师中心论和学生中心论。

1. 教师中心论

教师中心论的代表人物是德国教育家**赫尔巴特**。教师中心论强调教师在学生中的权威作用，一切教育活动的基础都应以教师为中心。在教育过程中，不能把学生的自由当作手段，而应当作过程的目的和结果。

教师中心论把教师放在绝对主体的地位，片面强调教师在教育教学活动中的作用，忽视了学生的主体地位，压制了学生在教育教学活动中的积极性和自主性。

2. 学生中心论

学生中心论的代表人物是**卢梭和杜威**。学生中心论把学生的发展视为一种自然的过程，认为教师不能主宰这种自然发展的过程，而只能作为"自然的仆人"。学生中心论还认为，学生的发展是一个主动的过程，教师的作用只在于引导学生的兴趣，满足学生的个人需要，而不是直接干预学生的学习；学生只能在个体经验中获得发展，借助直接经验获取他们所需要的知识。

二、师生关系的构建内容与方法

（一）师生关系的构建内容

1. 师生在教育内容的教学上结成**授受关系**

在教育活动中，教师处于教育和教学的主导地位。从教育内容的角度来说，教师是传授者，学生是接受者。

（1）从教师与学生的社会角色规定的意义上看，教师是传授者，学生是受授者。

在知识、智力及社会经验上，教师之于学生都有明显的优势。教师的任务就是发挥这种优势，帮助学生迅速掌握知识、发展智力、丰富社会经验。但这一过程并不是单向传输过程，它需要学生积极、富有创造性的参与，需要发挥学生的主观能动性。

（2）学生在教学中主体性的实现，既是教育的目的，也是教育成功的条件。

一方面，教育要培养生动活泼、主动发展的个体，就必须充分调动个体的主动性，很难想象消极被动的教育能够培养出主动发展的人；另一方面，个体身心的发展并不是简单地由外在因素施加影响的结果，而是教师、家庭、社会等外在因素通过学生内在因素起作用的结果。没有个体主动积极的参与，没有学生在活动过程中的积极内化，就没有真正意义上的教学存在。

（3）对学生指导、引导的目的是促进学生的自主发展。

教师的责任是帮助学生由知之不多到知之较多，由不成熟到成熟，最终是要促使学生能够不再依赖教师，学会学习，学会判断，学会选择。教师不但要认可学生，而且要鼓励学生，善于根据变化着的实际情况有所判断、有所选择、有所发挥。

2. 师生在人格上是**平等**的关系

（1）学生作为一个独立的社会个体，在人格上与教师是平等的。

学生虽然所知不如老师多，思想尚未成熟，但作为一个独立的社会个体，其在人格上与教师是平等的。在封建社会的师生关系中，教师之于学生有无可辩驳的权威性，学生服从教师是天经地义的，所谓"师严乃道尊"。这种不平等的师生观，对今天仍有影响。不彻底消除这种影响，不充分认识到学生独立的社会地位和法律地位，就不可能建立社会主义的新型师生关系。

（2）教师和学生是一种朋友式的**友好帮助**关系。

传统的师生关系是一种单通道的授受关系，在管理上是"我讲你听"的专制型关系，其必然结果是学生的被动和消极，导致师生关系紧张。19世纪末以后，出现了以儿童为中心的师生关系模式，它强调儿童的主体地位，强调儿童的积极性和创造性，明显改善了传统的师生对立状态，但在管理上出现了放任主义的倾向，这对学生活动的积极性和良好师生关系的形成同样是不利的。有利于学生发展的严格要求和民主的师生关系，是一种朋友式的友好帮助关系。在这种关系下，师生相处融洽，学生学习效率高。

3. 师生在社会道德上是**互相促进**的关系

从社会学的角度看，师生关系更深层的意义是人和人的关系，是师生间思想交流、情感沟通、人格碰撞的社会互动关系。教师对学生的影响不仅仅是知识上、智力上的，更是思想上、人格上的。

（二）构建新型师生关系的途径与方法

1. 变"单向型"为"双向型"

应试教育中的师生关系是"单向型"的。所谓"单向型"，是指在教育过程中，教师担任文化知识的传递者和社会道德伦理的传播者角色。

新型师生关系是"双向型"的。教师要有向学生学习的勇气；同时，向学生学习的过程，就是发掘学生优点的过程，是进行情感交流的途径。

2. 变"功利型"为"合作型"

应试教育本身就带有鲜明的功利性，服务于它的师生关系也必然带有这种特点。师生围绕升学率的指挥棒转，而提高升学率所付出的代价是学生道德、情感教育的缺失。更为严重的是，"有偿家教""集资赞助"等现象越来越普遍，不仅严重损害了教育者的形象，也给师生关系带来了不良影响。

互动的师生关系在师生关系中处于较高的层次。合作是现代人际交往的重要内容，因此，师生合作也给予了学生自我完善的动力，促使学生自我塑造，逐步形成各种社会交往中应有的品质。在教育实践中，教师要善于精心培养班级团结合作的精神。但在这个过程中，教师仅负责制定目标，而不是包办代替，应充分发扬课堂民主，由师生共同参与完成。

3. 变"间离型"为"和谐型"

"间离型"是功利型师生关系所产生的必然结果。对此，教师有不可推卸的责任，忽视对学生的思想、道德教育，缺少交心谈心，"话语"单调等，使师生关系日益生疏，师生之间愈发陌生。

新型师生关系认为，教育是在师生互动的基础上，教师对学生全面施加影响的过程。和谐的师生关系就是师生之间形成和谐的互动，即师生共同参与教育。因为只有当教育的教学指向与学生的学习动机趋于一致时，才能达到最经济、快捷的教育效果。

4. 变"主仆型"为"平等型"

学生不是一个没有思想的木偶，也不是一个空空如也的容器，更不是复印机和传声器。学生是人，是发展的人。每个学生都有自己独特的内心世界、精神生活和内在感受，有不同于成人的观察、思考和解决问题的方式。

传统的师生关系否认学生的主体性，忽视学生的主观能动性，强调外部环境和力量对学生的作用与影响，把学生当成接受知识的被动载体。这样的师生关系和学生观既不利于发展学生的创造性和个性，也不利于学生良好人格的形成，阻碍了教育教学的发展。

在新课改背景下，教师应由"教学中的主教"转向"平等中的首席"，从传统的知识传授者转向现代的学生发展的促进者。交往论承认教师与学生都是教学过程的主体，都是具有独立人格价值的人，两者在人格上完全平等。

例题精讲

单选题

1. 教师在学生心中只有权力、没有威信，属于以下哪种类型的师生关系？（　　）

A. 高压型　　　　　　B. 放任型　　　　　　C. 智慧型　　　　　　D. 民主型

【答案】A

【解析】从题干的表述中就可以判断出答案。

2. "学然后知不足，教然后知困"体现了（　　）的新型师生关系。

A. 尊师爱生　　　　　B. 民主平等　　　　　C. 教学相长　　　　　D. 心理相容

【答案】C

【解析】这句话的意思是在教学过程中，教师的教促进学生的学，学生的学促进教师的教，教与学是相互促进的。此考点在考试中出现的频率很高，牢固记忆即可。另外，师生关系的类型、新型师生关系的内容等也是考查的重点。

模块二
教育法律法规

模 块 分 析

 考纲呈现

    1. 有关教育的法律法规

    了解国家主要的教育法律法规，如《中华人民共和国教育法》《中华人民共和国义务教育法》《中华人民共和国教师法》《中华人民共和国未成年人保护法》《中华人民共和国预防未成年人犯罪法》《学生伤害事故处理办法》等。

    了解《国家中长期教育改革和发展规划纲要（2010—2020年）》的相关内容。

    了解联合国《儿童权利公约》的相关内容。

    2. 教师的权利和义务

    理解教师的权利和义务，熟悉国家有关教育法律法规所规范的教师教育行为，依法从教。

    依据国家教育法律法规，分析、评价教师在教育教学实践中的实际问题。

    3. 学生权利保护

    了解有关学生权利保护的教育法规，保护学生的合法权利。

    依据国家教育法律法规，分析、评价教育教学活动中的学生权利保护等实际问题。

 备考策略

    本模块主要考查法律常识及与教育相关的法律法规，该部分在考试中只以单项选择题的形式出现，考查"学生的权利""教师的权利""重点法律法规条文"等知识点。单项选择题的考查形式有两种：一种是单纯法条内容的考查；另一种是给出一个实际案例，需结合法条内容回答问题。考生在复习时应以与教育相关的法律法规条文为重点，结合实际生活进行理解记忆，切不可只是机械背诵法条。

 知识逻辑思维导图

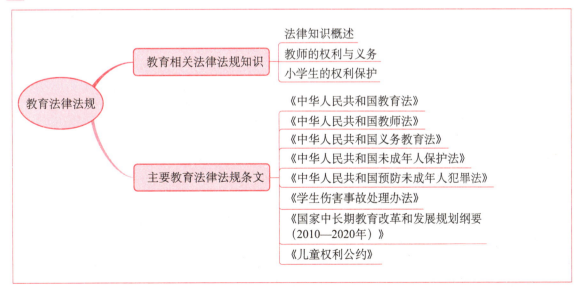

第一章

教育相关法律法规知识

考点详解

一、教育法律

教育法律是国家整个法律体系的一部分，有广义和狭义之分。广义的教育法律是指国家权力机关依照法定的权限和程序制定或认可的，以国家强制力保障实施的教育行为规范体系及其实施所形成的教育法律关系和教育法律秩序的总和。狭义的教育法律专指由国家权力机关制定的教育法律。

教育法律的本质属性：是由国家制定或认可，以国家强制力保障实施的教育行为规范。

教育法律的特点：主体的复杂性，调整范围的广泛性，法律后果的特殊性。

二、教育法规

（一）教育法规的概念

教育法规是有关教育方面的法令、条例、规则、规章等规范性文件的总称，也是对人们的教育行为具有法律约束力的行为规则的总和。它由国家政权机关制定，以国家暴力机器为后盾而实施，对人们接受教育的权利和义务起着保护和规范的作用。

（二）教育法规体系

我国教育法规体系呈纵横二维结构。

横向上以教育法的具体内容为主，表现为教育法的内容结构，包括教育法、义务教育法、教师法、高等教育法、职业教育法、学位条例等。

纵向上以教育法的效力等级为主，表现为教育法的形式结构。我国教育法的形式结构按照创制机关和效力等级可分为六个层级：宪法中有关教育的条款、教育基本法（即《教育法》）、教育单行法、教育行政法规、地方性教育法规、教育规章和地方政府教育规章。具体如下。

1. 宪法中有关教育的条款

宪法是一个国家的根本大法，适用于国家全体公民，是特定社会政治经济和思想文化条件综合作用的产物，集中反映各种政治力量的实际对比关系，确认革命胜利成果和现实的民主政治，规定国家的根本任务和根本制度，即社会制度、国家制度的原则和国家政权的组织以及公民的基本权利义务等内容。宪法中有部分条款涉及教育内容。

考点 1：
法律知识概述
内容提要：法律是国家的产物，是指统治阶级为了实现统治并管理国家的目的，经过一定的立法程序所颁布的基本法律和普通法律。法律是统治阶级意志的体现，是国家的统治工具。

2. 教育基本法

教育基本法是由全国人民代表大会制定和发布的，规定和调整教育方面带根本性、普遍性问题的法律。教育基本法的立法主体是国家最高权力机关，即全国人民代表大会。

3. 教育单行法

教育单行法由全国人民代表大会常务委员会制定和发布，通常规定和调整的对象较窄，内容较具体。其立法主体是国家最高权力机关常设机构，即全国人民代表大会常务委员会。

4. 教育行政法规

教育行政法规是指由国家行政机关制定和发布的有关教育方面的规范性文件。其立法主体是国家最高行政机关，即国务院。

5. 地方性教育法规

地方性教育法规由地方立法机关制定或认可，其效力不能及于全国，而只能在地方区域内发生法律效力，通常有条例、办法、规定、规则、实施细则等。

6. 教育规章和地方政府教育规章

指针对国家有关教育的法律、行政法规的实施问题制定的相应的实施办法、条例和细则等规范性文件，以保证有关法律、行政法规的实施。其立法主体是国务院所属的部、委、局和省、自治区、直辖市以及省、自治区的人民政府所在地和经国务院批准的较大的市的人民政府。

（三）教育法规的制定、执行、遵守与监督

1. 教育法规的制定

教育法规的制定是指由特定的立法主体按照一定的立法权限和程序所从事的制定教育法的活动。

立法的程序一般分为以下四个阶段：

（1）议案的提出。根据宪法和有关法律的规定，可以向各级人大及其常委会提出法律议案的机关和人员有：各级人大的代表；各级国家权力机关的主席团、常设机关和各种委员会；各级国家行政机关；国家最高司法机关和军事机关。

（2）草案的审议。一般采取初步审议和再次审议两个步骤。

（3）表决和通过。

（4）公布。

2. 教育法规的执行

（1）教育法规的效力。

时间效力：教育法规的时间效力主要是指教育法规何时生效、何时失效、有无溯及既往的效力。教育法规仅适用于法规公布以后社会生活中发生的事实，对于法规公布以前发生的事实不能适用。

地域效力：教育法规的地域效力是指教育法规适用的地域范围。

人的效力：教育法规的人的效力是指教育法规对什么人有约束力。

（2）教育法规执行的原则。

1）国家教育法规优先于地方教育法规的原则。

2）总的教育法规优先于单项教育法规的原则。

3）后定教育法规优先于先定教育法规的原则。

4）特别教育法规优先于一般教育法规的原则。

3. 教育法规的遵守

教育法规的遵守主体包括两个方面：一是一切国家机关、武装力量，所有政党，所有社会团体，所有企业事业组织；二是所有公民，即一切社会关系的参加者。

 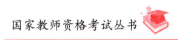

4. 教育法规的监督

目前我国的教育法规主要由以下四个主体进行监督：国家权力机关、国家行政机关、国家司法机关、社会力量。其中，社会力量监督主要包括中国共产党的各级组织、各民主党派、人民政协、社会舆论和人民群众对教育法规实施的监督。

三、教育政策

教育政策是一个政党和国家为实现一定历史时期的教育发展目标和任务，依据党和国家在一定历史时期的基本任务、基本方针而制定的关于教育的行动准则。其表现形式有决议、决定、纲领等。

四、教育法律关系

教育法律关系是指教育法律关系主体之间的权利和义务关系。其中的权利指教育法律所允许的行为，也就是在教育法律关系中法律对主体作为与不作为的允许；义务指教育法律对权利主体所约束的行为，不履行义务将受法律的追究，接受法律的制裁。教育法律关系的构成要素有三：一是主体，即教育法律关系的参加者；二是客体，即教育法律关系主体权利和义务所指向的对象；三是内容，即教育法律上的权利和义务。我国的基本教育法律关系主要包括：学校与政府的关系，学校与社会的关系，学校与教师、学生的关系。

五、教育法律责任

（一）教育法律责任的概念

教育法律责任是指行为人违反教育法律规范的行为所引起的，应当由其依法承担的惩罚性的法律后果。由于行为人违反教育法律规范的程度不同，其所应该承担的教育法律责任也会有程度上、性质上的区别。

（二）教育法律责任的类型

教育法律责任分行政法律责任、民事法律责任、刑事法律责任三种。

1. 行政法律责任

行政法律责任是指行政主体和行政人因违反行政法规范而依法必须承担的法律责任，它主要是行政违法行为引起的法律后果。行政法律责任的种类分两种：（1）制裁性责任，包括通报批评，没收、追缴或责令退赔违法所得，行政处分；（2）补救性责任，包括赔礼道歉、恢复名誉、返还权益、履行职责、撤销违法决定、行政赔偿。依据我国教育法律法规的相关规定，承担违反教育法的行政法律责任的方式主要有两类：行政处分和行政处罚。

2. 民事法律责任

民事法律责任是指违反民事法律规范，无正当理由不履行民事义务或因侵害他人合法权益所应承担的法律责任。教育法规定的民事法律责任是教育法律关系主体因违反教育法律、法规，破坏平等主体之间的财产关系或人身关系，依照法律规定应当承担的民事法律责任。

3. 刑事法律责任

刑事法律责任是指依照刑事法律的规定追究的法律责任。

（三）教育法律责任的归责要件

教育法律关系主体只有具备以下四个教育法律责任的归责要件，才被认定为教育法律责任主体，才应该承担相应的法律后果。

1. 有损害事实

即行为人有侵害教育管理、教学秩序及从事教育教学活动的公民、法人和其他组织的合法权益

  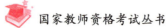

的客观事实存在。这是构成教育法律责任的前提条件。

违法行为对社会所造成的损害有两种情况：一种是违法行为造成了实际的损害，如体罚学生致学生身体受到伤害；另一种是违法行为虽未造成实际的损害，但已存在这种可能性，如有关部门明知学校房屋有倒塌的危险，却拒不拨款维修。

违法行为造成的损害后果，表现为物质性的后果和非物质性的后果。物质性的后果具体、有形、能够计量。如挪用学校建设经费，其数额可以计算。非物质性的后果抽象、无形、难以计量。如教师侮辱学生，造成学生精神上、心理上的伤害，则无法计量。

2. 有违法行为

即行为人实施了违反法律、法规的行为。假若行为人的行为没有违法，他就不承担法律责任。有违法行为也是构成教育法律责任的前提条件。

这个前提条件也包括两个方面的含义：一方面是指行为的违法性。只有行为违反了现行法律的规定才是违法行为。这种违法行为可以是积极作为，如考试作弊、殴打、侮辱教师，侵占学校财产；也可以是消极不作为，如不及时维修危房、拖欠教师工资等。另一方面，违法行为必须是一种行为。人的行为虽然受思想支配，但是如果思想不表现为行为，则并不构成违法。内在的思想，只有表现为外在的行为时，才可能构成违法。

3. 行为人主观上有过错

所谓过错，是指行为人在实施行为时，具有主观上的故意或过失的心理状态。

所谓故意的心理状态，是指行为人明知自己的行为会发生危害社会的结果，但希望或放任这种结果的发生。例如，招生办公室主任收受贿赂后，有意招收分数低的学生，不招收分数高的学生，致使分数高的学生落榜。

所谓过失的心理状态，是指行为人本应避免危害结果发生，但由于疏忽大意或者过于自信而没有避免，以致发生危害结果。例如，教师的教育方式不当，对学生进行人格侮辱，学生因不堪忍受而自杀。该教师的行为即有过失的因素。

4. 违法行为与损害事实之间有因果关系

即违法行为是导致损害事实发生的原因，损害事实是违法行为造成的必然结果，二者之间存在着内在的必然的联系。前者决定后者的发生，后者是前者的必然结果。

违法行为与损害事实之间有因果关系是承担教育法律责任的重要条件之一。

（四）教育法律责任的归责原则

教育法律责任的归责原则是指确认和承担法律责任时必须依照的标准和准则。一般适用于过错责任原则、过错推定原则、公平责任原则和无过错原则。

六、教育法律救济

（一）教育法律救济的内涵

教育法律救济是指教育行政相对人的合法权益受到侵害并造成损害时，通过裁决纠纷，纠正、制止或矫正侵权行为，使受害者的权利得以恢复、利益得到补救的法律制度。

（二）教育法律救济的特征

（1）以纠纷存在为基础。

（2）以损害为前提。

（3）以补救受害者的合法权益为根本目的。

（三）教育法律救济的途径

1. 诉讼渠道

诉讼渠道是指相对人就特定的侵权行为向人民法院提起诉讼，人民法院依法对纠纷作出公正裁

 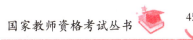

决的方式。

2. 非诉讼渠道

非诉讼渠道是指受害人或者其他有关人员暂不需要经过诉讼程序而请求国家有关行政机关或其他有关单位处理、解决纠纷，保护自身合法权益的方式。它具有高效性、灵活性和多样性。非诉讼渠道包括行政救济和其他救济等。

七、教育申诉制度

（一）教育申诉的含义

教育申诉指作为教育法律关系主体的公民，在其合法权益受到损害时，向国家机关申诉理由、请求处理的制度。

（二）教师申诉制度

1. 教师申诉制度概述

教师申诉制度指教师在其合法权益受到侵害时，依法向主管的行政机关申诉理由，请求处理的制度。我国《教师法》第三十九条明确规定："教师对学校或者其他教育机构侵犯其合法权益的，或者对学校或者其他教育机构作出的处理不服的，可以向教育行政部门提出申诉，教育行政部门应当在接到申诉的三十日内，作出处理。教师认为当地人民政府有关行政部门侵犯其根据本法规定享有的权利的，可以向同级人民政府或者上一级人民政府有关部门提出申诉，同级人民政府或者上一级人民政府有关部门应当作出处理。"

2. 申诉参加人

教师申诉制度中的申诉参加人是指参加教师申诉和处理活动的申诉人、被申诉人和受理机关等。

申诉人是认为其权益受到侵害、有权依据《教师法》提出申诉的教师本人。

被申诉人是指教师认为侵害其合法权益的学校或其他教育机构以及当地人民政府有关行政部门。如果是两个或两个以上的行政机关、学校、其他教育机构以共同名义作出的具体行政行为或处理决定，那么共同作出具体行政行为或处理决定的行政机关、学校、其他教育机构为共同被申诉人。

受理机关是指根据法律规定有权受理教师申诉的有关行政部门。

3. 教师申诉的范围

教师申诉的范围是指教师在哪些情况下可以提起申诉。我国《教师法》对此作了明确规定：

（1）教师认为学校或者其他教育机构侵犯其合法权益的，可以提出申诉。

（2）教师对学校或者其他教育机构作出的处理不服的，可以提出申诉。至于学校或者其他教育机构的处理决定是否侵犯了教师的合法权益，需要通过申诉后的查办予以确认。

（3）教师认为当地人民政府有关行政部门侵犯其根据《教师法》规定享有的权利的，可以提出申诉。

4. 教师申诉的处理

（1）申诉的提出。

教师提出申诉必须符合下列条件：

1）符合法定申诉范围。

2）有明确的理由和请求。

3）以法定形式提出。

（2）申诉的受理。

（3）申诉的处理。

受理机关对于受理的申诉案件，在进行调查研究、全面核查的基础上，应区别不同情况，分别作出如下处理决定：

1）学校或者其他教育机构的管理行为符合法定权限和程序，适用法律法规正确，事实清楚的，则维持原处理结果。

2）管理行为有形式上和程序上不足的，可以责成被申诉人改正。

3）被申诉人不履行法律、法规职责的，可责令其限期改正。

4）管理行为的一部分适用法律、法规错误，处理不当或越权的，可以变更原处理结果。

5）管理行为违反法律法规，越权或滥用职权，处理明显不当的，可以撤销原处理决定，或责成被申诉人重新处理。

6）学校或者其他教育机构的管理行为所依据的内部规章制度与法律法规及其他规范性文件相抵触的，可以决定撤销其内部管理规定或责成学校或者其他教育机构对其内部管理规定进行修改。

（三）学生申诉制度

1. 学生申诉制度概述

学生申诉制度也称受教育者申诉制度，是指受教育者在其合法权益受到侵害时，依法向主管的行政机关申诉理由，请求处理的制度。根据我国《教育法》第四十三条的规定，受教育者对学校给予的处分不服，有权提出申诉；对学校、教师侵犯其人身权、财产权等合法权益的，有权提出申诉或者依法提起诉讼。这既是《教育法》赋予受教育者维护自身合法权益的一项民主权利，又是为维护受教育者合法权益确立的非诉讼的法律救济制度。

2. 学生申诉的范围

（1）对学校给予的处分不服的。处分包括学籍、校规、考试等。

（2）对学校或教师侵犯其人身权的。如学生对学校因管理不当侵犯其名誉权的行为，有权提出申诉。

（3）对学校或教师侵犯其财产权的。如学生对学校违反规定向其乱收费的行为，有权提出申诉。

（4）对学校或教师侵犯其知识产权的。如学生对学校或教师侵犯其著作权、发明权或者科技成果权的行为，有权提出申诉。

3. 学生申诉制度的参加人

（1）申诉人。学生申诉制度中的申诉人主要包括合法权益受到侵害的学生本人及其监护人。

（2）被申诉人。学生申诉制度中的被申诉人一般包括学生所在的学校或者其他教育机构、教师及学校工作人员。

（3）受理机关。

4. 学生申诉的处理

（1）申诉的提出。学生应以书面形式提出申诉申请。

（2）受理。

（3）处理。受理机关应通过审查、调查、直接听取双方当事人意见和理由等方式，在规定的时间内作出处理决定。

八、教育行政复议

（一）教育行政复议概述

1. 教育行政复议的概念

教育行政复议是指教育管理相对人认为教育行政机关作出的具体行政行为侵犯其合法权益，依法向作出该行为的机关的上一级教育行政机关或法律、法规规定的其他行政机关提出申诉，受理申诉的行政机关对该具体行政行为进行复查并作出裁决的活动和制度。

2. 教育行政复议的特征

（1）教育行政复议的前提是教育行政机关的具体行政行为存在争议。

（2）教育行政复议是以相对人提出复议申请开始的。

（3）教育行政复议机关对于相对人所不服的具体行政行为必须进行审查并作出裁决。

（二）教育行政复议的范围与管辖

1. 教育行政复议的范围

根据我国《行政处罚法》和《行政复议法》的规定，教育管理相对人在下列情况下可以提请教育行政复议：

（1）对行政机关作出的行政处罚决定不服的。

（2）认为行政机关侵犯其合法的经营自主权的。

（3）认为行政机关不作为的。

（4）对行政机关违法设定义务不服的。

（5）对行政机关作出的处理决定不服的。

（6）认为行政机关的其他具体行政行为侵犯其合法权益的。

2. 教育行政复议的管辖

教育行政复议的管辖，是指不同层级的教育行政机关之间受理行政复议案件的分工和权限。主要有以下几种情况：

（1）本级人民政府、上一级人民政府或上一级教育行政机关管辖。

（2）特定管辖。

（3）作出具体行政行为的原教育行政机关管辖。

（三）教育行政复议的程序

一般来说，教育行政复议的程序由以下几个环节组成。

1. 申请

教育行政复议的申请可以以书面形式提出，也可以口头申请。

2. 受理

复议机关在收到复议申请后，应当在 5 日内对申请人的资格和申请复议的条件认真加以审查，并对复议申请分别作出如下处理：

（1）复议申请符合申请条件的，应予以受理。

（2）复议申请不符合申请条件的，不予受理并书面告知申请人。

（3）对符合法律规定，但是不属于本机关受理的复议申请，应当告知申请人向有关行政复议机关提出。

3. 审理

教育行政复议原则上实行书面复议制度，但申请人提出要求或者复议机关认为必要时，可以向有关组织和人员调查情况，听取申请人、被申请人和第三人的意见。复议机关应当在受理之日起 7 日内将复议申请书副本或复议申请笔录复印件发送被申请人。被申请人在接到复议申请书副本或者复议申请笔录复印件之日起 10 日内提出书面答复，并向复议机关提交作出具体行政行为的证据、依据和其他有关材料。

4. 决定

复议机关应当自受理申请之日起 60 日内作出行政复议决定，但法律另有规定的除外。

（1）具体行政行为认定事实清楚，证据确凿，适用依据正确，程序合法，内容适当的，决定维持。

（2）被申请人不履行法定职责的，责令其在一定期限内履行。

（3）具体行政行为有下列情形之一的，决定撤销、变更，并可以责令被申请人在一定期限内重新作出具体行政行为：1）主要事实不清、证据不足的；2）适用依据错误的；3）违反法定程序的；4）超越或者滥用职权的；5）具体行政行为明显不当的。

（4）被申请人不按照《行政复议法》的有关规定提出书面答复、提交当初作出具体行政行为的证据、依据和其他有关材料的，视为该具体行政行为没有证据、依据，决定撤销该具体行政行为。

（5）申请人在申请行政复议时可以一并提出行政赔偿请求，行政复议机关对符合《国家赔偿法》的有关规定，应当给予赔偿的，在决定撤销、变更具体行政行为或者确认具体行政行为违法时，应当同时决定由被申请人依法给予赔偿。

5.执行

复议决定作出后，应当制作行政复议决定书，并加盖复议机关印章。复议决定书一经送达即发生法律效力。除法律规定终局的复议外，申请人对复议决定不服的，可以依法向人民法院提起行政诉讼。

九、教育行政诉讼

教育行政诉讼是指教育行政管理相对人认为教育行政机关的具体行政行为侵犯其合法权益，依法向人民法院起诉，请求给予法律救济，并由人民法院对行政行为进行审查和裁判的诉讼形式。

教育行政诉讼与教育行政复议有如下不同：

（1）审理程序不同。教育行政复议基本上实行一级复议，以书面复议为原则；而教育行政诉讼实行的是两审终审、公开开庭审理的制度。相对而言，教育行政复议程序比较简便、灵活。

（2）审查范围不同。教育行政诉讼是"不告不理"，审查的范围限于原告请求范围；教育行政复议则是"有错必纠"，这意味着复议的范围不局限于申请人的申请。因此，教育行政复议的审查范围要大于教育行政诉讼。

十、教育行政赔偿

（一）教育行政赔偿概述

教育行政赔偿，是指教育行政机关及其工作人员在执行职务过程中，侵犯了公民、法人或其他组织的合法权益并造成损害，依照法律规定，由国家承担损害赔偿责任的制度。

（二）教育行政赔偿的特点

（1）教育行政赔偿由教育行政机关及其工作人员的行政侵权行为而引起。

（2）教育行政赔偿是针对教育行政侵权行为给管理相对人造成的损害给予的赔偿。

（3）教育行政赔偿主体是国家。

例题精讲

单选题

1.成人杨某对7岁的小明说："敢砸玻璃就是英雄。"小明听后拿起石头砸破小刚家的玻璃。对小刚家的损失应承担责任的是（　　）。

A.杨某与小明的监护人　　B.小明的监护人　　　　C.小明　　　　　　D.杨某

【答案】D

【解析】本题主要考查教育法律责任，根据最高人民法院《关于贯彻执行〈中华人民共和国民法通则〉若干问题的意见（试行）》第148条的规定：教唆、帮助无民事行为能力人实施侵权行为的人，为侵权人，应当承担民事责任。

2. 下列选项中，不属于全国人民代表大会行使的职权是（   ）。

A. 领导和管理国防建设事业

B. 修改宪法和监督宪法的实施

C. 决定特别行政区的设立及其制度

D. 审查和批准国家的预算和预算执行情况的报告

【答案】A

【解析】依据《中华人民共和国宪法》第六十二条的规定，全国人民代表大会行使下列职权：（一）修改宪法；（二）监督宪法的实施（B项）；（十一）审查和批准国家的预算和预算执行情况的报告（D项）；（十四）决定特别行政区的设立及其制度（C项）。

3. 梁老师因为旷工被所在小学处分，但他对学校的处分表示不服，应该向（   ）提出申诉。

A. 园长   B. 学校

C. 书记   D. 教育行政部门

【答案】D

【解析】教师对学校或其他教育机构及有关政府部门作出的行政处罚不服，或其合法权益受到侵害时，可以向有关教育行政部门或有关的其他政府部门提出申诉，要求重新处理。

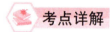 **考点详解**

一、教师的权利

教师的权利可以分为两个部分：一是教师作为公民所享有的各种权利，可称为教师的公民权利；二是身为教师所享有的权利，可称为教师的职业权利。这两部分权利既相互联系，又相互区别。教师作为公民享有的权利，有一部分体现在教师的公民行为中，也有一部分是教师职业所独有的，与其他公民的权利不同。按照我国《教师法》等相关法律法规的规定，我国教师享有教育教学权、学术研究权、指导评价权、报酬待遇权、参与管理权、进修培训权等六项权利。

（一）教育教学权

教育教学权是教师为履行教育教学职责而必须具备的基本权利。根据《教师法》第七条第一款的规定，教师有"进行教育教学活动，开展教育教学改革和实验"的权利，任何个人或部门都无权干涉。教师的教育教学权有三方面的具体含义：

（1）教师开展教育教学活动的权利不可剥夺。教师是教育教学的专业人员，有权按照学校的安排进行教育教学活动，非因法律的规定或教师客观的原因，不能剥夺教师开展教育教学活动的权利。

（2）教师可以根据国家、学校制订的课程计划、教学大纲和教材，根据学校、教师和学生的特点自主组织教育教学活动。这一权限必须在国家、社会、学校许可的范围内，不得违反法律、法规、规章制度和教育的基本规律。

（3）教师有权根据学生的特点，依据教学大纲，为提高教学质量采取不同的教学形式和方法，以及进行教学改革和实验。任何组织和个人不得剥夺教师开展教育教学活动与进行教育教学改革和实验的权利。

考点2：
教师的权利与义务

内容提要：教师的权利是指教师在教育活动中享有的由教育法赋予的权利，是国家对教师在教育活动中可以做的或不可以做的一定行为的许可与保障。教师的义务，是指教师依照《教育法》《教师法》及其他有关法律法规，从事教育教学工作而必须履行的责任，表现为教师在教育教学活动中必须做出一定行为或不得做出一定行为。

（二）学术研究权

学术研究权是教师作为教育教学专业人员所享有的一项基本权利。根据《教师法》第七条第二款的规定，教师拥有"从事科学研究、学术交流，参加专业的学术团体，在学术活动中充分发表意见"的权利。教师的学术研究权有三方面的具体含义：

（1）教师在完成本职工作的同时，有权进行任何专业的科学研究，有权将教学中的研究成果和经验撰写成学术论文发表、出版。

（2）在不影响教育教学工作的前提下，有权参加有关学术交流活动，参加有关学术团体并在团体中兼任职务。

（3）有权在学术研究和学术活动中发表个人的观点和意见，有学术争鸣的自由。

不同教育阶段的教师，其学术研究权的权限和范围有所区别。在义务教育阶段的教师要按照既定的教学大纲和教育基本要求来完成教育教学工作，不得以任何原因耽误教育教学工作。同时，教师学术研究权的行使不得违反法律规定，损害国家、社会和他人的利益，违反教育教学的基本规律。

（三）指导评价权

指导评价权是与教师在教育教学活动中的主导地位相对应的一项特定权利。根据《教师法》第七条第三款的规定，教师有"指导学生的学习和发展，评定学生的品行和学业成绩"的权利。教师的指导评价权有三方面的具体含义：

（1）教师在不违反法律规定、学生身心发展规律的前提下，有权根据学生的特点和个体差异，因材施教，采取各种教育教学方式指导学生的学习和发展。需要注意的是，教师行使该项权利时不得以指导学生学习和发展为借口，违反法律规定和学生身心发展规律，侵犯学生的身心健康。

（2）教师有权严格要求学生，对学生的思想品德、学习和生活表现做出客观、公正的评价。教师所作的评价必须是客观的、公正的、实事求是的，不能有个人的偏见与私心。

（3）教师的指导评价权是教师教育教学工作中专业性较强的一项权利，任何组织和个人都不得非法干预教师指导评价权的行使。教师也应当珍惜并以公正的态度行使这项权利。

（四）报酬待遇权

报酬待遇权是宪法赋予公民享有的社会经济权利在教师职业范围内的具体体现。根据《教师法》第七条第四款的规定，教师有"按时获取工资报酬，享受国家规定的福利待遇以及寒暑假期的带薪休假"的权利。教师的报酬待遇权有三方面的具体含义：

（1）教师的报酬必须按时发放，不得拖欠教师的报酬，不得克扣或变相克扣教师的工资。

（2）教师有权要求足额支付工资报酬，包括基础工资、职务工资、课时津贴、奖金及其他津贴。如果属于学校的原因未足额支付工资报酬，教师可以要求当地教育行政部门解决；如果是当地教育行政部门的原因，教师可以要求当地人民政府解决；如果是当地人民政府的原因，教师可以要求上一级人民政府解决。

（3）教师有权享受国家规定的各种待遇，包括医疗、住房、退休方面的待遇和优惠政策以及寒暑假期的带薪休假。另外，《义务教育法》中也对教师的报酬待遇权进行了具体的补充，例如：各级人民政府保障教师工资福利和社会保险待遇，教师的平均工资水平应当不低于当地公务员的平均工资水平，特殊教育教师享有特殊岗位补助津贴。

（五）参与管理权

参与管理权是公民民主权利在教师特定职业下的具体化。根据《教师法》第七条第五款的规定，教师拥有"对学校教育教学、管理工作和教育行政部门的工作提出意见和建议，通过教职工代表大会或者其他形式，参与学校的民主管理"的权利。教师的参与管理权有三方面的具体含义：

（1）我国宪法规定，公民对于任何国家机关和工作人员有提出批评和建议的权利。教师的参与管理权是公民此项权利在教师职业岗位上的具体化。

（2）教师应正确行使批评、建议权，不得歪曲事实、进行人身攻击。

（3）教师有权通过教职工代表大会、工会或其他方式参与学校管理，民主讨论决定学校重大事项，维护自身的合法权益。

教师是教育事业的主要力量，教师参与教育教学管理和学校民主管理充分体现了教师的主人翁地位，有利于调动教师工作的积极性，提高教师工作效率。同时，教师参与学校管理也有利于推进学校民主化建设进程。

（六）进修培训权

进修培训权是教师职业权利中最具代表性的一项。根据《教师法》第七条第六款的规定，教师享有"参加进修或者其他方式的培训"的权利。教师的进修培训权有三方面的具体含义：

（1）教师有参加进修或者其他方式的培训的权利，任何组织和个人不得干涉。

（2）教师进修培训权的行使必须在完成本人教育教学工作的前提下，根据学校或者教育行政主管部门的安排，有计划、有组织地进行。

（3）学校或者其他教育机构以及教育行政部门应采取各种措施，保证教师进修培训的权利，以提高教师的素质，促进教育事业的发展。

二、教师的义务

根据教师的职业特点，结合《教育法》和《教师法》的有关规定，教师作为专业教育教学人员应承担六项基本义务：遵纪守法、履行教育教学职责、对学生进行思想政治教育、爱护和尊重学生、保护学生合法权益、提高业务水平。

（一）遵纪守法

根据《教师法》第八条第一款的规定，教师应"遵守宪法、法律和职业道德，为人师表"。遵纪守法义务有三方面的具体含义：

（1）教师作为中华人民共和国公民，在日常工作、生活中应遵守宪法和法律；教师作为承担教育教学职责的专业人员，更应模范遵守宪法和法律，在教育教学领域起到模范示范作用；同时，教师在教育教学工作中，要主动培养学生的民主法制意识，使学生能做到遵纪守法。

（2）教师必须遵守教师职业道德规范。《中小学教师职业道德规范》明确规定了六个方面的规范内容。这六个方面不仅是教师职业道德规范，也是教师的法定义务，教师必须严格遵守。违反教师职业道德规范的行为，不仅是违反职业道德约束的行为，同样是违反《教师法》的违法行为。

（3）教师承担着教书育人、培养社会主义事业建设者和接班人、提高民族素质的使命，教师必须成为学生的楷模。教师要从情操、言行、衣着上严格要求自己，以人格魅力和学识魅力教育感染学生，做学生健康成长的指导者和引路人。

（二）履行教育教学职责

教育教学工作是教师的本职工作，也是教师的基本义务。根据《教师法》第八条第二款的规定，教师应当"贯彻国家的教育方针，遵守规章制度，执行学校的教学计划，履行教师聘约，完成教育教学工作任务"。履行教育教学职责义务有三方面的具体含义：

（1）教师在教育教学工作中，必须坚持教育教学为社会主义现代化建设服务，必须与生产劳动相结合，培养德、智、体等方面全面发展的社会主义事业的建设者和接班人；必须坚持教育教学的社会主义方向，对学生进行社会主义教育，不能有违背社会主义方向和党的政策的任何言论和教育内容。

（2）教师除遵守法律、法规外，还必须遵守学校的规章制度，按照教学计划和教学大纲的要求开展教育教学活动，不得任意改变教学计划，不得无故缺勤、旷工，保证学校教育教学工作的有序进行。

（3）教师应按照聘任合同的约定，履行本人的教育教学职责，完成聘任合同约定的工作任务。

（三）对学生进行思想政治教育

根据《教师法》第八条第三款的规定，教师应"对学生进行宪法所确定的基本原则的教育和爱国主义、民族团结的教育，法制教育以及思想品德、文化、科学技术教育，组织、带领学生开展有益的社会活动"。对学生进行思想政治教育的义务有四方面的具体含义：

（1）教师应根据自己的教育教学情况，自觉对学生进行思想教育和品德教育。

（2）教师对学生进行思想政治教育时，应坚持德育为先，把社会主义核心价值体系融入国民教育全过程。

（3）教师对学生进行思想政治教育时，要突出爱国主义教育、民族团结教育、法制教育。

（4）教师应组织、带领学生参加有益的社会活动，培养学生的情感，体现教育与实践相结合的要求，陶冶学生的情操，扩展学生的视野。

（四）爱护和尊重学生

根据《教师法》第八条第四款的规定，教师应"关心、爱护全体学生，尊重学生人格，促进学生在品德、智力、体质等方面全面发展"。爱护和尊重学生义务有三方面的具体含义：

（1）教师必须关心、爱护全体学生，应公平对待学生，不能歧视个别学生。

（2）教师关心、爱护学生必须以尊重学生的人格尊严为前提，应该把学生看作发展的、成长的人，不应把学生看成一个不懂事的孩子，不能以关心、爱护学生为借口，侵犯学生的人格尊严。

（3）教师应促进学生德、智、体等方面全面发展，不能只关注学生的智力和学业成绩而忽视学生德育和体质的发展。

（五）保护学生合法权益

根据《教师法》第八条第五款的规定，教师应"制止有害于学生的行为或者其他侵犯学生合法权益的行为，批评和抵制有害于学生健康成长的现象"。教师应当制止有害于学生的行为或者其他侵犯学生合法权益的行为，主要是指教师有义务制止在教育教学过程中和学校工作中侵犯其所负责管理的学生合法权益的违法行为。有害于学生健康成长的现象，主要是指社会上出现的有害于学生身心健康的不良现象。保护学生合法权益义务有两方面的具体含义：

（1）履行该项义务的范围限于在学校教育教学工作中，在这个范围内，教师对有害于学生健康成长的行为或者侵犯学生合法权益的行为有制止的义务，超出该范围不属于教师的法定义务。

（2）教师作为公民有批评和抵制有害于学生健康成长的现象的义务。

（六）提高业务水平

根据《教师法》第八条第六款的规定，教师应"不断提高思想觉悟和教育教学业务水平"。提高业务水平义务的具体含义是：教师的首要职责是搞好教学、教好功课、完成知识教学任务，因而教师必须锐意进取、刻苦学习。要使学生学好知识，教师首先必须学好知识。"不断提高思想觉悟和教育教学水平"实际上是国家对教师不断提高自身素质的基本要求。历史发展到今天，人才竞争已成为时代的特征。教师队伍的素质决定着人才的质量，只有高水平的教师才能培养出高质量的人才。

 例题精讲

单选题

1. 为了保护学生的隐私，某小学规定语文教师不得在课堂上点评学生的作文，该校的做法（　　）。

A. 正确，学校有权对教师提出工作要求

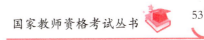

B. 正确，学校应该满足学生的自尊需求

　　C. 不正确，学校侵犯了教师的专业权利

　　D. 不正确，学校限制了教师的言论自由

【答案】C

【解析】本题主要考查教育单行法，该小学的做法侵犯了教师的指导评价权。

　　2. 某小学规定女教师必须在校工作三年后方可怀孕，否则其产假将按事假对待，该规定（　　）。

　　A. 合法，体现了该小学的自主办学权

　　B. 合法，保障该小学正常教学秩序

　　C. 不合法，侵犯女教师人权

　　D. 不合法，侵犯女教师身体权

【答案】C

【解析】本题主要考查教育单行法，该规定严重侵害了女教师的基本人权。

 考点详解

一、小学生的基本权利

　　小学生作为社会权利主体，主要享有人身权、财产权、受教育权。

（一）人身权

　　人身权是公民权利中最基本、最重要、内涵最为丰富的一项权利。人身权是指与人身相联系或不可分离的、没有直接财产内容的权利，亦称人身非财产权。人身权与财产权共同构成了民法中的两大类基本民事权利。人身权包括人格权和身份权两大类，其中人格权包含一般人格权（包括人身自由、人格尊严、人格独立与人格平等）和具体人格权（包括生命权、身体权、健康权、姓名权、名称权、名誉权、隐私权、肖像权）；身份权包括亲权、配偶权、亲属权、荣誉权。

　　1. 生命健康权

　　生命健康权是公民的生命权和健康权两种权利的统称，是公民享有的最基本的人权，主要包括公民的生命健康、人身安全等方面的内容。我国《民法通则》第九十八条规定："公民享有生命健康权。"学生的生命健康权受到法律的保护。

　　2. 隐私权

　　隐私权一般是指自然人享有的对自己的个人秘密和个人私生活进行支配并排除他人干涉的权利。隐私权与生俱来，是一种典型的私权。学生同样依法享有隐私权，成人无权剥夺学生的此项权利。

　　3. 人身自由权

　　人身自由权是人身权的重要组成部分，学校和教师不得以任何理由随意对学生进行搜查，不得对学生关禁闭。

　　4. 人格尊严权

　　学校、教师应当维护学生的尊严，不得对学生实施体罚、变相体罚或其他侮辱人格尊严的行为。

　　5. 名誉权

　　名誉权是指公民或法人保持并维护自己名誉的权利。这些被维护的名

考点3：

小学生的权利保护

　　内容提要：小学生的权利指小学生依照国家法律法规规定而拥有的一切正常权利。学生的权利是法律规定的，受到国家和法律的确认和保护。学校应保证学生在校期间享有各项合法权利，任何侵犯学生权利的做法都是违法行为。

誉是指具有人格尊严的名声，它是人格权的一种。

6. 荣誉权

荣誉权是指公民、法人所享有的，因自己的突出贡献或特殊劳动成果而获得光荣称号或其他荣誉的权利。

7. 肖像权

肖像权是指自然人对自己的肖像享有再现、使用并排斥他人侵害的权利。包括肖像制作专有权、肖像使用专有权、肖像利益维护权。

（二）财产权

财产权是指具有物质财富内容，直接和经济利益相联系的民事权利。一般而言，学生财产权包括财产所有权、继承权、受赠权以及知识产权中的财产权等。

1. 财产所有权

财产所有权是指所有人依法对其财产享有占有、使用、收益、处分的权利。学生年龄虽小，但任何人不得随意剥夺、侵犯其财产所有权。

2. 继承权

继承权是指依法享有的、能够无偿取得死亡公民遗留的个人合法财产的权利。

3. 受赠权

受赠权是指接受别人赠予的财物的权利。

4. 知识产权中的财产权

知识产权中的财产权指著作权、专利权之中的财产权利。

（三）受教育权

1. 参加教育教学活动的权利（参加教育教学权）

《教育法》第九条规定：“中华人民共和国公民有受教育的权利和义务。公民不分民族、种族、性别、职业、财产状况、宗教信仰等，依法享有平等的受教育机会。”

小学生受教育机会平等包括受教育起点上的机会平等、受教育过程中的机会平等和受教育结果上的机会平等三个方面。

（1）受教育起点上的机会平等，是指儿童在入学机会上享有平等的权利。

（2）受教育过程中的机会平等，是指儿童进入小学以后，学校应该保障每个儿童都能参加教育教学计划内安排的各种活动，使用各种教学设备等。

（3）受教育结果上的机会平等，是指儿童在接受教育后，有获得学校和社会公正评价的平等权利。这种平等主要体现为学业成绩和品行评价上的平等，进一步表现为求学机会上的平等、就业机会上的平等。

2. 获得经济资助权

学生享有“按照国家有关规定获得奖学金、贷学金、助学金”的权利，简称“获得经济资助权”。奖学金是为奖励品学兼优的学生和报考国家重点保证的、特殊的、条件艰苦的专业的学生而设立的经济资助制度。贷学金是为向家庭经济困难的学生提供帮助而设立的经济资助制度。助学金用于资助高校全日制本专科（含高职、第二学士学位）在校生中的家庭经济困难学生。

对于义务教育阶段的学生，国家已经明确不收学费、杂费，并且由国家财政保障义务教育经费。《义务教育法》第四十四条规定：“各级人民政府对家庭经济困难的适龄儿童、少年免费提供教科书并补助寄宿生生活费。”义务教育阶段家庭经济困难的适龄儿童、少年有获得国家经济帮助的权利。

3. 获得学业证书权

获得学业证书权是指学生享有“在学业成绩和品行上获得公正评价，完成规定的学业后获得相应的学业证书、学位证书"的权利。主要体现在两个方面：

（1）获得公正评价。

按照学生学籍管理的规定，学生的学籍档案里有学习成绩登记表，学校要如实地记录学生各科学习成绩和品行状况。学业成绩评价是教育机构对学生在受教育的某一时期内学习情况和知识结构、知识水平的概括，具体包括课程考试成绩记录、平时学习情况和总评等。品行评价包括对政治觉悟、道德品质、劳动态度等的评价。在学业成绩和品行上获得公正评价是指学生有权在德、智、体、美等方面获得按照国家统一标准的一视同仁的客观评价。教师对学生的评价不应受到学生家长的权势、地位、金钱等的影响，也不能受到其他与教育教学无关因素的影响。

（2）获得学业证书。

学生完成规定的学业后就应该获得相应的学业证书或学位证书，这是学生的一项重大权利。学业证书和学位证书是对学生一段受教育时期内的学业成绩、学术水平和品行的最终评定。学生除了思想品德等方面合格外，完成或提前完成教育教学计划规定的全部课程，考试、考核及格或修满学分，在该教育阶段结束时均有权获得相应学业证书、学位证书。

4. 申诉起诉权

学生享有"对学校给予的处分不服，向有关部门提出申诉，对学校、教师侵犯其人身权、财产权等合法权益，提出申诉或者依法提起诉讼"的权利，简称"申诉起诉权"。当学生的合法权益受到学校、教师的侵犯时，或者对学校给予的处分不服，学生有权提出申诉，任何人不得无理阻挠。有关部门应积极受理，并按规定及时予以答复。各级学校及教育行政部门要建立健全学生申诉制度，确保学生享有申诉权和起诉权。

5. 受完法定年限教育权

受完法定年限教育权是指年满 6 周岁的儿童享有入学接受法律规定年限的教育的权利，学校和教师不能随意开除学生。

二、小学生的基本法律保护

（一）学生保护的基本原则

根据我国《未成年人保护法》第五条的规定，保护未成年人的工作，应当遵循下列原则：（1）尊重未成年人的人格尊严；（2）适应未成年人身心发展的规律和特点；（3）教育与保护相结合。

（二）学生保护的主体

1. 家庭保护

家庭保护是指父母或其他监护人对未成年人进行的保护，依法履行对未成年人抚养、监护及教育的义务。家庭保护是对未成年人保护的重要环节，家庭保护的好坏直接影响未成年人的成长。

2. 学校保护

学校保护是指学校和其他教育机构对未成年人实施的保护。学校保护是未成年人保护的重要方面。学校作为教育机构，既要使在校学生接受良好的教育，又要保护学生在学校活动中的人身安全和健康，防止意外事件的发生。

3. 社会保护

社会保护是指在社会环境中，各社会团体，企事业单位和其他组织及公民对未成年人实施的保护。主要保护未成年人的安全与健康、保护未成年人的荣誉权、保护未成年人的智力成果权、保护有特殊天赋和突出成就的未成年人等。

4. 司法保护

司法保护是指人民检察院、法院、公安机关及司法行政部门等依照法律履行职责，对违法犯罪

 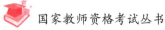

的未成年人所实施的一种专门保护。

三、小学生权利的保护

（一）学生人身权利的保护

教师要保护学生的人身安全。从法律上看，教师并不是学生的法定监护人，学生家长是学生的法定监护人。但学生在校期间，家长不能对学生进行监护，实际上等于把部分监护责任委托给学校，学校又将这一责任大部分委托给教师，所以教师在事实上应参照家长的部分监护责任确定对学生教育、管理、保护的权利和义务。根据《教师法》第八条的规定，教师有"制止有害于学生的行为或者其他侵犯学生合法权益的行为，批评和抵制有害于学生健康成长的现象"的义务。

（二）学生受教育权的保护

未成年人有依法接受义务教育的权利，学校和教师不得以任何理由限制学生接受义务教育。我国《宪法》《教育法》《义务教育法》对此都作了明确规定。学生的受教育权具体表现为就学的平等权、上课权和受教育的选择权等。同时，特殊学生群体的受教育权也应该得到保障，如经济困难的学生、残疾的学生、违法犯罪的学生。

（三）学生财产权的保护

财产权又名财产所有权，是指财产所有人依法对自己的财产享有占有、使用、收益和处分的权利。这里的占有是指法人或个人对财产的实际控制或管理；使用是指依财产的性质或用途作营利或非营利的运用，发挥财产的使用价值；收益是指通过财产的占有、使用、经营、转让等取得的经济收益；处分是指财产所有人对其财产在事实上和法律上的最终处置。

《教育法》《未成年人保护法》中有相关条款保障未成年人的人身、财产和其他合法权益不受侵犯。

 例题精讲

单选题

1. 某小学把班里每个学生的体检结果（包含身高、体重、血型等）公布在教室门口，该学校的做法（　　）。

A. 正确，方便家长了解学生身体情况

B. 正确，体现了学校重视学生身体健康的理念

C. 不正确，侵犯了学生的隐私权

D. 不正确，侵犯了学生的人格尊严

【答案】C

【解析】身高、体重、血型属于个人隐私，该学校侵犯了学生的隐私权。

2. 下列行为属于侵犯小学生肖像权的是（　　）。

A. 小红表现优异，学校将其照片贴在宣传栏上

B. 某小学官方网站上刊登小张在运动会上比赛的照片

C. 照相馆经过小明父母同意，将其照片摆在橱窗里

D. 为发泄不满，小强将小明的照片当作投掷靶子

【答案】D

【解析】肖像权是公民的基本权利，未经本人同意，任何人不得擅自使用、侮辱其肖像。D项中小强的做法很明显地侵犯了小明的肖像权。

3. 小学五年级学生张某的画被学校推荐发表，所得稿酬应归（　　）。

A. 学校　　　　　　B. 张某本人　　　　　　C. 张某的父母　　　　　　D. 张某的老师

【答案】B

【解析】财产权既包括物权、债权、继承权，也包括知识产权中的财产权利。根据题干中的相关信息，张某同样拥有财产权。

4.小学三年级的小刚同学因多次旷课被学校处分，他对学校给予的处分不服，向有关部门提出教育申诉，被申诉人是（　　）。

A. 校长　　　　　　B. 学校　　　　　　C. 书记　　　　　　D. 教育行政部门

【答案】B

【解析】申诉权是指学生在受到学校处分或认为学校、教师侵犯其合法权益时，向学校或相关主管部门申述理由，请求处理的一种自我保护方式和权利。申诉权是《教育法》赋予学生的权利。

5.我国不少地方已形成了为校车提供最高路权、路人自觉礼让校车的良好风尚。这对未成年人的保护是（　　）。

A. 家庭保护　　　　B. 社会保护　　　　C. 学校保护　　　　D. 司法保护

【答案】B

【解析】社会保护是指在社会生活中对未成年人的保护，它归根到底是要为未成年人的健康成长提供一个良好的社会环境。

第二章
主要教育法律法规条文

 考点详解

《中华人民共和国教育法》（节选）

1995 年 3 月 18 日第八届全国人民代表大会第三次会议通过。

根据 2009 年 8 月 27 日第十一届全国人民代表大会常务委员会第十次会议《关于修改部分法律的决定》第一次修正。

根据 2015 年 12 月 27 日第十二届全国人民代表大会常务委员会第十八次会议《关于修改〈中华人民共和国教育法〉的决定》第二次修正。

第一章　总则

第九条　中华人民共和国公民有受教育的权利和义务。

公民不分民族、种族、性别、职业、财产状况、宗教信仰等，依法享有平等的受教育机会。

第十条　国家根据各少数民族的特点和需要，帮助各少数民族地区发展教育事业。

国家扶持边远贫困地区发展教育事业。

国家扶持和发展残疾人教育事业。

第十一条　国家适应社会主义市场经济发展和社会进步的需要，推进教育改革，推动各级各类教育协调发展、衔接融通，完善现代国民教育体系，健全终身教育体系，提高教育现代化水平。

国家采取措施促进教育公平，推动教育均衡发展。

国家支持、鼓励和组织教育科学研究，推广教育科学研究成果，促进教育质量提高。

第十二条　国家通用语言文字为学校及其他教育机构的基本教育教学语言文字，学校及其他教育机构应当使用国家通用语言文字进行教育教学。

民族自治地方以少数民族学生为主的学校及其他教育机构，从实际出发，使用国家通用语言文字和本民族或者当地民族通用的语言文字实施双语教育。

国家采取措施，为少数民族学生为主的学校及其他教育机构实施双语教育提供条件和支持。

第二章　教育基本制度

第十七条　国家实行学前教育、初等教育、中等教育、高等教育的学校教育制度。

国家建立科学的学制系统。学制系统内的学校和其他教育机构的设置、教育形式、修业年限、招生对象、培养目标等，由国务院或者由国务院授权教育行政部门规定。

 考点 1：

《中华人民共和国教育法》

内容提要：《中华人民共和国教育法》是中国教育工作的根本大法，是依法治教的根本大法。《中华人民共和国教育法》的颁布，标志着中国教育工作进入全面依法治教的新阶段，对我国教育事业的改革与发展，以及社会主义物质文明和精神文明建设产生了重大而深远的影响。

第十八条 国家制定学前教育标准，加快普及学前教育，构建覆盖城乡，特别是农村的学前教育公共服务体系。

各级人民政府应当采取措施，为适龄儿童接受学前教育提供条件和支持。

第十九条 国家实行九年制义务教育制度。

各级人民政府采取各种措施保障适龄儿童、少年就学。

适龄儿童、少年的父母或者其他监护人以及有关社会组织和个人有义务使适龄儿童、少年接受并完成规定年限的义务教育。

第三章 学校及其他教育机构

第二十六条 国家制定教育发展规划，并举办学校及其他教育机构。

国家鼓励企业事业组织、社会团体、其他社会组织及公民个人依法举办学校及其他教育机构。

国家举办学校及其他教育机构，应当坚持勤俭节约的原则。

以财政性经费、捐赠资产举办或者参与举办的学校及其他教育机构不得设立为营利性组织。

第二十七条 设立学校及其他教育机构，必须具备下列基本条件：

（一）有组织机构和章程；

（二）有合格的教师；

（三）有符合规定标准的教学场所及设施、设备等；

（四）有必备的办学资金和稳定的经费来源。

第二十八条 学校及其他教育机构的设立、变更和终止，应当按照国家有关规定办理审核、批准、注册或者备案手续。

第二十九条 学校及其他教育机构行使下列权利：

（一）按照章程自主管理；

（二）组织实施教育教学活动；

（三）招收学生或者其他受教育者；

（四）对受教育者进行学籍管理，实施奖励或者处分；

（五）对受教育者颁发相应的学业证书；

（六）聘任教师及其他职工，实施奖励或者处分；

（七）管理、使用本单位的设施和经费；

（八）拒绝任何组织和个人对教育教学活动的非法干涉；

（九）法律、法规规定的其他权利。

国家保护学校及其他教育机构的合法权益不受侵犯。

第三十一条 学校及其他教育机构的举办者按照国家有关规定，确定其所举办的学校或者其他教育机构的管理体制。

学校及其他教育机构的校长或者主要行政负责人必须由具有中华人民共和国国籍、在中国境内定居、并具备国家规定任职条件的公民担任，其任免按照国家有关规定办理。学校的教学及其他行政管理，由校长负责。

学校及其他教育机构应当按照国家有关规定，通过以教师为主体的教职工代表大会等组织形式，保障教职工参与民主管理和监督。

第三十二条 学校及其他教育机构具备法人条件的，自批准设立或者登记注册之日起取得法人资格。

学校及其他教育机构在民事活动中依法享有民事权利，承担民事责任。

学校及其他教育机构中的国有资产属于国家所有。

学校及其他教育机构兴办的校办产业独立承担民事责任。

第四章 教师和其他教育工作者

第三十三条 教师享有法律规定的权利，履行法律规定的义务，忠诚于人民的教育事业。

第三十四条　国家保护教师的合法权益，改善教师的工作条件和生活条件，提高教师的社会地位。

教师的工资报酬、福利待遇，依照法律、法规的规定办理。

第三十五条　国家实行教师资格、职务、聘任制度，通过考核、奖励、培养和培训，提高教师素质，加强教师队伍建设。

第五章　受教育者

第三十七条　受教育者在入学、升学、就业等方面依法享有平等权利。

学校和有关行政部门应当按照国家有关规定，保障女子在入学、升学、就业、授予学位、派出留学等方面享有同男子平等的权利。

第三十八条　国家、社会对符合入学条件、家庭经济困难的儿童、少年、青年，提供各种形式的资助。

第四十条　国家、社会、家庭、学校及其他教育机构应当为有违法犯罪行为的未成年人接受教育创造条件。

第四十一条　从业人员有依法接受职业培训和继续教育的权利和义务。

国家机关、企业事业组织和其他社会组织，应当为本单位职工的学习和培训提供条件和便利。

第四十二条　国家鼓励学校及其他教育机构、社会组织采取措施，为公民接受终身教育创造条件。

第四十三条　受教育者享有下列权利：

（一）参加教育教学计划安排的各种活动，使用教育教学设施、设备、图书资料；

（二）按照国家有关规定获得奖学金、贷学金、助学金；

（三）在学业成绩和品行上获得公正评价，完成规定的学业后获得相应的学业证书、学位证书；

（四）对学校给予的处分不服向有关部门提出申诉，对学校、教师侵犯其人身权、财产权等合法权益，提出申诉或者依法提起诉讼；

（五）法律、法规规定的其他权利。

第六章　教育与社会

第四十七条　国家鼓励企业事业组织、社会团体及其他社会组织同高等学校、中等职业学校在教学、科研、技术开发和推广等方面进行多种形式的合作。

企业事业组织、社会团体及其他社会组织和个人，可以通过适当形式，支持学校的建设，参与学校管理。

第四十九条　学校及其他教育机构在不影响正常教育教学活动的前提下，应当积极参加当地的社会公益活动。

第五十条　未成年人的父母或者其他监护人应当为其未成年子女或者其他被监护人受教育提供必要条件。

未成年人的父母或者其他监护人应当配合学校及其他教育机构，对其未成年子女或者其他被监护人进行教育。

学校、教师可以对学生家长提供家庭教育指导。

第五十一条　图书馆、博物馆、科技馆、文化馆、美术馆、体育馆（场）等社会公共文化体育设施，以及历史文化古迹和革命纪念馆（地），应当对教师、学生实行优待，为受教育者接受教育提供便利。

第七章　教育投入与条件保障

第五十四条　国家建立以财政拨款为主、其他多种渠道筹措教育经费为辅的体制，逐步增加对教育的投入，保证国家举办的学校教育经费的稳定来源。

第五十七条　国务院及县级以上地方各级人民政府应当设立教育专项资金，重点扶持边远贫困地区、少数民族地区实施义务教育。

第五十九条　国家采取优惠措施，鼓励和扶持学校在不影响正常教育教学的前提下开展勤工俭学和社会服务，兴办校办产业。

第九章　法律责任

第七十一条　违反国家有关规定，不按照预算核拨教育经费的，由同级人民政府限期核拨；情节严重的，对直接负责的主管人员和其他直接责任人员，依法给予处分。

违反国家财政制度、财务制度，挪用、克扣教育经费的，由上级机关责令限期归还被挪用、克扣的经费，并对直接负责的主管人员和其他直接责任人员，依法给予处分；构成犯罪的，依法追究刑事责任。

第七十二条　结伙斗殴、寻衅滋事，扰乱学校及其他教育机构教育教学秩序或者破坏校舍、场地及其他财产的，由公安机关给予治安管理处罚；构成犯罪的，依法追究刑事责任。

侵占学校及其他教育机构的校舍、场地及其他财产的，依法承担民事责任。

第七十三条　明知校舍或者教育教学设施有危险，而不采取措施，造成人员伤亡或者重大财产损失的，对直接负责的主管人员和其他直接责任人员，依法追究刑事责任。

第七十四条　违反国家有关规定，向学校或者其他教育机构收取费用的，由政府责令退还所收费用；对直接负责的主管人员和其他直接责任人员，依法给予处分。

第七十五条　违反国家有关规定，举办学校或者其他教育机构的，由教育行政部门或者其他有关行政部门予以撤销；有违法所得的，没收违法所得；对直接负责的主管人员和其他直接责任人员，依法给予处分。

第七十六条　学校或者其他教育机构违反国家有关规定招收学生的，由教育行政部门或者其他有关行政部门责令退回招收的学生，退还所收费用；对学校、其他教育机构给予警告，可以处违法所得五倍以下罚款；情节严重的，责令停止相关招生资格一年以上三年以下，直至撤销招生资格、吊销办学许可证；对直接负责的主管人员和其他直接责任人员，依法给予处分；构成犯罪的，依法追究刑事责任。

第七十七条　在招收学生工作中徇私舞弊的，由教育行政部门或者其他有关行政部门责令退回招收的人员；对直接负责的主管人员和其他直接责任人员，依法给予处分；构成犯罪的，依法追究刑事责任。

第七十八条　学校及其他教育机构违反国家有关规定向受教育者收取费用的，由教育行政部门或者其他有关行政部门责令退还所收费用；对直接负责的主管人员和其他直接责任人员，依法给予处分。

第七十九条　考生在国家教育考试中有下列行为之一的，由组织考试的教育考试机构工作人员在考试现场采取必要措施予以制止并终止其继续参加考试；组织考试的教育考试机构可以取消其相关考试资格或者考试成绩；情节严重的，由教育行政部门责令停止参加相关国家教育考试一年以上三年以下；构成违反治安管理行为的，由公安机关依法给予治安管理处罚；构成犯罪的，依法追究刑事责任：

（一）非法获取考试试题或者答案的；

（二）携带或者使用考试作弊器材、资料的；

（三）抄袭他人答案的；

（四）让他人代替自己参加考试的；

（五）其他以不正当手段获得考试成绩的作弊行为。

第八十条　任何组织或者个人在国家教育考试中有下列行为之一，有违法所得的，由公安机关没收违法所得，并处违法所得一倍以上五倍以下罚款；情节严重的，处五日以上十五日以下拘留；构成犯罪的，依法追究刑事责任；属于国家机关工作人员的，还应当依法给予处分：

（一）组织作弊的；

（二）通过提供考试作弊器材等方式为作弊提供帮助或者便利的；

（三）代替他人参加考试的；

（四）在考试结束前泄露、传播考试试题或者答案的；

（五）其他扰乱考试秩序的行为。

例题精讲

单选题

1. 依据《中华人民共和国教育法》的规定，教育是社会主义现代化建设的基础，国家保障教育事业（　　）。

　　A. 优先发展　　　　B. 持续发展　　　　C. 重点发展　　　　D. 均衡发展

【答案】A

【解析】《中华人民共和国教育法》第四条规定：教育是社会主义现代化建设的基础，国家保障教育事业优先发展。

2. 教师沈某因无正当理由拒不服从学校的教学安排，被学校暂停授课并扣发当月绩效工资。学校的这种做法（　　）。

　　A. 不合法，侵犯了沈某从事教育教学的权利

　　B. 不合法，侵犯了沈某获取工资报酬的权利

　　C. 合法，学校有对教师实施奖励或者处分的权利

　　D. 合法，学校有对教师进行教育行政处罚的权利

【答案】C

【解析】根据《中华人民共和国教育法》第二十九条的规定，学校及其他教育机构有权聘任教师及其他职工，实施奖励或者处分。题干中教师沈某因无正当理由拒不服从学校的教学安排，学校有权进行处分。

3. 某公立小学校长刘某在招生过程中非法获利数十万元。根据《中华人民共和国教育法》的规定，教育行政部门可以对其采取的措施是（　　）。

　　A. 依法给予行政处分　　　　B. 依法给予刑事制裁

　　C. 依法给予党纪处分　　　　D. 依法给予民事制裁

【答案】A

【解析】《中华人民共和国教育法》第七十七条规定：在招收学生工作中徇私舞弊的，由教育行政部门或者其他有关行政部门责令退回招收的人员；对直接负责的主管人员和其他直接责任人员，依法给予处分；构成犯罪的，依法追究刑事责任。

考点详解

《中华人民共和国教师法》（节选）

　　1993 年 10 月 31 日第八届全国人民代表大会常务委员会第四次会议通过。1993 年 10 月 31 日中华人民共和国主席令第 15 号公布，自 1994 年 1 月 1 日起施行。

　　根据 2009 年 8 月 27 日第十一届全国人民代表大会常务委员会第十次会议《关于修改部分法律的决定》修正。

第一章　总则

　　第二条　本法适用于在各级各类学校和其他教育机构中专门从事教育教学工作的教师。

　　第三条　教师是履行教育教学职责的专业人员，承担教书育人，培养社会主义事业建设者和接班人、提高民族素质的使命。教师应当忠诚于人民的教育事业。

　　第五条　国务院教育行政部门主管全国的教师工作。

　　国务院有关部门在各自职权范围内负责有关的教师工作。

考点2：
《中华人民共和国教师法》

内容提要：《中华人民共和国教师法》的基本精神是用法律来维护教师的合法权益，保障教师待遇和社会地位的不断提高；加强教师队伍的规范化管理，确保教师队伍整体素质不断优化和提高。

学校和其他教育机构根据国家规定，自主进行教师管理工作。

第六条　每年九月十日为教师节。

第二章　权利和义务

第七条　教师享有下列权利：

（一）进行教育教学活动，开展教育教学改革和实验；

（二）从事科学研究、学术交流，参加专业的学术团体，在学术活动中充分发表意见；

（三）指导学生的学习和发展，评定学生的品行和学业成绩；

（四）按时获取工资报酬，享受国家规定的福利待遇以及寒暑假期的带薪休假；

（五）对学校教育教学、管理工作和教育行政部门的工作提出意见和建议，通过教职工代表大会或者其他形式，参与学校的民主管理；

（六）参加进修或者其他方式的培训。

第八条　教师应当履行下列义务：

（一）遵守宪法、法律和职业道德，为人师表；

（二）贯彻国家的教育方针，遵守规章制度，执行学校的教学计划，履行教师聘约，完成教育教学工作任务；

（三）对学生进行宪法所确定的基本原则的教育和爱国主义、民族团结的教育，法制教育以及思想品德、文化、科学技术教育，组织、带领学生开展有益的社会活动；

（四）关心、爱护全体学生，尊重学生人格，促进学生在品德、智力、体质等方面全面发展；

（五）制止有害于学生的行为或者其他侵犯学生合法权益的行为，批评和抵制有害于学生健康成长的现象；

（六）不断提高思想政治觉悟和教育教学业务水平。

第九条　为保障教师完成教育教学任务，各级人民政府、教育行政部门、有关部门、学校和其他教育机构应当履行下列职责：

（一）提供符合国家安全标准的教育教学设施和设备；

（二）提供必需的图书、资料及其他教育教学用品；

（三）对教师在教育教学、科学研究中的创造性工作给以鼓励和帮助；

（四）支持教师制止有害于学生的行为或者其他侵犯学生合法权益的行为。

第三章　资格和任用

第十条　国家实行教师资格制度。

中国公民凡遵守宪法和法律，热爱教育事业，具有良好的思想品德，具备本法规定的学历或者经国家教师资格考试合格，有教育教学能力，经认定合格的，可以取得教师资格。

第十四条　受到剥夺政治权利或者故意犯罪受到有期徒刑以上刑事处罚的，不能取得教师资格；已经取得教师资格的，丧失教师资格。

第十六条　国家实行教师职务制度，具体办法由国务院规定。

第十七条　学校和其他教育机构应当逐步实行教师聘任制。教师的聘任应当遵循双方地位平等的原则，由学校和教师签订聘任合同，明确规定双方的权利、义务和责任。

实施教师聘任制的步骤、办法由国务院教育行政部门规定。

第六章　待遇

第二十五条　教师的平均工资水平应当不低于或者高于国家公务员的平均工资水平，并逐步提高。建立正常晋级增薪制度，具体办法由国务院规定。

第二十六条　中小学教师和职业学校教师享受教龄津贴和其他津贴，具体办法由国务院教育行政部门会同有关部门制定。

第二十七条　地方各级人民政府对教师以及具有中专以上学历的毕业生到少数民族地区和边远

贫困地区从事教育教学工作的，应当予以补贴。

第八章　法律责任

第三十五条　侮辱、殴打教师的，根据不同情况，分别给予行政处分或者行政处罚；造成损害的，责令赔偿损失；情节严重，构成犯罪的，依法追究刑事责任。

第三十六条　对依法提出申诉、控告、检举的教师进行打击报复的，由其所在单位或者上级机关责令改正；情节严重的，可以根据具体情况给予行政处分。

国家工作人员对教师打击报复构成犯罪的，依照刑法有关规定追究刑事责任。

第三十七条　教师有下列情形之一的，由所在学校、其他教育机构或者教育行政部门给予行政处分或者解聘：

（一）故意不完成教育教学任务给教育教学工作造成损失的；

（二）体罚学生，经教育不改的；

（三）品行不良、侮辱学生，影响恶劣的。

教师有前款第（二）项、第（三）项所列情形之一，情节严重，构成犯罪的，依法追究刑事责任。

第三十八条　地方人民政府对违反本法规定，拖欠教师工资或者侵犯教师其他合法权益的，应当责令其限期改正。

违反国家财政制度、财务制度，挪用国家财政用于教育的经费，严重妨碍教育教学工作，拖欠教师工资，损害教师合法权益的，由上级机关责令限期归还被挪用的经费，并对直接责任人员给予行政处分；情节严重，构成犯罪的，依法追究刑事责任。

第三十九条　教师对学校或者其他教育机构侵犯其合法权益的，或者对学校或者其他教育机构作出的处理不服的，可以向教育行政部门提出申诉，教育行政部门应当在接到申诉的三十日内，作出处理。

教师认为当地人民政府有关行政部门侵犯其根据本法规定享有的权利的，可以向同级人民政府或者上一级人民政府有关部门提出申诉，同级人民政府或者上一级人民政府有关部门应当作出处理。

　例题精讲

单选题

1. 某小学教师钱某实名举报丁校长的违法乱纪行为，丁校长知晓后，让社会人员殴打钱某，导致钱某受伤，对丁校长的行为应依法（　　　）。

　　A. 给予行政处罚　　　B. 追究刑事责任　　　C. 给予行政处分　　　D. 追究治安责任

【答案】B

【解析】《中华人民共和国教师法》第三十六条规定：对依法提出申诉、控告、检举的教师进行打击报复的，由其所在单位或者上级机关责令改正；情节严重的，可以根据具体情况给予行政处分。国家工作人员对教师打击报复构成犯罪的，依照刑法有关规定追究其刑事责任。丁校长的行为已构成犯罪，应依法追究其刑事责任。

2. 小学教师张某因为醉驾被人民法院判处有期徒刑，张某（　　　）。

　　A. 永远丧失教师资格　　　　　　　　B. 教师资格不受影响

　　C. 未来五年内不得从事教师职业　　　D. 只能在私立学校从事教师职业

【答案】A

【解析】《中华人民共和国教师法》第十四条规定：受到剥夺政治权利或者故意犯罪受到有期徒刑以上刑事处罚的，不能取得教师资格；已经取得教师资格的，丧失教师资格。小学教师张某因醉驾被判处有期徒刑，故丧失教师资格。

3. 公办小学教师张某多次申报职称未果，认为是学校领导故意为难他。此后，张某经常迟到、早退，教学敷衍了事，校长对其进行批评教育，但张某仍然我行我素，学校上报教育主管部门后将其解聘。该学校的做法（　　　）。

　　A. 正确，张某的行为给教学造成了损失

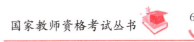

B. 正确，应同时解除张某的教育教学权

C. 不正确，侵犯张某的教育教学权

D. 不正确，事业单位的人员不能解聘

【答案】A

【解析】《中华人民共和国教师法》第三十七条规定：教师有下列情形之一的，由所在学校、其他教育机构或者教育行政部门给予行政处分或者解聘：（一）故意不完成教育教学任务给教育教学工作造成损失的；（二）体罚学生，经教育不改的；（三）品行不良、侮辱学生，影响恶劣的。教师有前款第（二）项、第（三）项所列情形之一，情节严重，构成犯罪的，依法追究刑事责任。张某的做法符合此条规定，应给予其行政处分或者解聘，因此，该小学的做法是正确的。

4. 教师钱某对学校解聘自己的决定不服，可以向教育行政部门（　　）。

A. 检举　　　　　B. 揭发　　　　　C. 提出诉讼　　　　　D. 提出申诉

【答案】D

【解析】根据《中华人民共和国教师法》第三十九条规定：教师对学校或者其他教育机构侵犯其合法权益的，或者对学校或者其他教育机构作出的处理不服的，可以向教育行政部门提出申诉，教育行政部门应当在接到申诉的三十日内，作出处理。教师认为当地人民政府有关行政部门侵犯其根据本法规定享有的权利的，可以向同级人民政府或者上一级人民政府有关部门提出申诉，同级人民政府或者上一级人民政府有关部门应当作出处理。本题中教师钱某对学校解聘自己的决定不服，可以向教育行政部门提出申诉。

考点详解

《中华人民共和国义务教育法》（节选）

1986 年 4 月 12 日第六届全国人民代表大会第四次会议通过。

2006 年 6 月 29 日第十届全国人民代表大会常务委员会第二十二次会议修订。

根据 2015 年 4 月 24 日第十二届全国人民代表大会常务委员会第十四次会议《关于修改〈中华人民共和国义务教育法〉等五部法律的决定》第一次修正 。

根据 2018 年 12 月 29 日第十三届全国人民代表大会常务委员会第七次会议《关于修改〈中华人民共和国产品质量法〉等五部法律的决定》第二次修正。

考点 3：
《中华人民共和国义务教育法》

内容提要：《中华人民共和国义务教育法》是为了保障适龄儿童、少年接受义务教育的权利，保证义务教育的实施，提高全民族素质，根据《宪法》和《教育法》而制定的法律。

第一章　总则

第一条　为了保障适龄儿童、少年接受义务教育的权利，保证义务教育的实施，提高全民族素质，根据宪法和教育法，制定本法。

第二条　国家实行九年义务教育制度。

义务教育是国家统一实施的所有适龄儿童、少年必须接受的教育，是国家必须予以保障的公益性事业。

实施义务教育，不收学费、杂费。

国家建立义务教育经费保障机制，保证义务教育制度实施。

第四条　凡具有中华人民共和国国籍的适龄儿童、少年，不分性别、民族、种族、家庭财产状况、宗教信仰等，依法享有平等接受义务教育的权利，并履行接受义务教育的义务。

第五条　各级人民政府及其有关部门应当履行本法规定的各项职责，保障适龄儿童、少年接受义务教育的权利。

适龄儿童、少年的父母或者其他法定监护人应当依法保证其按时入学接受并完成义务教育。

依法实施义务教育的学校应当按照规定标准完成教育教学任务，保证教育教学质量。

社会组织和个人应当为适龄儿童、少年接受义务教育创造良好的环境。

第六条　国务院和县级以上地方人民政府应当合理配置教育资源，促进义务教育均衡发展，改善薄弱学校的办学条件，并采取措施，保障农村地区、民族地区实施义务教育，保障家庭经济困难的和残疾的适龄儿童、少年接受义务教育。

国家组织和鼓励经济发达地区支援经济欠发达地区实施义务教育。

第七条　义务教育实行国务院领导，省、自治区、直辖市人民政府统筹规划实施，县级人民政府为主管理的体制。

县级以上人民政府教育行政部门具体负责义务教育实施工作；县级以上人民政府其他有关部门在各自的职责范围内负责义务教育实施工作。

第二章　学生

第十一条　凡年满六周岁的儿童，其父母或者其他法定监护人应当送其入学接受并完成义务教育；条件不具备的地区的儿童，可以推迟到七周岁。

适龄儿童、少年因身体状况需要延缓入学或者休学的，其父母或者其他法定监护人应当提出申请，由当地乡镇人民政府或者县级人民政府教育行政部门批准。

第十二条　适龄儿童、少年免试入学。地方各级人民政府应当保障适龄儿童、少年在户籍所在地学校就近入学。

第三章　学校

第十六条　学校建设，应当符合国家规定的办学标准，适应教育教学需要；应当符合国家规定的选址要求和建设标准，确保学生和教职工安全。

第二十条　县级以上地方人民政府根据需要，为具有预防未成年人犯罪法规定的严重不良行为的适龄少年设置专门的学校实施义务教育。

第二十一条　对未完成义务教育的未成年犯和被采取强制性教育措施的未成年人应当进行义务教育，所需经费由人民政府予以保障。

第二十二条　县级以上人民政府及其教育行政部门应当促进学校均衡发展，缩小学校之间办学条件的差距，不得将学校分为重点学校和非重点学校。学校不得分设重点班和非重点班。

县级以上人民政府及其教育行政部门不得以任何名义改变或者变相改变公办学校的性质。

第二十四条　学校应当建立、健全安全制度和应急机制，对学生进行安全教育，加强管理，及时消除隐患，预防发生事故。

县级以上地方人民政府定期对学校校舍安全进行检查；对需要维修、改造的，及时予以维修、改造。

学校不得聘用曾经因故意犯罪被依法剥夺政治权利或者其他不适合从事义务教育工作的人担任工作人员。

第二十五条　学校不得违反国家规定收取费用，不得以向学生推销或者变相推销商品、服务等方式谋取利益。

第二十六条　学校实行校长负责制。校长应当符合国家规定的任职条件。校长由县级人民政府教育行政部门依法聘任。

第二十七条　对违反学校管理制度的学生，学校应当予以批评教育，不得开除。

第四章　教师

第二十九条　教师在教育教学中应当平等对待学生，关注学生的个体差异，因材施教，促进学生的充分发展。

教师应当尊重学生的人格，不得歧视学生，不得对学生实施体罚、变相体罚或者其他侮辱人格尊严的行为，不得侵犯学生合法权益。

第三十条　教师应当取得国家规定的教师资格。

国家建立统一的义务教育教师职务制度。教师职务分为初级职务、中级职务和高级职务。

第三十一条　各级人民政府保障教师工资福利和社会保险待遇，改善教师工作和生活条件；完善农村教师工资经费保障机制。

教师的平均工资水平应当不低于当地公务员的平均工资水平。

特殊教育教师享有特殊岗位补助津贴。在民族地区和边远贫困地区工作的教师享有艰苦贫困地区补助津贴。

第三十二条　县级以上人民政府应当加强教师培养工作，采取措施发展教师教育。

县级人民政府教育行政部门应当均衡配置本行政区域内学校师资力量，组织校长、教师的培训和流动，加强对薄弱学校的建设。

第五章　教育教学

第三十六条　学校应当把德育放在首位，寓德育于教育教学之中，开展与学生年龄相适应的社会实践活动，形成学校、家庭、社会相互配合的思想道德教育体系，促进学生养成良好的思想品德和行为习惯。

第三十八条　教科书根据国家教育方针和课程标准编写，内容力求精简，精选必备的基础知识、基本技能，经济实用，保证质量。

国家机关工作人员和教科书审查人员，不得参与或者变相参与教科书的编写工作。

第三十九条　国家实行教科书审定制度。教科书的审定办法由国务院教育行政部门规定。

未经审定的教科书，不得出版、选用。

第四十一条　国家鼓励教科书循环使用。

第六章　经费保障

第四十二条　国家将义务教育全面纳入财政保障范围，义务教育经费由国务院和地方各级人民政府依照本法规定予以保障。

国务院和地方各级人民政府将义务教育经费纳入财政预算，按照教职工编制标准、工资标准和学校建设标准、学生人均公用经费标准等，及时足额拨付义务教育经费，确保学校的正常运转和校舍安全，确保教职工工资按照规定发放。

第四十四条　义务教育经费投入实行国务院和地方各级人民政府根据职责共同负担，省、自治区、直辖市人民政府负责统筹落实的体制。农村义务教育所需经费，由各级人民政府根据国务院的规定分项目、按比例分担。

各级人民政府对家庭经济困难的适龄儿童、少年免费提供教科书并补助寄宿生生活费。

义务教育经费保障的具体办法由国务院规定。

第四十五条　地方各级人民政府在财政预算中将义务教育经费单列。

县级人民政府编制预算，除向农村地区学校和薄弱学校倾斜外，应当均衡安排义务教育经费。

第四十九条　义务教育经费严格按照预算规定用于义务教育；任何组织和个人不得侵占、挪用义务教育经费，不得向学校非法收取或者摊派费用。

第七章　法律责任

第五十一条　国务院有关部门和地方各级人民政府违反本法第六章的规定，未履行对义务教育经费保障职责的，由国务院或者上级地方人民政府责令限期改正；情节严重的，对直接负责的主管人员和其他直接责任人员依法给予行政处分。

第五十二条　县级以上地方人民政府有下列情形之一的，由上级人民政府责令限期改正；情节严重的，对直接负责的主管人员和其他直接责任人员依法给予行政处分：

（一）未按照国家有关规定制定、调整学校的设置规划的；

（二）学校建设不符合国家规定的办学标准、选址要求和建设标准的；

（三）未定期对学校校舍安全进行检查，并及时维修、改造的；

（四）未依照本法规定均衡安排义务教育经费的。

第五十三条 县级以上人民政府或者其教育行政部门有下列情形之一的，由上级人民政府或者其教育行政部门责令限期改正、通报批评；情节严重的，对直接负责的主管人员和其他直接责任人员依法给予行政处分：

（一）将学校分为重点学校和非重点学校的；

（二）改变或者变相改变公办学校性质的。

县级人民政府教育行政部门或者乡镇人民政府未采取措施组织适龄儿童、少年入学或者防止辍学的，依照前款规定追究法律责任。

第五十四条 有下列情形之一的，由上级人民政府或者上级人民政府教育行政部门、财政部门、价格行政部门和审计机关根据职责分工责令限期改正；情节严重的，对直接负责的主管人员和其他直接责任人员依法给予处分：

（一）侵占、挪用义务教育经费的；

（二）向学校非法收取或者摊派费用的。

第五十五条 学校或者教师在义务教育工作中违反教育法、教师法规定的，依照教育法、教师法的有关规定处罚。

第五十六条 学校违反国家规定收取费用的，由县级人民政府教育行政部门责令退还所收费用；对直接负责的主管人员和其他直接责任人员依法给予处分。

学校以向学生推销或者变相推销商品、服务等方式谋取利益的，由县级人民政府教育行政部门给予通报批评；有违法所得的，没收违法所得；对直接负责的主管人员和其他直接责任人员依法给予处分。

国家机关工作人员和教科书审查人员参与或者变相参与教科书编写的，由县级以上人民政府或者其教育行政部门根据职责权限责令限期改正，依法给予行政处分；有违法所得的，没收违法所得。

第五十七条 学校有下列情形之一的，由县级人民政府教育行政部门责令限期改正；情节严重的，对直接负责的主管人员和其他直接责任人员依法给予处分：

（一）拒绝接收具有接受普通教育能力的残疾适龄儿童、少年随班就读的；

（二）分设重点班和非重点班的；

（三）违反本法规定开除学生的；

（四）选用未经审定的教科书的。

第五十八条 适龄儿童、少年的父母或者其他法定监护人无正当理由未依照本法规定送适龄儿童、少年入学接受义务教育的，由当地乡镇人民政府或者县级人民政府教育行政部门给予批评教育，责令限期改正。

第五十九条 有下列情形之一的，依照有关法律、行政法规的规定予以处罚：

（一）胁迫或者诱骗应当接受义务教育的适龄儿童、少年失学、辍学的；

（二）非法招用应当接受义务教育的适龄儿童、少年的；

（三）出版未经依法审定的教科书的。

第六十条 违反本法规定，构成犯罪的，依法追究刑事责任。

 例题精讲

单选题

1. 某偏远山区，交通不便，儿童居住较为分散。为保障当地适龄儿童接受义务教育，根据《中华人民共和国义务教育法》的规定，县级人民政府可以采取的措施是（　　　）。

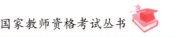

A. 设置走读学校 　　　　　B. 设置寄宿制学校
C. 设置家庭学校 　　　　　D. 设置半日制学校

【答案】B

【解析】《中华人民共和国义务教育法》第十七条规定：县级人民政府根据需要设置寄宿制学校，保障居住分散的适龄儿童、少年入学接受义务教育。

2. 就读于农村某小学的亮亮未毕业，父母让其辍学帮忙照顾店里生意。依据《中华人民共和国义务教育法》的相关规定，给予亮亮父母批评教育并责令限期改正的机构是（　　）。

A. 村民委员会 　　　　　B. 学校
C. 乡级人民政府 　　　　D. 县级人民政府

【答案】C

【解析】《中华人民共和国义务教育法》第五十八条规定：适龄儿童、少年的父母或者其他法定监护人无正当理由未依照本法规定送适龄儿童、少年入学接受义务教育的，由当地乡镇人民政府或者县级人民政府教育行政部门给予批评教育，责令限期改正。

3. 某小学让学校乐队的学生停课参加某公司庆典，公司给予学校一定的经济回报。该校的做法（　　）。

A. 正确，可以改善学校办学条件

B. 正确，学校拥有管理学生的权利

C. 不正确，侵犯了学生的受教育权

D. 不正确，侵犯了学生的人身权

【答案】C

【解析】《中华人民共和国义务教育法》第五条规定：各级人民政府及其有关部门应当履行本法规定的各项职责，保障适龄儿童、少年接受义务教育的权利。适龄儿童、少年的父母或者其他法定监护人应当依法保证其按时入学接受并完成义务教育。受教育权是学生在学校最基本的权利，让学生停课参加某公司庆典，侵犯了学生的受教育权。

考点详解

《中华人民共和国未成年人保护法》（节选）

1991年9月4日第七届全国人民代表大会常务委员会第二十一次会议通过。

2006年12月29日第十届全国人民代表大会常务委员会第二十五次会议修订。

根据2012年10月26日第十一届全国人民代表大会常务委员会第二十九次会议《关于修改〈中华人民共和国未成年人保护法〉的决定》修正。

第一章　总则

第二条　本法所称未成年人是指未满十八周岁的公民。

第三条　未成年人享有生存权、发展权、受保护权、参与权等权利，国家根据未成年人身心发展特点给予特殊、优先保护，保障未成年人的合法权益不受侵犯。

未成年人享有受教育权，国家、社会、学校和家庭尊重和保障未成年人的受教育权。

未成年人不分性别、民族、种族、家庭财产状况、宗教信仰等，依法平等地享有权利。

第二章　家庭保护

第十条　父母或者其他监护人应当创造良好、和睦的家庭环境，依法

考点4：
《中华人民共和国未成年人保护法》

内容提要：《中华人民共和国未成年人保护法》是为了保护未成年人的身心健康，保障未成年人的合法权益，促进未成年人在品德、智力、体质等方面全面发展，培养有理想、有道德、有文化、有纪律的社会主义建设者和接班人，根据《宪法》制定的法律。

履行对未成年人的监护职责和抚养义务。

禁止对未成年人实施家庭暴力，禁止虐待、遗弃未成年人，禁止溺婴和其他残害婴儿的行为，不得歧视女性未成年人或者有残疾的未成年人。

第十一条　父母或者其他监护人应当关注未成年人的生理、心理状况和行为习惯，以健康的思想、良好的品行和适当的方法教育和影响未成年人，引导未成年人进行有益身心健康的活动，预防和制止未成年人吸烟、酗酒、流浪、沉迷网络以及赌博、吸毒、卖淫等行为。

第十二条　父母或者其他监护人应当学习家庭教育知识，正确履行监护职责，抚养教育未成年人。

有关国家机关和社会组织应当为未成年人的父母或者其他监护人提供家庭教育指导。

第十三条　父母或者其他监护人应当尊重未成年人受教育的权利，必须使适龄未成年人依法入学接受并完成义务教育，不得使接受义务教育的未成年人辍学。

第十五条　父母或者其他监护人不得允许或者迫使未成年人结婚，不得为未成年人订立婚约。

第十六条　父母因外出务工或者其他原因不能履行对未成年人监护职责的，应当委托有监护能力的其他成年人代为监护。

第三章　学校保护

第十七条　学校应当全面贯彻国家的教育方针，实施素质教育，提高教育质量，注重培养未成年学生独立思考能力、创新能力和实践能力，促进未成年学生全面发展。

第十八条　学校应当尊重未成年学生受教育的权利，关心、爱护学生，对品行有缺点、学习有困难的学生，应当耐心教育、帮助，不得歧视，不得违反法律和国家规定开除未成年学生。

第十九条　学校应当根据未成年学生身心发展的特点，对他们进行社会生活指导、心理健康辅导和青春期教育。

第二十一条　学校、幼儿园、托儿所的教职员工应当尊重未成年人的人格尊严，不得对未成年人实施体罚、变相体罚或者其他侮辱人格尊严的行为。

第二十二条　学校、幼儿园、托儿所应当建立安全制度，加强对未成年人的安全教育，采取措施保障未成年人的人身安全。

学校、幼儿园、托儿所不得在危及未成年人人身安全、健康的校舍和其他设施、场所中进行教育教学活动。

学校、幼儿园安排未成年人参加集会、文化娱乐、社会实践等集体活动，应当有利于未成年人的健康成长，防止发生人身安全事故。

第二十四条　学校对未成年学生在校内或者本校组织的校外活动中发生人身伤害事故的，应当及时救护，妥善处理，并及时向有关主管部门报告。

第二十五条　对于在学校接受教育的有严重不良行为的未成年学生，学校和父母或者其他监护人应当互相配合加以管教；无力管教或者管教无效的，可以按照有关规定将其送专门学校继续接受教育。

依法设置专门学校的地方人民政府应当保障专门学校的办学条件，教育行政部门应当加强对专门学校的管理和指导，有关部门应当给予协助和配合。

专门学校应当对在校就读的未成年学生进行思想教育、文化教育、纪律和法制教育、劳动技术教育和职业教育。

专门学校的教职员工应当关心、爱护、尊重学生，不得歧视、厌弃。

第四章　社会保护

第三十条　爱国主义教育基地、图书馆、青少年宫、儿童活动中心应当对未成年人免费开放；博物馆、纪念馆、科技馆、展览馆、美术馆、文化馆以及影剧院、体育场馆、动物园、公园等场所，应当按照有关规定对未成年人免费或者优惠开放。

第三十一条　县级以上人民政府及其教育行政部门应当采取措施，鼓励和支持中小学校在节假日期间将文化体育设施对未成年人免费或者优惠开放。

社区中的公益性互联网上网服务设施，应当对未成年人免费或者优惠开放，为未成年人提供安全、健康的上网服务。

第三十二条　国家鼓励新闻、出版、信息产业、广播、电影、电视、文艺等单位和作家、艺术家、科学家以及其他公民，创作或者提供有利于未成年人健康成长的作品。出版、制作和传播专门以未成年人为对象的内容健康的图书、报刊、音像制品、电子出版物以及网络信息等，国家给予扶持。

国家鼓励科研机构和科技团体对未成年人开展科学知识普及活动。

第三十三条　国家采取措施，预防未成年人沉迷网络。

第三十四条　禁止任何组织、个人制作或者向未成年人出售、出租或者以其他方式传播淫秽、暴力、凶杀、恐怖、赌博等毒害未成年人的图书、报刊、音像制品、电子出版物以及网络信息等。

第三十五条　生产、销售用于未成年人的食品、药品、玩具、用具和游乐设施等，应当符合国家标准或者行业标准，不得有害于未成年人的安全和健康；需要标明注意事项的，应当在显著位置标明。

第三十六条　中小学校园周边不得设置营业性歌舞娱乐场所、互联网上网服务营业场所等不适宜未成年人活动的场所。

营业性歌舞娱乐场所、互联网上网服务营业场所等不适宜未成年人活动的场所，不得允许未成年人进入，经营者应当在显著位置设置未成年人禁入标志；对难以判明是否已成年的，应当要求其出示身份证件。

第三十七条　禁止向未成年人出售烟酒，经营者应当在显著位置设置不向未成年人出售烟酒的标志；对难以判明是否已成年的，应当要求其出示身份证件。

任何人不得在中小学校、幼儿园、托儿所的教室、寝室、活动室和其他未成年人集中活动的场所吸烟、饮酒。

第三十八条　任何组织或者个人不得招用未满十六周岁的未成年人，国家另有规定的除外。

任何组织或者个人按照国家有关规定招用已满十六周岁未满十八周岁的未成年人的，应当执行国家在工种、劳动时间、劳动强度和保护措施等方面的规定，不得安排其从事过重、有毒、有害等危害未成年人身心健康的劳动或者危险作业。

第三十九条　任何组织或者个人不得披露未成年人的个人隐私。

对未成年人的信件、日记、电子邮件，任何组织或者个人不得隐匿、毁弃；除因追查犯罪的需要，由公安机关或者人民检察院依法进行检查，或者对无行为能力的未成年人的信件、日记、电子邮件由其父母或者其他监护人代为开拆、查阅外，任何组织或者个人不得开拆、查阅。

第四十条　学校、幼儿园、托儿所和公共场所发生突发事件时，应当优先救护未成年人。

第四十一条　禁止拐卖、绑架、虐待未成年人，禁止对未成年人实施性侵害。

禁止胁迫、诱骗、利用未成年人乞讨或者组织未成年人进行有害其身心健康的表演等活动。

第四十二条　公安机关应当采取有力措施，依法维护校园周边的治安和交通秩序，预防和制止侵害未成年人合法权益的违法犯罪行为。

任何组织或者个人不得扰乱教学秩序，不得侵占、破坏学校、幼儿园、托儿所的场地、房屋和设施。

第四十三条　县级以上人民政府及其民政部门应当根据需要设立救助场所，对流浪乞讨等生活无着未成年人实施救助，承担临时监护责任；公安部门或者其他有关部门应当护送流浪乞讨或者离家出走的未成年人到救助场所，由救助场所予以救助和妥善照顾，并及时通知其父母或者其他监护人领回。

对孤儿、无法查明其父母或者其他监护人的以及其他生活无着的未成年人，由民政部门设立的儿童福利机构收留抚养。

未成年人救助机构、儿童福利机构及其工作人员应当依法履行职责，不得虐待、歧视未成年人；不得在办理收留抚养工作中牟取利益。

第四十六条　国家依法保护未成年人的智力成果和荣誉权不受侵犯。

第四十八条　居民委员会、村民委员会应当协助有关部门教育和挽救违法犯罪的未成年人，预防和制止侵害未成年人合法权益的违法犯罪行为。

第四十九条　未成年人的合法权益受到侵害的，被侵害人及其监护人或者其他组织和个人有权向有关部门投诉，有关部门应当依法及时处理。

第五章　司法保护

第五十一条　未成年人的合法权益受到侵害，依法向人民法院提起诉讼的，人民法院应当依法及时审理，并适应未成年人生理、心理特点和健康成长的需要，保障未成年人的合法权益。

在司法活动中对需要法律援助或者司法救助的未成年人，法律援助机构或者人民法院应当给予帮助，依法为其提供法律援助或者司法救助。

第五十三条　父母或者其他监护人不履行监护职责或者侵害被监护的未成年人的合法权益，经教育不改的，人民法院可以根据有关人员或者有关单位的申请，撤销其监护人的资格，依法另行指定监护人。被撤销监护资格的父母应当依法继续负担抚养费用。

第五十四条　对违法犯罪的未成年人，实行教育、感化、挽救的方针，坚持教育为主、惩罚为辅的原则。

对违法犯罪的未成年人，应当依法从轻、减轻或者免除处罚。

第五十五条　公安机关、人民检察院、人民法院办理未成年人犯罪案件和涉及未成年人权益保护案件，应当照顾未成年人身心发展特点，尊重他们的人格尊严，保障他们的合法权益，并根据需要设立专门机构或者指定专人办理。

第五十六条　讯问、审判未成年犯罪嫌疑人、被告人，询问未成年证人、被害人，应当依照刑事诉讼法的规定通知其法定代理人或者其他人员到场。

公安机关、人民检察院、人民法院办理未成年人遭受性侵害的刑事案件，应当保护被害人的名誉。

第五十七条　对羁押、服刑的未成年人，应当与成年人分别关押。

羁押、服刑的未成年人没有完成义务教育的，应当对其进行义务教育。

解除羁押、服刑期满的未成年人的复学、升学、就业不受歧视。

第六章　法律责任

第六十条　违反本法规定，侵害未成年人的合法权益，其他法律、法规已规定行政处罚的，从其规定；造成人身财产损失或者其他损害的，依法承担民事责任；构成犯罪的，依法追究刑事责任。

第六十一条　国家机关及其工作人员不依法履行保护未成年人合法权益的责任，或者侵害未成年人合法权益，或者对提出申诉、控告、检举的人进行打击报复的，由其所在单位或者上级机关责令改正，对直接负责的主管人员和其他直接责任人员依法给予行政处分。

第六十二条　父母或者其他监护人不依法履行监护职责，或者侵害未成年人合法权益的，由其所在单位或者居民委员会、村民委员会予以劝诫、制止；构成违反治安管理行为的，由公安机关依法给予行政处罚。

第六十三条　学校、幼儿园、托儿所侵害未成年人合法权益的，由教育行政部门或者其他有关部门责令改正；情节严重的，对直接负责的主管人员和其他直接责任人员依法给予处分。

学校、幼儿园、托儿所教职员工对未成年人实施体罚、变相体罚或者其他侮辱人格行为的，由其所在单位或者上级机关责令改正；情节严重的，依法给予处分。

 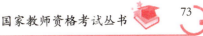

第六十四条 制作或者向未成年人出售、出租或者以其他方式传播淫秽、暴力、凶杀、恐怖、赌博等图书、报刊、音像制品、电子出版物以及网络信息等的，由主管部门责令改正，依法给予行政处罚。

第六十五条 生产、销售用于未成年人的食品、药品、玩具、用具和游乐设施不符合国家标准或者行业标准，或者没有在显著位置标明注意事项的，由主管部门责令改正，依法给予行政处罚。

第六十六条 在中小学校园周边设置营业性歌舞娱乐场所、互联网上网服务营业场所等不适宜未成年人活动的场所的，由主管部门予以关闭，依法给予行政处罚。

营业性歌舞娱乐场所、互联网上网服务营业场所等不适宜未成年人活动的场所允许未成年人进入，或者没有在显著位置设置未成年人禁入标志的，由主管部门责令改正，依法给予行政处罚。

第六十七条 向未成年人出售烟酒，或者没有在显著位置设置不向未成年人出售烟酒标志的，由主管部门责令改正，依法给予行政处罚。

第六十八条 非法招用未满十六周岁的未成年人，或者招用已满十六周岁的未成年人从事过重、有毒、有害等危害未成年人身心健康的劳动或者危险作业的，由劳动保障部门责令改正，处以罚款；情节严重的，由工商行政管理部门吊销营业执照。

第六十九条 侵犯未成年人隐私，构成违反治安管理行为的，由公安机关依法给予行政处罚。

第七十条 未成年人救助机构、儿童福利机构及其工作人员不依法履行对未成年人的救助保护职责，或者虐待、歧视未成年人，或者在办理收留抚养工作中牟取利益的，由主管部门责令改正，依法给予行政处分。

第七十一条 胁迫、诱骗、利用未成年人乞讨或者组织未成年人进行有害其身心健康的表演等活动的，由公安机关依法给予行政处罚。

 例题精讲

单选题

1. 良好的社会环境对未成年人的健康成长有重要作用，下列选项中属于社会保护的是（   ）。

A. 洋洋在幼儿园生病，园方及时通知家长并及时救护洋洋

B. 父母以健康的思想、良好的品行和适当的方法教育影响未成年人

C. 国家鼓励研究开发有利于未成年人健康成长的网络产品

D. 对违法犯罪的未成年人实行教育、感化、挽救的方针

【答案】C

【解析】《中华人民共和国未成年人保护法》第三十三条规定：国家采取措施，预防未成年人沉迷网络。国家鼓励研究开发有利于未成年人健康成长的网络产品，推广用于阻止未成年人沉迷网络的新技术。

2. 11 岁的小江辍学到王某所办的电子厂打工，王某的行为（   ）。

A. 合法，王某有自主招工的权利　　　　B. 合法，王某有管理工人的权利

C. 不合法，工厂不得招用童工　　　　　D. 不合法，征得家长同意可招用

【答案】C

【解析】《中华人民共和国未成年人保护法》第三十八条规定：任何组织或者个人不得招用未满十六周岁的未成年人，国家另有规定的除外。任何组织或者个人按照国家有关规定招用已满十六周岁未满十八周岁的未成年人的，应当执行国家在工种、劳动时间、劳动强度和保护措施等方面的规定，不得安排其从事过重、有毒、有害等危害未成年人身心健康的劳动或者危险作业。本题中小江未满 16 周岁，不得招用。

3. 张某和李某两家世代交好，他们为双方的未成年子女订立了婚约。张某和李某的做法（   ）。

A. 合法，父母享有对子女的监护权

B. 合法，父母享有对子女的管教权

C. 不合法，订立婚约应征得双方子女同意

D. 不合法，父母不得为未成年人订立婚约

【答案】 D

【解析】《中华人民共和国未成年人保护法》第十五条规定：父母或者其他监护人不得允许或者迫使未成年人结婚，不得为未成年人订立婚约。

考点详解

《中华人民共和国预防未成年人犯罪法》（节选）

1999 年 6 月 28 日第九届全国人民代表大会常务委员会第十次会议通过。

根据 2012 年 10 月 26 日第十一届全国人民代表大会常务委员会第二十九次会议通过的《全国人民代表大会常务委员会关于修改〈中华人民共和国预防未成年人犯罪法〉的决定》修正。

第一章 总则

第三条 预防未成年人犯罪，在各级人民政府组织领导下，实行综合治理。

政府有关部门、司法机关、人民团体、有关社会团体、学校、家庭、城市居民委员会、农村村民委员会等各方面共同参与，各负其责，做好预防未成年人犯罪工作，为未成年人身心健康发展创造良好的社会环境。

第五条 预防未成年人犯罪，应当结合未成年人不同年龄的生理、心理特点，加强青春期教育、心理矫治和预防犯罪对策的研究。

第三章 对未成年人不良行为的预防

第十四条 未成年人的父母或者其他监护人和学校应当教育未成年人不得有下列不良行为：

（一）旷课、夜不归宿；

（二）携带管制刀具；

（三）打架斗殴、辱骂他人；

（四）强行向他人索要财物；

（五）偷窃、故意毁坏财物；

（六）参与赌博或者变相赌博；

（七）观看、收听色情、淫秽的音像制品、读物等；

（八）进入法律、法规规定未成年人不适宜进入的营业性歌舞厅等场所；

（九）其他严重违背社会公德的不良行为。

第十五条 未成年人的父母或者其他监护人和学校应当教育未成年人不得吸烟、酗酒。任何经营场所不得向未成年人出售烟酒。

第十六条 中小学生旷课的，学校应当及时与其父母或者其他监护人取得联系。

未成年人擅自外出夜不归宿的，其父母或者其他监护人、其所在的寄宿制学校应当及时查找，或者向公安机关请求帮助。收留夜不归宿的未成年人的，应当征得其父母或者其他监护人的同意，或者在二十四小时内及时通知其父母或者其他监护人、所在学校或者及时向公安机关报告。

第十七条 未成年人的父母或者其他监护人和学校发现未成年人组织或者参加实施不良行为的团伙的，应当及时予以制止。发现该团伙有违法

考点 5：

《中华人民共和国预防未成年人犯罪法》

内容提要：《中华人民共和国预防未成年人犯罪法》是为了保障未成年人身心健康，培养未成年人良好品行，有效地预防未成年人犯罪而制定的法律。

犯罪行为的，应当向公安机关报告。

第十八条　未成年人的父母或者其他监护人和学校发现有人教唆、胁迫、引诱未成年人违法犯罪的，应当向公安机关报告。公安机关接到报告后，应当及时依法查处，对未成年人人身安全受到威胁的，应当及时采取有效措施，保护其人身安全。

第十九条　未成年人的父母或者其他监护人，不得让不满十六周岁的未成年人脱离监护单独居住。

第二十一条　未成年人的父母离异的，离异双方对子女都有教育的义务，任何一方都不得因离异而不履行教育子女的义务。

第二十三条　学校对有不良行为的未成年人应当加强教育、管理，不得歧视。

第二十五条　对于教唆、胁迫、引诱未成年人实施不良行为或者品行不良，影响恶劣，不适宜在学校工作的教职员工，教育行政部门、学校应当予以解聘或者辞退；构成犯罪的，依法追究刑事责任。

第二十六条　禁止在中小学校附近开办营业性歌舞厅、营业性电子游戏场所以及其他未成年人不适宜进入的场所。禁止开办上述场所的具体范围由省、自治区、直辖市人民政府规定。

对本法施行前已在中小学校附近开办上述场所的，应当限期迁移或者停业。

第二十七条　公安机关应当加强中小学校周围环境的治安管理，及时制止、处理中小学校周围发生的违法犯罪行为。城市居民委员会、农村村民委员会应当协助公安机关做好维护中小学校周围治安的工作。

第二十八条　公安派出所、城市居民委员会、农村村民委员会应当掌握本辖区内暂住人口中未成年人的就学、就业情况。对于暂住人口中未成年人实施不良行为的，应当督促其父母或者其他监护人进行有效的教育、制止。

第二十九条　任何人不得教唆、胁迫、引诱未成年人实施本法规定的不良行为，或者为未成年人实施不良行为提供条件。

第三十条　以未成年人为对象的出版物，不得含有诱发未成年人违法犯罪的内容，不得含有渲染暴力、色情、赌博、恐怖活动等危害未成年人身心健康的内容。

第三十一条　任何单位和个人不得向未成年人出售、出租含有诱发未成年人违法犯罪以及渲染暴力、色情、赌博、恐怖活动等危害未成年人身心健康内容的读物、音像制品或者电子出版物。

任何单位和个人不得利用通讯、计算机网络等方式提供前款规定的危害未成年人身心健康的内容及其信息。

第三十二条　广播、电影、电视、戏剧节目，不得有渲染暴力、色情、赌博、恐怖活动等危害未成年人身心健康的内容。

广播电影电视行政部门、文化行政部门必须加强对广播、电影、电视、戏剧节目以及各类演播场所的管理。

第三十三条　营业性歌舞厅以及其他未成年人不适宜进入的场所，应当设置明显的未成年人禁止进入标志，不得允许未成年人进入。

营业性电子游戏场所在国家法定节假日外，不得允许未成年人进入，并应当设置明显的未成年人禁止进入标志。

对于难以判明是否已成年的，上述场所的工作人员可以要求其出示身份证件。

第四章　对未成年人严重不良行为的矫治

第三十四条　本法所称"严重不良行为"，是指下列严重危害社会，尚不够刑事处罚的违法行为：

（一）纠集他人结伙滋事，扰乱治安；

（二）携带管制刀具，屡教不改；

（三）多次拦截殴打他人或者强行索要他人财物；

（四）传播淫秽的读物或者音像制品等；

（五）进行淫乱或者色情、卖淫活动；

（六）多次偷窃；

（七）参与赌博，屡教不改；

（八）吸食、注射毒品；

（九）其他严重危害社会的行为。

第三十五条　对未成年人实施本法规定的严重不良行为的，应当及时予以制止。

对有本法规定严重不良行为的未成年人，其父母或者其他监护人和学校应当相互配合，采取措施严加管教，也可以送工读学校进行矫治和接受教育。

对未成年人送工读学校进行矫治和接受教育，应当由其父母或者其他监护人，或者原所在学校提出申请，经教育行政部门批准。

第三十六条　工读学校对就读的未成年人应当严格管理和教育。工读学校除按照义务教育法的要求，在课程设置上与普通学校相同外，应当加强法制教育的内容，针对未成年人严重不良行为产生的原因以及有严重不良行为的未成年人的心理特点，开展矫治工作。

家庭、学校应当关心、爱护在工读学校就读的未成年人，尊重他们的人格尊严，不得体罚、虐待和歧视。工读学校毕业的未成年人在升学、就业等方面，同普通学校毕业的学生享有同等的权利，任何单位和个人不得歧视。

第三十七条　未成年人有本法规定严重不良行为，构成违反治安管理行为的，由公安机关依法予以治安处罚。因不满十四周岁或者情节特别轻微免予处罚的，可以予以训诫。

第三十八条　未成年人因不满十六周岁不予刑事处罚的，责令他的父母或者其他监护人严加管教；在必要的时候，也可以由政府依法收容教养。

第三十九条　未成年人在被收容教养期间，执行机关应当保证其继续接受文化知识、法律知识或者职业技术教育；对没有完成义务教育的未成年人，执行机关应当保证其继续接受义务教育。

解除收容教养、劳动教养的未成年人，在复学、升学、就业等方面与其他未成年人享有同等权利，任何单位和个人不得歧视。

第六章　对未成年人重新犯罪的预防

第四十四条　对犯罪的未成年人追究刑事责任，实行教育、感化、挽救方针，坚持教育为主、惩罚为辅的原则。

司法机关办理未成年人犯罪案件，应当保障未成年人行使其诉讼权利，保障未成年人得到法律帮助，并根据未成年人的生理、心理特点和犯罪的情况，有针对性地进行法制教育。

对于被采取刑事强制措施的未成年学生，在人民法院的判决生效以前，不得取消其学籍。

第四十五条　人民法院审判未成年人犯罪的刑事案件，应当由熟悉未成年人身心特点的审判员或者审判员和人民陪审员依法组成少年法庭进行。

对于已满十四周岁不满十六周岁未成年人犯罪的案件，一律不公开审理。已满十六周岁不满十八周岁未成年人犯罪的案件，一般也不公开审理。

对未成年人犯罪案件，新闻报道、影视节目、公开出版物不得披露该未成年人的姓名、住所、照片及可能推断出该未成年人的资料。

第四十六条　对被拘留、逮捕和执行刑罚的未成年人与成年人应当分别关押、分别管理、分别教育。未成年犯在被执行刑罚期间，执行机关应当加强对未成年犯的法制教育，对未成年犯进行职业技术教育。对没有完成义务教育的未成年犯，执行机关应当保证其继续接受义务教育。

第四十七条　未成年人的父母或者其他监护人和学校、城市居民委员会、农村村民委员会，对

 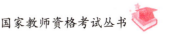

因不满十六周岁而不予刑事处罚、免予刑事处罚的未成年人，或者被判处非监禁刑罚、被判处刑罚宣告缓刑、被假释的未成年人，应当采取有效的帮教措施，协助司法机关做好对未成年人的教育、挽救工作。

第四十八条　依法免予刑事处罚、判处非监禁刑罚、判处刑罚宣告缓刑、假释或者刑罚执行完毕的未成年人，在复学、升学、就业等方面与其他未成年人享有同等权利，任何单位和个人不得歧视。

第七章　法律责任

第四十九条　未成年人的父母或者其他监护人不履行监护职责，放任未成年人有本法规定的不良行为或者严重不良行为的，由公安机关对未成年人的父母或者其他监护人予以训诫，责令其严加管教。

第五十条　未成年人的父母或者其他监护人违反本法第十九条的规定，让不满十六周岁的未成年人脱离监护单独居住的，由公安机关对未成年人的父母或者其他监护人予以训诫，责令其立即改正。

第五十一条　公安机关的工作人员违反本法第十八条的规定，接到报告后，不及时查处或者采取有效措施，严重不负责任的，予以行政处分；造成严重后果，构成犯罪的，依法追究刑事责任。

第五十二条　违反本法第三十条的规定，出版含有诱发未成年人违法犯罪以及渲染暴力、色情、赌博、恐怖活动等危害未成年人身心健康内容的出版物的，由出版行政部门没收出版物和违法所得，并处违法所得三倍以上十倍以下罚款；情节严重的，没收出版物和违法所得，并责令停业整顿或者吊销许可证；对直接负责的主管人员和其他直接责任人员处以罚款。

制作、复制宣扬淫秽内容的未成年人出版物，或者向未成年人出售、出租、传播宣扬淫秽内容的出版物的，依法予以治安处罚；构成犯罪的，依法追究刑事责任。

第五十三条　违反本法第三十一条的规定，向未成年人出售、出租含有诱发未成年人违法犯罪以及渲染暴力、色情、赌博、恐怖活动等危害未成年人身心健康内容的读物、音像制品、电子出版物的，或者利用通讯、计算机网络等方式提供上述危害未成年人身心健康内容及其信息的，没收读物、音像制品、电子出版物和违法所得，由政府有关主管部门处以罚款。

单位有前款行为的，没收读物、音像制品、电子出版物和违法所得，处以罚款，并对直接负责的主管人员和其他直接责任人员处以罚款。

第五十四条　影剧院、录像厅等各类演播场所，放映或者演出渲染暴力、色情、赌博、恐怖活动等危害未成年人身心健康的节目的，由政府有关主管部门没收违法播放的音像制品和违法所得，处以罚款，并对直接负责的主管人员和其他直接责任人员处以罚款；情节严重的，责令停业整顿或者由工商行政部门吊销营业执照。

第五十五条　营业性歌舞厅以及其他未成年人不适宜进入的场所、营业性电子游戏场所，违反本法第三十三条的规定，不设置明显的未成年人禁止进入标志，或者允许未成年人进入的，由文化行政部门责令改正、给予警告、责令停业整顿、没收违法所得，处以罚款，并对直接负责的主管人员和其他直接责任人员处以罚款；情节严重的，由工商行政部门吊销营业执照。

第五十六条　教唆、胁迫、引诱未成年人实施本法规定的不良行为、严重不良行为，或者为未成年人实施不良行为、严重不良行为提供条件，构成违反治安管理行为的，由公安机关依法予以治安处罚；构成犯罪的，依法追究刑事责任。

例题精讲

单选题

1. 某小学为遏制学生违纪，要求各班班主任"重点关照"那些有不良行为的学生，对他们的违纪行为要与其他违纪学生的行为区别对待、从重处罚。该校的做法（　　）。

A. 合法，学校有教育管理未成年学生的权利

B. 合法，学校有预防未成年学生犯罪的义务

C. 不合法，学校不得侵犯未成年学生的教育自由

D. 不合法，学校不得歧视有不良行为的未成年人

【答案】D

【解析】《中华人民共和国预防未成年人犯罪法》第二十三条规定：学校对有不良行为的未成年人应当加强教育、管理，不得歧视。

2. 小学生军军的父母不履行监护职责，对其旷课和夜不归宿行为放任不管。依据《中华人民共和国预防未成年人犯罪法》的相关规定，应给予军军父母训诫并责令其严加管教的机关是（　　　）。

　　A. 教育行政机关　　　　　　B. 公安机关

　　C. 学校　　　　　　　　　　D. 检察机关

【答案】B

【解析】《中华人民共和国预防未成年人犯罪法》第四十九条规定：未成年人的父母或者其他监护人不履行监护职责，放任未成年人有本法规定的不良行为或者严重不良行为的，由公安机关对未成年人的父母或者其他监护人予以训诫，责令其严加管教。

3. 因父母长期在外打工，六年级的学生小枫与 15 岁的哥哥单独居住。依据《中华人民共和国预防未成年人犯罪法》的规定，对小枫父母予以训诫的应是（　　　）。

　　A. 教育行政部门　　　　　　B. 乡政府

　　C. 学校　　　　　　　　　　D. 公安机关

【答案】D

【解析】《中华人民共和国预防未成年人犯罪法》第五十条规定：未成年人的父母或者其他监护人违反第十九条的规定，让不满十六周岁的未成年人脱离监护单独居住的，由公安机关对未成年人的父母或者其他监护人予以训诫，责令其立即改正。

✿ 考点详解

《学生伤害事故处理办法》（节选）

2002 年 3 月 26 日经教育部部务会议讨论通过，自 2002 年 9 月 1 日起施行。

根据 2010 年 12 月 13 日《教育部关于修改和废止部分规章的决定》修改。

第二章　事故与责任

第九条　因下列情形之一造成的学生伤害事故，学校应当依法承担相应的责任：

（一）学校的校舍、场地、其他公共设施，以及学校提供给学生使用的学具、教育教学和生活设施、设备不符合国家规定的标准，或者有明显不安全因素的；

（二）学校的安全保卫、消防、设施设备管理等安全管理制度有明显疏漏，或者管理混乱，存在重大安全隐患，而未及时采取措施的；

（三）学校向学生提供的药品、食品、饮用水等不符合国家或者行业的有关标准、要求的；

（四）学校组织学生参加教育教学活动或者校外活动，未对学生进行相应的安全教育，并未在可预见的范围内采取必要的安全措施的；

考点 6：

《学生伤害事故处理办法》

内容提要：《学生伤害事故处理办法》对学生伤害事故的责任划分、事故损害的赔偿、事故责任者的处理等作出了明确规定，具有极大的指导意义。

（五）学校知道教师或者其他工作人员患有不适宜担任教育教学工作的疾病，但未采取必要措施的；

（六）学校违反有关规定，组织或者安排未成年学生从事不宜未成年人参加的劳动、体育运动或者其他活动的；

（七）学生有特异体质或者特定疾病，不宜参加某种教育教学活动，学校知道或者应当知道，但未予以必要的注意的；

（八）学生在校期间突发疾病或者受到伤害，学校发现，但未根据实际情况及时采取相应措施，导致不良后果加重的；

（九）学校教师或者其他工作人员体罚或者变相体罚学生，或者在履行职责过程中违反工作要求、操作规程、职业道德或者其他有关规定的；

（十）学校教师或者其他工作人员在负有组织、管理未成年学生的职责期间，发现学生行为具有危险性，但未进行必要的管理、告诫或者制止的；

（十一）对未成年学生擅自离校等与学生人身安全直接相关的信息，学校发现或者知道，但未及时告知未成年学生的监护人，导致未成年学生因脱离监护人的保护而发生伤害的；

（十二）学校有未依法履行职责的其他情形的。

第十条　学生或者未成年学生监护人由于过错，有下列情形之一，造成学生伤害事故，应当依法承担相应的责任：

（一）学生违反法律法规的规定，违反社会公共行为准则、学校的规章制度或者纪律，实施按其年龄和认知能力应当知道具有危险或者可能危及他人的行为的；

（二）学生行为具有危险性，学校、教师已经告诫、纠正，但学生不听劝阻、拒不改正的；

（三）学生或者其监护人知道学生有特异体质，或者患有特定疾病，但未告知学校的；

（四）未成年学生的身体状况、行为、情绪等有异常情况，监护人知道或者已被学校告知，但未履行相应监护职责的；

（五）学生或者未成年学生监护人有其他过错的。

第十一条　学校安排学生参加活动，因提供场地、设备、交通工具、食品及其他消费与服务的经营者，或者学校以外的活动组织者的过错造成的学生伤害事故，有过错的当事人应当依法承担相应的责任。

第十二条　因下列情形之一造成的学生伤害事故，学校已履行了相应职责，行为并无不当的，无法律责任：

（一）地震、雷击、台风、洪水等不可抗的自然因素造成的；

（二）来自学校外部的突发性、偶发性侵害造成的；

（三）学生有特异体质、特定疾病或者异常心理状态，学校不知道或者难于知道的；

（四）学生自杀、自伤的；

（五）在对抗性或者具有风险性的体育竞赛活动中发生意外伤害的；

（六）其他意外因素造成的。

第十三条　下列情形下发生的造成学生人身损害后果的事故，学校行为并无不当的，不承担事故责任；事故责任应当按有关法律法规或者其他有关规定认定：

（一）在学生自行上学、放学、返校、离校途中发生的；

（二）在学生自行外出或者擅自离校期间发生的；

（三）在放学后、节假日或者假期等学校工作时间以外，学生自行滞留学校或者自行到校发生的；

（四）其他在学校管理职责范围外发生的。

第十四条　因学校教师或者其他工作人员与其职务无关的个人行为，或者因学生、教师及其他个人故意实施的违法犯罪行为，造成学生人身损害的，由致害人依法承担相应的责任。

第四章　事故损害的赔偿

第二十六条　学校对学生伤害事故负有责任的，根据责任大小，适当予以经济赔偿，但不承担解决户口、住房、就业等与救助受伤害学生、赔偿相应经济损失无直接关系的其他事项。

学校无责任的，如果有条件，可以根据实际情况，本着自愿和可能的原则，对受伤害学生给予适当的帮助。

第二十七条　因学校教师或者其他工作人员在履行职务中的故意或者重大过失造成的学生伤害事故，学校予以赔偿后，可以向有关责任人员追偿。

第二十八条　未成年学生对学生伤害事故负有责任的，由其监护人依法承担相应的赔偿责任。

学生的行为侵害学校教师及其他工作人员以及其他组织、个人的合法权益，造成损失的，成年学生或者未成年学生的监护人应当依法予以赔偿。

第五章　事故责任者的处理

第三十二条　发生学生伤害事故，学校负有责任且情节严重的，教育行政部门应当根据有关规定，对学校的直接负责的主管人员和其他直接责任人员，分别给予相应的行政处分；有关责任人的行为触犯刑律的，应当移送司法机关依法追究刑事责任。

第三十三条　学校管理混乱，存在重大安全隐患的，主管的教育行政部门或者其他有关部门应当责令其限期整顿；对情节严重或者拒不改正的，应当依据法律法规的有关规定，给予相应的行政处罚。

第三十四条　教育行政部门未履行相应职责，对学生伤害事故的发生负有责任的，由有关部门对直接负责的主管人员和其他直接责任人员分别给予相应的行政处分；有关责任人的行为触犯刑律的，应当移送司法机关依法追究刑事责任。

第三十五条　违反学校纪律，对造成学生伤害事故负有责任的学生，学校可以给予相应的处分；触犯刑律的，由司法机关依法追究刑事责任。

第三十六条　受伤害学生的监护人、亲属或者其他有关人员，在事故处理过程中无理取闹，扰乱学校正常教育教学秩序，或者侵犯学校、学校教师或者其他工作人员的合法权益的，学校应当报告公安机关依法处理；造成损失的，可以依法要求赔偿。

 例题精讲

单选题

1. 某小学开展户外活动，小明和小刚一起玩滑梯，在玩的过程中，小明推了小刚一下，小刚摔倒在地，老师马上跑过去扶起了小刚。对小刚受伤应当承担赔偿责任的是（　　）。

A. 小学　　　　　B. 小明的监护人　　C. 小刚的监护人　　D. 小明的监护人和小学

【答案】D

【解析】《学生伤害事故处理办法》第二十六条规定：学校对学生伤害事故负有责任的，根据责任大小，适当予以经济赔偿，但不承担解决户口、住房、就业等与救助受伤害学生、赔偿相应经济损失无直接关系的其他事项。

2. 洋洋在自由活动时自行从小学校园走出，在人行道上被一电动车撞伤。对洋洋受伤应当承担赔偿责任的是（　　）。

A. 小学　　　　　B. 车主　　　　　C. 父母　　　　　D. 小学和车主

【答案】D

【解析】依据《学生伤害事故处理办法》的规定，车主属于直接责任人，负有不可推卸的责任；小学负有看管的责任，学生在校期间出现人身意外，作为看管主体的小学有连带责任。

3. 小学生高某在学校组织的校外活动中不慎受伤。经教育行政部门调解，高某父母与学校就事故处理达成了协议，但事后学校拒不履行协议。对此，高某父母可以采取的措施是（　　）。

A. 依法提起诉讼　　　　　　B. 依法申请行政复议

C. 依法提出申诉　　　　　　D. 依法申请行政仲裁

【答案】A

【解析】《学生伤害事故处理办法》第二十一条规定：对经调解达成的协议，一方当事人不履行或者反悔的，双方可以依法提起诉讼。

4. 小学生小凡在学校教学楼门口发现一条狗，想赶走它，却不慎被咬伤。经查，这条狗是学生小伟从家里带来的。对于小凡所受伤害应当承担赔偿责任的是（　　　　）。

A. 小凡的监护人和学校　　　B. 小伟的监护人和学校

C. 小凡的班主任和小凡的监护人　　D. 小伟的班主任和小伟的监护人

【答案】B

【解析】根据《学生伤害事故处理办法》的有关规定，学校教师或者其他工作人员在负有组织、管理未成年学生的职责期间，发现学生行为具有危险性，但未进行必要的管理、告诫或者制止，造成学生伤害事故的，学校应当依法承担相应的责任。学生违反法律法规的规定，违反社会公共行为准则、学校的规章制度或者纪律，实施按其年龄和认知能力应当知道具有危险或者可能危及他人的行为，造成学生伤害事故的，学生或者未成年学生监护人应当依法承担相应的责任。题干中，学校对学生有教育管理职责，所以学校有相应责任；狗是学生小伟从家里带来的，所以小伟的监护人也应当承担赔偿责任。

📖 考点详解

《国家中长期教育改革和发展规划纲要（2010—2020年）》（节选）

第一部分　总体战略

第一章　指导思想和工作方针

（一）指导思想。高举中国特色社会主义伟大旗帜，以邓小平理论和"三个代表"重要思想为指导，深入贯彻落实科学发展观，实施科教兴国战略和人才强国战略，优先发展教育，完善中国特色社会主义现代教育体系，办好人民满意的教育，建设人力资源强国。

全面贯彻党的教育方针，坚持教育为社会主义现代化建设服务，为人民服务，与生产劳动和社会实践相结合，培养德智体美全面发展的社会主义建设者和接班人。

（二）工作方针。优先发展、育人为本、改革创新、促进公平、提高质量。

把教育摆在优先发展的战略地位。

把育人为本作为教育工作的根本要求。人力资源是我国经济社会发展的第一资源，教育是开发人力资源的主要途径。要以学生为主体，以教师为主导，充分发挥学生的主动性，把促进学生健康成长作为学校一切工作的出发点和落脚点。

把改革创新作为教育发展的强大动力。教育要发展，根本靠改革。要以体制机制改革为重点，鼓励地方和学校大胆探索和试验，加快重要领域和关键环节改革步伐。创新人才培养体制、办学体制、教育管理体制，改革质量评价和考试招生制度，改革教学内容、方法、手段，建设现代学校制度。

把促进公平作为国家基本教育政策。教育公平是社会公平的重要基础。教育公平的关键是机会公平，基本要求是保障公民依法享有受教育的权利，

考点7：

《国家中长期教育改革和发展规划纲要（2010—2020年）》

内容提要：《国家中长期教育改革和发展规划纲要（2010—2020年）》的内容涵盖推进素质教育改革试点、义务教育均衡发展改革试点、职业教育办学模式改革试点、终身教育体制机制建设试点、拔尖创新人才培养改革试点、考试招生制度改革试点、现代大学制度改革试点、深化办学体制改革试点、地方教育投入保障机制改革试点以及省级政府教育统筹综合改革试点等10个方面。

重点是促进义务教育均衡发展和扶持困难群体，根本措施是合理配置教育资源，向农村地区、边远贫困地区和民族地区倾斜，加快缩小教育差距。教育公平的主要责任在政府，全社会要共同促进教育公平。

第二章 战略目标和战略主题

（三）战略目标。到2020年，基本实现教育现代化，基本形成学习型社会，进入人力资源强国行列。

实现更高水平的普及教育。基本普及学前教育；巩固提高九年义务教育水平；普及高中阶段教育，毛入学率达到90%；高等教育大众化水平进一步提高，毛入学率达到40%；扫除青壮年文盲。新增劳动力平均受教育年限从12.4年提高到13.5年；主要劳动年龄人口平均受教育年限从9.5年提高到11.2年，其中受过高等教育的比例达到20%，具有高等教育文化程度的人数比2009年翻一番。

形成惠及全民的公平教育。坚持教育的公益性和普惠性，保障公民依法享有接受良好教育的机会。建成覆盖城乡的基本公共教育服务体系，逐步实现基本公共教育服务均等化，缩小区域差距。

构建体系完备的终身教育。学历教育和非学历教育协调发展，职业教育和普通教育相互沟通，职前教育和职后教育有效衔接。继续教育参与率大幅提升，从业人员继续教育年参与率达到50%。现代国民教育体系更加完善，终身教育体系基本形成，促进全体人民学有所教、学有所成、学有所用。

（四）战略主题。坚持以人为本、全面实施素质教育是教育改革发展的战略主题，是贯彻党的教育方针的时代要求，其核心是解决好培养什么人、怎样培养人的重大问题，重点是面向全体学生、促进学生全面发展，着力提高学生服务国家服务人民的社会责任感、勇于探索的创新精神和善于解决问题的实践能力。

坚持德育为先。立德树人，把社会主义核心价值体系融入国民教育全过程。加强马克思主义中国化最新成果教育，引导学生形成正确的世界观、人生观、价值观；加强理想信念教育和道德教育，坚定学生对中国共产党领导、社会主义制度的信念和信心；加强以爱国主义为核心的民族精神和以改革创新为核心的时代精神教育；加强社会主义荣辱观教育，培养学生团结互助、诚实守信、遵纪守法、艰苦奋斗的良好品质。加强公民意识教育，树立社会主义民主法治、自由平等、公平正义理念，培养社会主义合格公民。加强中华民族优秀文化传统教育和革命传统教育。把德育渗透于教育教学的各个环节，贯穿于学校教育、家庭教育和社会教育的各个方面。

坚持能力为重。优化知识结构，丰富社会实践，强化能力培养。着力提高学生的学习能力、实践能力、创新能力，教育学生学会知识技能，学会动手动脑，学会生存生活，学会做人做事，促进学生主动适应社会，开创美好未来。

坚持全面发展。全面加强和改进德育、智育、体育、美育。坚持文化知识学习与思想品德修养的统一、理论学习与社会实践的统一、全面发展与个性发展的统一。加强体育，牢固树立健康第一的思想，确保学生体育课程和课余活动时间，提高体育教学质量，加强心理健康教育，促进学生身心健康、体魄强健、意志坚强；加强美育，培养学生良好的审美情趣和人文素养。加强劳动教育，培养学生热爱劳动、热爱劳动人民的情感。重视安全教育、生命教育、国防教育、可持续发展教育。促进德育、智育、体育、美育有机融合，提高学生综合素质，使学生成为德智体美全面发展的社会主义建设者和接班人。

第二部分 发展任务

第三章 学前教育

（五）基本普及学前教育。学前教育对幼儿身心健康、习惯养成、智力发展具有重要意义。遵循幼儿身心发展规律，坚持科学保教方法，保障幼儿快乐健康成长。积极发展学前教育，到2020年，普及学前一年教育，基本普及学前两年教育，有条件的地区普及学前三年教育，重视0至3岁婴幼儿教育。

（六）**明确政府职责**。把发展学前教育纳入城镇、社会主义新农村建设规划。建立政府主导、社会参与、公办民办并举的办园体制。大力发展公办幼儿园，积极扶持民办幼儿园。加大政府投入，完善成本合理分担机制，对家庭经济困难幼儿入园给予补助。加强学前教育管理，规范办园行为。制定学前教育办园标准，建立幼儿园准入制度，完善幼儿园收费管理办法。严格执行幼儿教师资格标准，切实加强幼儿教师培养培训，提高幼儿教师队伍整体素质，依法落实幼儿教师地位和待遇。教育行政部门加强对学前教育的宏观指导和管理，相关部门履行各自职责，充分调动各方面力量发展学前教育。

（七）**重点发展农村学前教育**。努力提高农村学前教育普及程度。着力保证留守儿童入园。采取多种形式扩大农村学前教育资源，改扩建、新建幼儿园，充分利用中小学布局调整富余的校舍和教师举办幼儿园（班）。发挥乡镇中心幼儿园对村幼儿园的示范指导作用。支持贫困地区发展学前教育。

第四章 义务教育

（八）**巩固提高九年义务教育水平**。义务教育是国家依法统一实施、所有适龄儿童少年必须接受的教育，具有强制性、免费性和普及性，是教育工作的重中之重。注重品行培养，激发学习兴趣，培育健康体魄，养成良好习惯。到 2020 年，全面提高普及水平，全面提高教育质量，基本实现区域内均衡发展，确保适龄儿童少年接受良好义务教育。

巩固义务教育普及成果。适应城乡发展需要，合理规划学校布局，办好必要的教学点，方便学生就近入学。坚持以输入地政府管理为主、以全日制公办中小学为主，确保进城务工人员随迁子女平等接受义务教育，研究制定进城务工人员随迁子女接受义务教育后在当地参加升学考试的办法。建立健全政府主导、社会参与的农村留守儿童关爱服务体系和动态监测机制。加快农村寄宿学校建设，优先满足留守儿童住宿需求。采取必要措施，确保适龄儿童少年不因家庭经济困难、就学困难、学习困难等原因而失学，努力消除辍学现象。

提高义务教育质量。建立国家义务教育质量基本标准和监测制度。严格执行义务教育国家课程标准、教师资格标准。深化课程与教学方法改革，推行小班教学。配齐音乐、体育、美术等学科教师，开足开好规定课程。大力推广普通话教学，使用规范汉字。

增强学生体质。科学安排学习、生活、锻炼，保证学生睡眠时间。大力开展"阳光体育"运动，保证学生每天锻炼一小时，不断提高学生体质健康水平。提倡合理膳食，改善学生营养状况，提高贫困地区农村学生营养水平。保护学生视力。

（九）**推进义务教育均衡发展**。均衡发展是义务教育的战略性任务。建立健全义务教育均衡发展保障机制。推进义务教育学校标准化建设，均衡配置教师、设备、图书、校舍等资源。

第五章 高中阶段教育

（十一）**加快普及高中阶段教育**。高中阶段教育是学生个性形成、自主发展的关键时期，对提高国民素质和培养创新人才具有特殊意义。注重培养学生自主学习、自强自立和适应社会的能力，克服应试教育倾向。到 2020 年，普及高中阶段教育，满足初中毕业生接受高中阶段教育需求。

第三部分 体制改革
第十一章 人才培养体制改革

（三十一）**更新人才培养观念**。深化教育体制改革，关键是更新教育观念，核心是改革人才培养体制，目的是提高人才培养水平。

（三十二）**创新人才培养模式**。适应国家和社会发展需要，遵循教育规律和人才成长规律，深化教育教学改革，创新教育教学方法，探索多种培养方式，形成各类人才辈出、拔尖创新人才不断涌现的局面。

注重学思结合。倡导启发式、探究式、讨论式、参与式教学，帮助学生学会学习。激发学生的好奇心，培养学生的兴趣爱好，营造独立思考、自由探索、勇于创新的良好环境。适应经济社会发展和科技进步的要求，推进课程改革，加强教材建设，建立健全教材质量监管制度。深入研究、确定不同教育阶段学生必须掌握的核心内容，形成教学内容更新机制。充分发挥现代信息技术作用，促进优质教学资源共享。

注重知行统一。坚持教育教学与生产劳动、社会实践相结合。开发实践课程和活动课程，增强学生科学实验、生产实习和技能实训的成效。充分利用社会教育资源，开展各种课外及校外活动。加强中小学校外活动场所建设。加强学生社团组织指导，鼓励学生积极参与志愿服务和公益事业。

注重因材施教。关注学生不同特点和个性差异，发展每一个学生的优势潜能。推进分层教学、走班制、学分制、导师制等教学管理制度改革。建立学习困难学生的帮助机制。改进优异学生培养方式，在跳级、转学、转换专业以及选修更高学段课程等方面给予支持和指导。健全公开、平等、竞争、择优的选拔方式，改进中学生升学推荐办法，创新研究生培养方法。探索高中阶段、高等学校拔尖学生培养模式。

（三十三）改革教育质量评价和人才评价制度。改进教育教学评价。根据培养目标和人才理念，建立科学、多样的评价标准。开展由政府、学校、家长及社会各方面参与的教育质量评价活动。做好学生成长记录，完善综合素质评价。探索促进学生发展的多种评价方式，激励学生乐观向上、自主自立、努力成才。

第十二章　考试招生制度改革

（三十四）推进考试招生制度改革。以考试招生制度改革为突破口，克服一考定终身的弊端，推进素质教育实施和创新人才培养。按照有利于科学选拔人才、促进学生健康发展、维护社会公平的原则，探索招生与考试相对分离的办法，政府宏观管理，专业机构组织实施，学校依法自主招生，学生多次选择，逐步形成分类考试、综合评价、多元录取的考试招生制度。加强考试管理，完善专业考试机构功能，提高服务能力和水平。成立国家教育考试指导委员会，研究制定考试改革方案，指导考试改革试点。

第四部分　保障措施
第十七章　加强教师队伍建设

（五十一）建设高素质教师队伍。教育大计，教师为本。有好的教师，才有好的教育。提高教师地位，维护教师权益，改善教师待遇，使教师成为受人尊重的职业。严格教师资质，提升教师素质，努力造就一支师德高尚、业务精湛、结构合理、充满活力的高素质专业化教师队伍。

（五十二）加强师德建设。加强教师职业理想和职业道德教育，增强广大教师教书育人的责任感和使命感。教师要关爱学生，严谨笃学，淡泊名利，自尊自律，以人格魅力和学识魅力教育感染学生，做学生健康成长的指导者和引路人。将师德表现作为教师考核、聘任（聘用）和评价的首要内容。采取综合措施，建立长效机制，形成良好学术道德和学术风气，克服学术浮躁，查处学术不端行为。

（五十三）提高教师业务水平。完善培养培训体系，做好培养培训规划，优化队伍结构，提高教师专业水平和教学能力。通过研修培训、学术交流、项目资助等方式，培养教育教学骨干、"双师型"教师、学术带头人和校长，造就一批教学名师和学科领军人才。

以农村教师为重点，提高中小学教师队伍整体素质。创新农村教师补充机制，完善制度政策，吸引更多优秀人才从教。积极推进师范生免费教育，实施农村义务教育学校教师特设岗位计划，完善代偿机制，鼓励高校毕业生到艰苦边远地区当教师。完善教师培训制度，将教师培训经费列入政府预算，对教师实行每五年一周期的全员培训。加大民族地区双语教师培养培训力度。加强校长培训，重视辅导员和班主任培训。加强教师教育，构建以师范院校为主体、综合大学参与、开放灵活的教师教育体系。深化教师教育改革，创新培养模式，增强实习实践环节，强化师德修养和教学能力训练，提高教师培养质量。

（五十四）提高教师地位待遇。不断改善教师的工作、学习和生活条件，吸引优秀人才长期从教、终身从教。依法保证教师平均工资水平不低于或者高于国家公务员的平均工资水平，并逐步提高。落实教师绩效工资。对长期在农村基层和艰苦边远地区工作的教师，在工资、职务（职称）等方面实行倾斜政策，完善津补贴标准。建设农村艰苦边远地区学校教师周转宿舍。研究制定优惠政策，改善教师工作和生活条件。关心教师身心健康。落实和完善教师医疗养老等社会保障政策。国家对在农村地区长期从教、贡献突出的教师给予奖励。

（五十五）健全教师管理制度。完善并严格实施教师准入制度，严把教师入口关。国家制定教师资格标准，提高教师任职学历标准和品行要求。建立教师资格证书定期登记制度。省级教育行政部门统一组织中小学教师资格考试和资格认定，县级教育行政部门按规定履行中小学教师的招聘录用、职务（职称）评聘、培养培训和考核等管理职能。

第十八章 保障经费投入

（五十六）加大教育投入。教育投入是支撑国家长远发展的基础性、战略性投资，是教育事业的物质基础，是公共财政的重要职能。要健全以政府投入为主、多渠道筹集教育经费的体制，大幅度增加教育投入。

 例题精讲

[单选题]

《国家中长期教育改革和发展规划纲要（2010—2020年)》提出，教育改革发展的战略主题是（　　）。

A. 坚持立德树人，创新培养人才的体制
B. 坚持以人为本，全面实施素质教育
C. 坚持教育公平，合理配置教育资源
D. 坚持内涵发展，全面提高教育质量

【答案】B

【解析】坚持以人为本、全面实施素质教育是教育改革发展的战略主题，是贯彻党的教育方针的时代要求，其核心是解决好培养什么人、怎样培养人的重大问题，重点是面对全体学生、促进学生全面发展，着力提高学生服务国家服务人民的社会责任感、勇于探索的创新精神和善于解决问题的实践能力。

考点详解

1989年11月20日，第44届联合国大会第25号决议通过了《儿童权利公约》。该公约自1990年9月2日正式生效。我国于1990年8月29日签署了《儿童权利公约》。

一、《儿童权利公约》的宗旨和依据

宗旨：最大限度地保护儿童权益。

依据：根据一些重要国际人权文书中保护儿童的有关规定并结合儿童的特点和实际需要制定。

二、《儿童权利公约》的基本内容

《儿童权利公约》第一条规定："儿童系指18岁以下的任何人，除非对

考点8：
《儿童权利公约》
内容提要：《儿童权利公约》是第一部有关保障儿童权利且具有法律约束力的国际性约定。该公约旨在为世界各国儿童创建良好的成长环境。

其适用之法律规定成年年龄低于18岁。"我国有关法律规定，已满18周岁的为成年人，未满18周岁的为未成年人。《儿童权利公约》中所指的"儿童"与我国法律中"未成年人"的概念一致。

《儿童权利公约》中提到的儿童权利多达几十种，其中最基本的权利可以概括为四种：

（1）生存权。生存权是首要的人权，儿童出生后就获得了生存权，享有生命安全不受非法侵害的权利和受特殊保护的权利，以及接受可达到的最高标准的医疗保健服务的权利。

（2）受保护权。受保护权包括保护儿童免受歧视、剥削、酷刑、虐待或疏忽照料，以及对失去家庭的儿童和难民儿童的基本保证。

（3）发展权。发展权包括儿童接受一切形式的教育（正规和非正规）的权利。每个儿童有权享有足以促进其身体、心理、精神、道德发展的生活水平。

（4）参与权。儿童的参与权是指儿童获得参与社会生活的权利。

三、《儿童权利公约》的基本原则

（一）无歧视原则

无歧视原则是指每一个儿童都平等地享有公约所规定的全部权利。《儿童权利公约》第二条规定：缔约国应尊重本公约所载列的权利，并确保其管辖范围内每一儿童均享受此种权利，不因儿童或其父母或法定监护人的种族、肤色、性别、语言、宗教、政治或其他见解、民族、族裔或社会出身、财产、伤残、出生或其他身份而有任何差别；缔约国应采取一切适当措施确保儿童得到保护，不受基于儿童父母、法定监护人或家庭成员的身份、活动、所表达的观点或信仰而加诸的一切形式的歧视或惩罚。

（二）儿童最大利益原则

儿童最大利益原则是指涉及儿童的一切事物和行为，都应以儿童的最大利益为出发点。《儿童权利公约》中并没有指明儿童的最大利益是什么，但在实际工作中我们要随时关注儿童的利益，并将儿童的利益放在首位。《儿童权利公约》第三条规定：关于儿童的一切行动，不论是由公私社会福利机构、法院、行政当局或立法机构执行，均应以儿童的最大利益为首要考虑；缔约国承担确保儿童享有其幸福所必需的保护和照料，考虑到其父母、法定监护人或任何对其负有法律责任的个人的权利和义务，并为此采取一切适当的立法和行政措施；缔约国应确保负责照料或保护儿童的机构、服务部门及设施符合主管当局规定的标准，尤其是安全、卫生、工作人员数目和资格以及有效监督等方面的标准。

（三）尊重儿童基本权利的原则

尊重儿童基本权利的原则是指所有儿童都享有生存和发展的权利，应最大限度地确保儿童的生存和发展。《儿童权利公约》第六条规定：缔约国确认每个儿童均有固有的生存权；缔约国应最大限度地确保儿童的存活与发展。

（四）尊重儿童观点的原则

尊重儿童观点的原则是指任何事情涉及儿童，均应听取儿童的意见。《儿童权利公约》第十二条规定：缔约国应确保有主见能力的儿童有权对影响到其本人的一切事项自由发表自己的意见，对儿童的意见应按照其年龄和成熟程度给以适当的看待；为此目的，儿童特别应有机会在影响到儿童的任何司法和政策诉讼中，以符合国家法律的诉讼规则的方式，直接或通过代表或适当机构陈述意见。

例题精讲

单选题

1. 下列选项中，不符合联合国《儿童权利公约》对儿童权利的保护规定的是（   ）。

A. 承认儿童享有生存权　　　　B. 确保儿童免受惩罚的权利

C. 最大限度地确保儿童的生存与发展　　D. 确保儿童享有其幸福所需的保护和照顾

【答案】B

【解析】依据联合国《儿童权利公约》，儿童被保护的权利包括生存权、发展权、参与权和受保护权。

2.《儿童权利公约》规定，对儿童教育和发展负有首要责任的是（　　　）。

A. 联合国儿童权利委员会　　　　B. 父母和法定监护人

C. 园长　　　　　　　　　　　　D. 幼儿园

【答案】B

【解析】根据《儿童权利公约》的规定，父母和法定监护人对儿童成长负有首要责任。

模块三
教师职业道德规范

模块分析

考纲呈现

1. 教师职业道德

了解《中小学教师职业道德规范》（2008年修订），掌握教师职业道德规范的主要内容，尊重法律及社会接受的行为准则。

理解《中小学班主任工作规定》的文件精神。

分析、评价教育教学实践中教师的道德规范问题。

2. 教师职业行为

了解教师职业行为规范的要求。

理解教师职业行为规范的主要内容，在教育活动中运用行为规范恰当地处理与学生、学生家长、同事以及教育管理者的关系。

在教育教学活动中，依据教师职业行为规范，爱国守法、爱岗敬业、关爱学生、教书育人、为人师表。

备考策略

教师职业道德规范模块主要考查《中小学教师职业道德规范》在教师职业行为中的实际运用。需重点掌握的是爱国守法、爱岗敬业、关爱学生、教书育人、为人师表、终身学习，即"三爱二人一终身"。

本模块的主要考查形式为单项选择题与材料分析题。其中，单项选择题属于常识性知识考查，只要具备正确的职业道德，作答相对简单；而材料分析题主要通过职业道德规范来分析案例，即用"三爱二人一终身"来评析案例中老师的行为。

知识逻辑思维导图

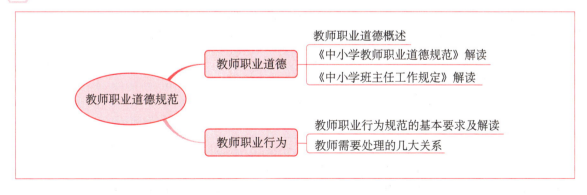

第一章
教师职业道德

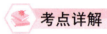 **考点详解**

一、教师职业道德概述

（一）教师职业道德的内涵

教师职业道德，又称"教师道德"或"师德"，是指教师在其职业活动中，调节和处理与他人、与社会、与集体、与工作关系时所应遵守的基本行为规范或行为准则，以及在此基础上表现出来的观念意识和行为品质。

（二）教师职业道德的本质

1. 教师职业道德是教师从事教育活动必须遵守的职业伦理

教师塑造着未来一代人的健全人格，也塑造着未来一代人的灵魂。教师的思想政治素质和职业道德水平直接关系到中小学德育工作的开展以及青少年儿童的成长，影响着国家未来发展的趋势与方向。

2. 教师职业道德体现为特定的道德规范体系

教师职业道德要求教师树立正确的教育观，具有热爱教育的事业心和全心全意培养、教育学生的道德责任感以及良好的道德品质。这就要求教师树立新型的教育观，对教育本身及教师的职业地位、作用有深刻的理解，按照特定的道德规范来要求自己。

3. 教师职业道德是从教育活动的特殊利益关系中引申出来的

教师在教学活动中给学生以实际教益是教师职业道德形成的基础。教师职业道德的特殊本质是同教育活动的本质紧密联系在一起的。教师的职业道德是教育劳动过程中人与人之间关系的反映，是通过教育劳动展现出来的。所以教师应该遵循教育目标，积极、主动地开展教学，引导学生全面成长，为学生的发展和国家的建设做出自己的贡献。

（三）教师职业道德的基本构成

教师职业道德主要由教师职业理想、教师职业责任、教师职业态度、教师职业纪律、教师职业技能、教师职业良心、教师职业作风、教师职业荣誉和教师的教育威信九个因素构成。这些因素从不同方面反映出教师职业道德的特定本质和规律，同时又相互配合，构成一个严谨的教师职业道德结构模式。

1. 教师职业理想

职业理想是职业道德的重要组成部分，有了崇高的职业理想，才能产生模范遵守职业道德的行为。教师职业理想是指教师对于教育工作的选择以及在教育工作上达到何种成就的向往和追求。

考点 1：

教师职业道德概述

内容提要：教师职业道德是从事教学工作的脑力劳动者在教学实践中所应遵守的职业道德。

忠于人民的教育事业，努力做一名优秀教师，是社会主义市场经济条件下教师的崇高职业理想，体现了教师职业道德的本质。要实现这个理想，必须做到以下两点：（1）热爱教育事业，热爱学生，献身教育事业；（2）勇于同一切危害教育事业的行为做坚决的斗争，同时不断提高自身素质。

2. 教师职业责任

教师职业责任，就是教师必须承担的职责和任务。在社会主义条件下，教师的根本职责就是培养社会主义新人，也就是说，人民教师的职责是培养社会主义现代化事业的建设者和接班人。自觉履行教师职业责任，就是要求教师把职业责任变成自觉的道德义务，为培养和造就社会主义新人而无私奉献。

3. 教师职业态度

教师职业态度，是指教师对自身职业劳动的看法和采取的行动；简言之，就是教育劳动态度或者教师劳动态度。在社会主义社会，教师职业态度的基本要求，就是树立积极主动的劳动态度，努力培养社会主义新人。

4. 教师职业纪律

教师职业纪律，就是教师在从事教育劳动过程中应遵守的规章、条例、守则等。

5. 教师职业技能

教师职业技能，集中地表现为教师教书育人的本领。教师教书育人活动的效果是教师职业技能的反映。教师应该刻苦钻研业务，不断更新知识，学习掌握教育规律，同时具备一定的管理知识，不断创新与实践。

6. 教师职业良心

教师职业良心，就是教师在对学生、学生家长、同事以及对社会、学校、职业履行义务的过程中所形成的特殊道德责任感和道德自我评价能力。

7. 教师职业作风

教师职业作风，就是教师在自身职业活动中表现出来的一贯态度和行为。

8. 教师职业荣誉

教师职业荣誉，就是教师在履行职业义务后，社会给予的赞扬和肯定，以及教师个人所产生的自豪感。教师职业荣誉有着巨大的作用：一是推动教师更好地履行职业义务，为培养现代化建设人才尽职尽责；二是教育和鼓励社会各阶层的人们尊师重教，为发展社会主义教育事业创造良好的社会环境。

9. 教师的教育威信

教师的教育威信，是指教师在学生群体中的尊严、地位和影响力。正如苏联教育家赞科夫所说：假如没有威信，师生之间不可能有正确的相互关系，也就是少了有效进行教学和教育工作的必要条件。威信来自教师高尚的教育人格。

（四）教师职业道德的特点

教师职业道德有四个典型的特点，分别是境界的高层次性、意识的自觉性、行为的典范性和影响的深远性。

1. 境界的高层次性

境界的高层次性是指社会和他人对教师职业道德的要求总是在整个社会道德体系中处于较高水平和较高层次。这是由教育培养人的本质特点，以及教师要教书育人的根本任务所决定的。

2. 意识的自觉性

意识的自觉性是指教师由职业劳动的特点所决定的在职业道德意识上的更高的自觉性，它是教师职业情感和职业行为的基础。教师只有严格要求自己，才能真正做到为人师表。

 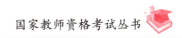

3.行为的典范性

行为的典范性是指教师的品德和行为对学生思想品德的形成与行为具有榜样作用。它是由教师劳动的示范性决定的。在教学活动中，由于学生具有向师性和依赖性等特点，教师的一举一动、一言一行都会对学生的学习和发展产生深远影响，这就要求教师严于律己、以身作则，为学生做好表率。

4.影响的深远性

影响的深远性是指教师的道德品质和行为将给学生留下深刻久远的印象，它不会随学生毕业离校而结束，有时甚至会伴随学生一生。由于教师的劳动具有延时价值的特点，这种影响性表现得尤为突出。

（五）教师职业道德的基本原则

1.忠于教育事业原则

忠于教育事业原则是教师职业道德原则的核心内容，反映了教师职业道德的阶级本质和时代特征，是对社会主义道德中集体主义原则的具体化。

教师应注重培养自己从事教育工作的光荣感和责任感，与此同时要耐得住寂寞，抵得住诱惑，要有个人利益服从学生利益和人民利益的精神与胸怀。

2.教育民主原则

教育民主不仅是一种教育制度，也是教师在教育活动中必须遵守的道德原则。教育民主既指在教育过程中，教师之间平等协作地开展教育活动，也指教师采用民主的方式方法。

3.教育人道主义原则

教育人道主义原则要求教师尊重受教育者作为人的价值与尊严，调动受教育者以及教育过程中其他参与者的积极性，保证教育任务的完成和教育目标的实现。教育人道主义是人道主义在教育领域的具体体现和必然要求，是任何时期的学校教育都应当遵守的基本的道德准则。

（六）教师职业道德的意义

1.从学生角度看，教师职业道德对学生起着榜样和带动作用

（1）榜样作用：在道德行为上，师德比其他职业道德有着更加强烈的典范性。

（2）带动作用：包括教师所起的带头作用、纽带作用和思想政治品质的教育作用。

2.从教师角度看，教师职业道德对教师起调节和教育作用

调节作用是指教师职业道德具有纠正人的行为和指导实际活动的能力。所谓教育作用就是教育教师正确认识和对待教师职业，认识自己对他人、对集体、对社会应尽的责任和义务，以及在此基础上形成的道德观念和判断力。

3.从社会角度看，教师职业道德对社会起影响和促进作用

教师职业道德在社会主义精神文明建设中属于思想建设的内容。思想建设与文化建设是相互促进的关系，教师职业道德对精神文明、物质文明及社会生活都会产生深远的影响。

二、教师职业道德修养

教师职业道德修养是指教师为培养良好的职业道德品质所进行的自我锻炼、自我陶冶、自我教育、自我改造的过程和行为。教师职业道德修养的内驱力源于教师内在的道德需要，是由教师内在道德需要所启动的自主、自觉行为。

（一）教师职业道德修养的意义

（1）教师职业道德修养是社会发展的需要。

（2）教师职业道德修养是学生成长的必然要求。

（3）教师职业道德修养是教师自我完善的重要途径。

（二）教师职业道德修养的原则

教师职业道德修养的过程实质上是一个多因素、多矛盾相互交织、相互作用的运动过程。在这一过程中，每一位教师要实现自身道德品质从无到有、从低到高的转变，就必须注意把握和坚持如下基本原则。

1. 坚持知行统一

知即对教师职业道德的认识及在此基础上所形成的观念等，这是师德修养的前提。行即行为，也就是教师把职业道德的理论认识付诸行动，这是师德修养的目的。在教师职业道德修养中，知和行是统一的。一个教师如果缺乏必要的道德知识，分不清善恶是非，也不知道哪些言行与自身职业相符合、哪些言行与自身职业相违背，是不可能形成正确师德观念的。当然，学习了师德理论也并不等同于具备了某种道德品质，如果只学不用、只说不做或者言行不一，培养高尚的师德品行只是一句空话。

2. 坚持自律和他律结合

所谓自律，是指自我控制，是教师依靠发自内心的信念对自己教育行为的选择和调节。所谓他律，就是指外部凭借奖惩以及各种制度规范等手段对行为进行的调节和控制。教师职业道德修养既要利用外在因素的约束作用，又要发挥主观能动性，做到自律和他律结合。

3. 坚持动机和效果统一

所谓动机，就是趋向于一定目的的主观意向和愿望。它是个体意识到了的行为动因，即激励人们行动的主观原因。所谓效果，就是人们行动所产生的客观结果和后果，它是对人的行为的客观记录。

教师要不断进行道德理论和知识的学习，加深对师德修养意义和作用的理解，不断增强修养的动力；同时要善于通过各种方式把良好的道德动机转化为客观的、外在的、现实的行动。在动机和效果的统一上实现师德境界的升华，既重视动机，又重视效果，才不会成为"说话的巨人，行动的矮子"。在动机和效果的统一上对自己提出比较全面的要求，是教师在师德修养中必须坚持的原则。

4. 坚持个人和社会结合

个人是指具有一定身体素质、思想道德和文化素质以及某种个性和特殊利益的社会成员。社会是指以生产劳动为基础，按照各种社会关系结合在一起的人类生活共同体。社会中的每一个人都占有一席之地，都在以他的思想、道德、所作所为影响、作用于社会。

5. 坚持继承和创新结合

师德并不是一成不变的，它随着社会经济关系的发展变化而不断发展变化。在进行师德修养中，创新与继承必须同行。教师必须在当代社会主义经济政治的基础上，在新的教育实践中，借鉴传统的优秀师德，重建新的更高的社会主义师德。只有在继承和发扬传统师德的基础上根据新的社会环境和客观条件有所创新，才能在师德修养上达到新的高度。

（三）教师职业道德修养的方法

1. 确立可行目标，坚持不懈努力

教师职业道德修养不能是盲目的、无计划的，必须有明确的目标作为指导。在教师职业道德修养中，指导整个修养过程的总目标是崇高的教师职业道德理想，它作为一面旗帜，为教师如何做人、如何胜任教书育人的重任指明了前进的方向和奋斗目标，并成为教师生活的重要精神支柱，推动和激励着教师朝着更高的道德境界奋进。

2. 加强理论学习，完善自我

教师要学习马克思主义的基本原理，掌握正确的世界观、人生观和价值观，深刻理解教师职业道德的精髓；教师要学习职业道德规范，提高遵循师德规范的自觉性，在实践中培养良好的职业品

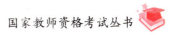

德；教师还要学习先进人物的优秀品质，不断地完善自我、提高自我。

3. 注重慎独

"慎独"既是一种崇高的道德境界，又是一种道德修养的重要方法，是指在别人看不见、听不到的时候，在闲居独处的情况下，更要小心谨慎，严格要求自己，使自己的言论和行为符合道德要求。教师的劳动富有极强的自主性和独立性，如果没有慎独的修养，就很难做好教育工作。慎独是教师修身的重要方法，也是教师完善自我追求的师德境界。

4. 主动与他人交流

师德修养不是教师个人孤立的脱离社会的闭门修养，而是在教育实践中人与人相互交往、相互影响的社会性活动。教师的品德修养也是社会道德的重要组成部分。在社会生活中总会涌现出美好的思想品质和道德风尚，教师作为精神文明的传播者，同时也应该成为良好道德情操、思想风貌的效法者和学习者，"见贤思齐"，主动与他人交流、虚心向他人学习就是师德修养的一个好方法。

 例题精讲

单选题

一个学生正在画漫画，漫画上的卢老师奇丑无比。卢老师笑着说："希望你有马良的神笔，让老师美起来。"这体现了卢老师（ ）。

A. 宽容学生　　　　　　　B. 公正待生

C. 严于律己　　　　　　　D. 严慈相济

【答案】A

【解析】本题主要考查小学教师的职业态度。卢老师没有发火，而是循循善诱，体现了他对学生的宽容。

 考点详解

一、《中小学教师职业道德规范》的修订

2008年9月3日，在1997年版基础上修订的《中小学教师职业道德规范》正式公布。与1997年版《中小学教师职业道德规范》相比，2008年版《中小学教师职业道德规范》将原来的8条规定改为6条，即爱国守法，爱岗敬业，关爱学生，教书育人，为人师表，终身学习。

二、《中小学教师职业道德规范》解读

（一）爱国守法是教师职业道德规范的基本要求

爱国作为教师的职业道德规范，是教师做好本职工作的支撑点。爱国是中华民族的传统美德，也是中国特色社会主义的核心价值体系的一个重要方面。守法是保证我国现代化建设健康稳定发展的内在要求。随着我国法律制度的健全和完善，法制化水平逐步提高，法治进程进一步向前发展，公民的自觉守法显得越来越重要。爱国和守法是全体社会成员都应该遵守的道德规范，教师也不例外。教师要将爱国守法融入整个教育活动中，除了自己模范地爱国守法外，还要教育引导学生爱国守法。

1. 热爱祖国，热爱人民，拥护中国共产党的领导，拥护社会主义

考点2：
《中小学教师职业道德规范》解读

内容提要：《中小学教师职业道德规范》规定了6条教师应具备的职业道德，体现了教师职业特点对师德的本质要求和时代特征，"爱"和"责任"是贯穿其中的核心与灵魂。

教师只有在实际的工作、生活中热爱祖国、热爱人民、拥护中国共产党的领导、拥护社会主义，才能潜移默化地影响和教育学生形成良好的学习风气，才能将其培养成为合格的社会主义建设人才。

2. 自觉遵守教育法律法规，依法履行教师职责

教师要做到依法执教，首先必须做一个遵纪守法的公民，遵守社会秩序，恪守社会公德。其次，教师必须认真学习和领会有关教育、教师和未成年人的法律法规，把依法执教这一教师职业道德规范与其他相关法律法规联系起来，完整地理解依法执教的全部内涵，做到知法、懂法、守法，依法办事，做遵纪守法的楷模。

3. 全面贯彻教育方针

教育方针是国家制定的教育总方向，教师是教育方针的具体执行者。教师在教学与管理的过程中，必须严格按照教育方针的要求，全面贯彻推进素质教育，促进学生全面发展。

4. 不得有违背党和国家方针政策的言行

党和国家的方针政策代表了最广大人民的利益，集中反映了人民的愿望和要求。教师的劳动具有很强的示范与表率作用，其职业性质决定了教师在职业活动中，特别是在自己的劳动对象——学生面前，不能散布与国家政策法规不一致的言论，不能宣扬与国家政策法规不一致的观点。学生尚处在是非分辨的薄弱时期，教师的言行会直接影响学生的思想发展，教师传授给学生的知识必须符合国家法律法规的规定，符合科学规律。教师对党和国家的方针政策应当身体力行，发挥表率作用，从而引导学生朝着正确的方向发展。

（二）爱岗敬业是教师职业道德规范的本质要求

1. 志存高远

教师要忠诚于人民的教育事业，志存高远。志存高远就是追求远大的理想，追求卓越，以获得职业上的成功。教师职业上的成功包括两个方面：一是成就学生，让学生成才，让学生成人；二是成就自己，提高自己的教育教学水平，著书立说。

2. 淡泊名利，忠诚于人民的教育事业

教师要甘为人梯，乐于奉献，忠诚于党和人民的教育事业，全心全意投入到教育事业中。每位教师都应该树立高远的职业理想与坚定的职业信念，为培养祖国的栋梁之材而努力。

3. 勤恳敬业，严谨笃学，不断提高教育教学质量

（1）教师要认真执行国家教育方针，全面推进素质教育，促进学生的全面发展。

（2）教师要认真钻研教材，掌握教材的重点难点，不断提高自身的教学能力和教学质量。

（3）教师要更新教育观念，不断创新、改善教学方法，采用启发式，反对注入式，加强社会实践活动，培养学生的创造性思维能力，促使学生主动地发展。

（4）教师要认真研究学生，关注每个学生的个性需求，对每个学生负责，相信每个学生都能成才。

（三）关爱学生是教师职业道德规范的灵魂

关爱学生，就是关心爱护学生，这是教师职业道德规范的基本要求之一，也是身为人师的基本素质之一。关爱学生有利于培养学生的自信心，有利于培养学生的仁爱心，有利于增强教师的感召力。

1. 关心爱护全体学生，尊重学生人格，平等公正对待学生

"关心爱护全体学生，尊重学生人格，平等公正对待学生"是教师关爱学生最基本的要求，其核心是教师对待学生要公正公平。在教育活动过程中，教师应对全体学生持民主和尊重的态度，对学生一视同仁，不区别对待，不以个人的私利和好恶为标准。

尊重学生人格，归根结底在于教师具有良好的师德。教师应该首先提高自身素质，将尊重学生

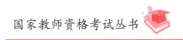

作为检验师德的标准，时刻提醒自己按照标准去工作。

2. 对学生宽严相济，做学生的良师益友

教师对学生的关爱不是一味纵容，宠爱溺爱，而是爱中有严、严中有爱、严慈相济。教师要善于把多关爱和严要求结合起来，这样的关爱才是完整的爱、适度的爱，才有利于学生的健康成长。

3. 保护学生安全，关心学生健康，维护学生权益

教师如果看到学生有危险都不肯施以援手，那也就谈不上关爱学生了。保护学生安全是教师义不容辞的责任。

关心学生健康，包括关注学生心理健康和身体健康。尤其是广大小学生正处在长身体的关键时期，教师要格外关注。

在学校，教师就是学生的保护者，是学生的依靠，教师主动自觉地维护学生的权益也是关爱学生的具体体现。

4. 不讽刺、挖苦、歧视学生，不体罚或变相体罚学生

"不讽刺、挖苦、歧视学生，不体罚或变相体罚学生"是教师的伦理底线。教师体罚学生是无视学生人格和尊严的典型表现，也是教师自身素质低劣的反映。在实际工作中，教师要掌握灵活多样的教育方法对学生进行有针对性的教育，积极关注学生健康，维护学生的权益。

（四）教书育人是教师的天职

教书育人的核心是育人，教书是手段，育人才是目的。教书育人是指教师在组织教学活动过程中，以教育内容为载体，传授给学生系统的科学文化知识，培养学生正确的审美观和健康向上的人格。

1. 遵循教育规律，实施素质教育

教师应该遵循教育规律，同时遵循学生个体发展规律，实施素质教育，以培养学生良好的品行，促进学生的全面发展。教师既要适应年青一代身心发展的顺序性，循序渐进地促进学生身心的发展；也要适应年青一代身心发展的阶段性，对不同年龄阶段的学生，在教育内容和方法上应有所不同。

2. 因材施教，循循善诱，诲人不倦

教师应该采用多种积极、正确的教学方法对学生进行教育。因材施教，尊重学生的个体差异；循循善诱，与学生进行有效沟通；诲人不倦，保持教育的耐心和恒心。

3. 培养学生的良好品行，激发学生的创新精神，促进学生全面发展

培养学生的良好品行，激发学生的创新精神，促进学生全面发展，是教师开展教书育人工作的目标。素质教育强调学生全面的发展、每位学生的个性发展，教师应该积极培养学生良好的品行，在教学的过程中激发学生的创新精神。

4. 不以分数作为评价学生的唯一标准

不以分数作为评价学生的唯一标准，是小学教师开展教书育人工作结果评价的指导思想。教师要培养社会所需的合格人才，就需在正确的人才观的指导下，用正确的评价方式来引导教育教学活动。社会对人才的需求不仅仅体现在学生试卷的分数上，还体现在许多方面，比如良好的人际关系，吃苦耐劳的精神，敏锐的观察力等。教师应该多维度来评价学生。

（五）为人师表是教师职业道德规范的内在要求

在我国，第一次使用"师表"二字的是汉朝的司马迁，他在《史记·太史公自序》中说："国有贤相良将，民之师表也。"意思是国家的贤明相臣和优秀将领，是黎民百姓学习的榜样。"师表"就是学习的榜样。为人师表常被作为对教师的道德要求，指的是教师的言谈举止、仪表风度应该成为学生学习的榜样。

1. 教师应该成为学生心中的模范

"学为人师，行为世范"是教师职业最基本的要求。教师作为学生发展的引路人，一举一动都

会对学生的发展产生潜移默化的影响。教师只有严格要求自己，以身作则，才能达到育人的目的。

2.教师的形象应该是令人敬慕的

教师的形象应该符合职业特征，穿着得体、语言规范、举止文明。教师要时时刻刻注意自己的个人形象，激发学生的敬慕和热爱之情，进而达到"亲其师，信其道"的目的。

3.教师应该懂得怎样尊重他人

教师在教育活动过程中需要与学校人员、家长、社会人员不断进行沟通，这要求教师有默契的团队精神与良好的沟通技巧。在工作中，能否尊重他人、接纳他人，是衡量教师素质高低的重要标准之一。

4.教师应该在自律上作出表率

社会在进步，观念在变化，但"为人师表"作为教师的职业操守之一，永远具有现实意义。作为一名教师，为人师表，应该时时处处严于律己，不利用职务之便谋取私利。

（六）终身学习是教师专业化发展的不竭动力

终身学习是现代社会的基本特征。教师职业生涯周期特点和工作对象特点要求教师在工作中贯穿落实终身学习，重点加强对师德的学习、对教育科研能力的学习、对反思能力的培养、对现代教育技术的学习、对学生和自身的研究等。

 例题精讲

单选题

1.宋老师发现有的学生常将"鸟"和"乌"混淆，就编了首儿歌："小鸟小鸟有眼睛，没有眼睛看不见。"他创编了很多类似的儿歌，对学生识字有很大帮助。宋老师的做法体现的师德规范是（　　）。

A.廉洁从教　　　　B.公正待生　　　　C.探索创新　　　　D.举止文明

【答案】C

【解析】宋老师为了让学生记住知识、不混淆，运用创新的教学思路与方法来帮助学生记忆，体现了师德规范中的探索创新精神。

2.下列选项中，不违背教师职业道德规范的是（　　）。

A.王老师收了学生家长赠送的购物卡

B.赵老师收了不少学生制作的贺卡

C.李老师经常让学生家长开车送其回家

D.宋老师每天都给学生布置过量练习题

【答案】B

【解析】教师的职业道德规范是爱国守法、爱岗敬业、关爱学生、教书育人、为人师表、终身学习，选项中A、C、D违背了关爱学生、为人师表等规范，因此本题选B。

材料分析

从当班主任的第一天起，俞老师就要求自己做一名孩子们喜爱的班主任。

每一届新生入校，俞老师总是从孩子们的"读""写"等细节入手，想方设法创设情境，使孩子们在体验中逐渐学会了阅读，端正了书写姿势。

他还带孩子们到超市体验购物，让孩子们学会选择物品、自觉排队；带孩子们乘坐公交车，学会购票、文明乘车；带孩子们到养老院打扫卫生，做小小志愿者……

平时，孩子们无论遇到什么事，都愿意告诉俞老师。一次外出游学，小涛悄悄告诉俞老师自己有时会尿床，俞老师便将小涛安排和自己住一个房间，每到半夜便及时提醒小涛上厕所，这成了他俩的秘密。

俞老师还在班上成立了"少年科学院"，尝试以各种实验激发孩子们的兴趣。有时候为准备一个实验，俞老师要查阅许多资料，充分准备，让孩子们在每一次实验中都有收获。

问题：请从教师职业道德的角度，评析材料中俞老师的教育行为。

【参考答案】俞教师的做法符合中小学教师职业道德规范的具体要求，值得肯定。

（1）俞老师的行为体现其爱岗敬业。爱岗敬业是教师职业道德的本质要求，是职业道德的基础。爱岗就是热爱自己的工作岗位，热爱本职工作；敬业就是用一种恭敬严肃的态度对待自己的工作。材料中的俞老师常常查阅资料，认真备课，充分做到了爱岗敬业。

（2）俞老师的行为体现其关爱学生。关爱学生是教师职业道德规范的灵魂，教师要从学生的角度挖掘其实际需求，并根据学生的个性特点与实际需求进行因材施教。材料中的俞老师对于尿床的小涛予以特别的关心与帮助，体现了俞老师能够关爱学生。

（3）俞老师的行为体现其教书育人。教书育人是教师的天职。教师要做学生的引导者和促进者，帮助学生全面发展，不以分数作为评价学生的唯一标准。材料中的俞老师为学生创设情境，纠正学生的书写姿势，培养学生的良好生活习惯，充分体现其教书育人。

（4）俞老师的行为体现其为人师表。为人师表是教师职业道德规范的内在要求。教师要严于律己、以身作则。材料中的俞老师尊重学生的人格，立志做学生喜欢的教师，符合为人师表的职业道德规范要求。

考点详解

一、《中小学班主任工作规定》的重点内容

第一章　总　则

第二条　班主任是中小学日常思想道德教育和学生管理工作的主要实施者，是中小学生健康成长的引领者，班主任要努力成为中小学生的人生导师。

班主任是中小学的重要岗位，从事班主任工作是中小学教师的重要职责。教师担任班主任期间应将班主任工作作为主业。

第二章　配备与选聘

第四条　中小学每个班级应当配备一名班主任。

第五条　班主任由学校从班级任课教师中选聘。聘期由学校确定，担任一个班级的班主任时间一般应连续1学年以上。

第七条　选聘班主任应当在教师任职条件的基础上突出考查以下条件：

（一）作风正派，心理健康，为人师表；

（二）热爱学生，善于与学生、学生家长及其他任课教师沟通；

（三）爱岗敬业，具有较强的教育引导和组织管理能力。

第四章　待遇与权利

第十四条　班主任工作量按当地教师标准课时工作量的一半计入教师基本工作量。各地要合理安排班主任的课时工作量，确保班主任做好班级管理工作。

第十五条　班主任津贴纳入绩效工资管理。在绩效工资分配中要向班主任倾斜。对于班主任承担超课时工作量的，以超课时补贴发放班主任津贴。

考点3：
《中小学班主任工作规定》解读

内容提要：了解《中小学班主任工作规定》的具体内容，抓住其中的关键词。

第十六条　班主任在日常教育教学管理中，有采取适当方式对学生进行批评教育的权利。

第五章　培养与培训

第十七条　教育行政部门和学校应制订班主任培养培训规划，有组织地开展班主任岗位培训。

第十八条　教师教育机构应承担班主任培训任务，教育硕士专业学位教育中应设立中小学班主任工作培养方向。

第六章　考核与奖惩

第十九条　教育行政部门建立科学的班主任工作评价体系和奖惩制度。对长期从事班主任工作或在班主任岗位上做出突出贡献的教师定期予以表彰奖励。选拔学校管理干部应优先考虑长期从事班主任工作的优秀班主任。

第二十条　学校建立班主任工作档案，定期组织对班主任的考核工作。考核结果作为教师聘任、奖励和职务晋升的重要依据。对不能履行班主任职责的，应调离班主任岗位。

二、《中小学班主任工作规定》内容解读

2009 年，教育部颁布了《中小学班主任工作规定》（以下简称《规定》），共七章二十二条，对班主任的配备与选聘、职责与任务、待遇与权力、培养与培训、考核与奖惩都作了明确的规定。

《规定》在第一章《总则》里面，对班主任的概念作了详细的界定：班主任是中小学日常思想道德教育和学生管理工作的主要实施者，是中小学生健康成长的引领者，班主任要努力成为中小学生的人生导师；也把班主任工作提到了一个显著的地位：班主任是中小学的重要岗位，从事班主任工作是中小学教师的重要职责。教师担任班主任期间应将班主任工作作为主业。加强班主任队伍建设是坚持育人为本、德育为先的重要体现。政府有关部门和学校应为班主任开展工作创造有利条件，保障其享有的待遇与权利。

（一）《规定》的目的

让班主任明白其地位、职责、任务、待遇、权利，在新时期更好地从事班主任工作，教好书、育好人，实现自己的人生价值。

（二）《规定》的特点

（1）明确班主任的工作量，使班主任有更多的时间来从事班主任工作。

（2）提高班主任薪金待遇，激发班主任的工作积极性与热情。

（3）赋予并保证班主任教育学生的权利，使班主任有更大的权限进行班级管理。

（4）强调并确认班主任在学校中的工作地位，增强班主任工作信心。

（三）《规定》对班主任工作的要求

（1）坚持以人为本、德育先行的目标导向。

（2）公正公平对待每一位学生。

（3）注重学生的全面发展。

（4）建立平等互信的新型师生关系。

（5）遵循学生身心发展规律及年龄特点。

（6）建立完善的班级管理制度。

（7）积极建设班集体文化。

（8）指导和组织学生积极参加社会实践活动。

（9）充分发挥班主任的纽带作用。

（10）运用大胆创新的工作方式进行教育教学活动。

例题精讲

单选题

1. 班主任由学校从班级任课教师中选聘。聘期由学校确定，担任一个班级的班主任时间一般应连续（   ）。

A. 一学年以上　　　　　　　　　　B. 一学期以上

C. 两学年以上　　　　　　　　　　D. 三学年以上

【答案】A

【解析】《中小学班主任工作规定》第五条规定：班主任由学校从班级任课教师中选聘。聘期由学校确定，担任一个班级的班主任时间一般应连续一学年以上。该题是对条例具体内容的考查，考生可以借助常识进行判断，也可通过识记《中小学班主任工作规定》中的内容进行判断。

2. 教师李某让班里调皮的学生缴纳违纪金，以加强班级管理。该教师的做法（   ）。

A. 合法，有助于维护班级秩序　　　B. 合法，对其他人有警示作用

C. 不合法，教师没有罚款的权力　　D. 不合法，学校才有罚款的权力

【答案】C

【解析】在班级管理中，对于后进生，教师应该关心爱护、尊重他们的人格，帮助其树立信心，培养和激发他们的学习动机，而不是采用罚款的措施，而且教师没有罚款的权力。

3. 班主任王老师在班上开展"悦读悦享"活动，与同学们同读一本书，撰写"师读心得"与同学们分享。下列分析不恰当的是（   ）。

A. 王老师注重师生同读互促，率先垂范　　B. 王老师注重营造读书气氛，激趣启智

C. 王老师注重学习，不断提升自我修养　　D. 王老师注重公正，对同学们一视同仁

【答案】D

【解析】该题干显示了王老师在班级营造读书氛围，师生共读互促，也加强了自身的修养。题干中没有体现教师要公平公正对待学生这一点，因此D选项错误。

4. 刚入职不久的班主任张老师因过失被家长投诉了。此时，张老师恰当的做法是（   ）。

A. 求助领导，要求换班　　　　　　B. 埋怨家长，批评学生

C. 反省自我，积极沟通　　　　　　D. 坚持自我，任其自然

【答案】C

【解析】题干中的张老师刚入职不久，在对班级的管理上可能确实存在问题，面对家长的投诉，张老师应该进行自我反思，而不是埋怨家长、要求换班或者坚持自我。

第二章

教师职业行为

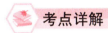 **考点详解**

一、教师职业行为规范的概念

教师职业行为规范是教师在职业活动过程中，为了实现教育目标、履行教师职责、严守职业道德，从思想认识到日常行为应遵守的基本准则。教师的一言一行、一举一动，是学校形象的再现，所以，不断提高教师的自身素质、规范教师的职业行为是学校文化建设的重要内容。

二、教师职业行为规范的内容与要求

教师职业行为规范主要从教师思想行为规范、教学行为规范、人际行为规范、仪表行为规范以及语言行为规范五个方面提出要求。

（一）教师思想行为规范的基本要求

（1）热爱社会主义祖国，拥护中国共产党的领导，热爱教育事业。

（2）执行教育方针，遵循教育规律，尽职尽责，教书育人。

（3）遵纪守法，诚实正派，为人师表。

（4）树立正确的人生观和价值观，发扬无私奉献精神，不做有损国格、人格的事。

（5）积极参加政治学习和宣传活动，做社会主义精神文明的建设者和传播者。

（二）教师教学行为规范的基本要求

（1）有端正的教学态度，严肃认真地对待教学工作中的每一项内容。

（2）钻研业务，熟悉教材，认真备课；善于激发学生的求知欲，组织好课堂教学，创造生动活泼的课堂气氛，尽量避免对学生进行灌输性教学。

（3）精心编排练习，认真批改作业，及时纠正错误；定时做好教学质量检查工作，及时查漏补缺。

（4）按时上课下课，不迟到、不缺课、不拖堂。

（5）上课语言文明，表达准确简洁；板书整洁规范，内容简练精确。

（6）既严格要求学生，又尊重学生，对待学生一视同仁，不讽刺、挖苦学生；热情、耐心地回答学生提问。

（7）教学计划符合教学进度的要求，不随意删增内容，不占用学生的自习课或复习考试时间，不增加学生的学习负担。

考点 1：
教师职业行为规范的基本要求及解读

内容提要：教师职业行为规范对教师的思想行为、教学行为、人际行为、仪表行为、语言行为等方面都提出了基本要求。

（三）教师人际行为规范的基本要求

（1）教师与学生之间要做到：热爱学生，关心学生，尊重学生；严格要求，耐心教导，循循善诱，不偏不袒；不以师生关系谋取私利。

（2）教师之间要做到：互相尊重，切忌嫉妒；相互学习，取长补短；平等相待，不亢不卑；乐于助人，关心同事。

（3）教师与领导之间要做到：尊重领导，服从安排；顾全大局，遵守纪律；互相理解，互相支持；秉公办事，团结一致。

（4）教师与家长之间要做到：尊重家长，理解家长；经常家访，互通情况；密切配合，教育学生。

（四）教师仪表行为规范的基本要求

（1）衣着：整洁大方，要符合自己的职业特征，体现教师为人师表的良好形象。

（2）举止：稳重大方，自然有礼，切忌轻浮粗俗、拘谨呆板。

（五）教师语言行为规范的基本要求

（1）规范使用普通话教学，语言文明、规范、准确。

（2）语言表达清晰明确，语义简明扼要。

（3）语句完整流畅、逻辑性强。

（4）善于运用学生熟悉的语言，用学生喜欢的方式与其进行沟通。

（5）课堂板书整洁规范，内容清晰准确，满足学生的实际需要。

三、教师职业行为规范在教育活动中的运用

（一）要爱国守法

热爱祖国，热爱人民，拥护中国共产党的领导，拥护社会主义。全面贯彻党和国家的教育方针，自觉遵守教育法律法规。依法履行教师职责与权利。不得有违背党和国家方针政策的言行；不传播、散布损害国家主权、安全和社会公共利益的言论；不宣传封建迷信。

（二）要爱岗敬业

忠诚于人民教育事业，有强烈的责任心，树立"育人为本、做人民满意的教师"的理念，勤奋工作，尽职尽责，静心教书，潜心育人，甘为人梯，乐于奉献，自觉履行教书育人的神圣职责。正确处理个人与集体、奉献与获得之间的关系，反对拜金主义、享乐主义和极端个人主义。认真完成备课、教课、作业批改、课后辅导等环节的教学工作，并积极承担教学科研任务。做到未备课、无教案不上课，不旷课，不随意调课或私自找人代课。

（三）要关爱学生

坚持"以学生发展为本"的理念，关心爱护全体学生，尊重学生人格，平等公正对待学生。构建民主、平等、和谐的新型师生关系，同时坚持在日常教育教学管理中，采取适当方式对学生进行批评教育，促进学生全面、主动、健康发展。对学生严慈相济，做学生的良师益友。保护学生安全，关心学生健康，维护学生权益与尊严。不偏袒、歧视、讽刺、挖苦、辱骂、体罚或变相体罚学生，杜绝侮辱学生人格尊严的行为。

（四）要教书育人

遵循教育规律，实施素质教育。循循善诱，诲人不倦，因材施教。培养学生良好品行，激发学生创新精神，促进学生全面发展。严禁公布学生考试成绩，不以考试成绩或升学率给班级、学生排列名次；不按考试成绩给学生安排座位、考场。严禁对学生有偿补课和有偿家教，不私自在校外兼课、兼职。不组织学生统一征订教辅材料。

（五）要为人师表

坚守高尚情操，知荣明耻，严于律己，以身作则。具有良好的仪表，衣着得体，语言规范，举止文明。不在上课前饮酒；不在课堂上吸烟、使用通信工具；不在工作时间及工作场所打牌、下棋、上网聊天或玩游戏；不参与赌博活动。不得透露各类考试内容或组织、参与学生考试作弊；不得在招生、评估考核、职称评审、科研教研等工作中弄虚作假。严禁利用职务之便向学生或家长谋取私利。

（六）要终身学习

崇尚科学精神，掌握先进的教育教学方法，使用现代教育技术和手段，潜心钻研业务，积极参加继续教育及各种形式的业务培训，不断提高专业素养和教育教学水平。树立终身学习理念，拓宽知识视野，更新知识结构，不断提高教书育人的能力水平。把"修身、敬业、爱生"作为自觉行为，通过教育叙事、师德反思、业务自传、校本研修等方式增强职业道德修养，提升职业道德水平。不得以任何手段抄袭、剽窃和侵占他人劳动成果。

 例题精讲

单选题

1. 小宇上课时经常插话，老师生气地说："管住你的嘴，不然我就封住你的嘴！"该老师的做法（　　）。

A. 错误，应该杜绝当堂批评

B. 错误，应该尊重学生人格

C. 正确，应该严格要求学生

D. 正确，应该加强课堂管理

【答案】B

【解析】该老师的做法严重违反了教师职业行为规范，没有尊重学生的人格。该题型考查的频率很高，命题角度非常灵活。另外，关于教师职业行为规范的要求，还有可能围绕其他点来命题。

2. 课堂上杨老师对某个问题的解释有错误，学生纠正老师，杨老师不仅不批评反而表扬学生善于思考，具有质疑精神。下列说法不当的是（　　）。

A. 老师重视培养学生的反思能力

B. 老师重视培养学生的自我评价能力

C. 老师重视培养学生的创新能力

D. 老师重视培养学生的求异思维能力

【答案】B

【解析】本题主要考查小学教师的教学行为规范，素质教育以培养学生的创新能力和实践能力为重点，此题中并不是强调培养学生的自我评价能力，而是注重启发学生思考。

3. 骨干教师华老师教学能力突出，经常一个人钻研教学，不愿意参加集体备课，这说明华老师缺乏（　　）。

A. 严于律己的意识

B. 团队协作的精神

C. 严谨工作的态度

D. 爱岗敬业的品格

【答案】B

【解析】教师要重视交往与合作能力的培养，在集体中工作要注意协作。

考点详解

一、教师与学生的关系

师生关系是指教师和学生在教育、教学活动中形成的相互关系，包括彼此的地位、作用和态度等。师生关系是教育活动过程中最基本、最重要的人际关系。良好的师生关系是教育教学活动取得成功的重要保证。

（一）良好师生关系的特征

1. 民主平等

学生的健康成长有赖于教师的指导和帮助，教师教学的成效也有赖于学生的配合与支持。民主平等是建立良好师生关系的基本要求，也是教育活动取得良好效果的重要条件。

2. 尊师爱生

尊师爱生意味着师生之间应该彼此尊重、相互友爱，这是建立良好师生关系的感情基础。

3. 教学相长

在教学过程中，教师和学生是相互制约、相互促进、共同提高的。教师应当了解自己的学生，听取学生反馈的意见，从学生那里汲取智慧，促使自己不断学习、不断进步。

4. 心理相容

心理相容指的是教师与学生之间在心理上协调一致，并相互接纳。师生心理相容，教师的教育才会被学生接受，才能使师生间的情感得到升华。在教学中，教师应多了解学生的心理状态、学习态度、兴趣和愿望，了解学生的知识状况、生活经验、社会经历等。同时，教师要以身作则，要有强烈的事业心和责任感、严谨的治学态度、渊博的知识和坦诚的胸怀。只有这样，才会受到学生的尊重，才能更容易建立起师生间的良好感情。

（二）良好师生关系的处理技巧

素质教育观下构建良好的师生关系应当从热爱学生、尊重学生、公平公正地对待学生、了解学生、严格要求学生五个方面展开。

1. 热爱学生

热爱学生是建立平等、民主、和谐师生关系的基础。在整个教育过程中，师生之间是平等对话、互教互学的关系。

2. 尊重学生

尊重学生不仅是和谐师生关系的核心，也是当今世界进步教育思想的基础。首先，要尊重学生的人格；其次，要尊重学生的个别差异；最后，要始终信任学生。

3. 公平公正地对待学生

每一位学生都应该被教师公平公正地对待。由于长期以来应试教育的影响，有些教师对待学生总有不同的态度和心情，他们总是偏爱学习成绩好的学生而歧视学习成绩差的学生。因此，公平公正地对待每一位学生说起来容易做起来难。教师需要做到以下几点：第一，要一视同仁，正视差

考点2：
教师需要处理的几大关系

内容提要：教师需要处理与学生、与家长、与同事、与领导的关系。

异；第二，要学会体谅和宽容；第三，要给学生提供多样的发展机会；第四，要多鼓励、少批评。

4. 了解学生

了解学生是每一位教师除了教学任务之外最重要的工作，尤其是班主任。每位学生都是独立的个体，教师需要了解每一位学生的基本情况，如家庭状况、经济状况、性格、学习状况等，这样有助于今后开展有针对性的教学及指导。

5. 严格要求学生

在教育教学活动中，教师既要对自己严格要求，也要对学生严格要求。教师对学生不应宠爱、溺爱和偏爱，而应爱中有严、严中有爱。要想把学生培养成社会需要的有用人才，就要对他们倾注无私的爱，在爱的过程中要严格要求。

具体来说，教师应做到以下几点：一是要严而有理。二是要严而有度。严格要求必须防止"一刀切"。有的要求对于多数学生来说可能是适度的，但对于后进生来说可能是他们努力也难以达到的，而对于优秀的学生来说又显得偏低。三是要严而有方。教师对学生的严格要求能否收到显著成效，关键在于方法。教师要求学生这样做那样做，却不管学生的心理感受，居高临下，盛气凌人，学生即使表面上听从，内心也会不服气，与教师的心理距离会越来越大，甚至会对教师产生反感。四是要严而有恒。对学生的严格要求不能时有时无，要保持一定的稳定性。既然已对学生提出某种较高标准的要求，就要坚持到底，任何时候都不能放松。要常督促、常检查，把要求落到实处，直至学生养成良好的生活习惯和学习作风。

二、教师与家长的关系

（一）教师与家长沟通、合作的意义

父母是孩子的"第一任教师"，对孩子具有权威性和巨大的影响力，同时家庭环境也在潜移默化地影响着孩子的思想品德、学习、兴趣、性格和健康状况等。因此，教师要了解、教育学生，必须取得家长的积极配合。

同时，教师应努力使家长了解学校和班级的教育工作计划以及学生在思想品德和各科学习上的表现，向家长介绍先进教育经验，对家长的教育工作给予必要的指导。教师也要听取家长对学校和班级工作的意见和要求，了解学生在家的表现。

（二）教师与家长在沟通与合作中存在的问题

1. 教师与家长的教育思想与教育方法不同

由于教师与家长双方的教育素养水平不同，教育思想与教育方式也不尽相同，因此对学生所出现的问题的认识不同，理解也不同，易使双方产生心理分歧和矛盾。

2. 教师与家长对学生成长过程中出现的困难所持的态度不同

教师与家长的矛盾，常常是学生在成长过程中出现的一些困难造成的。如有的学生学习成绩总是不尽如人意，有的学生存在某些不良的行为习惯等，对此，教师和家长可能会相互责备对方没有教育好学生，不考虑具体情况就把责任推给对方。

3. 教师与家长联系的随意性

教师与家长的关系并没有组织隶属的性质，双方的关系是松散的，所以双方交往的内容、形式、频率也就带有很大的随意性。

4. 教师与家长的地位不平衡

这一问题主要表现为以学校教育为中心，教师指挥，要求家长配合，教师很少考虑家长的需要和想法，使家长处在被动服从的地位，或家长缺乏参与学生教育的意识。

三、教师与同事的关系

（一）同事关系的重要性

（1）良好的同事关系是教师个人成功的条件。

（2）良好的同事关系是教师成长的重要环境。

（3）良好的同事关系有助于教师消除孤独感，有利于心理健康。

（二）教师与同事交往的技巧

1. 与同事相处要互信互尊

互信互尊是指每一位教师都应理解其他教师的工作责任，信任和尊重其他教师。教师在与同事相处时，要以尊重、信任为基本前提，既要有对自己正确的评价，也要有对他人全面、客观的评价。在交往中要克服自傲、嫉妒的心理。当发生冲突时，要及时解决，宽容大度，认真听取对方的意见。

2. 与同事要积极合作、共同发展

共同发展是指教师一起发展。教师之间的交往与协作不能以损害他人的利益和工作效果为前提。每位教师都有其自身的优势，教师之间的交往能够充分挖掘互补功能，教师们在相互交往中能实现思想上的互助、信息上的互换、情感上的融洽和知识上的整合，从而提高整个教师队伍的专业化水平。

四、教师与领导的关系

教师与领导是上下级关系，是领导者与被领导者、管理者与被管理者。这里所说的领导，主要是指学校里的各级负责人，如书记、校长、教导主任、教研组长、年级组长等。教师要处理好与领导的关系，应该注意以下几点。

（一）尊重领导

教师对领导要以诚相待，不猜疑领导，不私下议论领导，有意见、建议或要求要当面向领导提出，但提出意见要注意场合、时间，不能当众指责领导的错误，要懂得维护领导的尊严。

（二）服从领导

领导与教师只是职务上的差异，人格上是完全平等的。因此，服从领导不是对领导百依百顺，而是在与领导意见相左时，顾全大局。教师只有服从领导的工作安排，自觉接受领导的检查和监督，才能保障学校正常教育教学工作的开展。

（三）支持领导

教书育人是一个复杂的劳动过程。学校领导再有能力，具体工作还得由下属来执行。作为下属，教师必须支持领导的安排和决策，要有创造性地完成领导分配的工作任务。

（四）关心领导

领导不仅需要教师政治上的信任、工作上的支持，还需要生活上的关心。因为领导也是普通人，也需要亲情、友情、同事的关爱之情。在领导身体不适或家里有困难时，教师要及时给予帮助。

 例题精讲

单选题

1. 李老师尽管从教多年，但每次备课依然一丝不苟，同一节课在不同的班级往往采取不同的授

课方式。下列对李老师的行为的评析，不恰当的是（　　）。

  A. 因材施教   B. 严谨治学   C. 严慈相济   D. 潜心钻研

【答案】C

【解析】李老师备课一丝不苟体现的是严谨治学；不同的班级采取不同的授课方式，体现的是因材施教；而她从教多年依然如此，体现了潜心钻研。

  2. 教育从本质上来说，是通过（　　）来构成的。

  A. 情感关系   B. 师生关系   C. 伦理关系   D. 教学关系

【答案】B

【解析】教育从本质上来说是通过师生关系来构成的，师生关系是对学生最具影响力的人际关系。此题属于识记类试题，考生只要熟悉知识点就可以正确作答。

  3. "弟子不必不如师，师不必贤于弟子，闻道有先后，术业有专攻，如是而已。"这种观点给当今教育的启示是（　　）。

  A. 教学相长，相互尊重   B. 乐教善教，讲究教法

  C. 严于律己，为人师表   D. 有教无类，教书育人

【答案】A

【解析】题干中的句子出自《师说》，给当今教育的启示是教学相长，相互尊重。此考点在考试中出现的频率很高，重在理解和灵活运用。

  4. （　　）是教师与同事之间良好沟通的基础。

  A. 少争多让，善于倾听   B. 容忍异己，理解宽容

  C. 坦诚相见，赞美欣赏   D. 巧用语言，珍惜情谊

【答案】C

【解析】对待自己的同事，能够不存疑虑，坦诚相见；能够看到同事的优点，并及时给予赞美和肯定，这些都是教师与同事之间良好沟通的基础。该题是对教师与同事关系的考查，命题者还可以从其他角度进行命题，如良好合作等。此外，教师与学生的关系、教师与家长的关系也是考查的重点。

⊡材料分析

  送教下乡结束时，一个孩子拉着王老师怯生生地问道："老师，您明天还教我们吗？"看着孩子满怀渴望、充满期待的眼神，王老师心里一动，便决定到这所偏远乡村小学支教。没想到，这一教，便是10年。

  这所小学老师少，王老师利用业余时间不断加强学习、丰富自己。课堂上，他"十八般武艺"全都派上了用场，善教数学的他同样能演绎语文的精彩，美术、体育、科学等课程也上得有模有样。课外，他带领孩子们练书法、打乒乓球、办小报、玩双杠……于是，孩子们的许多"第一次"纷至沓来，第一次升旗仪式，第一次诗词朗诵会，第一次校园钢笔字展览，第一次乒乓球赛……在丰富的实践活动中，学校里的留守儿童也变得开朗多了。

  王老师的幽默、热情、多才深深吸引了孩子们，他们变得越来越爱上学、爱读书，学习成绩突飞猛进。

  毕业的学生在给王老师的贺卡上写道："王老师，是您给我们阳光般的温暖、前行的力量，让我们的童年多彩而快乐！谢谢您！"

  问题：请从教师职业道德的角度，评析王老师的教育行为。

【参考答案】材料中王老师的做法是恰当的，践行了教师职业道德中的爱岗敬业、关爱学生、教书育人和终身学习。

  (1) 王老师践行了"爱岗敬业"的职业道德。爱岗敬业是指教师要忠诚于人民教育事业，勤恳敬业，甘为人梯，乐于奉献。材料中的王老师支教10年，把自己的青春奉献给了这个乡村小学。

  (2) 王老师践行了"关爱学生"的职业道德。关爱学生是指教师要关心爱护全体学生，尊重他们的人格，平等公正地对待学生，对学生严慈相济，做学生的良师益友。材料中的王老师幽默、热情，对待学生耐心细致，充分体

 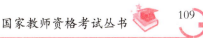

现了其对学生的爱。

（3）王老师践行了"教书育人"的职业道德。教书育人是指教师循循善诱，诲人不倦，因材施教，培养学生良好的品行，激发学生的创新精神，促进学生全面发展。材料中的王老师不仅关注学生对于学科知识的掌握，还通过练书法、打乒乓球、办小报等活动锻炼了学生的其他方面能力，培养了学生乐观、开朗、阳光的性格。

（4）王老师践行了"终身学习"的职业道德。终身学习是指教师树立终身学习理念，拓宽知识视野，更新知识结构，潜心钻研业务，不断提高自己的专业素养和教育教学水平。材料中的王老师利用业余时间学习来提升自己的专业素养，课上采用多种教学方法来传授学科知识，课下带领学生做各种课外活动，丰富学生的生活，是我们在实际教学活动中如何做到终身学习的榜样。

总之，材料中王老师的行为充分体现了作为教师应当有的职业道德。

模块四
教师文化素养

模块分析

考纲呈现

了解中外科技发展史上的代表人物及其主要成就。

了解一定的科学常识，熟悉常见的科普读物。

了解一定的文学知识和文化常识。

了解中外文学史上重要的作家和作品。

了解一定的艺术鉴赏知识。

了解艺术鉴赏的一般规律，并能有效地运用于教育教学活动中。

备考策略

考试大纲规定，文化素养部分的分值占12%，要求考生了解古今中外历史、科技、文化、文学及艺术等常识。文化素养部分的考题特点为内容非常广泛，重点不明显，考查灵活，不能死记硬背，需要记忆与理解相结合。可以明确的是，考查的都是考生应知应会的知识点。因此考生在平时应当多积累，多看、多读、多记忆，并且把这些知识融会贯通。

文化素养部分涉及考点较多，复习时很难面面俱到，因此考生在全面备考的过程中一定要将重点知识重点记忆，可根据以往的考题归纳出文化素养常考的知识模块，如文化常识里常考传统文化，文学常识里常考中国文学，科技知识、历史模块可以着重记忆一些重要事件。考生在复习的过程中可学练结合，通过做历年真题来检测自己复习的情况，也可以选择一些文化素养的专项训练题来做。文化素养部分的考查方式主要为选择题，考生针对此题型深入练习即可。

知识逻辑思维导图

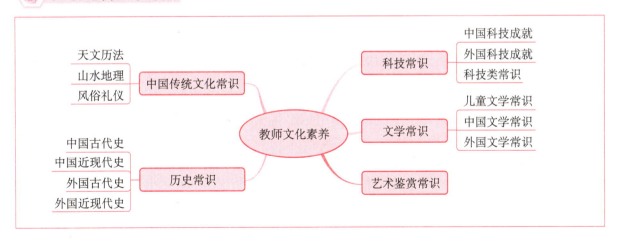

第一章
中国传统文化常识

考点详解

【二十八星宿】

二十八星宿又叫二十八舍或二十八星，是古人为观测日、月、五星运行而划分的二十八个星区，用来表示日、月、五星所在的位置。每宿包含若干颗恒星。二十八宿的名称：东方苍龙七宿（角、亢、氐、房、心、尾、箕）；北方玄武七宿（斗、牛、女、虚、危、室、壁）；西方白虎七宿（奎、娄、胃、昴、毕、觜、参）；南方朱雀七宿（井、鬼、柳、星、张、翼、轸）。唐代温庭筠《太液池歌》中"夜深银汉通柏梁，二十八宿朝玉堂"夸张地描写了星光照耀宫阙殿堂的景象。王勃《滕王阁序》："物华天宝，龙光射斗牛之墟。"

【参商】

"参"指西方白虎七宿中的参宿，"商"指东方苍龙七宿中的心宿。参宿在西，心宿在东，二者在星空中此出彼没、彼出此没，因此常用来比喻人分离后不得相见。如杜甫诗云："人生不相见，动如参与商。"

【月亮的别称】

月亮是古诗文经常描写的对象。它的别称如下：

（1）因初月如钩，故称银钩、玉钩。

（2）因弦月如弓，故称玉弓。

（3）因满月如轮、如盘、如镜，故称金轮、玉轮、银盘、玉盘、金镜、玉镜。

（4）因传说月中有兔和蟾蜍，故称银兔、玉兔、玉蟾、银蟾、蟾宫。

（5）因传说月中有桂树，故称桂月、桂轮、桂宫、桂魄。

（6）因传说月中有广寒、清虚两座宫殿，故称广寒、清虚。

（7）因传说为月亮驾车之神名望舒，故称月亮为望舒。

（8）因传说嫦娥住在月中，故称月亮为嫦娥。

（9）因人们常把美女比作月亮，故称月亮为婵娟。

【北斗】

北斗又称北斗七星，指在北方天空排列成斗形的七颗亮星。七颗星的名称是：天枢、天璇、天玑、天权、玉衡、开阳、摇光。因排列如斗杓，故称"北斗"。根据北斗星便能找到北极星，故又称"指极星"。如《古诗十九首》："玉衡指孟冬，众星何历历。"玉衡是北斗星中的第五星。《小石潭记》中用"斗折蛇行"，形容像北斗星的曲线一样弯弯曲曲。

考点 1：
天文历法

内容提要：天文历法常识是历年考试的热门命题点，包括二十八星宿、参商、月亮的别称、北斗、银河、流火、农历、干支、纪年法、二十四节气、生辰八字等内容。

【银河】

银河又名银汉、长河、天河、星河、星汉、云汉，是横跨星空的一条乳白色亮带，由上千亿颗恒星组成。陈子昂《春夜别友人》："明月隐高树，长河没晓天。"秦观《鹊桥仙》："纤云弄巧，飞星传恨，银汉迢迢暗度。"其中的"长河""银汉"即指银河。

【流火】

流，下行。火，指大火星，即东方苍龙七宿中的心宿。《诗经》云："七月流火，九月授衣。"七月相当于公历的八月，流火是说大火星的位置已由中天逐渐西降，表明暑气已退。

【农历】

农历是我国现今依旧广泛使用的一种传统历法，它以朔望的周期来定月，用设置闰月的办法使年平均长度接近太阳回归年。因这种历法安排了二十四节气以指导农业生产活动，故称农历，又叫中历、夏历，俗称阴历。古人写文章，凡用序数纪月的，大多以农历为据。如《游褒禅山记》"至和元年七月某日"；《石钟山记》"元丰七年六月丁丑"。农历的六月、七月相当于公历的七月、八月。

【干支】

天干、地支的合称。天干：甲、乙、丙、丁、戊、己、庚、辛、壬、癸。地支：子、丑、寅、卯、辰、巳、午、未、申、酉、戌、亥。十干和十二支依次相配，组成六十个基本单位，古人以此作为年、月、日、时的序号，叫"干支纪法"。如《冯婉贞》："咸丰庚申，英法联军自海入侵。"咸丰：皇帝的年号；庚申：干支纪年。

【纪年法】

我国古代纪年法主要有以下四种：

（1）王公即位年次纪年法。以王公在位年数来纪年。如《左传·崤之战》："三十三年春，秦师过周北门。""三十三年"指鲁僖公三十三年。

（2）年号纪年法。从汉武帝开始有年号，此后每个皇帝即位都要改元，并以年号纪年。如《岳阳楼记》中的"庆历四年春"。

（3）干支纪年法。如《五人墓碑记》："予犹记周公之被逮，在丁卯三月之望。""丁卯"是干支纪年。

（4）年号干支兼用法。纪年时皇帝年号置前，干支列后。如《姜夔·扬州慢·淮左名都》"淳熙丙申"。"淳熙"为南宋孝宗赵昚年号，"丙申"是干支纪年。

【二十四节气】

二十四节气是我国古代历法的重要组成部分。古人根据太阳一年内的位置变化及其所引起的地面气候的演变次序，把一年十二个月平均分成二十四份，并给每一份取了个专有名称，以反映四季、气温、物候等情况，这就是二十四节气。一个月分为两段，月首叫"节气"，月中叫"中气"。二十四节气的名称和顺序为：立春、雨水、惊蛰、春分、清明、谷雨、立夏、小满、芒种、夏至、小暑、大暑、立秋、处暑、白露、秋分、寒露、霜降、立冬、小雪、大雪、冬至、小寒、大寒。为了便于记忆，人们编出了歌谣《二十四节气歌》："春雨惊春清谷天，夏满芒夏暑相连，秋处露秋寒霜降，冬雪雪冬小大寒。"古诗文中常用二十四节气来纪日，如《姜夔·扬州慢·淮左名都》："淳熙丙申至日，予过维扬。"因夏至白天最长、冬至白天最短，故古人称夏至、冬至为至日，这里指冬至。

【四时】

四时指春、夏、秋、冬四季。农历以正月、二月、三月为春季，分别称为孟春、仲春、季春；以四月、五月、六月为夏季，分别称为孟夏、仲夏、季夏；秋季、冬季以此类推。欧阳修《醉翁亭记》："风霜高洁，水落而石出者。山间之四时也。"

【年号、谥号、尊号、庙号】

年号：汉武帝时开始有年号，是用来纪年的。也有用年号来称呼皇帝的，如乾隆皇帝。

谥号：古代帝王、诸侯、卿大夫等死后，朝廷根据他们生前的行为给予一种称号，以褒贬善恶，该种称号称为谥号。如汉武帝、隋炀帝。

尊号：皇帝、皇后在世时的称呼，一般用于外交、礼仪等场合。如唐玄宗于开元二十七年（739年）受尊号"开元圣文神武皇帝"。

庙号：皇帝死后在宗庙中被供奉时所称呼的名号，称为祖或宗。一般被称为高祖或太祖的为开国皇帝。

【社日】

社日是汉族传统的祭祀土地神的节日，分为春社日和秋社日，春社日是立春后的第五个戊日，秋社日是立秋后第五个戊日。《永遇乐》："可堪回首，佛狸祠下，一片神鸦社鼓。""社鼓"即社日祭祀土地神的鼓声。

【生辰八字】

生辰八字简称八字，指一个人出生时的年、月、日、时，各有天干、地支相配，每项两个字，四项共八个字。古人认为，根据这八个字可推算出一个人的命运。遇有大事，都需推算八字。按旧俗，订婚时男女双方要互换庚帖，上有生辰八字，双方各自卜问对方的生辰八字吉凶如何，以确定能否成婚。

例题精讲

单选题

1. 我国传统的表示次序的"地支"共有（ ）个字。

A. 8　　B. 10　　C. 12　　D. 14

【答案】C

【解析】天干：甲、乙、丙、丁、戊、己、庚、辛、壬、癸；地支：子、丑、寅、卯、辰、巳、午、未、申、酉、戌、亥。十干和十二支依次相配，组成六十个基本单位，古人以此作为年、月、日、时的序号，叫"干支纪法"。

2. 我国农历以干支纪年，1976年是农历丙辰年，据此推算，1977年是（ ）。

A. 农历丁巳年　　B. 农历戊午年
C. 农历丙寅年　　D. 农历辛亥年

【答案】A

【解析】天干：甲、乙、丙、丁、戊、己、庚、辛、壬、癸；地支：子、丑、寅、卯、辰、巳、午、未、申、酉、戌、亥。1976年为农历丙辰年，据此推算，1977年应该是顺着天干地支向后分别推一位，即为农历丁巳年。

考点详解

一、中国在古代的称谓

【中国】

"中国"现为中华人民共和国的简称，但是在古代文献中它是一个多义性的词组，从春秋战国至宋元明清，其多用来泛指中原地区。如司马光

考点2：
山水地理

内容提要：山水地理常识是历年考试的热门命题点，包括中国在古代的称谓和古代地理名称。

《资治通鉴·赤壁之战》："若能以吴、越之众与中国抗衡，不如早与之绝。"

【中华】

古代华夏族多建都于黄河南北，以其在四方之中，故称为中华，后常借指中国。如《三国志》："其地东接中华，西通西域。"

【九州】

相传，我国上古时期划分为九个州，分别为：冀、兖、青、徐、扬、荆、豫、梁、雍。九州后来成为中国的别称。如《过秦论》："序八州而朝同列。"秦国居雍州，加上其他八州即九州。

【赤县】

古人把中国称作"赤县神州"。如毛泽东《浣溪沙·和柳亚子先生》："长夜难明赤县天。"

【中原】

中原又称中土、中州。狭义的中原指今河南省一带，广义的中原指黄河中下游地区或整个黄河流域。如陆游《示儿》："王师北定中原日，家祭无忘告乃翁。"这里的"中原"指整个黄河流域。

【海内】

古人认为我国疆土四面环海，故称国境之内为海内。如王勃《送杜少府之任蜀州》："海内存知己，天涯若比邻。"

【六合】

六合指上下和四方，泛指天下。如李白《古风》（其三）："秦王扫六合，虎视何雄哉！"

【八荒】

八荒也叫八方，指东、西、南、北、东南、东北、西南、西北八个方向，在古文中有天下之意。如贾谊《过秦论》："囊括四海之意，并吞八荒之心。"梁启超《少年中国说》："纵有千古，横有八荒。"

二、中国古代地理名称

【江河】

古代许多文章中专指长江、黄河。如《史记·鸿门宴》："将军战河北，臣战河南。"《左传·崤之战》："公使阳处父追之，及诸河。"

【江东】

江东指长江以东地区。因长江在今安徽南部境内向东北方向斜流，而以此段江为标准确定东西和左右。"江东"所指区域有大小之分，可指南京一带，也可指安徽芜湖以下的长江下游南岸地区（即今苏南、浙江及皖南部分地区）。如李清照诗云："至今思项羽，不肯过江东。"

【江南】

江南是长江以南的总称，所指区域因时而异。如白居易词云："江南好，风景旧曾谙。"王安石诗云："春风又绿江南岸，明月何时照我还。"

【关中】

关中所指范围不一，古人习惯上将函谷关以西地区称为关中。如《史记·鸿门宴》："沛公欲王关中，使子婴为相。"《过秦论》："始皇之心，自以为关中之固。"

【五岳】

五岳是五大名山的总称，即东岳泰山、西岳华山、中岳嵩山、北岳恒山、南岳衡山。如李白《梦游天姥吟留别》："势拔五岳掩赤城。"

【三秦】

三秦指潼关以西的秦朝的故地关中地区。项羽灭秦后曾将此地封给秦军三位降将，故得名。如王勃《送杜少府之任蜀州》："城阙辅三秦，风烟望五津。"

【郡】

郡是古代的行政区域，始见于战国时期。秦统一天下设三十六郡；隋唐后，州郡互称；明清称

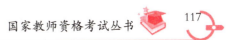

府。如《过秦论》："北收要害之郡。"《琵琶行》序："元和十年，予左迁九江郡司马。"

【州】

参见"郡"条。如《隆中对》："自董卓已来，豪杰并起，跨州连郡者不可胜数。"《资治通鉴·赤壁之战》："荆州之民附操者，逼兵势耳。"

【山水阴阳】

古代以山南、水北为阳，以山北、水南为阴。如《愚公移山》："指通豫南，达于汉阴。""汉阴"指汉水南面。

【一些城市的古称或别称】

南京又称建康、金陵、江宁、白下。如《柳敬亭传》："尝奉命至金陵。"《病梅馆记》："江宁之龙蟠……皆产梅。"《梅花岭记》："吴中孙公兆奎以起兵不克，执至白下。"

扬州又称广陵、维扬。如李白《送孟浩然之广陵》："烟花三月下扬州。"姜夔《扬州慢·淮左名都》："淳熙丙申至日，予过维扬。"

杭州又称临安、武林。如《柳敬亭传》："余读《东京梦华录》《武林旧事》。"

苏州又称姑苏。如《枫桥夜泊》："姑苏城外寒山寺，夜半钟声到客船。"

成都又称锦官城。如《春夜喜雨》："晓看红湿处，花重锦官城。"

福州又称三山。如《〈指南录〉后序》："自海道至永嘉来三山，为一卷。"

 例题精讲

单选题

古代地理中划分阴阳有一套理论，其中表述山川河流的"阴"的是（　　）。

A. 山南水北　　　　　　B. 山北水南

C. 山南水南　　　　　　D. 山北水北

【答案】B

【解析】古代以山南、水北为阳，以山北、水南为阴。

 考点详解

一、汉族传统节日礼仪

我国早在商朝就有了完备的历法纪年。把一年分为 12 个月，又将一年按气候的变化分为二十四节气，这就构成了岁时节令的计算基础。同时，随着生产、生活和信仰活动的发展，逐渐形成了民族传统节日。

【春节】

春节是农历的岁首，又叫阴历（农历）年，俗称"过年"，是中华民族最隆重、最热闹的一个古老的传统节日。春节起源于殷商时期年头岁尾的祭神、祭祖活动。

【元宵节】

每年农历正月十五是中国人民传统的元宵节。元宵节因其节俗活动在一年的第一个月（元）的第十五日夜晚（宵）举行而得名。元宵节也叫

考点3：
风俗礼仪

内容提要：风俗礼仪主要包括汉族的传统节日，如春节、元宵节、寒食节、清明节、端午节、七夕节、中秋节、重阳节、腊八节等；还有少数民族的节日，如泼水节、那达慕、火把节；以及婚姻礼仪等内容。

"灯节""灯夕"，因为这个节日的主要活动是夜晚放灯。此外，元宵节也叫"上元""上元节"。每逢元宵节，家家户户都要挂彩灯、放焰火，大街上挂满了花灯。东北和新疆等寒冷地区，还会制作晶莹剔透的冰灯。到了晚上，全家人围坐在一起，品尝美味的元宵。

【寒食节】

寒食节为我国民间传统节日，在清明节的前一二日。节日里严禁烟火，只能吃冷食。

【清明节】

从节气来讲，清明是中国农历二十四节气的第五个小节气。由于二十四节气较客观地反映了一年四季在气温、降水等方面的变化，因此劳动人民利用它来安排农事活动。中国北方有"清明前后，种瓜点豆""植树造林，莫过清明"的农谚。不过，清明作为节日，与节气又有所不同，节气是中国物候变化、时令顺序的标志，节日则包含了一定的风俗活动和特定的纪念意义。在中国传统的二十四节气中，清明是唯一演变为节日的节气。清明的主要节俗活动有禁火、吃寒食、扫墓、踏青、荡秋千、蹴鞠（踢球）、放风筝、拔河、打马球等。

【端午节】

农历五月初五为端午节。关于端午节的来历有四五种说法，比如纪念屈原说、吴越民族图腾祭说等。迄今为止，被广泛接受的为纪念屈原说。在端午节，人们通常要悬挂钟馗像、挂艾叶、菖蒲、赛龙舟、吃粽子、饮雄黄酒、佩香囊。

【七夕节】

又叫乞巧节、少女节。相传起源于牛郎织女鹊桥相会的神话传说。据《荆楚岁时记》载："七月七日为牵牛织女聚会之夜。是夕，人家妇女结彩缕，穿七孔针，或以金银玉石为针，陈瓜果于庭中以乞巧。"这种乞巧既是乐戏，也是希望心灵手巧。《古诗十九首》有"迢迢牵牛星，皎皎河汉女"的诗句，秦观《鹊桥仙》更是以美丽哀婉的爱情故事打动了无数人。七夕节最普遍的习俗就是青年女子在七月初七进行各种乞巧活动。乞巧的方式有姑娘们穿针引线做些小物品进行巧手比赛，或者摆上些瓜果乞巧。

【中秋节】

农历八月十五是中秋节。中秋节是仅次于春节的第二大传统节日。按中国古代历法的解释，八月是秋季的第二个月，称"仲秋"，八月十五又在仲秋之中，所以叫"中秋"。中秋节月亮圆满，象征团圆，因而又叫"团圆节"。从时令上来说，中秋是"秋收节"，春播夏种的谷物到了秋天就该收获了，人们便在这个季节饮酒、跳舞，喜气洋洋地庆祝丰收。

【重阳节】

农历九月初九是中国一个古老的传统佳节——重阳节。中国古人以九为阳数，九月初九，两阳相重，故叫"重阳"。重阳节又有"老人节"之称。重阳登高是节日里的主要活动，人们成群结队地去爬山。相传，住在江南平原的百姓苦于无山可登、无高可攀，就制作糕点，在糕点上面插上彩色的小三角旗，借以示登高（糕）避灾之意。古代的诗人也喜欢重阳登高赋诗，唐代大诗人王维的《九月九日忆山东兄弟》："独在异乡为异客，每逢佳节倍思亲。遥知兄弟登高处，遍插茱萸少一人。"远客思乡之情，深切感人。重阳节还有插茱萸、饮菊花酒、吃重阳糕等风俗。茱萸也叫越椒，是一种中药植物，气味辛烈，中国古人认为将茱萸插在头上，可以防止恶浊邪气的侵袭；燃熏后可以避虫咬，如同端午节熏雄黄一样，很符合传统的卫生习惯。

【腊八节】

农历十二月初八是中国传统的腊八节。"腊"本是中国远古时代一种祭礼的名称，用于祭祀祖先和天地神灵，祈求来年五谷丰登，家人平安、吉祥。由于腊祭活动常在十二月举行，故称该月为腊月。腊祭的神有八种，于是初八慢慢成了固定的祭日，古称"腊日"，俗称腊八节。后来佛教传入中国，相传农历十二月初八是佛祖释迦牟尼的成道日，故这一天也是佛教的"成道节"。腊八节除祭祖敬神的活动外，人们还要喝腊八粥，中国喝腊八粥已有一千多年的历史。

【祭灶】

祭灶就是家家户户祭拜灶王，俗称"过小年"。关于祭灶的时间，有"官三民四船家五"的说法。也就是说，官府在腊月二十三祭灶；一般百姓家在腊月二十四祭灶；水上人家则在腊月二十五祭灶。后来，人们多在腊月二十三祭灶。鲁迅小说《祝福》中的"祝福"指的就是这个节日。

【除夕】

除夕是我国民间传统节日，为腊月的最后一天。除夕晚上，人们在打扫得干干净净的家里，摆上丰盛的菜肴，家人团聚吃着"年夜饭"。此夜大家通宵不眠，或喝酒聊天，或猜谜下棋，嬉戏游乐，谓之"守岁"。零点时，众人争相奔出，在庭前拢火（古称"庭燎"，取其兴旺之意），并在"岁之元、月之元、时之元"的"三元"之时放出三个"冲天炮"，以求首先发达、大吉大利。此时，爆竹声、欢笑声响成一片，一派"爆竹声中除旧岁"的景象。

二、少数民族的重要节日

【泼水节】

泼水节也称宋干节，时间为4月13日至4月16日，是泰语民族和东南亚地区最盛大的传统节日。在泰国、老挝、缅甸、柬埔寨等国以及中国云南傣族聚居地，节日的首日清晨，人们便沐浴礼佛，开始连续几日的庆祝活动。节日期间，大家用纯净的清水相互泼洒，祈求洗去一年的不顺，新的一年事事顺意。泼水节也是傣族的新年，节日持续3～7天，第一天与农历的除夕相似，第三天是新年，意为岁首，人们把这一天视为最美好、吉祥、欢乐的日子。

【那达慕】

那达慕蒙古语意为"游戏"或"娱乐"，原指蒙古族传统的男子三项——摔跤、赛马和射箭。历史上的那达慕不受时间限制，通常在祭祀山水、军队出征、凯旋、帝王登基、正月及大型庆典等场合举行。现在的那达慕，已逐渐演变成包括多种文化娱乐内容的盛大庆典活动和物资交流活动。在每年的七八月举行，规模一般依当年牧业的生产情况而定，小丰收规模小，大丰收规模大。活动内容除了传统的男子三项外，还有文艺演出、田径比赛和各类经济文化展览及订货洽谈、物资交流等。

【火把节】

火把节是彝族、白族、纳西族、基诺族、拉祜族等民族古老而重要的传统节日，有着深厚的民俗文化内涵，蜚声海内外，被称为"东方的狂欢节"。不同民族过火把节的时间也不同，一般是农历六月二十四。彝语支的民族都过火把节，有的学者认为此节原系彝族十月历法的一个年节。火把节又叫星回节，俗有"星回于天而除夕"之说，相当于彝历的新年，因此又称过大年。主要活动有斗羊、斗鸡、斗牛、摔跤、歌舞表演和选美等。在新时代，火把节被赋予新的民俗功能，产生了新的形式。

三、婚姻礼仪

【婚姻"六礼"】

六礼是周代形成的一种婚姻缔结过程中的礼制规定。《仪礼·士昏礼》云："婚有六礼，纳采、问名、纳吉、纳征、请期、亲迎。"它包括从提亲到迎亲、成婚的整个过程。由于儒家特别强调礼制，六礼也成为人们遵守的规范，并对社会上的世俗婚礼产生很大的影响。

第一，纳采。纳采相当于现在的提亲阶段，主要由媒人进行沟通，传达男女双方的意图。

第二，问名。纳采后媒人到女方家询问女孩子的姓名和生辰，以备合婚之用。由于当时的礼教规定，"男女非有行媒，不相知名"，因此男女青年要是没有媒人，不仅不可能相识，更不可能知道对方的名字，也就谈不上相互交往了。

第三，纳吉。纳吉是男方将问名之后所占卜的满意结果告知女方。因为卜问的结果是吉兆，所以称为纳吉。

第四，纳征。纳征也叫纳币，即后来人们常说的聘礼，民间也叫"放大定""下彩礼"或"过大礼"。

第五，请期。请期是一种男方择定成婚吉日后告知女方的礼节。请期也显示男方对婚期不敢自专的礼让态度。

第六，亲迎。结婚原意就是在黄昏时成礼，《释名》说："婚，昏时成礼也。"昏时成礼与古代曾流行的掠夺婚有直接联系，是乘着夜幕进行抢掠的习俗遗存。

亲迎是新郎亲自到女方家迎接新娘，也是结婚礼的高潮，其内容非常丰富，也非常繁杂，在历史的不同阶段都派生出了许多个性突出的习俗，成为婚礼中最具有代表性的仪式。

四、其他

【伯（孟）仲叔季】

兄弟行辈中长幼排行的次序。伯（孟）是老大，仲是老二，叔是老三，季是老四。古代贵族男子的字前常加伯（孟）、仲、叔、季表示排行，字的后面加"父"或"甫"字表示男性，构成男子字的全称，如伯禽父、仲尼父、叔兴父等。

【孝悌】

孝，指对父母要孝顺、服从；悌，指对兄长要敬重、顺从。孔子非常重视孝悌，把孝悌作为实行"仁"的根本，提出"三年无改于父道""父母在，不远游"等一系列孝悌主张。孟子也把孝悌视为基本的道德规范。秦汉时的《孝经》则进一步提出"孝为百行之首"。儒家提倡孝悌的目的是维护宗法等级秩序。

【牺牲】

古代祭祀用的纯色全体的牲畜，色纯为"牺"，体全为"牲"。如《左传·曹刿论战》："牺牲玉帛，弗敢加也，必以信。"

【三牲】

三牲指古代用于祭祀的牛、羊、猪。后来也称鸡、鱼、猪为三牲。

【太牢、少牢】

古代帝王祭祀社稷时，牛、羊、豕（猪）三牲全备为"太牢"。古代祭祀所用牺牲，行祭前需先饲养于牢，故这类牺牲称为牢；又根据牺牲搭配的种类不同而有太牢、少牢之分，少牢只有羊、豕，没有牛。由于祭祀者和祭祀对象不同，所用牺牲的规格也有所区别：天子祭祀社稷用太牢，诸侯祭祀用少牢。

【顿首】

顿首为古时汉族的一种交际礼仪，为"九拜"之一，俗称磕头。行礼时，头碰地即起。因头接触地面时间短暂，故称顿首。通常用于下对上及平辈之间，如官僚间的拜迎、拜送，民间的拜贺、拜望、拜别等。也常用于书信中的开头或末尾，如丘迟《与陈伯之书》："迟顿首。陈将军足下无恙，幸甚幸甚……丘迟顿首。"

【稽首】

稽首为古代的拜礼，为"九拜"之一。行礼时，施礼者屈膝跪地，左手按右手，拱手于地，头也缓缓至于地。头至地须停留一段时间，手在膝前，头在手后。这是九拜中最隆重的拜礼，常为臣子拜见君王时所用。后来，子拜父、拜天、拜神、新婚夫妇拜天地、拜父母、拜祖、拜庙、拜师、拜墓等，也都用此大礼。

【坐】

古代席地而坐，坐时两膝着地，臀部贴于脚跟。为了表示对人尊重，对坐法颇有讲究："虚坐尽后，食坐尽前。""尽后"是指尽量让身体坐后一点，以表谦恭；"尽前"是指尽量把身体往前挪，以免饮食污染座席而对人不敬。

【冠礼】

按周制，古代男子二十岁要行加冠礼。冠礼要在宗庙里举行，由男子的氏族长辈主持仪式，并由指定的大宾给行冠礼的青年加冠三次，先后加缁布冠、皮弁、爵弁，分别表示有治人、为国出力、参加祭祀的权利。加冠后，由大宾向受冠者宣读祝词，并给其起一个与学识德行相当的"字"。因为男子二十岁行冠礼，所以后世将二十岁称作"弱冠"。

【婚冠礼】

古代嘉礼之一。如《周礼》："以婚冠之礼亲成男女。"古代贵族男子二十岁行冠礼后即可成婚并享受成人待遇，女子十五岁行笄礼（笄：束发用的簪子。古时女子满十五岁把头发绾起来，戴上簪子）后也可结婚，所以把婚礼、冠礼合称为婚冠礼。

【斋戒】

古代参加祭祀或进行重大活动前，要先沐浴、更衣、独居，戒其嗜欲，以示心地诚敬，这些活动叫"斋戒"。"斋"又称"致斋"，致斋三日，宿于内室，要求"五思"（思其居处、笑语、志意、所乐、所嗜），这主要是为了使思想集中、统一。"戒"又称"散斋"，散斋七日，宿于外室，停止参加一切娱乐活动，也不参加哀悼丧礼，以防"失正""散思"。古人斋戒时忌荤，但并非忌食鱼肉荤腥，而是忌食有刺激性气味的食物，如葱、蒜等，这主要是为了防止祭祀时口中发出的不好闻的气味对神灵、祖先有所亵渎。

【秦晋之好】

春秋时，秦、晋两国国君几代都互相通婚，后称两姓联姻为"秦晋之好"。

【讳称】

古人对"死"有许多讳称，主要的有：

（1）天子、太后、公卿王侯之死称薨、崩、百岁、千秋、晏驾、山陵崩等。

（2）父母之死称见背、孤露、弃养等。

（3）佛道徒之死称涅槃、圆寂、坐化、羽化、仙游、仙逝等。"仙逝"现也用于称被人尊敬的人物的死。

（4）一般人的死称亡故、长眠、长逝、过世、谢世、寿终、殒命、捐生、就木、溘逝、老、故、逝、终等。

 例题精讲

单选题

1. 下列节日中，"江边枫落菊花黄，少长登高一望乡"所描写的是（　　）。

　　A. 清明节　　　　　　B. 端午节　　　　　　C. 中秋节　　　　　　D. 重阳节

【答案】 D

【解析】 重阳节在农历九月初九，中国古人以九为阳数，九月初九，两阳相重，故叫"重阳"。重阳节又有"老人节"之称。登高是重阳节的主要活动。

2. 下列关于我国传统节日的描述，与古代的说法或传说不相符的是（　　）。

　　A. 元宵节挂灯最早跟佛教仪式有关联

　　B. 清明节吃寒食最早是为了纪念一位先皇

　　C. 中秋节吃月饼曾与反抗元朝的统治有关

　　D. 古代的春节叫元旦，意为一年的第一天

【答案】 B

【解析】 清明节吃寒食是晋文公重耳为了纪念介子推而定下的规矩，不是为了纪念一位先皇。

第二章

历史常识

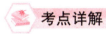 **考点详解**

一、夏、商、西周时期

约公元前 2070 年，禹建立了我国历史上第一个奴隶制王朝——夏朝，定都阳城。我国漫长的原始社会到此结束，奴隶社会开始。禹死后，他的儿子启继位，从此王位世袭制代替了禅让制。

约公元前 1600 年，商汤战桀，夏朝灭亡，商朝建立，建都在亳。因为水患和政治动乱，商朝曾几次迁都。约公元前 1300 年，商王盘庚把都城迁到殷，国都才稳定下来。因此，后代又把商朝称为"殷商"。商朝后期政治混乱，最后一个王是商纣王，是个有名的暴君。

商朝衰败之时，西边渭水流域的周国迅速发展起来。公元前 1046 年，武王伐纣，牧野之战击败商军，商亡。周武王建立周朝，都城在镐，历史上称为"西周"。西周后期，政局混乱，终于发生了国人暴动。公元前 771 年，西周灭亡。

二、春秋战国时期

（一）春秋争霸和战国七雄

公元前 771 年，犬戎攻破镐京，周幽王被杀，西周灭亡。公元前 770 年，周平王迁都洛邑，史称"东周"。东周分为春秋和战国两个时期。

1. 春秋争霸

春秋五霸：齐桓公、宋襄公、晋文公、秦穆公、楚庄王。

齐桓公任用管仲为相，积极改革内政，发展生产；同时改革军制，组建强大的军队，以"尊王攘夷"为号召，扩充疆界。公元前 7 世纪中期，齐桓公召集诸侯会盟，周天子派人参加。齐桓公成为春秋时期第一个霸主。

公元前 7 世纪后期，晋、楚双方在城濮大战（相关成语：退避三舍），晋军大败楚军。从此，晋文公成为中原霸主。晋楚争霸，持续了百余年。后来，楚庄王打败晋军，做了中原霸主。

2. 战国七雄

战国七雄：齐、楚、秦、燕、赵、魏、韩。

战国时期三次大战：公元前 353 年，齐魏桂陵之战（相关成语：围魏救赵）；公元前 341 年，齐魏马陵之战（减灶计）；公元前 260 年，秦赵长平之战（相关成语：纸上谈兵）。

特征：战争规模大，持续时间长，步兵和骑兵是主要兵种，野战和包围

考点 1：

历史常识——先秦

内容提要：我国第一个奴隶制王朝是夏朝，定都阳城。商汤打败桀，建立了商朝，定都亳，后迁都殷。武王伐纣，胜利后建周朝，定都镐，史称"西周"。后周平王迁都洛邑，史称"东周"。东周分为春秋和战国，春秋有五霸，战国有七雄。

战代替了春秋时的车阵战，都利用迂回的运动战术。

（二）春秋战国时期的变法

战国时期，新兴地主阶级的经济和政治势力越来越大，纷纷要求在政治上进行改革，废除奴隶主贵族的特权，发展封建经济，建立地主阶级统治。秦国商鞅的变法是比较彻底的一次。

 例题精讲

单选题

1.《三字经》写道："周武王，始诛纣，八百载，最长久。"下列与"始诛纣"相关的史事是（　　）。

A. 牧野之战　　　B. 城濮之战　　　C. 长平之战　　　D. 巨鹿之战

【答案】A

【解析】周武王起兵灭掉商朝，杀死纣王，建立周朝，周朝的历史最长，前后延续了八百多年。牧野之战又称"武王伐纣"。

2. 战国初期，三家分晋的卿大夫是（　　）。

（1）韩　　　（2）赵　　　（3）楚　　　（4）魏

A.（1）（2）（3）　　　　　　B.（1）（2）（4）

C.（1）（3）（4）　　　　　　D.（2）（3）（4）

【答案】B

【解析】三家分晋是指春秋末年晋国被韩、赵、魏三家瓜分的事件。

3. 诺贝尔奖获得者汉内斯·阿尔文曾说："如果人类要在21世纪生存下去，必须回到2 500年前，去汲取孔子的智慧。"文中的"智慧"是指（　　）。

A."无为而治"　　　　　　B."兼爱"和"非攻"

C."仁"和"德治"　　　　　D. 实行"法治"

【答案】C

【解析】本题难度适中，考查孔子的主张。"兼爱"和"非攻"是墨家思想；"无为而治"是道家思想；"法治"是法家思想。

考点详解

一、秦的建立

公元前260年，秦国在长平之战中大胜赵国军队。之后，六国再无力抵御秦国的攻势。从公元前230年到公元前221年，秦王嬴政陆续灭掉六国（韩、赵、魏、楚、燕、齐），建立起我国历史上第一个统一的中央集权的封建国家——秦朝，定都咸阳。

二、大一统的汉朝

（一）西汉

1. 建立

公元前202年，刘邦称帝，建立汉朝，定都长安，史称"西汉"。刘邦就是汉高祖。

汉初，实行郡国并行制度。

考点2：

历史常识——秦汉

内容提要：秦王嬴政建立起我国历史上第一个统一的中央集权的封建国家——秦朝，定都咸阳。公元前202年，刘邦称帝，定都长安，史称"西汉"。25年，刘秀称帝，定都洛阳，史称"东汉"。

2. 汉初的黄老之学

背景：经济萧条，百业待兴，黄老之学符合休养生息政策的需要。

内容：黄帝的学说——治身（养生）；老子的学说——治国（无为而无不为，积极无为）。

作用：成为西汉初年治国的指导思想。由于汉初实行休养生息政策，经过文帝和景帝时期的经济恢复，出现了"文景之治"。

（二）东汉

西汉后期，政权越来越腐朽，土地兼并日益严重，社会动荡不安。8 年，外戚王莽夺取政权，西汉灭亡。不久，王莽政权被农民起义推翻。

25 年，西汉皇族刘秀称帝，定都洛阳，史称"东汉"。刘秀就是光武帝。

为了使社会安定，刘秀多次下令减轻农民的赋役负担，惩处贪官污吏，任用清廉官吏。光武帝末年，社会安定，经济状况明显好转，这个时期的统治史称"光武中兴"。

三、秦汉时期的民族关系与对外关系

（一）昭君出塞

西汉初期，匈奴不断南下进攻，由于国力有限，汉朝不得不与匈奴和亲，进行贸易往来。到汉武帝时，西汉国力强盛，于是对匈奴展开了长达十年的军事反击。匈奴受到重创后，迁徙至漠北。

1 世纪中期，匈奴分裂为几部，彼此厮杀不休。汉元帝时期，其中一部的首领呼韩邪单于向汉朝称臣，与西汉订立了和好盟约。汉朝将宫女王昭君远嫁呼韩邪单于。

（二）张骞出使西域及丝绸之路

公元前 138 年，汉武帝为了联合西域的大月氏夹击匈奴，派张骞出使西域。司马迁将此行称为"凿空"。公元前 119 年，汉武帝派张骞第二次出使西域。张骞出使西域，加强了汉朝与西域各国的联系，汉朝和西域的交往从此日趋频繁。

张骞出使西域之后，逐渐形成沟通东西方的陆上要道——丝绸之路。通过丝绸之路，西域的天马、汗血马等良种马，葡萄、石榴、核桃、苜蓿等植物，以及乐器和歌舞等传入中原。汉族的铸铁、开渠、凿井等技术，以及丝绸、漆器、金属工具等也传到了西域。

 例题精讲

单选题

1. 下列不属于秦始皇历史功绩的是（　　　）。

A. 统一六国，建立我国历史上第一个统一的、多民族的封建国家

B. 创立了一套封建专制主义的中央集权制度

C. 统一了货币、文字、度量衡

D. 开通了大运河，大大促进了我国南北经济的交流

【答案】D

【解析】隋朝开通了大运河，大大促进了我国南北经济的交流。

2. 俗语"家家观世音，人人阿弥陀"一定程度上反映了佛教在中国民间的盛行。佛教在（　　　）传入我国。

A. 秦朝时期　　　　B. 西汉时期　　　　C. 魏晋时期　　　　D. 隋唐时期

【答案】B

【解析】佛教传入我国是在西汉末年，经丝绸之路传入我国中原地区。

考点详解

一、三国鼎立

东汉末年，各地出现了许多割据一方的势力，彼此长期混战。

200年，曹操以少胜多打败袁绍，取得了**官渡之战**的胜利，后来统一了黄河中下游地区。此战之后，曹操消灭了袁绍的残余力量，又陆续消灭了一些其他势力，基本上统一了北方。

208年，**赤壁之战**，孙权、刘备联军以少胜多大败曹操。经过此战，曹操退守黄河流域一带，不敢再轻易南下，孙权在长江中下游的势力得到巩固。刘备趁机占领了湖北、湖南的大部分地区，又西进占据了四川，从而形成了三国鼎立的雏形。

220年，曹丕废掉汉献帝，自称皇帝，国号魏，定都洛阳，东汉灭亡。221年，刘备建立汉（史称"蜀"），定都成都。222年，孙权封王，建立吴，定都建业。三国鼎立的局面形成。

二、政权的更替

（一）西晋的短暂统一

曹丕死后，大臣司马懿逐渐控制了魏国的大权。三国中国力最弱的蜀汉最先被魏国灭亡。265年，司马懿的孙子司马炎废掉了魏帝曹奂，自立为帝，国号为晋，自称晋武帝，以洛阳为都城，史称"西晋"。

280年，吴国灭亡，西晋统一了全国。西晋统一全国后，统治阶级迅速腐朽，皇族纷纷起兵争夺皇权，史称"八王之乱"，耗竭了西晋的国力。316年，西晋灭亡。

（二）东晋和南北朝

317年，司马睿重建晋朝，都城在建康，史称"东晋"。

东晋建立之时，北方地区仍陷于严重的战乱之中。4世纪后期，氐族人建立了前秦政权，前秦的苻坚重用汉人王猛为丞相，励精图治，迅速强大，消灭了其他割据政权，统一了黄河流域。

淝水之战以后，前秦的统治瓦解，北方地区重新陷入割据混战的状态。东晋在南方获得暂时稳定，为经济发展提供了有利条件。

420年，大将刘裕自立为帝，国号宋，结束了东晋的统治。此后，南方经历了四个王朝——宋、齐、梁、陈，总称为"南朝"。

与南朝的更替相对，北方自439年北魏灭北凉开始，至589年隋灭陈为止，经历北魏、东魏西魏对峙、北齐北周对峙三个时期，史称"北朝"。

 例题精讲

单选题

曹操统一北方的关键性战役是（　　）。

A. 白马之战　　B. 官渡之战　　C. 赤壁之战　　D. 淝水之战

【答案】B

【解析】官渡之战是中国历史上著名的以少胜多的战役，曹操通过此战奠定了统一北方的基础。

考点3：

历史常识——魏晋南北朝

内容提要：220年，曹丕建立魏，定都洛阳；221年，刘备建立汉（史称"蜀"），定都成都；222年，孙权建立吴，定都建业，自此三国鼎立。265年，司马炎建立晋，定都洛阳，史称"西晋"。317年，司马睿重建晋朝，都城在建康，史称"东晋"。

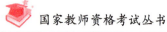 国家教师资格考试丛书

考点详解

一、繁盛一时的隋朝

（一）隋朝的建立

581 年，杨坚夺取北周政权，建立隋朝，定都长安。589 年，隋灭陈，结束了南北朝对峙局面，统一了全国。

（二）隋朝的统治

隋朝创立了三省六部制和科举制。隋文帝杨坚统治时期，史称"开皇之治"。

为加强南北交通，巩固隋朝对全国的统治，从 605 年起，隋炀帝开凿一条纵贯南北的大运河。

二、唐朝的建立及繁荣盛世

（一）唐朝的建立

隋炀帝统治后期，暴虐无道，终于导致隋末农民大起义。在起义军的打击下，隋王朝瓦解。618 年，隋炀帝在江都被部将杀死，隋朝灭亡。同年，在太原起兵反隋的贵族李渊进入长安，建立唐朝。李渊就是唐高祖。李渊退位后，传位李世民。李世民就是唐太宗，年号贞观。

（二）繁荣盛世

1. 贞观之治

唐太宗李世民是我国古代杰出的政治家，贞观之治是唐太宗在位期间的清明政治，为唐朝全盛时期的到来奠定了基础。

唐太宗的统治促成了政治清明、经济发展、社会安定、民族和睦、国力增强的大好景象，史称"贞观之治"。

2. 贞观遗风

武则天是我国历史上唯一的女皇帝。她本是唐高宗的皇后，晚年称帝，改国号为周。武则天统治期间，继续实行唐太宗发展农业生产、选拔贤才的政策，使唐朝社会经济进一步发展，国力不断增强，史称"贞观遗风"。

3. 开元盛世

唐玄宗李隆基统治的前期，年号"开元"，政局稳定，经济繁荣，被誉为"开元盛世"。

唐玄宗任用富于改革精神的姚崇为宰相，重视地方吏治，把中央优秀的官吏下放到地方任职，并亲自考核县令的政绩。但唐玄宗后期不问政事、贪图安逸享乐，政治统治日益腐化。由于边镇军事力量扩大，府兵制日益瓦解，地方割据势力拥兵自重，导致"安史之乱"爆发，唐朝自此日趋衰落。9 世纪后期，爆发了唐末农民起义，唐朝瓦解。907 年，唐朝灭亡。

例题精讲

单选题

1. 唐太宗时嫁给松赞干布的唐朝公主是（　　）。
A. 太平公主　　B. 文成公主　　C. 永泰公主　　D. 金城公主

考点 4：
历史常识——隋、唐
内容提要：581 年，杨坚建立隋朝，定都长安。589 年，隋统一全国。618 年，反隋的贵族李渊进入长安，建立唐朝。907 年，唐朝灭亡。

【答案】B

【解析】7世纪前期，吐蕃杰出的赞普松赞干布统一青藏高原，定都逻娑。松赞干布多次向唐朝求婚，唐太宗认识到吐蕃是西部地区的重要力量，于是答应松赞干布的请求，将文成公主嫁与松赞干布。

2. 晋初刘毅在《请罢中正除九品疏》中说："上品无寒门，下品无士族。"改变这一局面的制度是（　　）。

A. 世袭制　　　　B. 察举制　　　　C. 科举制　　　　D. 九品中正制

【答案】C

【解析】科举制按照考试成绩选拔人才，打破了魏晋因实行九品中正制，高门士族拥有政治特权、门阀掌握实际权力的格局。

 **考点详解**

一、北宋的建立

960年，赵匡胤在陈桥发动兵变，建立宋朝，定都汴梁（今河南开封），史称"北宋"，赵匡胤就是宋太祖。979年，宋太宗消灭割据政权北汉，结束了五代十国的分裂局面。

二、政权的并立与和战

（一）辽

1. 辽的建立

隋唐时期，契丹族逐步强大。907年，耶律阿保机被推举为可汗。916年，耶律阿保机自立为帝，建立契丹国，都城在上京。耶律阿保机就是辽太祖。耶律德光时期改国号为辽。

2. 宋辽的和战

1004年，辽军大举南侵，逼近东京（开封）。宰相寇准力劝宋真宗亲征，宋真宗到达前线，宋军士气大振。最后辽宋议和，宋每年给辽岁币，辽撤兵；双方约为兄弟之国，各守边界，史称**"澶渊之盟"**。

（二）西夏

1. 西夏的建立及统治

1038年，党项族首领**元昊**自称大夏国皇帝，都城在兴庆，史称"西夏"。

2. 宋夏的和战

元昊称帝以后，不断与宋交兵，双方损失都很惨重，元昊请和。1044年，双方订立和议：元昊取消帝号，北宋册封元昊为夏国主，夏对宋称臣；宋每年给夏岁币；重开边境贸易。此后，宋、夏之间基本维持了和平局面，民族融合得到加强。

（三）金

1. 金的建立及统治

北宋中后期，女真族的完颜部日益强盛，逐步统一女真各部。1114年，完颜阿骨打举兵抗辽，取得初步胜利。1115年，阿骨打称帝，建立金朝，定都会宁。完颜阿骨打就是金太祖。

2. 宋金的和战

金与北宋联合抗击辽，1125年辽天祚帝为金军所俘，辽灭亡。辽灭亡后，

考点5：

历史常识——宋、元

内容提要：960年，赵匡胤建立宋朝，定都东京（汴梁），史称"北宋"。916年，耶律阿保机建立契丹国，都城在上京。1038年，元昊称大夏国皇帝，都城在兴庆，史称"西夏"。1115年，阿骨打称帝，建立金朝，定都会宁。1127年，北宋皇族赵构（康王）在应天府称帝，定都临安（今杭州），史称"南宋"。1206年，铁木真建立蒙古政权。1271年，忽必烈建立元朝，次年定都大都。

金军两度南下攻打宋。1127 年，金统治者俘获宋徽宗和宋钦宗，北宋灭亡，史称"靖康之变"。

（四）南宋

1. 南宋的建立

1127 年，北宋皇族赵构（康王）在应天府称帝，后来定都临安（今杭州），史称"南宋"。赵构就是宋高宗。

2. 宋金对峙局面的形成

南宋初年，抗金英雄岳飞在郾城大败金军，收复许多失地。

1141 年，宋金签订"绍兴和议"：南宋对金称臣；割让部分土地；向金送交岁币。至此形成宋金南北对峙局面。后来，金把都城迁到燕京，改名中都。

三、元的建立

1206 年，铁木真统一蒙古各部，建立蒙古政权，被尊称为成吉思汗。

1234 年，蒙古灭金。1271 年，忽必烈建立元朝，次年定都大都，元朝的统治中心完全向中原转移。

 例题精讲

单选题

1. 民族政权并立是两宋时期的重要特征，与南宋对峙的女真族政权是（　）。

　A. 辽　　　　　B. 西夏　　　　　C. 金　　　　　D. 元

【答案】C

【解析】与南宋对峙的女真族政权是金。

2. 西藏正式成为中国的一个行政区域，开始于（　　）。

　A. 唐朝　　　　B. 宋朝　　　　C. 元朝　　　　D. 明朝

【答案】C

【解析】元朝时，中央政府设宣政院，管辖西藏地区。

3. 现在刷卡消费已经成为一种时尚，但纸币仍然必不可少。世界上最早的纸币出现在（　　）。

　A. 西夏　　　　B. 隋朝　　　　C. 唐朝　　　　D. 北宋

【答案】D

【解析】世界上最早的纸币是北宋前期四川地区出现的"交子"。

考点详解

一、明朝的建立

1368 年，朱元璋在应天（南京）称帝，建立明朝。朱元璋就是明太祖。

二、清朝的建立

1644 年 1 月，李自成在西安建立大顺政权。4 月，进攻北京，明崇祯皇帝自缢于万岁山（景山）。明朝灭亡。

明朝后期，女真族杰出首领努尔哈赤统一了女真各部。1616 年，努尔

考点 6：

历史常识——明、清

内容提要：1368 年，朱元璋在应天（南京）称帝，建立明朝。1644 年，清军入关，迁都北京，逐步建立起对全国的统治。

 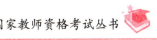

哈赤建立后金政权，后迁都沈阳，改称**盛京**。皇太极即位后，改族名为满洲族。1636年，改国号为清，皇太极就是清太宗。1644年，清军入关，迁都北京，逐步建立起对全国的统治。

三、明清时期的对外关系和民族关系

（一）郑和下西洋

1405—1433年，郑和奉命率领船队七次出使亚非三十多个国家和地区，是中国航海史和外交史上的重大事件。船队从南京下关宝船厂出发，沿江、浙、闽、粤海岸南下复西行，最远到达非洲东岸肯尼亚的蒙巴萨。

（二）戚继光抗倭

元末明初，日本的武士、商人和海盗经常骚扰我国沿海地区，沿海居民称他们为"倭寇"。明政府派戚继光到浙东沿海抗倭。戚继光率领戚家军在台州九战九捷，取得抗倭的重大胜利。后来，他又率军开赴福建、广东，与俞大猷合作，连续重创倭寇。到1565年，东南沿海的倭寇基本被肃清。

（三）收复台湾

明末，荷兰殖民者侵占我国台湾。1662年，郑成功收复了台湾。1683年，清军进入台湾，郑成功的后代归顺清朝。1684年，清朝设置台湾府，隶属福建省。台湾府的设置，加强了台湾同祖国内地的联系，巩固了祖国的东南沿海。

 例题精讲

单选题

1. 明初加强专制统治的措施中，与后来宦官专权有直接联系的是（　　）。
A. 设立锦衣卫和东厂
B. 废除丞相
C. 八股取士
D. 设立军机处
【答案】A
【解析】设立锦衣卫和东厂是明朝君主专制加强的重要体现，皇帝通过宦官控制这些机构。明朝后期，厂卫特务机构成为宦官弄权的重要工具。

2. "封侯非我意，但愿海波平"表明了他为驱逐倭患，保卫海防，拯救百姓于水火，而并非追求个人功名的崇高品质。文中的"他"是指（　　）。
A. 戚继光　　　　　　　　　B. 郑和
C. 郑成功　　　　　　　　　D. 岳飞
【答案】A
【解析】明朝时期，倭寇经常骚扰我国沿海地区。明朝政府派戚继光抗击倭寇，他率领戚家军，在台州九战九捷，取得了抗倭的重大胜利。后来，他又率军开赴福建、广州抗倭。到1565年，东南沿海的倭寇基本被肃清。

3. 历史上，清政府为了加强对西藏的管理而设置了（　　）。
A. 宣政院　　　　　　　　　B. 达赖喇嘛
C. 驻藏大臣　　　　　　　　D. 伊犁将军
【答案】C
【解析】1727年，清政府设置驻藏大臣，与达赖、班禅共同管理西藏事务，乾隆帝制定"金瓶掣签"制度，加强管理西藏。

内容提要： 1840年，第一次鸦片战争使中国开始沦为半殖民地半封建社会。第二次鸦片战争，中国丧失了更多的领土。中日甲午战争，北洋舰队全军覆没。八国联军侵华战争之后，清政府完全沦为帝国主义统治中国的工具。

考点详解

一、鸦片战争

道光十九年（1839年）正月，清政府派钦差大臣林则徐到达广州，严厉执行禁烟谕旨。1839年6月3日，林则徐将收缴的鸦片在虎门集中进行销毁，史称"虎门销烟"。

英国政府以遏制贸易、危害英国臣民为借口发动了侵略中国的鸦片战争。1840年6月，英国舰队开到广东海面进行挑衅，鸦片战争爆发。

清政府战败，于1842年签订了《南京条约》。之后，又相继签订了《望厦条约》（美国侵略者与中国签订的第一个不平等条约）、《黄埔条约》（法国侵略者与中国签订的第一个不平等条约）。

二、第二次鸦片战争

1856年，英法联军发动战争。1856年10月至1858年6月占领天津；1859年至1860年攻入北京，火烧圆明园。清政府签订了《天津条约》《北京条约》，中国丧失了更多的主权和领土，进一步沦为半殖民地半封建社会。

三、中日甲午战争

中日甲午战争发生于1894年至1895年，是中国近代史上抗击日本侵略的战争。在战争过程中，清朝政府一直在向日本请和，并与1895年签订了丧权辱国的《马关条约》，中国半殖民地化程度迅速深化，人民承受着更加深重的灾难。

四、八国联军侵华战争

1900年，英、法、美、日、俄、德、意、奥八国组成联军，在英国海军中将西摩尔的率领下从天津进犯北京，悍然发动侵华战争。8月，联军攻占北京。清政府战败，1901年被迫与11国签订了《辛丑条约》，标志着中国完全沦为半殖民地半封建社会。

 例题精讲

【单选题】

1. 有人认为，道光皇帝（1821—1850年在位）应该愧对先祖，因为在他手上曾丢失了土地，这里的"土地"是指（ ）。

A. 钓鱼岛　　　B. 香港岛　　　C. 台湾岛　　　D. 辽东半岛

【答案】 B

【解析】 1842年8月，钦差大臣耆英、伊里布等人与英国全权代表璞鼎查在南京签订了《南京条约》，《南京条约》的签订是第一次鸦片战争结束的标志。《南京条约》的主要内容有：割香港岛给英国；赔款2 100万银圆；开放广州、厦门、福州、宁波、上海为通商口岸；协定关税。《南京条约》签订后，中国由封建社会逐步沦为半殖民地半封建社会。

2. 右图的残垣断壁坐落于北京西郊，这里曾经是中国著名的皇家园林。它毁于（　　）。

A. 鸦片战争期间

B. 第二次鸦片战争期间

C. 中日甲午战争期间

D. 八国联军侵华期间

【答案】B

【解析】图片中的残垣断壁为皇家园林圆明园。《天津条约》签订后，1859 年 6 月，英、法、美公使借换约之际，带兵悍然闯入大沽，清军取得了大沽保卫战的胜利。英、法大为恼火，遂于 1860 年分别派额尔金和葛罗来华率军扩大战争。咸丰皇帝出逃热河。同年 10 月 6 日，英、法联军进入北京，闯入西北郊的圆明园，他们抢去了园中的金银财宝，劫走了所有能搬动的贵重文物和图书典籍。为了掩盖罪行，额尔金命令纵火，大火燃烧了三天三夜。

3. 台湾人民发布文告声明："惟台湾土地，非他人所能干预。设（日本）以干戈从事，台民惟集万众御之。愿人人战死而失台，决不愿拱手而让台。"这一文告发布的历史背景是（　　）。

A.《南京条约》的签订

B.《瑷珲条约》的签订

C.《马关条约》的签订

D.《辛丑条约》的签订

【答案】C

【解析】《马关条约》规定割台湾给日本，上述文告发布的历史背景是《马关条约》的签订。

考点详解

一、新思想的萌发

（1）林则徐：开眼看世界第一人，代表作有《四洲志》《各国律例》，主张学习西方的船舰技术。

（2）魏源：代表作《海国图志》，这本书较为系统地描述了各国的历史、地理和政情，总结了鸦片战争的教训并提出了"师夷长技以制夷"的主张。

二、洋务运动

洋务运动是 19 世纪 60 年代到 90 年代晚清洋务派进行的一场引进西方军事装备、机器生产和科学技术，以挽救清朝统治的自救运动。洋务运动前期的口号为"自强"，后期的口号为"求富"。洋务运动的主要指导思想是"师夷制夷""中体西用"。

洋务运动进行了 30 多年，虽未使中国富强起来，但引进了西方先进的科学技术，创办了第一批近代企业，客观上刺激了中国民族资本主义的产生和发展。

三、戊戌变法

戊戌变法，又称百日维新，是晚清时期以康有为、梁启超为代表的维

考点 8：

历史常识——近代化的艰难起步

内容提要：晚清开明人士林则徐、魏源等主张开眼看世界。洋务运动力图挽回局势。戊戌变法的失败让政局再次陷入黑暗。辛亥革命彻底推翻了封建王朝的统治。新文化运动掀起思想变革。

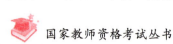

新派人士通过光绪皇帝进行倡导学习西方，提倡科学文化，改革政治、教育制度，发展农、工、商业等的资产阶级改良运动。戊戌变法是具有爱国救亡意义的变法维新运动，也是中国近代史上一次重要的政治改革，还是一次思想启蒙运动，促进了思想解放，对中国近代社会的进步起到了重要推动作用。

四、辛亥革命

辛亥革命有狭义和广义之分。狭义的辛亥革命是指 1911 年的武昌起义；广义的辛亥革命是指从 1894 年兴中会成立到 1912 年袁世凯窃取革命果实期间，革命者为实现资产阶级民主而进行的一系列斗争。

五、新文化运动

新文化运动是由陈独秀、李大钊、鲁迅等受过新式教育的人发起的一次"反传统、反孔教、反文言"的思想文化革新、文学革命运动。这次运动沉重打击了统治中国几千年的传统礼教，启发了人们的民主觉悟，推动了现代科学在中国的发展，为马克思主义在中国的传播和五四爱国运动的爆发奠定了思想基础。

 例题精讲

单选题

1. 2014 年 5 月 4 日，中共中央总书记习近平来到五四运动的策源地——北京大学，与北大学子共度青年节，纪念五四运动 95 周年。北京大学的前身是戊戌变法时期创办的、中国近代第一所国家建立的最高学府（　　）。

A. 京师同文馆

B. 京师大学堂

C. 清华学堂

D. 黄埔军校

2. "公车上书"的主要发起人是（　　）。

（1）严复　　（2）谭嗣同　　（3）康有为　　（4）梁启超

A. （1）（2）

B. （3）（4）

C. （1）（2）（3）

D. （2）（3）

3. 辛亥革命中首次取得胜利的起义是（　　）。

A. 南昌起义

B. 武昌起义

C. 广州起义

D. 秋收起义

4. 新文化运动兴起的标志是（　　）。

A. 陈独秀创办《新青年》

B. 《新青年》迁往北京

C. 胡适发表《文学改良刍议》

D. 陈独秀提出"文学革命"口号

【答案】B B B A

【解析】以上各题主要考查在近代化探索中的一些标志性的人物和事件。

考点详解

一、五四运动

1919 年，中国在巴黎和会上外交失败。1919 年 5 月 4 日，北京大学等十几所学校的学生在天安门前集会，举行示威游行，要求惩办亲日派卖国贼曹汝霖、陆宗舆、章宗祥。北洋军阀政府逮捕了多名学生。1919 年 6 月 5 日，为支援学生的爱国斗争，上海工人首先罢工。随后，各地工人相继罢工。

五四运动是一次彻底的反帝反封建的爱国运动，促进了马克思主义的传播，为中国共产党的成立提供了思想基础；标志着中国新民主主义革命的开始。

二、中国共产党的成立

1921 年 7 月 23 日，各地共产主义派代表在上海举行中国共产党第一次全国代表大会，伟大的中国共产党诞生。中国共产党的成立，是中国历史上开天辟地的大事。自从有了中国共产党，中国革命的面貌从此焕然一新。

例题精讲

单选题

1919 年 5 月 2 日，北京《晨报》发表《外交警报，敬告国民》一文，指出："胶州亡矣！山东亡矣！国不国矣！"为了挽救民族危机，随后在北京爆发的一次爱国运动是（　　）。

A. 新文化运动

B. 五四运动

C. 护国运动

D. 护法运动

【答案】B

【解析】巴黎和会决定将德国在山东的权益转让给日本的消息传来后，中国爆发了爱国救亡的五四运动。五四运动是中国旧民主主义革命的结束和新民主主义革命的开端，中国革命从此进入一个新的历史时期。

 考点详解

一、局部侵华与局部抗战

（一）九一八事变

1931 年 9 月 18 日夜，日本关东军策划炸毁了南满铁路沈阳北部柳条湖附近的一段路轨，反诬是中国军队所为，随即炮击东北军驻地北大营，19 日占领沈阳全城，这就是"九一八事变"。蒋介石政府实行不抵抗政策，十多万东北军按照蒋介石"绝对不抵抗"的命令退入关内。不到半年，东北三省完全沦陷，变成了日本的殖民地。1932 年 3 月，日军建立"伪满洲国"，企图把东北从中国分裂出去。日本帝国主义的侵略，激起了全国各界

考点 9：
历史常识——新民主主义革命的兴起

内容提要：中国在巴黎和会上的外交失败，导致了五四运动的爆发。1921 年 7 月，中国共产党正式成立，掀开了历史的新篇章。

考点 10：
历史常识——抗日战争

内容提要：九一八事变是中国人民局部抗战的开始。华北事变后，中日民族矛盾上升为主要矛盾。1936 年 12 月 12 日，张学良、杨虎城逼蒋抗日，史称"西安事变"，又称为"双十二事变"。卢沟桥的烽火，揭开了全面抗日战争的序幕。1945 年 8 月 15 日，日本宣布无条件投降。1945 年 9 月 2 日，日本签署投降书，抗日战争胜利结束。

同胞的抗日怒潮，九一八事变是中国人民局部抗战的开始。

（二）西安事变

1935 年，日本帝国主义利用国民党政府的不抵抗政策，加紧侵略华北，中华民族危机空前严重。在中国共产党的抗日民族统一战线政策的感召下，**张学良、杨虎城**接受"停止内战，一致抗日"的主张，要求蒋介石联共抗日。1936 年 12 月 12 日，张学良、杨虎城派兵到华清池扣押了蒋介石，向全国发出通电，提出抗日救国八项主张，呼吁停止内战、联共抗日。这次逼蒋抗日的行动，史称"西安事变"，又称为"双十二事变"。西安事变后，国内局势紧张，中国共产党从全民族利益出发，提出了和平解决西安事变的正确方针。周恩来与张学良、杨虎城共同努力，经过谈判、斗争，迫使蒋介石接受了停止内战、联共抗日的条件，促成了西安事变的和平解决。西安事变的和平解决标志着十年内战（1927—1936 年）基本结束，促进了国共合作抗日局面的出现。

二、全面抗日战争

（一）七七事变

1937 年 7 月 7 日深夜，日本借口一名士兵在军事演习中失踪，要求进入桥东宛平县城搜查。在中日双方交涉期间，日军于 8 日凌晨向宛平县城开枪射击，接着又炮轰卢沟桥，挑起全面侵略中国的战争，这就是"七七事变"，又称"卢沟桥事变"。

卢沟桥的中国驻军奋起抵抗，双方在桥头展开了激烈的争夺战，事变中涌现出的民族英雄**佟麟阁、赵登禹**等的英勇壮举激励了全国人民的抗战。7 月底，平津陷落。卢沟桥的烽火，标志着中华民族全面抗日的开始。

（二）正面战场抗战

1. 防御阶段的抗战

淞沪会战：1937 年 8 月，日军对上海发动了大规模进攻，史称"八一三事变"。淞沪会战打破了日本三个月灭亡中国的迷梦。

太原会战（平型关大捷）：1937 年 9 月，八路军一一五师在平型关东侧伏击，歼灭日军一千多人，缴获大批物资。平型关大捷是抗战以来首次大捷。

徐州会战（台儿庄大捷）：1938 年春，日军分两路进攻徐州。第五战区总司令李宗仁指挥中国军队在台儿庄展开激战。中国军队共歼敌一万多人，取得抗战初期国民党正面战场的最大一次胜利。

武汉会战（1938 年 6 月—10 月）：抗战以来战线最长、规模最大、持续时间最长的一次会战，广州、武汉失守，从此抗日战争进入相持阶段。

2. 相持阶段的抗战

枣宜会战（1940 年 5 月—6 月）：枣宜会战虽然最终失败了，但以**张自忠**将军为代表的中国爱国军人伟大的抗战精神给日军以强烈震撼。

豫湘桂战役（1944 年 4 月—12 月）：日军为了打通中国大陆交通线而发动战争，中国国民党军队在河南、湖南、广西等地进行抗击。此次战役是日军在溃败前夕一次回光返照式的挣扎。

（三）敌后战场抗战

1937 年 8 月，洛川会议制定全面抗战路线，建立抗日根据地。

为了粉碎敌人的"囚笼政策"，1940 年 8 月—12 月，八路军在彭德怀的指挥下，组织一百多个团，在华北两千多千米的战线上向日军发动大规模攻击，主要目标是破坏敌人的交通线，摧毁日伪军的据点。百团大战是抗日战争中中国军队主动出击日军的最大规模的战役。

三、抗日战争的胜利

1945年4月，中国共产党第七次全国代表大会在延安召开，主要讨论夺取抗战胜利和抗战胜利后中国将走什么道路的重要问题。（中心任务）

1945年8月15日，大反攻全面开始。8月15日，日本宣布无条件投降。1945年9月2日，日本签署投降书，抗日战争胜利结束。

 例题精讲

单选题

1. 中国共产党领导的全国人民的抗日中心是（　　）。
A. 晋察冀抗日根据地
B. 晋冀豫抗日根据地
C. 晋绥抗日根据地
D. 陕甘宁革命根据地

【答案】D

【解析】中国共产党领导全国人民抗战的中心是陕甘宁边区，那里是抗战中建立的第一个敌后抗日根据地，也是中共中央和八路军总部的所在地（延安）。

2. 1937年8月至11月，中国军队与侵华日军之间的激烈交战是（　　）。
A. 徐州会战
B. 台儿庄战役
C. 武汉会战
D. 淞沪会战

【答案】D

【解析】淞沪会战是1937年8月13日至11月12日中国军队抗击侵华日军进攻上海的战役，又称作"'八一三'淞沪战役"。

考点详解

1949年10月1日，首都30万群众在天安门广场集会，隆重举行开国大典。毛泽东庄严宣告：中华人民共和国中央人民政府成立。10月1日成为我国的国庆纪念日。

考点11：
历史常识——
新中国的诞生

内容提要：1949年10月1日，中华人民共和国成立，开辟了中国历史的新纪元。

 例题精讲

单选题

标志着我国进入社会主义初级阶段的事件是（　　）。
A. 新中国的成立
B. 第一个五年计划的完成
C. 1954年《中华人民共和国宪法》的颁布
D. 三大改造的基本完成

【答案】D

【解析】本题考查的是我国进入社会主义初级阶段的标志。1956年底，三大改造的完成标志着社会主义制度的建立，我国从此进入社会主义初级阶段。

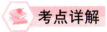 **考点详解**

四大文明古国包括古埃及、古巴比伦、古印度和古中国，由于前文对古中国有比较详细的介绍，此处列出其余三大文明古国的概况，详见下表。

考点12：历史常识——四大文明古国

内容提要：四大文明古国包括古埃及、古巴比伦、古印度和古中国。

古埃及、古巴比伦、古印度概况

古埃及	位置	非洲东北部，尼罗河流域。（埃及是尼罗河的馈赠）
	历史概况	（1）约公元前3 500年开始，尼罗河两岸陆续出现几十个奴隶制小国。 （2）约公元前3 000年，初步统一的古埃及国家建立。 （3）公元前15世纪，古埃及国力强盛，成为地跨亚非的大帝国。 （4）公元前6世纪，古埃及被波斯所灭。
	金字塔	功能：古埃及国王的陵墓，是权力的象征。（最大的金字塔：胡夫金字塔） 意义：一方面，是古埃及劳动人民留给后人的一座艺术丰碑，因为它充满了古埃及劳动人民的智慧；另一方面，是古埃及劳动人民受统治者剥削和压迫的历史见证。
	文字	（1）距今约5 000年前，古埃及出现了象形文字。 （2）商博良——罗塞塔石碑。
古巴比伦	位置	亚洲西部，底格里斯河和幼发拉底河流域。（两河流域、美索不达米亚平原）
	历史概况	（1）公元前3 500年以后，苏美尔人在两河流域南部建立起许多奴隶制小国。 （2）公元前18世纪，古巴比伦王国国王汉谟拉比统一了两河流域，建立起中央集权的奴隶制国家。 空中花园——尼布甲尼撒二世。
	《汉谟拉比法典》	（1）制定目的：维护奴隶主的利益。 （2）实质：一部保护奴隶主阶级私有财产、维护奴隶主阶级利益的法典。 （3）内容：由序言、正文、结语组成，对诉讼程序、私有财产及高利贷等作了规定。 （4）意义：世界上现存的古代第一部比较完备的成文法典。
古印度	位置	亚洲南部，印度河流域和恒河流域。
	历史概况	（1）约公元前2 500年，开始出现一些小国。 （2）后来，雅利安人入侵古代印度，建立起奴隶制国家。 （《史记》称其为身毒，《汉书》称其为天竺，唐代玄奘始译为印度。）
	种姓制度	（1）内容：社会分为四个等级，即**婆罗门、刹帝利、吠舍、首陀罗**，四个等级之间高低贵贱有别，不同等级的人不得通婚。 （2）特点：各等级职业世袭，父子世代相传；各等级实行内部同一等级通婚，严格禁止低等级之男与高等级之女通婚；首陀罗没有参加宗教生活的权利；各等级在法律上是不平等的。 （3）影响：种姓制度激化了当时的社会矛盾，并给后来的印度社会的发展带来了不良影响。
古代亚非文明的共同点		（1）亚非文明都以农业为基础，属于农业文明。 （2）亚非文明都具有封闭性的特点。

例题精讲

单选题

1. 亚非文明古国创造了灿烂的文明成就。下列属于两河流域文明成就的是（　　）。

　A. 金字塔　　　　　B. 种姓制度　　　C.《汉穆拉比法典》D. 四大发明

【答案】C

【解析】本题难度低，属于课本基础知识，选项 A 是古埃及的，选项 B 是古印度的，选项 D 是中国的。

2. 胡夫和汉穆拉比结伴来到古印度旅游，发现自己在种姓制度中属于（　　）。

　A. 婆罗门　　　　　B. 刹帝利　　　　C. 吠舍　　　　　D. 首陀罗

【答案】B

【解析】古印度的种姓制度把社会分为婆罗门、刹帝利、吠舍、首陀罗四个等级，婆罗门是掌管宗教的祭司；刹帝利是军事贵族和行政贵族；吠舍是雅利安人的自由平民阶层；首陀罗从事最低贱的职业。胡夫和汉穆拉比是国王，掌管军事和行政大权，所以属于第二等级刹帝利。

 考点详解

一、新航路开辟的动因

（1）经济根源：西欧商品经济的发展和资本主义的萌芽，导致对黄金的需求量增大，同时要求扩大对外市场。（根本原因）

（2）商业危机：阿拉伯、意大利商人垄断了西方贸易，奥斯曼土耳其占领了传统商路，使东西方商路受阻。东方贸易的高额利润令大西洋沿岸的西欧商人垂涎不已，渴望开辟另一条抵达东方的途径，发财致富。（直接原因）

（3）社会根源：欧洲人的"寻金热"，《马可·波罗行纪》的流传使欧洲人渴望到东方实现黄金梦。（开辟新航路的动机）

（4）宗教根源：15 世纪晚期，已完成中央集权的葡萄牙和西班牙大力传播基督教，号召进行圣战和扩张。

（5）思想因素：文艺复兴时期的社会思潮——人文主义鼓励冒险，勇于开拓进取，挑战并征服自然，大胆追求财富并实现个人价值。

二、过程

新航路开辟过程见下表。

考点 13：

历史常识——
新航路的开辟

内容提要：资本主义的兴起源于新航路的开辟，支持新航路开辟的主要是西班牙和葡萄牙。

新航路开辟过程

航海家	国籍	支持国	时间	成就
迪亚士	葡萄牙	葡萄牙	1487 年	到达非洲最南端好望角，开辟由大西洋进入印度洋的航路。
哥伦布	意大利	西班牙	1492 年	横渡大西洋，到达美洲大陆，发现印第安人。
达·伽马	葡萄牙	葡萄牙	1497—1498 年	到达印度，人类第一次完成从西欧绕经非洲到达东方的航线。
麦哲伦	葡萄牙	西班牙	1519—1522 年	欧洲→大西洋→太平洋→印度洋→欧洲。（环球航行）

例题精讲

单选题

1. 下列航海家的远航活动按时间顺序排列，正确的是（　　）。

（1）达·伽马到达印度；（2）迪亚士到达好望角；（3）哥伦布到达美洲；（4）麦哲伦环球航行

A.（1）（2）（3）（4）

B.（2）（1）（3）（4）

C.（3）（1）（2）（4）

D.（2）（3）（1）（4）

【答案】D

【解析】迪亚士到达好望角是1487年，哥伦布首航美洲是1492年，达·伽马到达印度是1498年，麦哲伦环球航行开始于1521年。

2. 最先进行殖民扩张和掠夺的国家是（　　）。

A. 英国和法国

B. 西班牙和葡萄牙

C. 法国和荷兰

D. 英国和荷兰

【答案】B

【解析】新航路开辟后，西班牙和葡萄牙最早走上殖民扩张的道路，它们在16世纪成为最强大的殖民帝国。

考点详解

一、文艺复兴

（一）背景

（1）经济前提（根本原因）：14世纪以来，意大利工商业城市兴起，最早出现了资本主义萌芽。新生的资产阶级希望创造财富，追求现世的享乐，胜过关心虚幻的神学说教。

（2）思想：中世纪，基督教会垄断文化教育，人们生活在缺少理性思维和人文精神的蒙昧之中。

（3）文化底蕴：意大利保留了古希腊、古罗马文化的大量遗存，一些不满宗教文化钳制思想的先进知识分子从中找到了共鸣。

（4）天灾（直接原因）：14世纪中叶，黑死病蔓延，促使人们反省宗教束缚下的生活形同死亡。

（二）核心——人文主义

人文主义是一种反对教会控制精神世界的思潮，它要求以人为中心，而不是以神为中心；提倡发扬人的个性，肯定人的价值和尊严，追求人在现实生活中的幸福。

实质：反映欧洲新兴资产阶级要求的思想解放运动。

（三）成就

文学的复兴：前三杰——但丁、彼特拉克、薄伽丘。

艺术的复兴：后三杰——达·芬奇、米开朗琪罗、拉斐尔。

考点14：

历史常识——西方人文主义精神的发展

内容提要：文艺复兴和启蒙运动是西方思想上的巨大变迁。文艺复兴中出现的"前三杰"和"后三杰"，启蒙运动中的康德、卢梭等人，其思想和艺术成就迄今依然影响着全世界。

戏剧的复兴——莎士比亚。

文艺复兴时期的代表人物和代表作品见下表。

文艺复兴时期的代表人物和代表作品

代表人物	代表作品	作品的思想
但丁	《神曲》	率先对教会的丑恶现象表达了憎恶。
彼特拉克	《歌集》	最早提出要以"人的学问"代替"神的学问"，第一个提出人文主义口号，被称为"人文主义之父"。
薄伽丘	《十日谈》	抨击了封建道德和教会的禁欲思想，宣传人类平等，主张发展人的个性，具有明显的现实主义特点。
达·芬奇	《蒙娜丽莎》《最后的晚餐》	注重描画人物的内心世界，善于利用光的作用，通过明暗对比和阴影烘托人物形象。他的作品一扫中世纪呆板拘谨的宗教气息。
莎士比亚	《罗密欧与朱丽叶》《哈姆雷特》	讴歌人的伟大和高贵，深刻批判封建道德伦理观念和社会陋习，集中体现了人文主义精神。
马基亚维利	《君主论》	阐述为君之道和政治的本质，表达了"强权政治"的理论；要求扫除教会和封建割据势力，建立统一的、强大的民族国家。

二、启蒙运动

（一）背景

（1）经济：资本主义经济进一步发展，新兴资产阶级力量壮大。

（2）政治：封建制度阻碍了资本主义发展，资产阶级要求夺取政权，摆脱封建专制统治和教会的压迫；英国资产阶级革命的影响。

（3）思想：文艺复兴、宗教改革等人文主义精神的影响。

（4）科学：自然科学和技术突飞猛进的发展，教会的很多学说不攻自破。

（5）个人因素：启蒙思想家个人的素质。

（二）概况

（1）时间和范围：17世纪至18世纪，起源于英国，以法国为中心，波及整个欧洲。最初在思想领域，后发展到政治领域。

（2）性质：是继文艺复兴之后，资产阶级掀起的一场反封建、反教会的思想解放运动，是欧洲第二次思想解放运动。

（3）指导思想：理性主义，提倡人的独立思考和判断；反对专制王权、宗教神权、贵族特权、愚昧和迷信；追求主权在民、自由平等和科学。

（三）内容与代表人物

1. 启蒙运动的兴起——英国（17世纪）

启蒙运动兴起时期的代表人物及其主张和代表作品见下表。

启蒙运动兴起时期的代表人物及其主张和代表作品

代表人物	主张	代表作品
霍布斯	（1）首倡社会契约论，但不反对君主专制； （2）提倡无神论，但主张宗教维护社会秩序。	《利维坦》
洛克	（1）首倡分权学说； （2）赞成君主立宪、社会契约。	《政府论》 《人类理解论》

2. 启蒙运动的高潮——法国（18世纪）

启蒙运动高潮时期的代表人物、思想主张、评价及代表作品见下表。

启蒙运动高潮时期的代表人物、思想主张、评价及代表作品

代表人物	思想主张	评价	代表作品
伏尔泰	（1）抨击天主教会； （2）倡导君主立宪； （3）提倡天赋人权、自由平等； （4）法律面前人人平等。	法国启蒙运动的领袖。	《哲学通讯》 《路易十四时代》
孟德斯鸠	（1）提出"三权分立"学说； （2）反君主专制，主张君主立宪； （3）法律是理性的体现。	否定封建专制制度的合理性，奠定了资产阶级有关国家与法的理论基础。	《论法的精神》
卢梭	（1）社会契约论和人民主权说； （2）人类不平等的根源是财产私有； （3）主张天赋人权、民主共和制。	最激进的民主主义者，代表中小资产阶级的利益。	《社会契约论》
康德	（1）独立思考，理性批判； （2）主权在民； （3）要自由也要自律。	对启蒙运动进行总结。	《纯粹理性批判》

 例题精讲

单选题

1. 为但丁赢得"中世纪最后一位和新时代最初一位诗人"美誉的作品是（　　）。

A. 《哈姆雷特》　　　　　　　　　　B. 《神曲》

C. 《最后的晚餐》　　　　　　　　　D. 《蒙娜丽莎》

【答案】B

【解析】《哈姆雷特》是莎士比亚的作品，《最后的晚餐》和《蒙娜丽莎》都是达·芬奇的作品。《神曲》以宗教为创作题材，揭露了教会的贪污腐化和封建统治的黑暗残暴，反映了人文主义思想，为但丁赢得"中世纪最后一位和新时代最初一位诗人"的美誉。

2. 下列关于启蒙运动的叙述，正确的是（　　）。

A. 起源于16世纪的法国

B. 涌现了但丁、莎士比亚等一大批启蒙思想家

C. 是资产阶级思想解放运动，为欧美资产阶级革命作了思想和理论准备

D. 伏尔泰提出了三权分立学说

【答案】C

【解析】启蒙运动是发生在17世纪至18世纪欧洲的一场反封建、反教会的资产阶级思想文化解放运动，它为资产阶级革命做了思想准备和舆论宣传，是继文艺复兴运动之后欧洲近代第二次思想解放运动。

考点详解

一、英国资产阶级革命

1640 年，查理一世召开新议会标志着英国资产阶级革命的开始。1688 年，资产阶级和新贵族联合其他不满国王专制统治的人士发动宫廷政变（又称光荣革命），推翻了专制统治，标志着英国资产阶级革命结束。1689 年，英国议会通过了《权利法案》，以法律形式对王权进行明确制约，英国建立起君主立宪制的资产阶级专政。

二、美国独立战争和南北战争

（一）美国独立战争

1775 年至 1783 年，美国发生独立战争。由于英国一直以来对殖民地进行剥削，对北美殖民地的经济发展起到严重阻碍作用，北美人民奋起抗争。1776 年 7 月 4 日，大陆会议通过了由托马斯·杰斐逊执笔起草的《独立宣言》，英属北美 13 个殖民地独立。

（二）美国共和政体的确立

1787 年，制宪议会在费城秘密召开，制定了《联邦宪法》，确立美国是一个联邦制国家。

1.《联邦宪法》的有关规定

（1）美国为联邦制的国家，联邦权力高过各州权力；联邦政府拥有政治、经济、军事和外交等大权。

（2）根据三权分立学说把美国的国家职权分为立法、司法和行政三个部门，分别由国会、最高法院和总统执掌，三者独立平等、相互牵制。总统是国家元首，又是政府首脑。1789 年，华盛顿当选为美国第一任总统。

2. 对《联邦宪法》的评价

《联邦宪法》是世界上第一部较完整的资产阶级成文宪法，实践了三权分立原则。但宪法允许奴隶制的存在，不承认妇女、黑人和印第安人具有同白人男子同等的权利。

（三）美国内战

南北战争是美国历史上一场最大规模的内部战争，参战双方为北方美利坚合众国和南方美利坚联盟国。战争之初，北方为了维护国家统一而战，后来演变为一场消灭奴隶制的革命战争，以北方胜利而告终。

三、法国大革命

法国大革命亦称法国资产阶级革命。1789 年 7 月 14 日巴黎人民起义，攻占巴士底狱，革命爆发。革命初期，代表大资产阶级和自由派贵族利益的斐扬派取得政权，召开立法议会，维护君主立宪政体，反对革命继续发展。1792 年 8 月 10 日，巴黎人民第二次起义，宣布成立法兰西共和国。但当政的吉伦特派代表工商业资产阶级利益，既阻止革命深入发展，又不坚决抗击欧洲君主国家的武装干涉。1793 年 5 月 31 日－6 月 2 日，巴黎人民第三次起义，建立以罗伯斯庇尔为首的雅各宾派的革命专政。1794 年 7 月

考点 15：
历史常识——资本主义政治制度的确立

内容提要：17 世纪至 19 世纪，世界主要的资本主义国家，如英国、美国、法国、日本等，相继进行了资产阶级革命，意在推翻老旧的封建王朝的统治，建立起新的民主的社会制度。

27 日，罗伯斯庇尔的敌对势力推翻雅各宾专政，建立热月党人统治。

法国大革命摧毁了法国封建专制制度，促进了法国资本主义的发展，也震撼了欧洲封建体系，推动了欧洲各国革命。

四、日本明治维新

（一）背景

德川幕府统治日本，实行闭关锁国政策，阻碍了日本资本主义的发展；日本资本主义经济有了较快发展，新兴资产阶级要求改变自身政治地位；日本受外国侵略，遭遇民族危机。

1868 年，明治天皇的政府军队打败幕府军队，摧毁了幕府统治，迁都江户，江户更名为东京。政府采取了一系列措施来巩固新政权。

（二）主要内容

（1）政治：废藩置县，加强中央集权，全国分为 3 府 72 县，完全剥夺了大名和武士对地方的统治权；废除封建身份制度，取消武士特权，实现形式上的身份平等。

（2）经济：推行“殖产兴业”政策，确认土地私有，允许土地买卖；发展工商业，引进西方先进技术；修建铁路，发展通信业，开办工厂，扶植私人企业，发展对外贸易。

（3）军事：推行征兵制，建立一支忠于天皇的新式军队。

（4）文化：推行“文明开化”政策，用西方资本主义文化改造日本封建文化，大力发展教育，培养人才。

例题精讲

单选题

1. 1689 年，英国议会颁布了一部法律文献，使君主立宪制在英国确立。该文献是（　　）。

A. 《人权宣言》　　B. 《权利法案》　　C. 《1787 年宪法》　　D. 《法典》

【答案】B

【解析】《权利法案》是英国资产阶级革命中的重要法律文件，奠定了英国君主立宪政体的理论和法律基础，确立了议会高于王权的原则，具有宪法的性质，标志着君主立宪制开始在英国建立，为英国资本主义的迅速发展扫清了道路。

2. 列宁指出：现代美国史，是由一次伟大的、真正解放的、真正革命的战争开始的。它结束了英国的殖民统治，实现了国家独立，有利于美国资本主义的发展。这场战争就是（　　）。

A. 独立战争　　B. 美西战争　　C. 南北战争　　D. 太平洋战争

【答案】A

【解析】美国独立战争既是一次民族独立战争，又是一次资产阶级革命。它推翻了英国的殖民统治，解放了生产力，实现了国家的独立，确立了比较民主的资产阶级政治体制。

3. 一百二十多年前的甲午战争，成功走上资本主义发展道路的日本打败了仍固守封建统治的清政府。使日本逐步转变为资本主义国家的改革是（　　）。

A. 大化改新　　B. 明治维新　　C. 1861 年改革　　D. 百日维新

【答案】B

【解析】明治维新改变了日本封建落后的状况，使日本走上了发展资本主义的道路，逐步废除了不平等条约，日本成为亚洲的强国。

4. 19 世纪中期，资本主义性质的革命和改革中不包括（　　）。

A. 美国南北战争　　B. 俄国农奴制改革

C. 中国太平天国运动　　D. 日本明治维新

【答案】C

【解析】太平天国运动是农民起义，不是资本主义性质的革命和改革。

考点详解

一、第一次工业革命

（一）开始标志

18世纪60年代，**哈格里夫斯**发明"珍妮机"。蒸汽机的发明与使用，标志着第一次科技革命的开始。

（二）主要成就

（1）纺织部门：**凯伊**发明飞梭；哈格里夫斯发明"珍妮机"；**克隆普顿**发明骡机；卡特莱特发明水力织布机。

（2）动力部门：瓦特改进蒸汽机，1785年首先在**纺织部门**投入使用，受到广泛欢迎，人类进入蒸汽时代。

（3）交通部门：1807年，美国人富尔顿发明蒸汽机船。1814年，英国人史蒂芬孙发明蒸汽机车。

（三）完成的标志

机器生产基本取代手工劳动，工厂取代手工工场，资本主义工厂制确立。

二、第二次工业革命

19世纪，随着资本主义经济的发展，自然科学研究工作取得重大进展。其中，电力的广泛应用标志着第二次科技革命的到来。

（一）电力的广泛应用（显著表现）

（1）1866年，德国人西门子制成发电机。

（2）19世纪70年代，实际可用的发电机问世。

（3）美国人爱迪生发明电灯。

世界开始进入"电气时代"。

（二）内燃机和新交通工具的创制

（1）19世纪80年代，德国人卡尔·本茨创制内燃机驱动的汽车。

（2）19世纪90年代，柴油机创制成功。

（三）新通信手段的发明

（1）19世纪70年代，美国人贝尔发明电话。

（2）19世纪90年代，意大利人马可尼实验无线电报取得成功。

（四）化工技术的进步

1867年，诺贝尔发明炸药；1884年，改良成无烟火药。

三、第三次科技革命

第三次科技革命是指20世纪四五十年代以信息为主导的技术革命，以原子能、电子计算机、空间技术和生物工程的发明与应用为主要标志。

 例题精讲

单选题

1. 英国工业革命最先出现在（　　）。

考点16：

历史常识——资本主义经济制度的确立和发展

内容提要：西方世界通过两次工业革命变得异常强大，世界市场也在这个错综复杂的时期陆续形成。蒸汽机和电力的发明，无疑是人类文明史上不可磨灭的一笔。

A. 毛纺织业   B. 棉纺织业

C. 机器制造业   D. 交通运输业

【答案】B

【解析】18世纪60年代，织布工哈格里夫斯发明了"珍妮机"，这是棉纺织业中第一项有深远影响的发明，标志着工业革命的开始。

2. 像鸟一样在天空飞翔是人类长期的梦想，最早将人类这一梦想变成现实是在（   ）。

A. 1870年，英国   B. 1885年，德国

C. 1901年，中国   D. 1903年，美国

【答案】D

【解析】1903年，美国莱特兄弟制作了简易发动机飞机，将人类像鸟一样在天空飞翔这一梦想变成现实。

3. 在当今社会生活中，下列选项与第二次工业革命中的创造发明无关的是（   ）。

A. 打电话拜年   B. 乘公交车上班

C. 用电脑办公   D. 坐飞机旅游

【答案】C

【解析】电脑是第三次工业革命的发明成果。

 考点详解

第一次世界大战是1914—1918年帝国主义国家两大集团（同盟国和协约国）之间为重新瓜分世界而进行的战争。大战以同盟国集团的失败而告终。此战历时4年3个月，参战国家30多个，卷入战争的人口在15亿以上，死伤3 000多万人，给全世界人民带来了深重的灾难。

例题精讲

单选题

1. 第一次世界大战中被称为"绞肉机""屠场"的战役是（   ）。

A. 索姆河战役   B. 马恩河战役

C. 坦能堡战役   D. 凡尔登战役

【答案】D

【解析】凡尔登战役是第一次世界大战时，德国在西线发动的历时最长、规模最大、伤亡人数最多的战役。凡尔登位于法国东北部，是法军全线的枢纽。1916年2月德军开始进攻凡尔登，法军殊死抵抗，战争共造成100多万人伤亡，此役又被称作"凡尔登绞肉机"。凡尔登战役是第一次世界大战的转折点，此后德军开始败退，逐渐陷入内外交困的境地。

2. 在人类历史中，社会主义由理论变为成功现实的标志是（   ）。

A.《共产党宣言》的发表   B. 巴黎公社的成立

C. 俄国十月革命的胜利   D. 苏联第二个五年计划的胜利

【答案】C

【解析】俄国十月革命的胜利是人类历史上第一次获得胜利的社会主义革命，它使社会主义理论成为现实，世界上第一个社会主义国家由此诞生。

考点17：

历史常识——第一次世界大战

内容提要：第一次世界大战给全世界人民带来了深重的灾难。

3. 1919年，巴黎和会的中心内容是（ 　）。

A. 成立国际联盟

B. 签订《限制海军军备条约》

C. 签署《九国公约》

D. 签订《凡尔赛条约》

【答案】D

【解析】巴黎和会协约国先后同德国、奥地利、保加利亚、匈牙利、土耳其签订一系列和约，这些和约构成了所谓的"凡尔赛体系"。其中最主要的是"对德和约"，即《凡尔赛条约》。

 考点详解

第二次世界大战是1939年—1945年由德、意、日法西斯国家发动的人类历史上空前规模的世界战争。先后有60多个国家和地区、20亿以上的人口卷入战争。最终，反法西斯国家和世界人民战胜法西斯侵略者，赢得世界和平。

例题精讲

单选题

世界反法西斯联盟形成的标志是（ 　）。

A. 《联合国家共同宣言》的签署

B. 太平洋战争的爆发

C. 苏联参加反法西斯战争

D. 雅尔塔会议

【答案】A

【解析】1942年1月1日，26个国家的代表在华盛顿签署了《联合国家共同宣言》，该宣言标志着国际反法西斯联盟正式形成。

考点详解

一、雅尔塔体系的确立

雅尔塔体系是第二次世界大战后期至战后初期，美、苏、英三大国就结束战争、处理战争遗留问题及战后世界秩序安排等问题，通过德黑兰会议、雅尔塔会议和波茨坦会议等国际会议达成的一系列协议而建立的战后国际体制。

（一）形成条件

西欧的实力在战争中受到严重削弱；美国的经济、军事实力空前膨胀，成为资本主义世界头号强国；苏联壮大了自己的政治、军事力量，成为世界上唯一能够与美国抗衡的国家；第二次世界大战战后初期，新独立的发展中国家还没有形成与美、苏抗衡的力量。

（二）主要内容

（1）成立联合国；

（2）铲除日本、德国军国主义和纳粹主义，惩办战犯；

考点18：

历史常识——第二次世界大战

内容提要：第二次世界大战使国际关系出现了新的格局。

考点19：

历史常识——两极格局下的世界

内容提要：雅尔塔体系是第二次世界大战后建立的战后国际体制。1945年10月24日，联合国家组织会议在美国旧金山举行；1945年6月26日，《联合国宪章》正式生效，标志着联合国的正式成立。

（3）重新划分欧亚政治版图。

（三）评价

1. 实质

按美、苏意志划分势力范围，体现大国强权政治。

2. 影响

（1）积极影响：对维护战后世界和平秩序、清除法西斯主义、恢复和发展各国经济，都有一定的积极作用。

（2）消极影响：建立在美、苏两国划分势力范围的基础上，带有明显的大国强权色彩，为两极格局的形成和冷战的爆发提供了条件。

（3）对世界格局的影响：雅尔塔体系的确立，意味着以维持欧洲大国均势为中心的传统的国际关系格局已被美、苏两极格局所取代。

二、联合国的成立

（一）成立

1945 年 10 月 24 日，联合国家组织会议在美国旧金山举行。1945 年 6 月 26 日，《联合国宪章》正式生效，标志着联合国的正式成立。

（二）内容

联合国的主要机构是联合国大会和安理会。《联合国宪章》规定的宗旨是：维护国际和平与安全；发展各国间的平等友好关系；促进国际合作；协调各国行动以达到上述共同目的。

联合国成立之初，美国企图把联合国作为其推行霸权主义和战争政策的工具，使联合国成为受美国操纵和利用的表决机器，在联合国的历史上留下了不光彩的记录。尽管如此，联合国作为当今世界上最大、最有权威性、最有影响力的全球性组织，在解决国际争端时所发挥的缓冲作用仍然是不可替代的，特别是在中、小国家和第三世界在国际舞台上发挥越来越大作用的今天，更是如此。

 例题精讲

单选题

1. "冷战"全面开始的标志是（　　）。

A. 杜鲁门主义的出台

B. 丘吉尔发表"铁幕"演说

C. 马歇尔计划的实施

D. 北约组织的建立

【答案】A

【解析】1947 年 3 月，杜鲁门提出要以"遏制共产主义"作为国家政治意识形态和对外政策的指导思想，后被称为"杜鲁门主义"。杜鲁门主义的出台标志着美、苏冷战的开始。

2. 美、苏两极格局正式形成的标志是（　　）。

A. 德国分裂

B. 杜鲁门主义提出

C. 北约组织建立

D. 华沙条约组织成立

【答案】D

【解析】1955 年 5 月，苏联与东欧 7 国代表在华沙缔结了《华沙条约》，规定了集体防御的原则。随即又根据这一条约，建立了华沙条约组织。至此，第二次世界大战后以美、苏为首的两大军事政治集团相对峙的两极格局便形成了。

考点详解

一、经济的全球化趋势

（一）世界经济区域集团化

20世纪90年代，形成了三大区域经济集团：欧洲联盟、北美自由贸易区和亚太经合组织。

1. 欧洲联盟

欧洲联盟，简称欧盟（EU），总部设在比利时首都布鲁塞尔，由欧洲共同体发展而来，创始成员国有6个，分别为德国、法国、意大利、荷兰、比利时和卢森堡。1991年12月，欧洲共同体首脑会议通过了以建立欧洲经济货币联盟和欧洲政治联盟为目标的《马斯特里赫特条约》。1993年11月1日，《马斯特里赫特条约》正式生效，欧洲联盟成立。

2. 北美自由贸易区

在全球化和经济区域一体化趋势下，1992年8月12日美国、加拿大、墨西哥三国首脑共同签署《北美自由贸易协定》，该协定于1994年1月1日正式生效，北美自由贸易区成立。

3. 亚太经合组织

亚太经合组织（APEC）是亚洲及太平洋地区的经济合作组织。1989年11月成立。旨在促进亚太地区的经济发展，扩大经济交往，发展和加强开放性多边贸易体制，减少区域内贸易壁垒。

4. 东南亚国家联盟

（1）成立时间：1967年。

（2）过程：1967年，印度尼西亚、菲律宾、马来西亚、新加坡和泰国在曼谷签署《东南亚国家联盟成立宣言》；1976年，政治合作列入范围；2002年，东盟自由贸易区成立。

（3）性质：东南亚国家的经济政治联盟。

（二）世界经济全球化——世界贸易组织的成立

1995年1月1日，世界贸易组织（WTO）正式运转，标志着一个以贸易自由化为中心，囊括当今世界经济各领域的多边贸易体制建立。

（1）建立：由《关税与贸易总协定》发展而来，1995年1月1日正式运转。

（2）性质：各国之间从事经济贸易活动的世界性统一市场。

（3）内容：促使各成员国之间逐渐取消贸易壁垒，使贸易更加自由地运行，加快了经济全球化的发展；促使各国生活水平的提高和经济的繁荣；通过争端解决机制，为各成员国提供建设性和公平合理的解决贸易纠纷的方案。

（4）中国加入世界贸易组织：1986年，我国正式提出"复关"申请；1995年，由"复关"转入申请加入世界贸易组织谈判；2001年11月11日，中国正式加入世界贸易组织。这标志着中国对外开放进入一个新的阶段，标志着世界大市场对中国的开放，对中国来说机遇与挑战并存，推动了全球经济的繁荣与发展。

考点20：

历史常识——当今世界的政治经济格局

内容提要：20世纪90年代，形成了三大区域经济集团：欧洲联盟、北美自由贸易区和亚太经合组织。世界局势继续变化，东欧剧变，苏联解体，多极化的趋势明显。

二、政治的多极化趋势

（一）两极格局的瓦解

1. 东欧剧变

1989 年前后，东欧一些社会主义国家共产党和工人党在短时间内纷纷丧失政权，社会制度随之发生根本性变化。波兰是第一个发生剧变的国家。接着，除罗马尼亚以外的东欧国家，都通过自由选举的和平方式发生了剧变。

2. 苏联解体

苏联解体是指 20 世纪 90 年代初，苏联共产党失去执政地位及由 15 个加盟共和国组成的苏维埃社会主义共和国联盟瓦解的事件。1991 年 9 月 6 日，爱沙尼亚、拉脱维亚、立陶宛三个加盟共和国独立；12 月 8 日，俄罗斯联邦、白俄罗斯等国领导人宣布组成独立国家联合体。

（二）多极化趋势的出现

1. 走向联合的欧洲

1967 年，欧共体成立。20 世纪 70 年代，欧共体国家加强了政治上的联合，在一系列重大国际问题上采取了共同政策，推动了世界多极化趋势的出现。

2. 日本谋求政治大国地位

第二次世界大战后至 20 世纪 70 年代初，日本一直追随美国的外交政策，在世界事务中几乎没有发言权。随着经济实力的增强，日本开始介入国际事务。20 世纪 70 年代中后期，日本开始谋求政治大国地位。自 20 世纪 90 年代以来，随着军费的逐年增加，日本以国际合作的名义，常常向海外派遣军队。日本军事力量的膨胀，引起亚洲各国人民的高度警惕。

3. 不结盟运动的兴起

（1）原因。

第二次世界大战后，民族解放运动蓬勃发展，亚非拉民族国家相继独立；在两极格局中，亚非拉国家保持和平中立；铁托、尼赫鲁和纳赛尔的推动。

（2）诞生。

1961 年，在南斯拉夫等国的倡议下，第一次不结盟国家和政府首脑会议在贝尔格莱德举行，不结盟运动正式形成。目前，不结盟运动的成员国已达 100 多个，是发展中国家重要的国际组织。

（3）内容。

1）宗旨和原则：奉行独立、自主和非集团政策。

2）对各国人民争取和维护民族独立、捍卫国家主权以及发展民族经济和民族文化的斗争给予大力支持。

3）坚决反对帝国主义、新老殖民主义、种族主义和一切形式的外来统治和霸权主义。

4）呼吁发展中国家加强团结，主张国际关系民主化和建立新的国际经济秩序。

（4）影响。

加速了帝国主义殖民体系的崩溃；标志着广大发展中国家所构成的政治力量登上了国际政治舞台，在一定程度上冲击了两极格局。

 例题精讲

单选题

1. 与两极格局瓦解直接相关的事件是（　　）。

A. 杜鲁门主义的提出　　　　　B. 欧共体的成立

C. 马歇尔计划的提出　　　　　D. 苏联的解体

【答案】 D

【解析】 苏联的解体标志着两极中的一极坍塌，世界格局日益向多极化方向发展。A选项标志着两极格局下的冷战正式开始；B选项表明两极格局下的欧洲走向联合；C选项是两极格局下美国冷战政策经济方面的措施。

2. 由欧洲共同体发展而来的目前世界上最大的经济体是（   ）。

A. 三国同盟　　　　　　　　　　　B. 三国协约

C. 联合国　　　　　　　　　　　　D. 欧洲联盟

【答案】 D

【解析】 欧洲联盟是世界上最有力的国际组织和第一大经济实体，在贸易、农业、金融等方面趋近于一个统一的联邦国家，而在内政、国防、外交等其他方面则类似于一个独立国家所组成的同盟。

第三章

科技常识

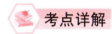 **考点详解**

一、造纸术

造纸术是中国古代的四大发明之一，中国是世界上最早发明纸的国家。纸是中国劳动人民经验和智慧的结晶，是人类文明史上的一项杰出的发明创造。

西汉先后出现絮纸和麻纤维纸。甘肃天水放马滩出土的绘有地图的纸是目前世界上所知的最早的纸。东汉宦官蔡伦改进造纸术，制造植物纤维纸。他用树皮、麻头、渔网等原料，经过挫、捣、抄、烘等工艺制造的纸，是现代纸的起源。这种纸原料容易找到，制造成本很低，纸的质量也得到了提高，逐渐被广泛使用。为了纪念蔡伦的功绩，后人把这种纸叫作**"蔡侯纸"**。

造纸术于 6 世纪传到朝鲜、越南和日本，8 世纪传到中亚，又经阿拉伯人传到了非洲和欧洲。

造纸术的发明，尤其是东汉蔡伦改进后的造纸术，是书写材料的一次革命。它使纸张更便于携带，生产原料取材广泛，推动了中国、阿拉伯、欧洲乃至整个世界的文化发展。

纸的发明是中国在人类文化的传播和发展史上所做出的一项十分宝贵的贡献，也是中国史上的一项重大成就，对中国历史产生了重大影响。

二、印刷术

印刷术也是中国古代劳动人民的发明。

早在隋唐时期，已有雕版印刷的佛经、日历和诗文等。我国 868 年印制的《金刚经》是世界上现存最早的雕版印刷品。五代时，已经可以利用雕版印刷制作整部书籍。

到宋代，雕版印刷业已经非常发达。北宋时期（11 世纪左右），毕昇发明活字印刷术，比欧洲早 400 年，后人称毕昇为印刷术的始祖。中国的活字印刷术是印刷史上一次伟大的技术革命，是人类近代文明的先导，为知识的广泛传播与交流创造了条件。活字印刷的方法是先制成单字的阳文反文字模，然后按照稿件把单字挑选出来，排列在字盘内，涂墨印刷，印完后再将字模拆除，留待下次排印时再次使用。

元朝出现锡、铅活字，后来又出现了铜、铅活字印书。

活字印刷术发明后，向东传入朝鲜、日本，向西传入埃及和欧洲，改变

考点 1：
科技常识——中国古代的四大发明

内容提要： 四大发明是中国古代科技史上的重要成就，包括造纸术、印刷术、指南针和火药。

了当时欧洲只有僧侣才能读书和接受高等教育的状况。

三、指南针

中国是世界公认的发明指南针的国家。据《古矿录》记载，指南针最早出现于战国时期的磁山一带。当时的指南针称为司南，司南是现代指南针（磁罗盘）的雏形。"指南"是张衡在《东京赋》中第一次提出来的，以后经过魏晋、南北朝、隋、唐和宋代一千多年才逐渐发展起来。北宋时，人们已会使用磁针指南，后来把磁针装在罗盘上制成指南针用于航海。

南宋时，指南针传到印度、阿拉伯、波斯等国，促进了各国航海事业的发展，并为新航路的开辟和实现环球航行提供了重要条件。

四、火药

火药源于炼丹术。唐朝时《真元妙道要略》一书最早提到了火药，唐朝末期火药开始用于军事。

到了宋代，战争接连不断，促进了火药武器的快速发展。北宋政府建立了火药作坊，在开封设立"广备攻城作"，先后制造了火药箭、火炮等以燃烧性能为主的武器和霹雳炮、震天雷等爆炸性较强的武器。1259年，南宋寿春地区有人造出了以巨竹为筒、内装火药的管形火器突火枪。管形火器的发明是武器史上的又一次大飞跃。元代又出现铜铸火铳，称为铜将军。这些以火药的爆炸为推动力的武器，在战争中显示了前所未有的威力。

13世纪中期，我国发明的火药传入阿拉伯，之后又由阿拉伯传入欧洲。火药的发明对人类社会的文明进步，对经济和科学文化的发展起了推动作用。据记载，英、法等国直到14世纪中叶才开始使用火药和火器。

 例题精讲

单选题

1. 火药是我国四大发明之一。唐朝末期火药开始用于军事，南宋时发明了管形火器（　　），管形火器的发明是武器史上的又一次大飞跃。

　　A. 管型火箭　　　　　　　B. 突火枪

　　C. 火铳　　　　　　　　　D. 黑药集火

2. 下列不属于四大发明的是（　　）。

　　A. 指南针　　　　　　　　B. 火药

　　C. 印刷术　　　　　　　　D. 针灸

【答案】B　D

【解析】考试一般考查与四大发明相关的知识点。

 考点详解

一、北魏贾思勰著 《齐民要术》

贾思勰（生卒年不详），汉族，生活于我国北魏末期和东魏（6世纪），曾经做过高阳郡（今山东临淄）太守，是中国古代杰出的农学家。

《齐民要术》是贾思勰所著的一部综合性农学著作，也是世界农学史上

考点2：
科技常识——农业、手工业论著

内容提要：我国古代农业、手工业论著主要有以下几本：北魏贾思勰的《齐民要术》；北宋沈括的《梦溪笔谈》；明末徐光启的《农政全书》；明末清初宋应星的《天工开物》。

最早的专著之一，是中国保存得最完整的古农书巨著。书名中的"齐民"指平民百姓，"要术"指谋生方法。

二、北宋沈括著 《梦溪笔谈》

沈括（1031—1095年），北宋科学家、政治家。他撰写的《梦溪笔谈》是一部涉及古代汉族自然科学、工艺技术及社会历史现象的综合性笔记体著作，也是我国科学发展史上的宝贵财富，被英国科学技术史专家李约瑟誉为中国科学史上的里程碑。

《梦溪笔谈》共30卷，其中《笔谈》26卷、《补笔谈》3卷、《续笔谈》1卷。全书有17目，凡609条，内容涉及天文、数学、物理、化学、生物等各个学科，价值非凡。书中的自然科学部分，总结了中国古代，特别是北宋时期的科学成就。在社会历史方面，对北宋统治集团的腐朽有所揭露，对西北和北方的军事利害、典制礼仪的演变、旧赋役制度的弊害等都有较为翔实的记载。

三、明末徐光启著 《农政全书》

徐光启（1562—1633年），明末杰出的科学家。徐光启的科学成就是多方面的，但其一生用力最勤、收集最广、影响最深远的还是对农业与水利方面的研究。

《农政全书》成书于明朝万历年间，基本上囊括了中国古代汉族农业生产和人民生活的各个方面，而其中又贯穿着一个基本思想，即徐光启的治国治民的"农政"思想，这也是《农政全书》不同于其他大型农书的特色之所在。《农政全书》按内容大致上可分为农政措施和农业技术两部分。前者是全书的纲，论述了农学理论；后者是实现纲领的技术措施。《农政全书》是我国优秀的农学著作。

四、明末清初宋应星著 《天工开物》

宋应星（1587—1661年），明末清初科学家。

《天工开物》是世界上第一部关于农业和手工业生产的综合性著作。有人也称它为百科全书式的著作，外国学者称它为"中国17世纪的工艺百科全书"。作者在书中强调了人类要和自然相协调、人力要与自然力相配合的观点。

《天工开物》共三卷十八篇，记录了机械、砖瓦、陶瓷、硫黄、兵器、火药、纺织、染色、制盐、采煤、榨油等生产技术。尤其是《机械》篇，详细记录了立轴式风车、糖车、牛转绳轮汲卤等农业机械工具的名称、形状和工序等，具有极高的科学价值。

《天工开物》是中国科技史料保留得最为丰富的一部著作，它更多地着眼于手工业，反映了中国明代末年资本主义萌芽时期的生产力状况。

 例题精讲

单选题

1.（ ）的作者是贾思勰，它是我国现存的第一部完整的农学著作，在世界农学史上具有重要地位。

A.《齐民要术》　　　　　　　　　B.《水经注》

C.《本草纲目》　　　　　　　　　D.《天工开物》

2. 下列著作中，中国古代科学家宋应星所写的是（ ）。

A.《梦溪笔谈》　　　　　　　　　B.《本草纲目》

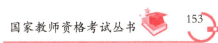

C.《天工开物》　　　　　　D.《九章算术》

【答案】A　C

【解析】以上两题相对简单，只要掌握人物与作品的对应关系即可。

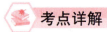 **考点详解**

一、夏朝

夏朝的历法即"夏历"，是我国最早的历法。当时，人们已经能够依据北斗星斗柄所指的方位来确定月份。《大戴礼记》中的《夏小正》就是现存的有关"夏历"的重要文献，是我国最早的天文历法著作。

《夏小正》按12个月的顺序分别记述了当月星象、气象、物候，以及应该从事的农业生产和其他活动。

二、商朝

干支纪日法是商朝历法的最大成就。商朝在夏朝天干纪日的基础上，进一步使用干支纪法，从而把十天干和十二地支配合在一起，形成六十循环的纪日法。即将甲、乙、丙、丁、戊、己、庚、辛、壬、癸十天干和子、丑、寅、卯、辰、巳、午、未、申、酉、戌、亥十二地支顺序配对，组成甲子、乙丑、丙寅、丁卯等六十干支，六十日一周期循环使用。商朝使用干支纪日、数字纪月；月有大、小之分，大月30日，小月29日；有闰月，亦有连大月；闰月置于年终，称为十三月；季节和月份有较为固定的关系。干支纪日法是世界上延续时间最长的纪日方法。

商朝甲骨文保留了我国最早的日食、月食和新星的记录。

三、春秋

《春秋》记载，公元前613年，"有星孛（指哈雷彗星）入于北斗"，这是世界公认的关于哈雷彗星的首次确切记录，这一记录比欧洲早了670多年。

春秋时期，我国历法已经形成了自己固定的系统，基本上确立了19年7闰的原则，这比西方早160年。

四、战国

战国时期，在长期观测天象的基础上，楚国人甘德、魏国人石申各写出一部天文学著作，后人把这两部著作合起来，称为《甘石星经》。这是世界上最早的天文学著作，其中有丰富的天文记载，反映了那个时期人们对天文的认识。

五、西汉

汉武帝时，天文学家制定出中国第一部较为完整的历书"太初历"，开始以正月为岁首。

西汉关于太阳黑子的记录，是世界公认的关于太阳黑子的最早记录。

六、东汉

张衡是东汉时期伟大的天文学家、数学家、发明家、地理学家、文学家，

考点3：

科技常识——中国古代的天文历法成就

　　内容提要："夏历"是我国最早的历法；干支纪日法是商朝历法的最大成就；《甘石星经》是世界上最早的天文学著作；张衡是东汉中期浑天说的代表人物之一；僧一行首次推算出子午线纬度1°之长；郭守敬主持编定《授时历》，以365日为一岁，一年的周期与现行公历基本相同。

他为中国天文学、机械技术、地震学的发展作出了杰出的贡献，发明了浑天仪、地动仪，是东汉中期浑天说的代表人物之一。由于张衡的贡献突出，联合国天文组织将月球背面的一个环形山命名为"张衡环形山"，将太阳系中的 1802 号小行星命名为**"张衡星"**。

张衡从日、月、地球所处的不同位置，对月食做了最早的科学解释。张衡发明制作的地动仪可以遥测千里以外地震发生的方向，比欧洲早 1 700 多年。

七、隋唐

隋朝天文学家刘焯编制的《皇极历》创立了计算日月运行的新方法，是当时最先进的历法。

唐朝杰出天文学家僧一行（本名张遂）在《皇极历》的基础上制定的《大衍历》系统周密，比较准确地反映了太阳运行的规律。《大衍历》的出现表明中国古代历法体系的成熟。

僧一行还是世界上用科学方法实测地球子午线长度的第一人，在世界上首次推算出了子午线纬度 1°的长度。

八、宋元

北宋科学家沈括的突出贡献主要在天文学方面，他把四季二十四节气和十二个月完全统一起来的"十二气历"更加简洁，有利于农事安排。

元初，设立太史局编制新历法。元朝杰出天文学家郭守敬提出"历之本在于测验，而测验之器莫先仪表"的正确主张，改进了简仪和圭表等近二十件天文观测仪器，主持了全国范围的天文测量。

郭守敬主持编订的《授时历》，以 365 日为一岁，一年的周期与现行公历基本相同，比西方早了 300 多年。

例题精讲

单选题

下列人物中，发明地动仪的是（　　　）。

A. 哥白尼　　　　　　　　　　　　B. 毕昇

C. 张衡　　　　　　　　　　　　　D. 布鲁诺

【答案】C

【解析】张衡为中国天文学、机械技术、地震学的发展做出了杰出的贡献，发明了浑天仪、地动仪，是东汉中期浑天说的代表人物之一。

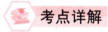考点详解

一、西周

《周髀算经》约成书于公元前 1 世纪，是我国最早的天文著作，系统地记载了为适应天文需要而逐步积累的科技成果。该书的主要内容是周代传下来的有关测天、量地的理论和方法，主要阐明当时的盖天说和四分历法。

《周髀算经》也是中国最古老的算书，在数学上的主要成就是介绍了勾股定理、勾股定理在测量上的应用及怎样将勾股定理应用到天文计算中。

相传，《周髀算经》所记载的勾股定理的公式与证明，是在商代由商高

考点 4：

科技常识——中国古代的数学成就

内容提要：《周髀算经》是中国最古老的算书；早在春秋战国时期，就已经有九九乘法歌诀；《九章算术》是中国古代第一部数学专著；刘徽运用极限理论，提出计算圆周率的正确方法；祖冲之精确地算出圆周率的范围为 3.141 592 6～3.141 592 7，这一成果比欧洲早 1 000 年。

发现的，故又称为商高定理；三国时的赵爽对《周髀算经》所载的勾股定理作出了详细注释，并给出了另外一个证明。

二、春秋战国

在春秋战国时期就已经有乘法口诀，即九九乘法歌诀。在《荀子》《管子》《淮南子》《战国策》等书中就能找到"三九二十七""六八四十八""四八三十二""六六三十六"等句子。

九九乘法表是中国古代筹算中进行乘法、除法、开方等运算的基本计算规则，后来传入朝鲜和日本，经过丝绸之路传到印度和波斯，继而流行全世界。欧洲直到13世纪初才知道这种简单的乘法表。九九乘法表是古代中国对世界文化的一大贡献。

三、西汉

刘歆是西汉后期的著名学者，古文经学的开创者，他在儒学、校勘学、天文历法学、史学、诗歌等方面都堪称大家。他编制的《三统历谱》被认为是世界上最早的天文年历的雏形。此外，刘歆在圆周率的计算上也有贡献，他是第一个不沿用"周三径一"的中国人，并推算出圆周率为3.154 71。

四、东汉

《九章算术》成书于1世纪左右，是中国古代第一部数学专著，系统总结了战国、秦汉时期的数学成就。《九章算术》在数学上有其独到的成就，不仅最早提到了分数问题，也最先记录了"盈不足"等问题，"方程"章还在世界数学史上首次阐述了负数及其加减的运算法则。《九章算术》是一部综合性的数学著作，它的出现标志着中国的古代数学已形成了完整的体系。

五、魏晋

刘徽是魏晋时期我国伟大的数学家，也是中国古典数学理论的奠基人之一。他编写的《九章算术注》和《海岛算经》是我国宝贵的数学遗产。

刘徽是我国最早明确主张用逻辑推理的方式来论证数学命题的人，他运用极限理论提出计算圆周率的正确方法。

六、南北朝

祖冲之是我国南北朝时期杰出的数学家、天文学家，其主要贡献在数学、天文历法和机械制造方面。

祖冲之精确地算出圆周率的范围为3.141 592 6～3.141 592 7，这一成果比欧洲早1 000年。他还为《九章算术》作注，著有《缀术》一书（现已失传）。

祖冲之在天文历法方面的成就是创制了《大明历》。

七、唐朝

唐朝著名数学家王孝通撰写的《缉古算经》首次提出三次方程式正根的解法，解决了当时工程建设土木和水利工程施工计算的实际问题，为古代的数学理论作出了卓越贡献。

八、明代

程大位是明代的数学家，他所编著的《算法统宗》是一部应用数学书，以珠算为主，成为后世民间珠算家最基本的读本。

《算法统宗》详述了传统的珠算规则，确立了算盘用法，完善了珠算口诀，收集有595道数学应用题并记载了解题的方法，堪称中国16世纪至17世纪数学领域集大成的著作，是我国古代最完善的珠算经典之作，开创了珠算计数的新纪元。

该书明朝末期传入日本，清朝前期传入朝鲜、东南亚和欧洲，成为东方古代的数学名著。

九、清代

明安图是清朝杰出的天文学家、数学家和地理测绘学家。在数学方面，他结合西方数学的成果，论证了三角函数幂级数展开式和圆周率的无穷级数表示式等九个公式，成功地解析了九个求圆周率的公式，即"割圆九术"。明安图写成《割圆密率捷法》一书，该书在清代数学界被誉为"明氏新法"，在我国数学史上占有重要地位。

 例题精讲

单选题

我国最早介绍勾股定理的数学著作是（　　）。

A.《九章算术》　　　　　　B.《算法统宗》

C.《缉古算经》　　　　　　D.《周髀算经》

【答案】D

【解析】《周髀算经》在数学上的主要成就是介绍了勾股定理及其在测量上的应用以及怎样应用到天文计算中。

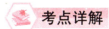 **考点详解**

一、商周

在商朝和西周时期，我们的祖先已有较丰富的医药学知识。在甲骨文中所见的疾病有数十种，包括眼、耳、口腔、肠和胃等各种分科。同时，在商朝遗址中还出土了石砭镰（用石器磨制的用于对外伤进行治疗的器具——剔皮断骨的"扁状"手术刀）等医疗用具等。

二、战国

战国时期，我国医学已有很高的成就，并有了医学分科。扁鹊，又名秦越人，他是当时的名医，被后代医学家奉为"脉学之宗"，是我国有文字记载的第一位伟大的医学家。他发明的"望、闻、问、切"四诊法成为中国中医药传统的诊病法。扁鹊著有著名的医学著作《难经》。

三、西汉

西汉时编订的《黄帝内经》是我国现存较早的重要医学文献，此书原名为《内经》，因假托黄帝所作，故名为《黄帝内经》。它反映了我国古代医学的早期成就，奠定了我国医学的理论基础。

西汉马王堆汉墓出土的帛书《医方经》中记载了几百个药方。

四、东汉

东汉的《神农本草经》是我国第一部完整的药物学专著。

东汉末年的张仲景和华佗是我国古代著名的医学家。张仲景的《伤寒杂病论》（分成《伤寒论》与《金匮要略》两部书)是后世中医的重要经典，

考点5：

科技常识——中国古代的医药成就

内容提要：扁鹊被奉为"脉学之宗"，是我国有文字记载的第一位伟大的医学家。《神农本草经》是我国第一部完整的药物学专著。张仲景和华佗是我国古代著名的医学家。唐朝孙思邈所著的《千金方》，在我国医药学史上占有重要地位。明朝李时珍所写成的巨著《本草纲目》，被誉为"东方医药巨典"。

为中医临床的辨证施治奠定了基础，后人尊张仲景为"**医圣**"。

华佗擅长外科手术，被誉为"**神医**"。他发明的**麻沸散**，是一种从植物中提取的麻醉药，适用于外科手术。这一发明比西方早 1 600 多年。同时，华佗还创造了"**五禽戏**"，是一种通过模仿虎、鹿、猿、熊、鸟的动作形成的健身操。

五、唐朝

唐朝杰出医学家孙思邈所著的《千金方》，记录了 800 多个药方，全面总结了历代和当时的医药学成果，颇具创见性，在我国医药学史上占有重要地位。

盛唐时，吐蕃名医元丹贡布编著的《四部医典》，在国内外有重要影响。

唐太宗李世民在位时创办了分科较细的医学学校；唐高宗时编修的《唐本草》是世界上最早的由国家颁行的药典。

六、明、清

明朝的李时珍用了 27 年的时间，对我国古代医学进行了一次全面总结，写成巨著《本草纲目》，其中记载了药物 1 800 多种、方剂 10 000 多个，有图解，有注释，考订详细，被誉为"东方医药巨典"。

明末清初科学家宋应星的著作《天工开物》记载了可以用明矾等矿物质治疗眼疾等复杂的疾病。

 例题精讲

单选题

1. 我国古代发明"望、闻、问、切"四诊法的医学家是（   ）。

A. 张仲景　　　　　　　　　B. 扁鹊

C. 华佗　　　　　　　　　　D. 孙思邈

2. 被誉为"东方医药巨典"的医学著作是（   ）。

A.《黄帝内经》　　　　　　　B.《神农本草经》

C.《千金方》　　　　　　　　D.《本草纲目》

【答案】B　D

【解析】考试考查的是与医药成就相关的重要知识点。

 考点详解

一、商朝

《周易》一书中首先提出了"地理"一词。

二、春秋

《禹贡》是《尚书》中的一篇，是我国古代文献中最古老、拥有最系统性地理观念的著作。《禹贡》大约成书于公元前 5 世纪，即春秋末期和战国初期。《禹贡》全书 1 193 字，以自然地理实体（山脉、河流等）为标志，将全国划分为 9 个区（即"九州"），并对每区（州）的疆域、山脉、河流、植被、土壤、物产、贡赋、少数民族、交通等自然和人文地理现象作了简要的描述。

三、战国

《山海经》是我国先秦时期的重要古籍，反映了那个时期人们对中外地

考点 6：

科技常识——中国古代的地理成就

内容提要：《周易》一书首先提出了"地理"一词。《水经注》的作者是北魏晚期的地理学家郦道元。徐弘祖的《徐霞客游记》是以日记体为主的地理著作。

理的认识。该书作者不详。

《山海经》传世版本共计18卷，包括《山经》5卷、《海经》13卷，其中14卷为战国时的作品，4卷为西汉初年的作品。《山海经》的内容主要是民间传说中的地理知识，包括山川、矿物、民族、物产、药物等，汇集了夸父逐日、女娲补天、精卫填海、大禹治水等脍炙人口的远古神话传说和故事。

《山海经》具有非凡的文献价值，对中国古代历史、地理、文化、中外交通、民俗、神话等的研究，均有参考作用。其中有些关于矿物的记录，更是世界上最早的文献。

《山海经》的影响很大，也颇受国际汉学界的重视，大多数学者认为《山海经》是一部早期有价值的地理著作。

四、魏晋

魏晋时期的制图学家裴秀绘制了《禹贡地域图》，提出绘制地图的6项原则，即"制图六体"。这一理论一直沿用到明朝末期。"制图六体"成为我国明朝以前地图制图学理论的基础，在我国和世界地图制图学史上有重要地位。

五、南北朝

《水经注》的作者是北魏晚期的地理学家郦道元。《水经注》共四十卷，因注《水经》而得名，但其看似为《水经》之注，实则以《水经》为纲，详细记载了一千多条大小河流及有关的历史遗迹、人物掌故、神话传说等，是我国古代很全面、很系统的综合性地理著作。

六、明朝

徐霞客，名弘祖，明末地理学家，也是我国历史上著名的旅行家和文学家。《徐霞客游记》是以日记体为主的地理著作。徐霞客根据34年的旅行经历，写有天台山、雁荡山、黄山、庐山等名山游记17篇和《浙游日记》《江右游日记》《楚游日记》《粤西游日记》《黔游日记》《滇游日记》等，除佚散者外，遗有60余万字游记资料，经后人整理成为《徐霞客游记》。世传本有10卷、12卷、20卷等版本，主要记述了徐霞客在1613年至1639年旅行期间的所见、所闻及所得，对地理、水文、地质、植物等均作了详细记录，在地理学和文学上具有重要的价值。书中对石灰岩溶蚀地貌的观察和记述，早于欧洲约两个世纪。

 例题精讲

单选题

我国古代文献中最古老、拥有最系统性地理观念的著作是（　　）。

A.《山海经》　　　　　　　　B.《水经注》
C.《禹贡》　　　　　　　　　D.《周易》

【答案】C
【解析】考试一般考查的都是与地理成就相关的知识点。

考点详解

一、核技术

（1）1958年6月，中国第一座原子能反应堆建成，两年后正式运转，

考点7：
科技常识——新中国的科技成就

内容提要：1964年10月16日，中国成功爆炸了第一颗原子弹，成为世界上第五个拥有核武器的国家。2003年10月15日，"神舟五号"载人飞船成功发射，我国成为第三个有能力独立将人送上太空的国家。2012年9月25日，我国第一艘航空母舰辽宁号交付中国人民解放军海军。2015年10月，屠呦呦获得诺贝尔生理学或医学奖，理由是她发现了青蒿素，可以有效降低疟疾患者的死亡率。屠呦呦成为首位获科学类诺贝尔奖的中国人。

标志着中国跨入原子能时代。

（2）1964年10月16日下午3时，中国研制的第一颗原子弹成功爆炸，中国成为世界上**第五个**拥有核武器的国家。

（3）1967年6月17日，中国研制的第一颗氢弹成功爆炸，这是中国核武器发展史上的又一次飞跃。

（4）1970年7月30日，中国第一座潜艇核动力装置陆上模式堆达到满功率；同年12月26日，第一艘核潜艇下水。

（5）1991年12月15日，中国第一座核电站秦山核电站并网发电。

二、航天技术

（1）1970年4月24日，中国成功发射第一颗人造地球卫星"东方红一号"。卫星用20 009兆周的频率播放《东方红》乐曲。中国成为世界上第五个能够自主研制并成功发射人造地球卫星的国家。

（2）1986年2月1日，中国用"长征三号"运载火箭成功发射一颗实用通信广播卫星；当月20日，卫星定点成功。

（3）1988年9月7日，中国发射一颗试验性卫星"风云一号"。这是中国自行研制并发射成功的第一颗极地轨道气象卫星。

（4）1999年11月20日，"神舟一号"飞船在酒泉卫星发射基地顺利升空。

（5）2003年10月15日，"神舟五号"载人飞船成功发射，并于16日安全返回。中国成为继俄罗斯、美国之后，**第三个**能够靠本国的力量将人送上太空的国家。

（6）2007年10月24日，中国第一颗自主研制的月球探测卫星"嫦娥一号"发射升空。

（7）2008年9月25日，"神舟七号"成功发射，翟志刚等3名航天员顺利升空。

（8）2009年6月4日，中国国家重大科学工程"LAMOST望远镜"通过国家竣工验收。

（9）2010年10月1日，"嫦娥二号"卫星成功发射升空，揭开了中国探月工程二期的序幕。通过完成轨道修正、月球面前空中"刹车"等动作，"嫦娥二号"一步步靠近月球，从距月面100千米的轨道突然探身至近月面15千米，给月面虹湾拍下了特写。

（10）2011年9月29日，"天宫一号"发射升空，于2011年11月与"神舟八号"飞船成功对接，但并没有载人。

（11）2012年6月16日18时56分，执行我国首次载人交会对接任务的"神舟九号"载人飞船，在酒泉卫星发射中心发射升空后准确进入预定轨道，顺利将3名航天员送上太空。

（12）2013年6月11日，"神舟十号"发射成功，并于2013年6月26日顺利返回，在轨飞行15天，其中12天与"天宫一号"组成组合体在太空中飞行，并完成一系列太空实验。

三、国防科技

（1）1954年7月，新中国自行制造的第一架飞机"初教-5"在南昌飞机制造厂研制完成并首次试飞成功。

（2）1960年11月5日，中国第一枚地对地近程导弹"东风1号"发射成功，标志着中国在导弹技术的研发方面迈出了突破性的一步。

（3）1988年9月14日—27日，中国自行研制的导弹核潜艇在东海海域进行水下发射运载火箭试验并取得成功。

（4）1995年4月，中国第一架超音速无人驾驶飞机首次试飞成功。

（5）2007年4月14日，中国成功发射了第一颗北斗导航卫星。

（6）2011年1月11日中午，在成都中航工业公司的飞机场，"歼-20"成功完成首飞落地。

"歼-20"是世界上第4款进入试飞阶段的第四代隐形战斗机。中国第三代战斗机"歼-10"刚刚列装空军5年，第四代战斗机"歼-20"就已面世，这表明我国电子信息、新材料等各产业取得了飞速进步。

（7）2012年6月27日，"蛟龙号"在7 000米级海试、第五次下潜试验中，最大下潜深度达到7 062米，并在海底发现有丰富的生物多样性和地质多样性。

（8）2012年9月25日，我国第一艘航空母舰辽宁号交付中国人民解放军海军。

四、生物医药

（1）1961年，中国通过接种牛痘疫苗消灭了天花。天花是世界上传染性最强的疾病之一。

（2）1965年9月17日，中国首次人工合成了结晶牛胰岛素，成为第一个合成蛋白质的国家。

（3）1973年，袁隆平用九年时间选育了首个在生产上大面积应用的强优高产杂交水稻组合，被誉为"杂交水稻之父"。

（4）1985年，台湾第1例试管婴儿出生；1986年，香港首例试管婴儿出生；1988年，大陆首例试管婴儿出生。

（5）1999年7月7日，中科院遗传所人类基因组中心注册参与国际人类基因组计划。

（6）2015年10月，屠呦呦获得诺贝尔生理学或医学奖，理由是她发现了青蒿素，其可以有效降低疟疾患者的死亡率。屠呦呦成为首位获科学类诺贝尔奖的中国人。

五、数学与计算机

（1）1966年5月，中国数学家陈景润发表《表达偶数为一个素数及一个不超过两个素数的乘积之和》（简称"1＋2"），成为哥德巴赫猜想研究上的里程碑。他的成果被国际数学界称为"陈氏定理"。

（2）1978年8月，王选等科学家研制成功了计算机激光汉字编辑排版系统，这是首个应用大屏幕整页编排组版中文报纸的系统。

（3）1983年12月22日，中国第一台每秒运算一亿次以上的巨型计算机"银河Ⅰ型"由国防科技大学研制成功。

（4）1997年6月19日，"银河-3"百亿次巨型计算机系统通过国家技术鉴定。

六、物理学

1988年10月16日，中国首座高能加速器——北京正负电子对撞机对撞成功，这是中国高科技领域又一重大突破。

七、交通运输

（1）1953年7月15日，中国第一座汽车制造厂——长春第一汽车制造厂在吉林长春奠基，新中国汽车工业开始起步。

（2）2006年7月1日，青藏铁路全线建成并通车。青藏铁路全长1 956千米。

八、南极科学考察

（1）1984年11月20日，中国南极科考队首次乘中国自行制造的远洋考察船——"向阳红10号"向南极进发。

（2）1985年2月20日，我国第一座南极考察站——长城站建成。

（3）1989年2月26日，中国赴南极考察队在南极大陆的拉斯曼谷陵上建成了中国南极中山站。

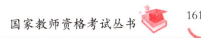

（4）2005年，在中国第21次南极科考期间，13名队员首次到达冰穹A最高点。

（5）2009年1月27日，建成南极第3科考站——**昆仑站**。

（6）2014年2月8日，建成我国南极**泰山站**。

 例题精讲

单选题

1. 我国第一座核电站是（　　）。

A. 泰山核电站　　　　　　　　B. 大亚湾核电站

C. 秦山核电站　　　　　　　　D. 秦皇岛核电站

2. 下列飞船中，与"天宫一号"完成首次载人对接任务的是（　　）。

A. 神舟九号　　　　　　　　　B. 神舟七号

C. 神舟六号　　　　　　　　　D. 神舟八号

3. 被誉为"杂交水稻之父"的中国科学家是（　　）。

A. 杨振宁　　　　　　　　　　B. 袁隆平

C. 王淦昌　　　　　　　　　　D. 钱学森

4. 我国第一艘航空母舰的名称是（　　）。

A. 武汉号　　　　　　　　　　B. 上海号

C. 辽宁号　　　　　　　　　　D. 重庆号

5. 1970年4月24日，我国自行设计制造的第一颗人造地球卫星由"长征一号"火箭成功发射。我国第一颗人造地球卫星的名字是（　　）。

A. 神舟一号　　　　　　　　　B. 东方红一号

C. 银河一号　　　　　　　　　D. 黄河一号

6. 抗生素的发现为人类抵抗细菌感染提供了有力武器，但抗生素的滥用也会造成危害。下列选项中，发现第一种抗生素——青霉素的科学家是（　　）。

A. 朱既明　　　　　　　　　　B. 屠呦呦

C. 巴斯德　　　　　　　　　　D. 弗莱明

【答案】C　A　B　C　B　D

【解析】备考时需多关注与新中国科技成就相关的知识点，历年考试中时常出现此类题目。

 考点详解

一、古代时期

外国古代时期的科学技术，影响最为深远的当属希腊。近代科学诞生的思想根源来自古希腊。

（一）亚里士多德

亚里士多德是世界古代史上最伟大的哲学家、科学家和教育家之一。他一生勤奋治学，研究领域涉及物理学、生物学、教育学等，并写了大量的著作，如《工具论》《形而上学》《物理学》等。亚里士多德创立的形式逻辑学，丰富和发展了哲学的各个分支学科，对科学发展做出了巨大的

考点8：

科技常识——外国科技代表人物及其成就

内容提要：近代科学诞生的思想根源来自古希腊。亚里士多德是世界古代史上最伟大的哲学家、科学家和教育家之一。阿基米德被称为"力学之父"。欧几里得被称为"几何之父"。近现代西方在不同领域都有不同的领军人物出现，引领着全世界的科技发展。

贡献。

（二）阿基米德

阿基米德是古希腊伟大的数学家、天文学家、物理学家，被称为**"力学之父"**。在几何学方面，阿基米德得出了球体、圆柱体的体积和表面积的正确计算公式，提出了抛物线所围成的面积和弓形面积的计算方法。在力学方面，阿基米德证明了杠杆定律，为静态力学奠定了基础，并利用这一原理设计制造了许多机械。阿基米德在研究浮体的过程中发现了浮力定律，即著名的"阿基米德定律"，并著有《浮体》一书。

（三）欧几里得

欧几里得是古希腊数学家，被称为**"几何之父"**。他的数学巨著《几何原本》是欧洲数学的基础，开创了古典数论的研究，创立了欧几里得几何学体系，成为用公理化方法建立起来的数学演绎体系的最早典范。欧几里得是世界上最伟大的数学家之一。

二、近代时期

（一）数学、天文与物理学

1. 哥白尼

波兰天文学家。1543年发表了天文学著作《天体运行论》，确立了**"日心说"**。"日心说"曾引起一场巨大的、持久的和深刻的学术思想革命，使人类开始重新认识宇宙、地球、物体的运动乃至人类自身在宇宙中的位置。

2. 开普勒

德国天文学家。他根据丹麦天文学家第谷·布拉赫等人的观测资料和星表，通过观测和分析后发现了行星运动定律，即**"开普勒三定律"**。

3. 伽利略

意大利物理学家、天文学家。在天文方面，伽利略发现了木星的四颗卫星，为哥白尼学说找到了确凿的证据，标志着哥白尼学说开始走向胜利；在物理方面，伽利略在比萨斜塔上做了"两个铁球同时落地"的著名实验，推翻了亚里士多德"物体下落速度和重量成比例"的学说，纠正了这个延续了1 900年之久的错误结论。

4. 牛顿

英国物理学家。他在著作《自然哲学的数学原理》里用数学方法阐明了宇宙中最基本的法则——**"万有引力定律"**和**"三大运动定律"**。这几个定律构成了一个统一的体系，被认为是"人类智慧史上最伟大的成就"，由此奠定了之后三个世纪里物理界的科学观点，并成为现代工程学的基础。

5. 笛卡尔

法国哲学家、科学家和数学家。他对现代数学的发展做出了重要的贡献，因将几何坐标体系公式化而被称为**"解析几何之父"**。

6. 胡克

英国物理学家、天文学家。胡克最重要的发现之一是"胡克定律"（弹性定律），也是力学的重要基本定律之一，在现代仍然是物理学的重要基本理论。

7. 惠更斯

荷兰物理学家、天文学家、数学家。他在碰撞、钟摆、离心力和光的波动说、光学仪器等多方面做出了贡献。

8. 帕斯卡

法国数学家、物理学家。在数学方面，他最突出的成就是著名的"帕斯卡定律"，即圆锥曲线内接六边形其三对边的交点共线；在物理学方面，他在"帕斯卡定律"的基础上发明了注射器，并发明了水压机。为了纪念帕斯卡，国际单位制规定压强单位为"帕斯卡"，简称"帕"。

9. 富兰克林

美国科学家、发明家。他最先提出了避雷针的设想，并制造使用了避雷针，使人们在避免了雷击灾难的同时，也消除了对雷电的迷信。

10. 拉普拉斯

法国天文学家。1796年，他在著作《宇宙体系论》中提出了第一个科学的太阳系起源理论——星云说。康德的星云说是从哲学角度提出的，而拉普拉斯则从数学、力学角度充实了星云说。

11. 赫歇尔

英国天文学家，恒星天文学的创始人，被誉为"恒星天文学之父"。他用自己设计的大型反射望远镜发现天王星及其两颗卫星、土星的两颗卫星、太阳的空间运动、太阳光中的红外辐射；编制成第一个双星和聚星表；出版星团和星云表；研究了银河系结构。

12. 加勒

德国天文学家。他的伟大功绩是首先发现了海王星，并且证实它是一颗新行星。

13. 瓦特

英国著名发明家。1776年，他制造出第一台有实用价值的蒸汽机。以后又经过一系列重大改进，使之成为"万能的原动机"，在工业上得到广泛应用。

14. 伏特

意大利物理学家。1800年，他发明了伏特电堆。

15. 安培

法国物理学家，电流的国际单位"安培"即以其姓氏命名。他在物理学方面的主要贡献是对电磁学中的基本原理有重要发现，如安培定律和分子电流等。

16. 欧姆

德国物理学家。他提出了经典电磁理论中著名的"欧姆定律"。为纪念其重要贡献，人们将"欧姆"作为电阻单位。

17. 法拉第

英国物理学家、化学家，近代电磁学的奠基人，也是著名的自学成才的科学家。他的主要成就是提出电磁感应学说；发现电场与磁场的联系；提出磁场力线的假说；发现电解定律；推广专业用语等。

18. 焦耳

英国物理学家。他测定了热功当量的关系，后人为了纪念他，把能量或功的单位命名为"焦耳"，简称"焦"。

19. 开尔文

英国物理学家，热力学的主要奠基人之一，在热力学的发展中做出了一系列的重大贡献。他根据盖-吕萨克、卡诺和克拉珀龙的理论，于1848年创立了热力学温标，这是现代科学上的标准温标。

20. 富尔顿

美国著名工程师，世界上第一艘蒸汽轮船"克莱蒙特号"的制造者。

21. 史蒂芬孙

英国工程师，世界上第一台蒸汽机车的制造者。

22. 伦琴

德国物理学家，1895年在维尔茨堡大学发现了X射线。

23. 奥托

德国工程师，于1876年制造出第一台四冲程内燃机。

24. 本茨

现代汽车工业的先驱者之一，被称为"汽车之父"。经过多年努力，他研制成单缸汽油发动机，并将其安装在自己设计的三轮车架上。本茨取得了世界上第一个"汽车制造专利权"。

25. 贝尔

美国发明家，他的主要成就是发明了有线电话，被誉为**"电话之父"**。

26. 爱迪生

美国发明家，拥有众多重要的发明专利，有**"世界发明大王"**之称，拥有 2 000 余项发明，包括对世界影响极大的留声机、电影摄影机和钨丝灯泡等。

27. 路易·卢米埃尔

世界上第一部电影的发明者、导演。1895 年，他在巴黎大咖啡馆的印度厅第一次公开放映了自己拍摄的影片《工厂大门》《火车到站》等，标志着电影的诞生。

28. 马可尼

意大利无线电工程师、企业家，远距离无线电通信的发明者。1901 年，他在英国与纽芬兰之间（3 540 千米）实现横过大西洋的无线电通信，使无线电达到实用阶段。

29. 汤姆逊

英国物理学家，因其发现电子而被载入科学史册。

（二）生物学与医学

1. 维萨里

著名的医生和解剖学家，**近代人体解剖学的创始人**。1543 年，他出版了《人体构造》一书，该书总结了当时解剖学的成就。

2. 哈维

英国生理学家，**血液循环理论**的提出者。他根据实验，证实了动物体内的血液循环现象，并阐明了心脏在循环过程中的作用，指出血液受心脏推动，沿着动脉血管流向全身各部，再沿着静脉血管返回心脏，环流不息。

3. 列文虎克

荷兰显微镜学家、微生物学的开拓者。他是成功制造出高分辨率显微镜的第一人，利用显微镜首次发现了微生物。

4. 琴纳

英国医学家，天花疫苗接种的先驱。他从产生在 11 世纪的我国宋朝时的"人痘"接种法（后来流传到欧洲）中得到启发，发明了牛痘接种法。之后，牛痘接种法又传遍世界各地（包括中国）。

5. 达尔文

英国博物学家，进化论的奠基人。1859 年，他出版了著作《物种起源》，提出了生物进化论，从而摧毁了各种唯心的神造论和物种不变论。恩格斯将"进化论"列为 19 世纪自然科学的三大发现之一。

6. 施莱登

德国植物学家，细胞学说的创始人之一。1838 年，施莱登提出了一个关于细胞的生命特征、细胞的生理过程及细胞的生理地位的理论，标志着第一个较为系统的细胞学说的建立。

7. 巴斯德

法国科学家，近代微生物学奠基人。他研究了微生物的类型、习性、营养、繁殖、作用等，奠定了工业微生物学和医学微生物学的基础，并开创了微生物生理学。他发明的巴氏消毒法现在仍被应用。

8. 科赫

德国医生和细菌学家，病原细菌学的奠基人和开拓者。他的重要贡献是首次证明了一种特定的微生物是特定疾病的病原，阐明了特定细菌会引起特定的疾病。

9. 孟德尔

奥地利神父，遗传学的奠基人，被称为**"遗传学之父"**。孟德尔通过豌豆实验，发现了遗传规律、分离规律及自由组合规律。

10. 莫顿

美国牙科医生，是世界上最早将乙醚应用于外科手术麻醉的人。

11. 利斯特

英国医学家，外科消毒法的创始人之一，他发明了消毒药。

12. 法布尔

法国著名昆虫学家、科普作家，被称为**"科学诗人"**。其代表作《昆虫记》誉满全球，在法国自然科学史与文学史上都有一定的地位，被誉为"昆虫的史诗"。

13. 巴甫洛夫

俄国生理学家、心理学家、医师、高级神经活动学说的创始人、高级神经活动生理学的奠基人。他的主要成就是创立条件反射学说，提出了两个信号系统学说。

14. 弗洛伊德

奥地利著名神经病学家、精神病医生、精神分析学派的创始人。1900年，他出版了《梦的解析》。

（三）化学

1. 罗蒙诺索夫

俄国著名科学家，被誉为"俄国科学史上的彼得大帝"。罗蒙诺索夫是最早应用天平来测量化学反应质量关系的化学家。经过大量的实验之后，1756年，罗蒙诺索夫得到了这样一个结论：参加反应的全部物质的质量，等于全部反应产物的质量。这就是今天我们所熟知的、作为化学科学基石的质量守恒定律。

2. 拉瓦锡

法国著名化学家，近代化学的奠基人之一，氧化学说（燃烧的氧学说）的提出者。拉瓦锡根据化学实验的经验，用清晰的语言阐明了质量守恒定律及其在化学中的运用。

3. 舍勒

瑞典著名的化学家，近代西方有机化学的奠基人，其最为突出的贡献是发现了氧气和氯气。

4. 道尔顿

英国科学家，确立科学原子论，被恩格斯誉为**"近代化学之父"**。值得一提的是，道尔顿患有色盲症，这种病的症状引起了他的好奇心，他开始研究这个课题并最终发表了第一篇关于色盲的论文。

5. 达盖尔

法国发明家、艺术家和化学家，照相机的发明者。他发明了实用摄影术（达盖尔银版法，又称达盖尔摄影法）。

6. 维勒

德国化学家，他最早用无机物合成了有机物——尿素。

7. 诺贝尔

瑞典化学家、工程师、发明家、军工装备制造商和炸药的发明者。诺贝尔在遗嘱中，用其巨额财富设立了"诺贝尔奖"。

8. 门捷列夫

俄国化学家，他发现元素周期律并制定了元素周期表。

三、现代时期

（一）数学、天文学与物理学

1. 齐奥尔科夫斯基

俄国著名科学家，现代航天学和火箭理论的奠基人。他最先论证了利用火箭进行星际交通、制造人造地球卫星和近地轨道站的可能性，指出发展宇航和制造火箭的合理途径，找到了火箭和液体发动机结构的一系列重要工程技术解决方案。

2. 普朗克

德国物理学家，量子力学的创始人，因发现能量量子而对物理学的进步做出了重要贡献。

3. 居里夫人

法国著名科学家，研究放射性现象，发现镭和钋两种天然放射性元素。她因为在天然放射性领域的贡献而成为获得诺贝尔奖的第一位女性。

4. 卢瑟福

英国物理学家，他在放射性和原子结构等方面都做出了重大的贡献。他经过研究确立了放射性是源自原子内部的变化。卢瑟福和化学家索迪合作，完成了放射性元素衰变实验。1902 年，他首先提出"半衰期"的概念。他用小粒子轰击氮原子，成功地将氮原子核转变成氧原子核，从而开辟了核物理的广阔天地。1911 年，卢瑟福提出"行星式原子结构模型"。

5. 莱特兄弟

美国人，飞机的发明者，为人类交通工具的发展做出了巨大的贡献。1903 年，莱特兄弟制造的第一架飞机"飞行者 1 号"在美国北卡罗来纳州试飞成功。

6. 爱因斯坦

美国物理学家，现代物理学的开创者。他的主要成就是提出相对论及质能方程，解释光电效应，推动了量子力学的发展。爱因斯坦的相对论已经成为原子能科学、宇宙航行和天文学的理论基础，被广泛运用于理论科学和应用科学之中。

7. 魏格纳

德国的气象学家、地球物理学家。他于 1910 年提出了"大陆漂移说"，被誉为"大陆漂移学说之父"。

8. 戈达德

美国的发明家，液体火箭的发明者。他于 1926 年成功发射了世界上第一枚液体燃料火箭。

9. 玻尔

丹麦物理学家，被誉为"原子结构学说之父"。他提出了新的原子模型，后来被称为"玻尔理论"，该理论成功地解释了氢光谱并排出了新的元素周期表，为量子力学的发展奠定了基础。

10. 哈勃

美国天文学家，银河外现代观测宇宙学的开创者。他发现了银河系外星系存在及宇宙不断膨胀，是提供宇宙膨胀实例证据的第一人。

11. 海森堡

德国物理学家，量子力学的创立者。他对物理学的主要贡献是给出了量子力学的矩阵形式（矩阵力学），提出了"测不准原理"（又称"不确定性原理"）和 S 矩阵理论等。

12. 冯·布劳恩

德国著名的火箭专家，在火箭技术和太空探索等方面均有突出成就，被誉为"现代航天之父"。

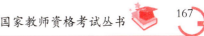

1969 年，他领导研制的"土星号"巨型火箭，将第一艘载人飞船"阿波罗 11 号"送上了月球。1981 年 4 月，首次试飞成功的航天飞机，也是在布劳恩手里发端的。

13. 霍金

英国著名数学家、理论物理学家。1973 年，霍金的"黑洞"理论一经发表，立即轰动了科学界。20 世纪 70 年代，霍金和著名科学家彭罗斯一起证明了著名的奇性定理，为此他们共同获得了 1988 年的沃尔夫物理学奖。

14. 蒂姆·伯纳斯·李

英国计算机科学家，万维网的发明者，被誉为**"互联网之父"**。1989 年，他成功开发出世界上第一个 Web 服务器和第一个 Web 客户机。1989 年，蒂姆将他的发明正式定名为 World Wide Web（万维网），也就是我们熟悉的 WWW。1991 年，万维网正式向公众开放。此后，万维网科技获得迅猛发展，极大地改变了人类的生活面貌。

（二）生物学与医学

1. 摩尔根

美国生物学家、遗传学家，被称为**"现代遗传学之父"**。他发现了染色体的遗传机制，创立了染色体遗传理论。

2. 兰德斯坦纳

奥地利著名医学家、生理学家。1900 年，他发现了人类的 A、B、O 三种血型，并因此获得诺贝尔生理学或医学奖。

3. 弗莱明

英国细菌学家、生物化学家、微生物学家，青霉素的发现者。他与英国病理学家弗劳雷、德国生物化学家钱恩一起经过进一步的研究改进，成功地将青霉素用于医治人类的疾病，三人因此共获诺贝尔生理学或医学奖。

4. 班廷

加拿大生理学家、外科医师。他因成功提取可供临床应用的胰岛素而荣获诺贝尔生理学或医学奖。

5. 沃森

美国生物学家，被称为**"DNA 之父"**。他提出 DNA 双螺旋结构，标志着现代遗传科学的诞生，并因此获得诺贝尔生理学或医学奖。

例题精讲

单选题

1. "这一定律体现了天上运动与地上运动的统一性，它把天体运动纳入根据地面上的实验得到的力学原理之中。这是物理学史上第一次伟大的综合，也是人类认识上一次巨大的飞跃。"引文中"一次巨大的飞跃"指的是（　　）。

　　A. 电磁学理论的建立　　　　　　B. 进化论的出现
　　C. 牛顿力学的建立　　　　　　　D. "日心说"的提出

2. 在 19 世纪 50 年代马克思就曾经预言，"电力的火花"将取代"蒸汽大王"而统治世界。促使这一"取代"实现的理论突破是（　　）。

　　A. 法拉第发现的电磁感应现象　　B. 西门子成功研制的发电机
　　C. 格拉姆发明的电动机　　　　　D. 爱迪生发明的电灯

3. 在生物学中，首次将"造物主"从生命现象的研究领域中驱逐出去的是（　　）。

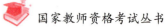

A. 经典力学体系　　　　　　　B. 植物学与动物学

C. 细胞学说　　　　　　　　　D. 生物进化论

4. 罐头是一种常见的食品。罐头的制作方法是将食物加热杀菌，再进行密封包装。这种方法最早是由（　　）提出的。

A. 林耐　　　　　　　　　　　B. 哈维

C. 巴斯德　　　　　　　　　　D. 达尔文

5. 下列选项中，由美国发明家亚历山大·格雷厄姆·贝尔发明的是（　　）。

A. 天文望远镜　　　　　　　　B. 互联网

C. 电子计算机　　　　　　　　D. 电话

【答案】C A D C D

【解析】本部分的知识点多以选择题的形式考查，考生需要了解外国科技代表人物及其主要成就。

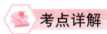 考点详解

一、宇宙与天体

（一）宇宙的起源

美国天文学家**伽莫夫**于 1948 年正式提出了宇宙起源的大爆炸学说。伽莫夫认为，宇宙最初是个温度极高、密度极大、由最基本粒子组成的"原始火球"。根据现代物理学，这个火球必定迅速膨胀，它的演化过程好像一次巨大的爆发。由于迅速膨胀，宇宙密度和温度不断降低，在这个过程中形成了一些化学元素（原子核），然后形成由原子、分子构成的气体物质，气体物质又逐渐凝聚起星云，最后从星云中逐渐产生各种天体，成为现在的宇宙。由于大爆炸学说比其他宇宙学说能够更多更好地解释宇宙观测事实，因此越来越显示出它的生命力。

（二）恒星

恒星是宇宙中最基本的天体，是由炽热气体组成的能自行发光的球状天体，主要成分是氢和氦。

（三）恒星日

即天空某一恒星连续两次经过上中天的时间间隔，可用来观测地球自转周期。一个恒星日，即地球自转一周 360°，所需的时间是 23 时 56 分 4 秒，这是地球自转的真正周期。

二、太阳与太阳系

（一）太阳

太阳是由炽热的气体组成的球状天体，主要成分是**氢和氦**，是距离地球最近的恒星。太阳的大气结构即太阳的外部结构，从里向外分为光球层、色球层、日冕层。太阳活动包括黑子、光斑、耀斑。黑子是太阳活动的主要标志，呈周期性变化，其常见周期为 11 年。光斑是与黑子相反的一种光球现象。有些光斑和黑子联系密切，常常相互伴随。耀斑爆发是太阳活动最激烈的显示。太阳活动对地球的影响：（1）扰乱地球大气的电离层；（2）产生"磁暴"现象；（3）产生极光。

考点 9：

科技常识——天文常识

内容提要：科技常识中的天文常识是近两年综合素质的高频考点，包括宇宙与天体、太阳与太阳系、地球与地球运动等内容。

（二）太阳系

太阳系是由太阳、行星及其卫星、小行星、彗星、流星和行星际物质构成的天体系统，太阳是太阳系的中心。

（三）行星

行星是在椭圆轨道上绕太阳运行的、近似球形的天体，它们不发光，质量比太阳小得多。太阳系目前已知的八大行星按距日由近及远依次为：水星、金星、地球、火星、木星、土星、天王星、海王星。

（四）小行星

小行星是太阳系中沿椭圆轨道绕日运行的小天体。众多小行星运行在火星和木星之间，形成小行星带。

三、地球与地球运动

（一）地球的形状和大小

地球是一个两极稍扁、赤道略鼓的不规则球体。地球的平均半径为 6 371 千米；赤道周长为 4 万千米；地球表面积为 5.1 亿平方千米。

（二）纬线与纬度

在地球仪上，顺着东西方向，环绕地球仪一周的圆圈，叫作纬线。所有的纬线都是圆，可称为纬线圈；纬线圈的长度不一，赤道最长，往两极逐渐缩短，最后成一点。纬线都指示东西方向。纬度是指某点与地球球心的连线和地球赤道面所成的纬面角，其数值为 0°～90°。

（三）赤道

赤道是最长的纬线，长约 4 万千米。它与两极之间的距离相等，把地球分为南、北两个半球。赤道是地球仪上的 0°纬线。赤道以北的纬度，叫北纬，习惯上用"N"作代号；赤道以南的纬度，叫南纬，习惯上用"S"表示。

（四）经线和经度

在地球仪上，连接南北两极并同纬线垂直相交的线叫作经线，也叫子午线。所有的经线都是半圆状，长度都相等，都指示南北方向。两条经线之间的夹角称作经度。

（五）本初子午线

地球仪上的零度经线叫作本初子午线。从本初子午线向东、向西，各分作 180°，以东的 180°属于东经，习惯上用"E"为代号；以西的 180°属于西经，习惯上用"W"为代号。国际上习惯用 20°W 和 160°E 的经线圈，作为划分东、西半球的界线。

（六）地球的公转

地球绕太阳的运动，叫作公转。地球公转的方向和自转相同，都是自西向东。地球公转的轨道（也就是公转所走的路线）是一个椭圆，地球在这个巨大的椭圆轨道上，绕太阳公转一周的时间为 365 日 5 时 48 分 46 秒，为天文上通常所说的一个回归年。

（七）地球的自转

地球自西向东绕地轴在不停地旋转着，这是地球的自转。自转的周期是一个恒星日，即 23 时 56 分 4 秒。由于地球不停地自西向东自转，地球表面就产生了昼夜交替的现象。

（八）日食

当太阳、月球、地球运行约成一直线时，如月球阴影掠过地球，会形成日食。根据目视太阳被月球遮掩的多少，可分为日偏食、日全食和日环食。当日全食发生时，我们在地球上可看到平日因强烈阳光而不易看出的闪焰、日珥等太阳表面现象。

（九）月食

当太阳、地球、月球运行约成一直线时，如月球运行到地球阴影内，则会形成月食。根据地球遮蔽阳光照射到月面的大小，可分为月偏食和月全食。当月全食发生时，我们在地球上仍可看到地球大气折射到月面的阳光，此刻会呈现出暗红色月面的天文奇观。

（十）极昼和极夜

极昼又称"永昼"，指极圈以内地区太阳终日不落的现象。当太阳直射北半球时，北极圈以内的地区会出现极昼；当太阳直射南半球时，南极圈以内的地区将出现极昼。极昼的时间长短因纬度而不同，极昼在极圈上为一天，向两极逐渐加长，在南、北两极，每年有半年之久。除了南、北两极以外，极昼期间的太阳在一日内仍有高度和方位的变化。极夜又称"永夜"，是指极圈以内地区，太阳终日不出的现象。当太阳直射北半球时，南极圈以内的地区出现极夜；当太阳直射南半球时，北极圈以内的地区出现极夜。极夜的时间长短也因纬度的不同而不同，极夜在极圈上为一天，向两极逐渐加长，在南北两极，每年有半年之久。

（十一）极光

极光是一种大气光学现象。当太阳黑子、耀斑活动剧烈时，太阳发出大量强烈的带电粒子流，沿着地磁场的磁力线向地球南北两极移动，以极快的速度进入地球大气的上层；在带电粒子流的高速碰撞下，空气中原子外层的电子便获得能量，当这些电子获得的能量释放出来，会辐射出一种可见的光束，这便是极光。

（十二）区时

1884 年，国际经度会议决定，全世界按统一标准划分时区，实行分区计时。按这种办法，每隔经度 15°为一个时区，全球共划分成 24 个时区；以本初子午线即 0°经线为中央经线的时区为中时区或零时区，往东、往西各划分成 12 个时区。

（十三）日界线

国际上规定，原则上以 180°经线作为地球上"今天"和"昨天"的分界线，叫作"国际日期变更线"，简称"日界线"。在日界线西侧的东十二区在任何时刻，总是比日界线东侧的西十二区早 24 小时，这样东、西十二区虽为一个时区、钟点相同，但日期总是相差一天，即东十二区任何时候都比西十二区要早一天。所以，自西向东过日界线，日期要减一天；自东向西过日界线，日期要加一天。

 例题精讲

单选题

1. 在下列太阳系行星中，距太阳最近的是（　　　）。

A. 水星 　　　　　　　　　　 B. 地球

C. 火星 　　　　　　　　　　 D. 土星

2. 太阳活动有多种类型，其中最主要的是（　　　）。

A. "磁暴" 　　　　　　　　　 B. 电离层扰动

C. 黑子和耀斑 　　　　　　　 D. 极光和太阳风

3. 太阳系中离太阳最近的两大行星是（　　　）。

A. 水星、金星 　　　　　　　 B. 地球、火星

C. 火星、金星
                 D. 地球、水星

4. 下列对"日食"发生原因的解释，正确的一项是（   ）。

A. 月亮挡在地球与太阳之间

B. 太阳挡在月亮与地球之间

C. 地球挡在太阳与月亮之间

D. 金星挡在地球与太阳之间

5. 下列天文知识的表述不正确的是（   ）。

A. 星星的发光能力不同，距离地球远近也不同，所以看上去有的暗、有的亮

B. 因为冬天时地球转到了和夏天不同的位置，所以冬夜的天空星星稀少

C. 天空星座的形状不会改变

D. 天空的星星之所以看起来会眨眼，是因为我们是透过云层看它

6. 下列关于日食的表述不正确的是（   ）。

A. 一次完整的日食过程的程序是：初亏、食既、食甚、生光、复圆

B. 中国的《尚书》中有世界上最早的日食记录

C. 日食主要有日全食、日偏食和日环食

D. 日全食是因为地球挡住了太阳光线

【答案】A C A A C D

【解析】这部分主要考查基础性的知识。

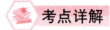 **考点详解**

一、地图

（一）地图三要素

地图三要素即**比例尺、图例与注记**。在地图上所画地区的范围越小，要表示的内容越详细，选用的比例尺应越大；反之，选用的比例尺越小。在地图上，通常是"上北下南，左西右东"。

（二）地面高度的计算方法

地面某个地点高出海平面的垂直距离，叫作海拔。某个地点高出另一地点的垂直距离叫作相对高度。

（三）等高线

把海拔高度相同的各点连接成线，就是等高线。每条等高线都有相应的海拔数值。坡陡的地方，等高线密集；坡缓的地方，等高线稀疏。

（四）世界海陆的分布

地球上海洋面积占71%，陆地面积仅占29%。大陆和它附近的岛屿合起来叫作大洲。全部位于北半球的有欧洲、北美洲。大部分人习惯把乌拉尔山脉、乌拉尔河和大高加索山脉一线作为欧洲和亚洲大陆的分界线。亚洲和非洲以苏伊士运河作为分界线。北美洲和南美洲在西半球，全称为美洲。巴拿马运河是北美洲和南美洲的分界线。南极洲主要位于南极圈内，四周被大洋环绕。

二、地形

（一）陆地地形

人们把地形分为山地、平原、高原、盆地和丘陵五种基本类型。

考点 10：

科技常识——

自然地理常识

内容提要：地图三要素包括比例尺、图例与注记。地形分为山地、平原、高原、盆地和丘陵五种基本类型。地球的内力作用主要表现为地壳运动、岩浆活动、地震等，使地表产生高山或洼地。地壳外力作用的主要表现形式为风化作用、侵蚀作用、搬运作用、沉积作用与固结成岩作用等。

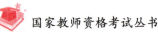

（二）山地

山地海拔较高，一般在 500 米以上，地面峰峦起伏，坡度陡峻，有的山地呈条带状分布。其中，最突出的是两条由若干条高大山脉组合而成的巨大山系：一条是横穿亚欧大陆中南部的阿尔卑斯-喜马拉雅山系；另一条是纵贯南北美洲的科迪勒拉山系，由落基山、安第斯山等山脉组成。

（三）平原

平原海拔较低，一般在 200 米以下，地面平坦或起伏较小。世界上面积最大的平原是南美洲的亚马孙平原。

（四）高原

高原与平原在外貌上有类似之处，但海拔一般在 1 000 米以上，地表起伏不大，但边缘处比较陡峭。高原的地形特点：海拔较高，起伏小，面平边陡。

（五）丘陵

丘陵海拔一般在 200 米以上、500 米以下，起伏较缓。丘陵的地形特点：海拔较低，崎岖不平，坡度较缓。

（六）盆地

盆地四周被群山环绕，其地形特点为四周高、中间低。

（七）海底地形

海底地形通常分为大陆架、大陆坡和大洋底三部分。大陆架是大陆向海洋自然延伸的地带，一般深度不大，坡度平缓。目前开发的海洋资源，主要在大陆架上。大陆坡是大陆架向大洋深处急剧变陡的部分，深度自 200 米到 2 500 米的海底。大洋底是大陆坡以下的部分。大洋底地形复杂，有海岭、洋盆、海沟等。海岭是大洋底上绵延很长的高地，又叫作海底山脉。洋盆是大洋底的盆地，是大洋的主体部分。海沟是大洋底的狭小山地，多分布在大洋的边缘。

（八）大陆架

由绕大陆的浅海地带构成，从海岸线（多指低潮线）起，直到海底坡度显著增加的陆架坡折处都属大陆架。大陆架是陆地向海洋的自然延伸部分，也称"陆棚"，总面积约占世界大洋的 7.5%。大陆架平均水深 130 米，有些地方超过 200 米。大陆架的宽度不等，有的几乎为零，有的宽达 1 000千米，平均宽度 78 千米。一般情况下，与平原相连的大陆架较宽，与山地相连的大陆架较窄。全世界的大陆架共有 2 710 万平方千米，以亚洲大陆架面积最大。大陆架的外缘常有堤状隆起，称大陆架边缘堤，堤外即为大陆坡。浅海大陆架一般都拥有丰富的鱼类和矿产资源。

三、地球内力作用

（一）地球的内力作用

地球的内力作用对地壳的发展变化起着主导作用。内力作用的能量来自地球本身，主要是放射性元素蜕变产生的热能。内力作用主要表现为地壳运动、岩浆活动、地震等。内力作用主要使地表产生高山或洼地。火山爆发是地热或内能释放的强烈显示。

（二）地震

地震是构造运动的一种特殊形式，即大地的快速震动。当地球聚集的应力超过岩层或岩体所能承受的限度时，地壳发生断裂、错动，急剧地释放积聚的能量，并以弹性波的形式向四周传播，引起地表的震动。地震只发生在地球表面至 700 千米深度以内的脆性圈层中。地震时，地下岩石最先开始破裂的部位叫震源。震源在地面上的垂直投影位置叫震中。从震源发出的地震波在地球内部传播的称为体波（纵波和横波），沿地面传播的称为面波，实际上也是一种纵波，对地表建筑物破坏性最大。地震释放能量的大小用震级表示，通常以美国里克特提出的标准来划分，称为里氏级。世界地震区呈带状分布并与板块边界非常一致，板块间的相互作用是引起地震的主要因素。

（三）板块构造学说

板块构造学说认为，地球的岩石圈不是整体一块，而是被一些构造带（如海岭、海沟等）分割成许多单元，叫作板块。全球岩石圈分为六大板块：亚欧板块、非洲板块、美洲板块、太平洋板块、印度洋板块和南极洲板块。板块处于不断运动之中，两个板块之间的交界处是地壳比较活跃的地带。板块相对移动而发生的碰撞或张裂，形成了地球表面的基本面貌。在板块张裂的地区，常形成裂谷或海洋；在板块相撞挤压的地区，常形成山脉。

（四）褶皱

岩层受到地壳运动产生的强大的挤压作用，产生波状弯曲，称为褶皱。褶皱的基本形式分为背斜和向斜。背斜是指褶皱中心岩层向上隆起，两侧岩层向外倾斜；向斜是指褶皱中心向下凹陷，两侧岩层向中心倾斜。背斜成山，向斜成谷，但也可能出现背斜是谷、向斜成山的地形。这是因背斜中心部分岩层向上变曲产生张力，导致岩层破裂，易受风化和剥蚀，被蚀成谷，称次成谷；向斜部分受挤，凹地接受风化崩落物堆积，基岩受保护，最后反而残留成山，称次成山。

（五）断层

断层是地壳岩层受力而产生断裂的现象。地壳岩层的承受力是有一定限度的，当地壳运动时产生的挤压力和拉伸力超出了岩层脆弱部的承受力时，岩层便会破裂，破裂两侧的岩块会出现显著的相互位移和错动现象，从而产生断层。在地貌上，大的断层常常形成裂谷或陡崖，如著名的东非大裂谷、我国华山北坡大断崖等。断层一侧上升的岩块，常成为块状山体或高地，这种由断层造就的山体被称作断层山，又叫断块山，如我国的华山、庐山等；另一侧则常形成谷地或低地，如我国的渭河平原、汾河谷地。在断层构造地带，由于岩石破碎，易受风化侵蚀，常常发育成沟谷、河流。

四、地球外力作用

（一）地壳的外力作用

外力作用的能量来自地球外部，主要是太阳辐射能、重力及生物活动等，可使大气、水和生物等发生变化，从而引起地壳表层物质的破坏。外力作用的表现形式为风化作用、侵蚀作用、搬运作用、沉积作用和固结成岩作用等。

（二）喀斯特地貌

喀斯特地貌是在碳酸盐类岩石地区，地下水和地表水对可溶性岩石溶蚀与沉淀、侵蚀与沉积以及重力崩塌、塌陷、堆积等作用形成的地貌。以南斯拉夫喀斯特高原命名，在我国也叫岩溶地貌，广泛分布于桂、黔、滇。岩溶作用在地表和地下均可形成喀斯特地貌。

（三）丹霞地貌

丹霞地貌是20世纪30年代以丹霞山为代表而命名的一类地貌类型。形成丹霞地貌的岩层是一种在内陆盆地沉积的红色屑岩，后来地壳抬升，岩石被流水切割侵蚀，随着山坡的崩塌后退，保留下来的岩层就构成了红色山块。丹霞地貌最突出的特点是"赤壁丹崖"广泛发育，形成了顶平、身陡、麓缓的方山、石墙、石峰、石柱等奇险的地貌形态。丹霞地貌主要分布在中国、美国西部、中欧和澳大利亚等地，以我国分布最广，其中又以丹霞山面积最大、发育最典型、类型最齐全、形态最丰富、风景最优美。

（四）冰川地貌

冰川地貌是对第四世纪古冰川及现代冰川作用形成的各种侵蚀地貌形态和堆积地貌形态的总称，包括冰蚀地貌、冰碛地貌和冰水堆积地貌三大类型。

（五）风成地貌

风力对地表物质的侵蚀、搬运、堆积所形成的侵蚀形态和堆积形态，称为风成地貌，包括风蚀地貌和风积地貌。世界上的风成地貌主要分布在干旱、半干旱的热带、温带荒漠区。风积地貌主要指各种沙丘，可分为三种基本类型：横向沙丘、纵向沙丘和多风向形成的沙丘。风力对地面物质的吹蚀和风沙的磨蚀作用，统称风蚀。风蚀作用形成风蚀地貌，风蚀地貌主要有风蚀石窝、风蚀蘑菇、雅丹地形、风蚀城堡等。

（六）海蚀地貌

海蚀地貌指海水运动对沿岸陆地侵蚀破坏所形成的地貌。由于波浪对岩岸岸坡进行机械性的撞击和冲刷，岩缝中的空气被海浪压缩因而对岩石产生巨大的压力，波浪挟带的碎屑物质对岩岸进行研磨，以及海水对岩石的溶蚀作用等，统称海蚀作用。海蚀多发生在基岩海岸。海蚀的程度与当地波浪的强度、海岸原始地形有关，组成海岸的岩性及地质构造特征对海蚀亦有重要影响。海蚀作用所形成的海蚀地貌有海蚀崖、海蚀台、海蚀穴、海蚀拱桥、海蚀柱等。

（七）河口三角洲

在河流入海（湖）地段，河流和海洋（湖泊）水体存在强烈的交互作用。在河流和海洋的共同作用下，由河流携带的泥沙在河口地区的陆上和水下形成的平面形态近似三角形的堆积体，称为河口三角洲。河口三角洲可分为四类：扇形三角洲（尼罗河、黄河）、鸟足状三角洲（密西西比河）、多岛状三角洲（珠江、恒河）、尖头状三角洲（意大利的台伯河）。

（八）冰川

冰川是指发生在陆地上，由大气固态降水演变而成的，通常处于运动状态，能自行流动的天然冰体。它随气候的变化而变化，但不会在短时间内形成或消亡。雪线触及地面是发生冰川的必要条件，故冰川是极地气候和高山冰雪气候的产物。

（九）雪线

多年积雪区和季节积雪区之间的界线叫雪线。雪线上年降雪量等于年消融量，所以雪线也就是降雪和消融的零平衡线。雪线以上年降雪量大于年消融量，降雪逐年加积，形成常年积雪（或称万年积雪），进而变成粒雪和冰川冰，发育成冰川。雪线是一种气候标志线。

五、地球上的水

（一）流域

流域指一条河流或水系的集水区域，即分水线包围的区域，包括供河流地表水源的地面集水区和地下水源的地下集水区。如果地面集水区和地下集水区一致，称为闭合流域；如果不一致，则称为非闭合流域。流域面积是流域的重要特征，它不仅决定河流的水量，且影响径流的形成过程。在其他条件相同的情况下，流域面积越大，河流水量也越大。

（二）领海

领海是国家主权管辖的临接海岸的海域。目前，国际上对领海的宽度没有统一的标准。根据联合国 1981 年的统计，148 个沿海国家中有 81 个国家规定领海宽度为 12 海里，其余为 3 海里或 200 海里。

（三）堰塞湖

堰塞湖是由火山熔岩流或地震活动等原因引起山崩滑坡体等堵截河谷或河床后贮水而形成的湖

泊。中国东北的镜泊湖是典型的熔岩堰塞湖。

（四）植被

植被是指某一地区内全部植物群落的总体。陆地表面分布着由许多植物组成的各种植物群落，如森林、灌木丛、草原、荒漠、苔原、草甸、沼泽等，总称为该地区的植被。植被分为自然植被和人工（栽培）植被。

（五）水循环

地球表面的水在太阳辐射能的作用下，在水圈、大气圈、岩石圈和生物圈中通过各种途径循环往复的运动过程，称为水循环。自然界水循环每时每刻都在全球范围内进行，按其进行的领域分为海陆间循环、海上内循环和内陆循环。

（六）河流径流的变化

1. 季节变化

河流径流一年内有规律的变化，叫河流径流的季节变化，它同河流补给密切相关。以雨水补给为主的河流，主要随降雨量的季节变化而变化；以冰雪和冰川融水补给为主的河流，主要随气温变化而变化。径流季节变化大的河流，容易发生洪涝灾害和用水紧张，因而通过修建水利工程来调节径流的季节变化，是保证人们生产和生活用水的必要措施。

2. 年际变化

任何一条河流，各年的径流量都不尽相同，这种变化叫作年际变化。我国大部分地区降水量的年际变化大，故河流径流量年际变化也比较大。因此，很多河流需要通过修建水利工程来调节丰水年和枯水年的径流量。

六、地球上的交通要道

（一）霍尔木兹海峡

位于亚洲西南部，介于伊朗与阿拉伯半岛之间，东接阿曼湾，西连海湾（伊朗人称为波斯湾，阿拉伯人称为阿拉伯湾），呈人字形。由于霍尔木兹海峡是海湾与印度洋之间的必经之地，素有"海湾咽喉"之称，具有十分重要的战略和航运地位。海湾沿岸产油国的石油绝大部分通过霍尔木兹海峡输往西欧、澳大利亚、日本和美国等地。霍尔木兹海峡承担着西方石油消费国约60%的石油供应量，西方国家将其视为"生命线"。

（二）曼德海峡

位于亚洲阿拉伯半岛西南端和非洲大陆之间，连接红海和亚丁湾、印度洋。苏伊士运河通航后，曼德海峡成为从大西洋经地中海、苏伊士运河、红海到印度洋这一海上航线的必经之地，具有十分重要的战略地位。

（三）直布罗陀海峡

地中海通向大西洋的唯一出口。从波斯湾开出的油轮，经直布罗陀海峡源源不断地将石油运往欧美各国，被人们称为"西方世界的生命线"。

（四）德雷克海峡

位于南美大陆和南极洲之间。拥有两项"世界之最"的桂冠，既是世界上最深的海峡（最深处达5 248米），又是世界上最宽的海峡（南北宽达9 704米），是世界各地通向南极的重要通道。

（五）土耳其海峡

连接黑海与爱琴海、地中海，是亚洲、欧洲的分界线，也是黑海通往地中海的门户。

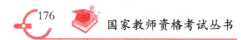

（六）马六甲海峡

位于马来半岛与苏门答腊岛之间。马六甲海峡在经济上、军事上都是很重要的国际水道，其重要性可与苏伊士运河或巴拿马运河相比。马六甲海峡是印度洋与太平洋之间的重要水道，也是西亚石油到东亚的重要通道，日本常称马六甲海峡是其"生命线"。

（七）苏伊士运河

位于埃及境内，全长 170 多千米，是连通欧、亚、非三大洲的主要国际海运航道，连接红海与地中海，使大西洋、地中海与印度洋联结起来，大大缩短了东西方的航程。与绕道非洲好望角相比，借道苏伊士运河使得从欧洲大西洋沿岸各国到印度洋缩短 5 500～8 000 千米；从地中海各国到印度洋缩短 8 000～10 000 千米；从黑海沿岸各国到印度洋缩短 12 000 千米。苏伊士运河是一条在国际航运中具有重要战略意义的国际海运航道，每年承担着全世界 14% 的海运贸易。

（八）巴拿马运河

位于中美洲国家巴拿马，横穿巴拿马地峡，总长 82 千米，宽的地方达 304 米，最窄的地方也有 152 米。该运河连接太平洋和大西洋，是重要的航运要道，被誉为世界七大工程奇迹之一和"世界桥梁"。

（九）亚欧大陆桥

第一亚欧大陆桥是指从俄罗斯东部的符拉迪沃斯托克为起点通向欧洲各国最后到荷兰鹿特丹港的西伯利亚大陆桥。第二亚欧大陆桥东起我国黄海之滨的连云港，向西经陇海、兰新线的徐州、武威、哈密、吐鲁番到乌鲁木齐，再向西经北疆铁路到达我国边境的阿拉山口，进入哈萨克斯坦，再经俄罗斯、白俄罗斯、波兰、德国，西至荷兰的世界第一大港鹿特丹港。第二亚欧大陆桥跨越亚欧两大洲，联结太平洋和大西洋，全长约 10 800 千米，通向中国、中亚、西亚、东欧和西欧 30 多个国家和地区，是世界上最长的一条大陆桥。由于第二亚欧大陆桥所经路线很大一部分是经过"丝绸之路"，所以人们又称其为"现代丝绸之路"。

 例题精讲

单选题

1. 下列选项中，属于大多数地震发生类型的一项是（　　）。

A. 火山地震　　　　　　　　　　B. 构造地震

C. 塌陷地震　　　　　　　　　　D. 诱发地震

2. 下列四种发电方式中，最低碳、最环保的一种是（　　）。

A. 水力发电　　　　　　　　　　B. 火力发电

C. 核燃料发电　　　　　　　　　D. 风力发电

3. 下列大型水利枢纽中，最早修建于长江干流上的是（　　）。

A. 葛洲坝工程　　　　　　　　　B. 三门峡工程

C. 三峡　　　　　　　　　　　　D. 刘家峡

4. 民间有"础润而雨"的说法，这是劳动人民千百年来宝贵劳动经验的总结，它的主要科学依据体现在（　　）的变化通过"础润"的形式表现出来，从而预示着天气的变化。

A. 温度　　　　　　　　　　　　B. 湿度

C. 气压　　　　　　　　　　　　D. 风向

【答案】B D A B

【解析】这部分主要考查基础性的地理常识。

考点详解

一、常见概念

（一）电压

电压也称作电势差或电位差，是衡量单位电荷在静电场中由于电势不同所产生的能量差的物理量。电压在国际单位制中的主单位是伏特，简称伏，用符号 V 表示。

（二）电流

电源的电动势形成了电压，继而产生了电场力，在电场力的作用下，处于电场内的电荷发生定向移动，形成了电流。电流的大小称为电流强度（简称电流，符号为 I），指单位时间内通过导线某一截面的电荷量，每秒通过 1 库仑的电量称为 1 安培（A）。安培是国际单位制中所有电流的基本单位。除了 A，常用的单位有毫安（mA）、微安（μA）。

（三）电阻

物质对电流的阻碍作用就叫该物质的电阻。电阻小的物质称为电导体，简称导体。电阻大的物质称为电绝缘体，简称绝缘体。在物理学中，用电阻来表示导体对电流阻碍作用的大小。导体的电阻越大，表示导体对电流的阻碍作用越大。不同的导体，电阻一般不同，电阻是导体本身的一种特性。

（四）电功率

电流在单位时间内做的功叫作电功率。它是用来表示消耗电能的快慢的物理量，用 P 表示。电功率的单位是瓦特，简称瓦，符号是 W。

（五）紫外线

紫外线是电磁波谱中波长从 10 纳米到 400 纳米辐射的总称，不能引起人们的视觉感受。1801 年，德国物理学家里特发现在日光光谱的紫端外侧一段能够使含有溴化银的照相底片感光，因而发现了紫外线的存在。自然界的主要紫外线光源是**太阳**。紫外线强烈作用于皮肤时，可发生光照性皮炎，皮肤上会出现红斑、水疱、水肿等，严重的还可引起皮肤癌。紫外线作用于中枢神经系统，可出现头痛、头晕、体温升高等。紫外线作用于眼部，可引起结膜炎、角膜炎，称为光照性眼炎，还有可能诱发白内障，在焊接过程中产生的紫外线会使焊工患上电光性眼炎。近年来，大量化学物质破坏了大气层中的臭氧层，破坏了这道保护人类健康的天然屏障。

（六）红外线

在光谱中波长 0.76～400 微米的一段称为红外线，红外线是不可见光线。所有高于绝对零度（－273.15℃）的物质都可以产生红外线，现代物理学称为热射线。医用红外线可分为两类：近红外线与远红外线。

（七）激光

激光是 20 世纪以来，继原子能、计算机、半导体之后，人类的又一重大发明，被称为"最快的刀""最准的尺""最亮的光"。它的原理早在 1916 年已被著名的物理学家爱因斯坦发现，但直到 1958 年激光才被首次成功制

考点 11：
科技常识——物理常识

内容提要：物理常识主要是一些概念，如电压、电流、电阻、电功率、紫外线、红外线、激光等；还有一些常见规律，包括万有引力定律、电磁感应现象、能量守恒定律、牛顿运动定律。

造。60多年来，以激光器为基础的激光技术有了迅速的发展，已广泛应用于军事、医学、工农业生产、能源动力、通信、信息处理、文化艺术、科研等各个领域，取得了良好的经济效益和社会效益。激光被誉为"神奇之光"，主要有四大特性：高亮度、高方向性、高单色性和高相干性。

二、常见规律

（一）万有引力定律

万有引力定律是解释物体之间相互作用的引力的定律，是物体（质点）间由于它们的引力质量而引起的相互吸引力所遵循的规律。这是牛顿在前人（开普勒、胡克、雷恩、哈雷）研究的基础上，凭借他超凡的数学能力证明的，于1687年在《自然哲学的数学原理》上发表。万有引力定律的发现，是17世纪自然科学最伟大的成果之一。

（二）电磁感应现象

放在变化磁通量中的导体会产生电动势，此电动势称为感应电动势或感生电动势；若将此导体闭合成一回路，则该电动势会驱使电子流动，形成感应电流（感生电流）。1831年11月24日，法拉第在向皇家学会提交的一个报告中把这种现象定名为"电磁感应现象"，并概括了可以产生感应电流的五种类型：变化的电流、变化的磁场、运动的恒定电流、运动的磁铁、在磁场中运动的导体。这一发现进一步揭示了电与磁的内在联系，为建立完整的电磁理论奠定了坚实的基础。

（三）能量守恒定律

能量守恒定律是指能量既不会凭空产生，也不会凭空消失，它只能从一种形式转化为另一种形式，或者从一个物体转移到另一个物体，在转化或转移的过程中其总量不变。能量守恒和能量转化定律、细胞学说、进化论被称为19世纪自然科学的三大发现。

能量守恒定律是自然界最普遍、最重要的基本定律之一。从物理、化学到地质、生物，大到宇宙天体，小到原子核内部，只要有能量转化，就一定服从能量守恒的规律。从日常生活到科学研究、工程技术，能量守恒定律都发挥着重要的作用。人类对各种能量，如煤、石油等燃料以及水能、风能、核能等的利用，都是通过能量转化来实现的。能量守恒定律是人们认识自然和利用自然的有力武器。

（四）牛顿运动定律

牛顿运动定律是牛顿第一运动定律（即惯性定律）、牛顿第二运动定律和牛顿第三运动定律三大经典力学基本运动定律的总称。一切物体在没有受到外力作用的时候，总保持匀速直线运动或静止状态，这就是牛顿第一运动定律。物体的加速度跟物体所受的合外力成正比，跟物体的质量成反比，加速度的方向跟合外力的方向相同，这是牛顿第二运动定律。两个物体之间的作用力和反作用力，在同一直线上，大小相等，方向相反，这是牛顿第三运动定律。

 例题精讲

单选题

1. "苹果为什么垂直落地？为什么不向旁边、不向上而总是向着地面落下呢？我想这个定是地球吸引它的缘故。"牛顿的这一思考促使了下列哪一成果的产生？（　　）

A. 微积分　　　　　　　　　　B. 力学三大定律

C. 万有引力定律　　　　　　　D. 自由落体定律

2. 西方历史学家指出："当人们谈及最近几代人中被传入日本等东方国家的西方文明时，我们不是指希腊罗马哲学和人文主义思想，也不是指日本的基督教化，而是指在17世纪后半叶开始改变西方面貌的科学、思维模式和文明的所有工具。"这里的"开始改变西方面貌的科学、思维模式和文明的所有工具"是指（　　　）。

A. 牛顿创立的经典力学　　　　　B. 瓦特改良的蒸汽机

C. 达尔文的生物进化论　　　　　D. 爱因斯坦的相对论

【答案】C　A

【解析】这部分主要考查基础性的物理常识。

 考点详解

考点 12：
科技常识——化学常识
内容提要：化学常识主要是一些常见的概念，如无机物、有机化合物、石油、糖类、化学变化、氧化物、酸和碱等。

一、无机物

无机物即无机化合物，一般指碳元素以外各元素的化合物，如水、食盐、硫酸、无机盐等。但一些简单的含碳化合物，如一氧化碳、二氧化碳、碳酸、碳酸盐和碳化物等，由于它们的组成和性质与其他无机化合物相似，因此也作为无机化合物来研究。绝大多数无机化合物可以归入氧化物、酸、碱、盐四大类。

二、有机化合物

有机化合物主要由氧元素、氢元素和碳元素组成。有机化合物是生命产生的物质基础，包括脂肪、氨基酸、蛋白质、糖、血红素、叶绿素、酶和激素等。生物体内的新陈代谢和生物的遗传现象，都涉及有机化合物的转变。此外，许多与人类生活有密切关系的物质，如石油、天然气、棉花、染料、化纤、天然和合成药物等，均属有机化合物。

三、石油

石油又称原油，是从地下深处开采的棕黑色可燃的黏稠的液体，主要是各种烷烃、环烷烃和芳香烃的混合物。石油是古代海洋或湖泊中的生物经过漫长的演化形成的混合物，与煤一样属于化石燃料。石油主要被用来作燃料油和汽油，燃料油和汽油已成为目前世界上非常重要的一次性能源。石油也是许多化学工业产品如化肥、杀虫剂和塑料制品等的原料。

四、糖类

糖类是自然界中分布广泛的一类重要的有机化合物。日常食用的蔗糖、粮食中的淀粉、植物体中的纤维素、人体血液中的葡萄糖等均属糖类。糖类在生命活动过程中起着重要的作用，是一切生命体维持生命活动所需能量的主要来源。植物中最重要的糖是淀粉和纤维素，动物细胞中最重要的多糖是糖原。

复合糖是糖类的还原端和蛋白质或脂质结合的产物，在生物中分布广泛，有多种重要功能，细胞的识别、定性以及免疫等无不与之有关。糖类和蛋白质结合以蛋白质为主的称糖蛋白，如血液中的大部分蛋白质；也有以糖为主的，如蛋白聚糖是动物结缔组织的重要成分。和脂质结合的，如脂多糖存在于细菌的外膜，成分以多糖为主；另外有称为糖脂的，组成以脂质为主，大多和细胞膜联系在一起。糖脂可由鞘氨醇、甘油等衍生。但是，在自然界中分布最广、迄今研究得最多的是鞘糖脂。

五、化学变化

化学变化是指相互接触的分子间发生原子或电子的转换或者转移，生成新的分子并伴有能量的变化的过程；化学变化的实质是旧键的断裂和新键的生成。化学变化的过程中常常伴随着物理变化。在化学变化过程中通常有发光、放热或吸热等现象。

六、氧化物

氧化物是指由两种元素组成且其中一种是氧元素的化合物，如二氧化碳、氧化钙等。

七、酸

电离时生成的阳离子全部是氢离子（H^+）的化合物叫作酸。在室温25℃的条件下，溶液的 pH 值小于 7。

八、碱

在水溶液中电离出的阴离子全部是氢氧根离子（理论认为，电离时能吸收质子的物质为碱性，阴离子全为 OH^- 的为碱类，统称碱）。与酸反应形成盐和水。

 例题精讲

单选题

煤气中毒是由下列何种物质引起的？（　　）

A. 二氧化碳　　　　　　　　　B. 一氧化碳
C. 一氧化氮　　　　　　　　　D. 二氧化氮

【答案】B

【解析】煤气的主要成分是一氧化碳，一氧化碳极易与血液中的血红蛋白结合，使之失去携氧能力，从而引起肌体缺氧，即为煤气中毒。

 考点详解

一、微生物

微生物是包括细菌、病毒、真菌以及一些小型的原生动物、显微藻类等在内的一大类生物群体，它们个体微小，却与人类生活关系密切。微生物涵盖了有益的和有害的众多种类，广泛涉及健康、食品、医药、工农业、环保等诸多领域。

微生物对人类最重要的影响之一是导致传染病的流行。在人类的疾病中有 50% 是由病毒引起的。微生物千姿百态，有些微生物是有害的，具有腐败性，可引起食品气味和组织结构发生不良变化；有些微生物是有益的，它们可用来生产奶酪、面包、泡菜、啤酒和葡萄酒等。微生物非常小，必须通过显微镜放大约 1 000 倍才能看到。

二、新陈代谢

新陈代谢是生物体内全部有序化学变化的总称，包括物质代谢和能量代

考点 13：

科技常识——生物常识

内容提要：生物常识主要是一些常见的概念，如微生物、新陈代谢、杂交水稻、蛋白质、纤维素等。

谢两个方面。

物质代谢是指生物体与外界环境之间物质的交换和生物体内物质的转变过程，可细分为同化作用（从外界摄取营养物质并转变为自身物质）和异化作用（自身的部分物质被氧化分解并排出代谢废物）。能量代谢是指生物体与外界环境之间能量的交换和生物体内能量的转变过程。

三、杂交水稻

选用两个在遗传上有一定差异，但是它们的优良性状却可以互补的水稻品种进行杂交，育成具有杂种优势的第一代杂交种，并用于生产，这就是杂交水稻。杂种优势是生物界的普遍现象，利用杂种优势提高农作物产量和品质是现代农业科学的主要成就之一。

四、蛋白质

组成蛋白质的基本单位是**氨基酸**，二十种结构不同的氨基酸按照组成和排列次序的不同，构成了成千上万种大小不等、功能不同的蛋白质。蛋白质是构成细胞的主要成分，是存在于一切生物体中的高度复杂物质，具有重要的生物化学功能。蛋白质是生命的物质基础，没有蛋白质就没有生命。

五、纤维素

纤维素是由葡萄糖组成的大分子多糖，不溶于水及一般有机溶剂，是植物细胞壁的主要成分。纤维素是自然界中分布最广、含量最多的一种多糖。棉花的纤维素含量接近 100%，为天然的最纯纤维素来源。

 例题精讲

单选题

下列关于蛋白质化学特性的叙述错误的是（　　　）。

A. 蛋白质的组成单位是氨基酸

B. 蛋白质可以水解为脱氧核糖核酸

C. 蛋白质变性凝固过程是不可逆的

D. 组成蛋白质的基本化学元素是碳、氢、氧、氮

【答案】B

【解析】蛋白质是不同氨基酸以肽键相连所组成的、具有一定空间结构的生物大分子。蛋白质变性后，就失去了原有的可溶性，也就失去了其生理上的作用，因此蛋白质的变性凝固是个不可逆过程。蛋白质由 C（碳）、H（氢）、O（氧）、N（氮）组成，一般蛋白质可能还会含有 P（磷）、S（硫）、Fe（铁）、Zn（锌）、Cu（铜）、Mn（锰）、I（碘）等。

 考点详解

一、微电子技术

微电子技术是建立在以集成电路为核心的各种半导体器件基础上的高新电子技术，特点是体积小、重量轻、可靠性高、工作速度快。微电子技术对信息时代具有巨大的影响。

二、光纤通信

光纤是光导纤维的简称。光纤通信是以光波作为信息载体，以光纤作为

考点 14：
科技常识——当代高新科学技术

内容提要：当代高新科学技术包括微电子技术、计算机病毒、蓝牙技术、光纤通信、全球卫星定位系统、万维网、信息高速公路等。

传输媒介的一种通信方式。从原理上看，构成光纤通信的基本物质要素是光纤、光源和光检测器。光纤除了按制造工艺、材料组成及光学特性进行分类外，还常按用途分为通信用光纤和传感用光纤。传输介质光纤又分为通用与专用两种，而功能器件光纤则指用于完成光波的放大、整形、分频、倍频、调制以及光振荡等功能的光纤，并常以某种功能器件的形式出现。

三、全球卫星定位系统

全球卫星定位系统（Global Positioning System，GPS）是一种结合卫星及通信发展的技术，利用导航卫星进行测时和测距。美国从 20 世纪 70 年代开始研制全球卫星定位系统，历时 20 余年，耗资 200 亿美元，于 1994 年全面建成了具有海陆空全方位实时三维导航与定位能力的新一代卫星导航与定位系统。全球卫星定位系统以全天候、高精度、自动化、高效益等特点，成功地应用于大地测量、工程测量、航空摄影、运载工具导航和管制、地壳运动测量、工程变形测量、资源勘察、地球动力学等，取得了良好的经济效益和社会效益。

目前，世界上的卫星定位系统有美国的全球卫星定位系统和俄罗斯的全球卫星定位系统，以及中国的北斗卫星导航系统和欧洲伽利略卫星定位系统。

四、信息高速公路

所谓信息高速公路，就是一个高速度、大容量、多媒体的信息传输网络。其速度之快，比目前网络的传输速度快 1 万倍；其容量之大，一条信道就能传输大约 500 个电视频道或 50 万路电话。此外，其信息来源、内容和形式也是多种多样的。网络用户可以在任何时间、任何地点以声音、数据、图像或影像等多媒体方式相互传递信息。

例题精讲

单选题

我国正在发展的全球卫星定位系统为（　　）。

A. GPS 系统

B. 北斗卫星导航系统

C. 伽利略卫星定位系统

D. 蓝牙技术

【答案】B

【解析】北斗卫星导航系统是我国自主研制、独立运行的全球卫星定位系统，最终的建设目标是 2020 年建成独立自主、开放兼容、技术先进、稳定可靠、覆盖全球的卫星定位系统。

考点详解

一、生命科学

生命科学是研究生命现象、生命活动的本质、特征和发生、发展规律，以及各种生物之间、生物与环境之间相互关系的科学。生命科学主要用于

考点 15：
科技常识——
生命科学技术

内容提要：生命科学是研究生命现象、生命活动的本质、特征和发生、发展规律，以及各种生物之间、生物与环境之间相互关系的科学，包括对基因、染色体、遗传、血型、变异等的研究。

有效地控制生命活动，能动地改造生物界，造福人类。生命科学与人类生存、人民健康、经济建设和社会发展有着密切的关系，也是全球范围内最受关注的基础自然科学。

二、基因

基因（遗传因子）是遗传的物质基础，是DNA（脱氧核糖核酸）分子上具有遗传信息的特定核苷酸序列的总称，是具有遗传效应的DNA分子片段。基因通过复制把遗传信息传递给下一代，使后代出现与亲代相似的性状。人类大约有几万个基因，储存着生命孕育、生长、凋亡过程的全部信息，通过复制、表达、修复来完成生命繁衍、细胞分裂和蛋白质合成等重要生理过程。基因是生命的密码，记录和传递着遗传信息。生物体的生老病死等一切生命现象都与基因有关。基因也决定着人体健康的内在因素，与人类的健康密切相关。

三、染色体

染色体是细胞内具有遗传性质的物体，易被碱性染料染成深色，所以叫染色体（染色质）。其本质是脱氧核苷酸，是细胞核内由核蛋白组成、能用碱性染料染色、有结构的线状体，是遗传物质基因的载体。

正常人的体细胞染色体数目为 **23 对**，并有一定的形态和结构。染色体在形态、结构或数量上的异常被称为染色体异常，由染色体异常引起的疾病为染色体病。现已发现的染色体病有100余种，染色体病在临床上常可造成流产、先天愚型、先天性多发性畸形及癌症等。

四、遗传

遗传是指经由基因的传递，使后代获得亲代的特征。遗传学是研究此现象的学科。目前已知地球上现存的生命主要是以DNA作为遗传物质。除了遗传之外，决定生物特征的因素还有环境，以及环境与遗传的交互作用。

五、血型

1901年，奥地利细菌学家**卡尔·兰德施泰纳**发现了人类的血型差异。1909年，他分辨出A、B、AB和O四种主要血型，这一重要发现对输血的安全性和外科手术的成功产生了巨大的影响。卡尔·兰德施泰纳为此获得了诺贝尔生理学或医学奖。血型的遗传具有规律性，血型系统遗传规律见下表。

父母血型	孩子可能的血型
A＋A	A、O
A＋B	A、B、O、AB
A＋O	A、O
A＋AB	A、B、AB
B＋B	B、O
B＋O	B、O
B＋AB	A、B、AB
O＋O	O
O＋AB	A、B
AB＋AB	A、B、AB

六、变异

变异是指生物体子代与亲代之间的差异、子代个体之间的差异现象，是生物有机体的属性之一。变异分两大类，即可遗传变异与不可遗传变异。现代遗传学表明，不可遗传变异与进化无关，与进化有关的是可遗传变异。不可遗传变异是由于环境变化而造成的，不会遗传给后代，如水肥不足造成的植株瘦弱矮小；可遗传变异由遗传物质的改变所致，其方式有突变（包括基因突变和染色体变异）与基因重组。

例题精讲

单选题

"种瓜得瓜，种豆得豆"说明生物界普遍存在着（　　　）。

A. 生长现象 　　　　　　　　　　B. 繁殖现象

C. 变异现象 　　　　　　　　　　D. 遗传现象

【答案】D

【解析】俗语说："种瓜得瓜，种豆得豆。"生物体通过生殖产生子代，子代和亲代、子代和子代之间都很相似，这种现象称为遗传。

第四章
文学常识

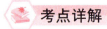 **考点详解**

儿童文学这个学科是伴随着儿童的"被发现"而确立的。即使是在儿童文学出现较早的欧洲，"儿童"作为与成人全然不同的独立存在也是在17、18世纪才确立的。《鹅妈妈的故事》标志着西方儿童文学的诞生。

在光辉灿烂的中国文学中，出现过一些本不是为儿童创作的，但却因为符合儿童的欣赏趣味而被儿童所喜爱的文学作品，如《水浒传》《西游记》《聊斋志异》等，它们当中都不乏富有想象色彩的故事，这些故事有的甚至可以和现代意义上的童话相媲美。中国现代意义上的儿童文学是在1915年爆发的新文化运动中产生的。在新文化运动中爆发了文学革命，文学革命的先驱，如鲁迅、周作人、郭沫若、郑振铎等，对中国现代儿童文学做出了卓越的贡献。1922年，现代文学作家叶圣陶发表了童话《小白船》，这是我国现代文学史上第一篇由作家原创的文学童话。1923年，叶圣陶又发表了短篇童话集《稻草人》，这是我国第一部儿童文学作品集，在我国儿童文学史上具有划时代的意义。

"儿童"是一个比较宽泛的概念。联合国1989年公布的《儿童权利公约》指出：凡18周岁以下者均为儿童。因此，可以将儿童文学分成三个层次：幼儿文学（3岁～6/7岁）；童年（儿童）文学（6/7岁～11/12岁）；少年文学（12/13岁～16/17岁）。不同年龄阶段的儿童，对儿童文学的要求是有差异的。

 例题精讲

单选题

1. 西方儿童文学产生的标志是（   ）。
   A. 法国作家佩罗的《鹅妈妈的故事》
   B. 德国格林兄弟的《格林童话》
   C. 丹麦安徒生的《安徒生童话》
   D. 俄罗斯克雷洛夫的《克雷洛夫寓言》

2. 中国现代儿童文学产生于（   ）。
   A. 17—18世纪　　　　　　B. 19世纪
   C. 20世纪初期　　　　　　D. 21世纪

3. 儿童文学可以分为（   ）层次。
   A. 2个　　　　　　　　　B. 3个
   C. 4个　　　　　　　　　D. 5个

考点1：
文学常识——
儿童文学理论基础
内容提要：1697年，法国童话作家夏尔·佩罗发表了童话集《鹅妈妈的故事》，标志着西方儿童文学的诞生；叶圣陶的《小白船》是我国现代文学史上第一篇由作家原创的文学童话；叶圣陶的《稻草人》是我国第一部儿童文学作品集，在我国儿童文学史上具有划时代的意义。

【答案】A　C　B

【解析】文学常识以选择题的形式进行考查，考生需要在了解常识的基础上能够实现知识的再现。以上各题的答案分别是A、C、B。

考点详解

儿童文学的常见体裁主要有儿歌、儿童诗、童话、寓言、儿童小说、儿童散文、儿童科学文艺、儿童戏剧、儿童故事等。

一、儿歌

儿歌又称为童谣，是一种专为较小年龄的儿童创作的、符合这一年龄段儿童心理特点和欣赏趣味的、易读易记易唱的诗歌样式。

例如，我国著名的儿童文学作家叶圣陶创作的儿歌《小小的船》"弯弯的月儿小小的船，小小的船儿两头尖，我在小小的船里坐，只看见闪闪的星星蓝蓝的天"，为孩子们描绘了一幅优美的图画——"弯弯的月儿""闪闪的星星""蓝蓝的天"，接着展开想象，"弯弯的月儿"像两头尖尖的"小小的船儿"，生动活泼，富有意境美。

儿歌的类型有摇篮曲、数数歌、问答题、绕口令、游戏歌、谜语歌、连锁调、颠倒歌等。

二、儿童诗

儿童诗是为儿童创作的，以优美的韵律和凝练的语言抒写儿童情趣和心声，并与儿童的理解水平、接受能力和心理特点相适应的诗歌形式。

儿童诗和儿歌的主要区别：（1）在炼字、炼句上，儿歌词语通俗易懂；儿童诗注重炼字。（2）在韵律上，儿歌注重押韵，朗朗上口；儿童诗注重旋律的优美，体现出音乐美和意境美的结合。例如，金波的儿童诗《春的消息》："风，摇绿了树的枝条，水，漂白了鸭的羽毛，盼望了整整一个冬天，你看，春天已经来到！"

三、童话

童话是一种主要面向儿童，具有浓厚幻想色彩的、虚构的故事，它通过丰富的想象、夸张、象征的手段来塑造形象、反映生活。童话的情节大多离奇曲折、引人入胜。

童话主要有以下几种分类：

（1）从作品的产生或作者的角度划分，可分为民间童话、文学童话和现代童话。民间童话包括口述童话，如中国少数民族民间童话《长发妹》。文学童话也称为艺术童话或创作童话，如叶圣陶的童话集《稻草人》（鲁迅评价《稻草人》是"给中国的童话开了一条自己创作的路"）、巴金的童话集《长生塔》、老舍的长篇童话《小坡的生日》及张天翼的《大林和小林》《宝葫芦的秘密》等。现代童话诸如当代作家郑渊洁的童话作品。

（2）从童话的体裁划分，有散文体童话、童话诗、童话剧、童话电影等。童话诗是以童话故事为题材的叙事诗。我国作家鲁兵的《小猪奴尼》就是一首童话诗，通过描写一只名叫奴尼的、脏兮兮的、不爱洗澡的小猪，对幼儿不讲卫生的习惯进行了善意的嘲讽。这首诗富有儿童情趣，幽默又风趣，在语言上也具有诗歌的韵律美。

（3）从童话角色划分，有拟人体童话、超人体童话和常人体童话。拟人体童话赋予非人类的形象以人类的性质和本能，如《丑小鸭》《绿野仙踪》。郑渊洁的童话《舒克和贝塔历险记》写了名字叫舒克和贝塔的两只小老鼠的故事，它们不断克服重重困难，坚持找寻属于自己的生活，同时它们也帮助了许多的小动物，和它们一起过上了快乐平静的生活。超人体童话指神魔形象、变形形象、特异人物形象，具有超越人类的本领。西方童话中出现的精灵、仙女、矮人、巫婆、巨人、魔法师等形象均属于此，如《拇指姑娘》《海的女儿》。常人体童话是描写社会中的普通人，但经过艺术加工就成了幻想世界中的角色，如《皇帝的新装》《卖火柴的小女孩》等。

（4）根据童话内容划分，有动物童话、神怪童话、惊险童话、历史童话、生活故事童话和科学童话。动物童话如《丑小鸭》《龟兔赛跑》。《一只想飞的猫》是我国著名的儿童文学作家陈伯吹创作的童话，他把毕生精力都献给了儿童文学事业，堪称中国儿童文学的"一代宗师"。1983年，他还创立了"陈伯吹儿童文学奖"。科学童话如《小蝌蚪找妈妈》。《圆圆和方方》是我国科普作家叶永烈创作的一篇科学童话，作品把象棋子和军棋子想象成两个小孩子，以此来介绍方形和圆形的特点与功能，向小读者讲解团结合作的道理。

我国及国外有代表性的童话作家及其作品简介如下：

（1）中国著名的童话作家严文井，他与陈伯吹均为我国儿童文学界泰斗级的人物。严文井著名的作品有《南南和胡子伯伯》《唐小西在"下一次开船港"》《小溪流的歌》等。

（2）作家金近创作的童话《小猫钓鱼》《小鲤鱼跳龙门》等，教育小读者做事要认真，要有耐心，不能三心二意。

（3）任溶溶创作的童话《"没头脑"和"不高兴"》描写了两个有趣的小男孩：一个因为做事总是丢三落四的，所以绰号叫"没头脑"；另一个因为总是把"不高兴"挂嘴边，做事就爱跟人反着干，所以被唤作"不高兴"。最终生活教育了他们，他们都改正了自己的缺点。故事生动有趣，受到小读者的欢迎。

（4）孙幼军于1961年出版的童话《小布头奇遇记》是中国儿童文学史上一部里程碑式的经典作品，是中国第一部获得国际安徒生奖提名的作品，也是中国第一部长篇幼儿童话，影响了几代小读者。

（5）法国17世纪的作家夏尔·佩罗编写的童话集《鹅妈妈的故事》中收集了许多脍炙人口的名篇，如《小红帽》《穿靴子的猫》《睡美人》《蓝胡子》等，夏尔·佩罗被誉为"法国儿童文学之父"。

（6）德国格林兄弟的童话集《格林童话》是世界文学的瑰宝，其中的《灰姑娘》《白雪公主》《小红帽》《青蛙王子》等故事家喻户晓。

（7）安徒生是丹麦著名的童话天才，被称为"世界儿童文学的太阳""现代童话之父"。他的第一部童话集《讲给孩子们听的故事集》于1835年发表，开创了文人自觉创作童话的新时代。其主要作品有《小克劳斯和大克劳斯》《豌豆公主》《皇帝的新装》《野天鹅》《海的女儿》《丑小鸭》《卖火柴的小女孩》《拇指姑娘》《坚定的锡兵》等。

（8）意大利作家科洛迪的童话《木偶奇遇记》，描写了一个被赋予了生命的木偶匹诺曹的冒险经历。在历险中，匹诺曹因贪玩、说谎而得到了深刻的教训，最终他变得诚实、勤劳、善良，也变成了一个真正的男孩子。

（9）意大利当代文学家姜尼·罗大里的童话充满了游乐性、幽默感，对历史、对社会生活有概括力。其主要作品有童话《洋葱头历险记》和《假话国历险记》。他被公认是20世纪童话的泰斗级作家，于1970年获得了国际安徒生奖。

（10）有"美国儿童文学之父"之称的作家弗兰克·鲍姆于1899年出版了第一部短篇童话集《鹅爸爸的故事》。1900年，他出版了童话《绿野仙踪》，作品讲述了一个叫多萝茜的小姑娘被龙卷风刮走后的奇遇。她和一个没有脑子的稻草人、一个没有心脏的铁皮人、一只十分胆小的狮子在一起，互相帮助，凭借坚强的意志，最终实现了各自的心愿。

（11）《小王子》是法国当代作家安托万·德·圣·埃克苏佩里的中篇童话作品。作品写"我"在浩瀚的撒哈拉大沙漠里遇到了一位来自另一个星球、在太空中漫游的异邦小王子，着重描写了在对小王子秘密身世的探寻中"我"的成长，特别是"我"对真挚友谊、博大胸怀的理想境界的追求。

（12）英国著名剧作家米尔恩创作的《小熊温尼·菩》和《菩屋拐角处的小房子》被合称为"菩书"系列，在 20 世纪 20 年代风靡英国，是家喻户晓的儿童读物。作者善于抓住儿童的心理，作品有幽默感，流露出稚拙之美。

（13）英国作家碧丽克丝·波特创作的"兔子彼得"系列是英国著名的童话故事。《兔子彼得的故事》还包含几百幅图画，在西方国家它被称为"绘本图书高不可攀的顶峰"。

（14）瑞典女作家塞尔玛·拉格洛芙的童话《尼尔斯骑鹅旅行记》讲了一个被精灵施了魔法的小男孩，骑着一只会飞的家鹅和大雁们一起旅行的故事。小男孩在冒险的过程中增长了知识，结识了好友，最终改正了缺点，变成了一个勇敢、善良、勤劳、富有责任感的人。拉格洛芙 1909 年获得了诺贝尔文学奖。

（15）瑞典当代女作家阿斯特丽·林格伦因创作《长袜子皮皮》而一举成名。她曾荣获国际安徒生奖，被誉为瑞典 20 世纪中后期的童话泰斗。

（16）日本童话作家中川李枝子的《不不园》是日本儿童文学的典范，日本人将其列入"必读图书"。

四、寓言

寓言是一种篇幅简短，但包含着明显的教育意义的故事。寓言的特点是教育性、隐喻性、精练性和讽刺性。《伊索寓言》中的《农夫和蛇》《狐狸和葡萄》《龟兔赛跑》《蚊子与狮子》等均广为流传。18 世纪俄罗斯作家克雷洛夫所著的《克雷洛夫寓言》具有极强的现实性，他常借动物和植物的形象来反映社会生活，同时采用诗歌的形式，语言优美。著名篇章有《狼和小羊》《狮子分猎物》《农夫和绵羊》等。

五、儿童小说

儿童小说是指符合少年儿童的接受能力、心理特点和审美趣味，有利于他们健康成长的小说。当代作家杨红樱创作的"淘气包马小跳"系列，呼唤张扬孩子的天性，让孩子拥有一个健康、和谐、美好的童年。曹文轩的《草房子》讲述了一个男孩六年的小学生活，通过男孩看待周遭世界的目光和男孩的思考，让读者接受人生的启蒙教育，作品语言明白晓畅、结构独特新颖、格调高雅。《汤姆·索亚历险记》是美国 19 世纪杰出的小说家马克·吐温的代表作品，作品描写了男孩汤姆·索亚和小伙伴的历险故事，情节跌宕起伏、引人入胜。它的姊妹篇《哈克贝利·费恩历险记》也是美国文学中的经典之作。

六、儿童散文

儿童散文是指专门写给少年儿童或者是成人作家以表现自我经验为主旨，但符合少年儿童的接受能力和审美心理的散文。儿童散文普遍具有内容真实、题材广泛、篇幅短小、形式灵活、意境优美、易于被儿童接受、能引起儿童共鸣的特点。例如，现代作家冰心的散文集《寄小读者》。

七、儿童科学文艺

科学文艺是文学范畴内的一种特殊体裁，是指用艺术手法来描写科学知识、反映科学道理、表现科学精神的一种文艺作品。儿童科学文艺是指专门为少年儿童所写，并为少年儿童所喜闻乐见的科学文艺作品。儿童科学文艺作品要注重思想性、科学性、艺术性和趣味性，如少儿科普读物《十万个为什么》。

八、儿童戏剧

儿童戏剧是指专门为少年儿童创作、演出，适合少年儿童的接受能力和审美趣味的戏剧。儿童戏剧文学是儿童文学的一种体裁，既可以供小读者阅读，又可以是演出的脚本。常见的儿童戏剧多是童话、寓言故事改编的。

九、儿童故事

儿童故事是根据儿童的阅读兴趣所创作的，适合儿童阅读或聆听的、内容简单、篇幅短小、情节生动有趣、结构完整的具体事件。

十、其他作品

（一）《一千零一夜》

《一千零一夜》是最著名的古代阿拉伯民间故事集，在西方被称为"阿拉伯之夜"，在中国被称为"天方夜谭"。其中著名的故事有《阿里巴巴和四十大盗》《辛巴德航海故事》《神灯》等。

（二）《爱的教育》

《爱的教育》是意大利作家亚美契斯创作的一部日记体小说。作品以一个四年级的男孩的眼光审视着他身边的美与丑、善与恶，表达了爱的伟大力量。

（三）《爱弥儿》

《爱弥儿》是18世纪法国启蒙主义思想家卢梭的一部哲理小说，也是一部教育论著。作品借助一个虚构出来的人物爱弥儿从出生到成年的过程，来表达作者崇尚自然主义教育的观点。

 例题精讲

单选题

1. 被誉为"世界儿童文学的太阳"的童话作家是（　　）。
   A. 科洛迪　　　　　　　　B. 米尔恩
   C. 安徒生　　　　　　　　D. 格林兄弟
2. 有"美国儿童文学之父"之称的作家是（　　）。
   A. 弗兰克·鲍姆　　　　　B. 米尔恩
   C. 安徒生　　　　　　　　D. 格林兄弟
3. 以下是中国童话作家严文井的作品的是（　　）。
   A.《小猫钓鱼》　　　　　　B.《南南和胡子伯伯》
   C.《淘气包马小跳》　　　　D.《小猪奴尼》

【答案】C　A　B

【解析】文学常识以选择题的形式考查，考生需要在了解常识的基础上能够实现知识的再现。

 **拓展阅读**

（1）17世纪捷克斯洛伐克著名教育家夸美纽斯编写的儿童启蒙读物《世界图解》，是西方教育史上第一本附有插图的儿童百科全书。

（2）20 世纪英国作家罗尔德·达尔著有童话《查理和巧克力工厂》。

（3）中世纪法国民间长篇叙事诗《列那狐的故事》，后由法国女作家季诺夫人改写。

（4）19 世纪英国作家查理·金斯莱的《水孩子》也是一部经典的童话作品。

（5）19 世纪英国小说家罗伯特·巴兰坦的《珊瑚岛》描写了三个少年在南太平洋珊瑚岛上的游历，歌颂了三个少年热爱生活、勇于探索、乐于助人的精神。

（6）《康拉德》是奥地利女作家克里斯蒂娜·内斯特林格创作的一部童话作品。她的创作提升了奥地利儿童文学的高度。1984 年，她获得了国际安徒生奖。

（7）美国作家休·洛夫廷创作的《杜立德医生》讲述了喜爱动物的杜立德医生和他诊所里各类无家可归的动物之间的有趣故事。

（8）法国作家阿纳托尔·法朗士是 1921 年的诺贝尔文学奖得主，《蜜蜂公主》是其童话作品。

（9）英国著名作家路易斯·卡罗尔写有《爱丽丝漫游奇境记》。

（10）绘本《猜猜我有多爱你》由英国作家麦克布雷尼·文所作，通过两只兔子诉说自己有多爱对方来展现纯真的母子之情。

（11）中国当代儿童文学作家郑春华著有《大头儿子与小头爸爸》。

（12）中国当代儿童文学作家沈石溪的动物小说系列，以《第七条猎狗》《狼王梦》《斑羚飞渡》等为代表。

考点详解

一、上古神话

上古时期产生了众多的神话传说，这些神话传说在古代文人的作品集里得以记录并保存下来。例如，在《淮南子》一书中就保存了共工怒触不周山、嫦娥奔月、塞翁失马等上古神话传说。《山海经》中也保存了不少神话传说，如盘古开天辟地、夸父逐日、女娲补天、大禹治水、精卫填海、黄帝战蚩尤等。

二、先秦文学

先秦文学是指秦始皇统一六国之前的文学，主要成就在诗歌和散文方面。

（一）诗歌

我国最早的一部诗歌总集是《诗经》，因收录了 305 篇诗歌，又称"诗三百"或"诗"。到了汉代被儒家奉为经典，因此有了"诗经"的称谓。《诗经》中的诗篇又分为"风""雅""颂"三类。

屈原是我国第一位伟大的浪漫主义爱国诗人。他出生于战国时期的楚国，所以他开创的诗歌样式被称为"楚辞"。屈原的代表作《离骚》是我国文学史上最长的一首政治抒情诗。

《诗经》和《楚辞》被合称为"风骚"。

考点 3：
文学常识——
上古神话、先秦文学、两汉文学
内容提要：上古时期产生了众多的神话传说，这些神话传说在古代文人的作品集里得以记录并保存下来。先秦文学是指秦始皇统一六国之前的文学，主要成就在诗歌和散文方面。两汉文学的成就在赋、诗歌和散文方面。

（二）散文

先秦散文的主要成就在历史散文和诸子散文上。

历史散文主要有《左传》《战国策》《国语》。《左传》又称为《春秋左氏传》或《左氏春秋》，是一部编年体（按年月日来编写）史书。《战国策》《国语》均是国别体。

"春秋三传"指《左传》《谷梁传》《公羊传》。

诸子散文指春秋战国时期诸子百家的著作，是阐述其政治主张的哲理性著作。

道家的代表人物是老子（《道德经》，道家学派创始人）和庄子（《庄子》，"庖丁解牛""游刃有余""鹏程万里""庄周梦蝶"等成语的出处）。

儒家的代表人物是孔子（《论语》，语录体散文集，儒家学派创始人，主张"仁"的思想）、孟子（《孟子》，"得道多助，失道寡助""生于忧患，死于安乐"等）和荀子（《荀子》，先秦唯物主义的集大成者，提出性恶论和人定胜天的思想）。

墨家的代表人物是墨子（《墨子》，主张兼爱非攻，尚贤任能）。

法家的代表人物是韩非子（《韩非子》，主张君主集权，名篇《扁鹊见蔡桓公》《五蠹》，成语"守株待兔""买椟还珠""自相矛盾"的出处）。

兵家的代表人物是孙武（《孙子兵法》，我国第一部军事著作）。

《吕氏春秋》是由秦相吕不韦和他的门客集体创作的。

秦国李斯的代表作是《谏逐客书》，这是李斯给秦王的一个奏章，强调重用客卿的重要性。

三、两汉文学

（一）汉赋

赋是汉代新兴的一种兼具诗文特点的文体，后世往往把它看作汉代文学的代表性成就，所以有"汉赋"之称。

贾谊的《吊屈原赋》表现了对屈原的同情，也流露出对自己无辜遭贬的愤慨。该赋是汉初文坛的重要作品，是以骚体写成的抒怀之作，也是汉人最早的吊屈原之作，开汉代辞赋家追怀屈原的先例。

西汉另一辞赋家是司马相如，代表作有《子虚赋》（成语"子虚乌有"的出处）、《上林赋》，其作品辞藻富丽、结构宏大。

东汉文学家赵壹的《刺世疾邪赋》揭露、讽刺了黑暗腐败的社会现实，作品篇幅简短，改变了铺陈叙事的汉大赋的面貌。此后，抒情小赋渐渐取代了汉大赋。

（二）汉乐府民歌

"乐府"本是音乐机构的名称，到了汉代就成了配乐的诗体名字。汉乐府民歌以叙事为主，代表作是《孔雀东南飞》（古代长篇叙事诗），它和后来的北朝民歌《木兰辞》并称"乐府双璧"。《孔雀东南飞》一诗最早见于南朝徐陵编纂的《玉台新咏》。

该时期的作品还有《古诗十九首》（东汉时中下层知识分子的创作），出自梁代萧统编的《昭明文选》。"古诗"是魏晋、南北朝时期文人对诗歌的称谓。当时，无名氏创作的十九首五言古诗，总题为《古诗十九首》，代表着汉代文人诗的最高成就。

（三）历史散文

两汉散文的成就主要是历史散文。

贾谊除了《吊屈原赋》是汉赋发展的先声外，他的散文《过秦论》《论积贮疏》也是名篇。

西汉历史散文的杰出成就是司马迁的《史记》，《史记》是中国第一部纪传体（以为人物立传记的方式记述史实）通史，被鲁迅称为"史家之绝唱，无韵之离骚"。《史记》与宋代司马光的《资治通鉴》并称为"史学双璧"。司马迁与司马光并称为"史界两司马"。司马迁与汉赋的代表作家司马相如合称为"文章西汉两司马"。

东汉著名史学家、文学家班固的《汉书》是我国第一部纪传体断代史书。

东汉著名的唯物主义思想家王充著有《论衡》，是一部不朽的无神论著作。

单选题

1. 成语"刻舟求剑"出自（　　）。

A.《庄子》　　　　　　　　B.《孟子》

C.《吕氏春秋》　　　　　　D.《史记》

2. "文章西汉两司马"是指（　　）。

A. 司马光　司马相如　　　B. 司马光　司马迁

C. 司马南　司马迁　　　　D. 司马迁　司马相如

3. 我国第一部纪传体通史是（　　）。

A.《史记》　　　　　　　　B.《战国策》

C.《汉书》　　　　　　　　D.《论语》

【答案】C　D　A

【解析】本部分知识需要能够实现再现和再认。

 考点详解

一、魏晋南北朝文学

（一）诗歌

1. 三曹

"三曹"指曹氏父子曹操、曹丕、曹植。曹操有《观沧海》《蒿里行》《龟虽寿》（"老骥伏枥，志在千里。烈士暮年，壮心不已"）、《短歌行》（"何以解忧，唯有杜康"）。曹丕有《燕歌行》。曹植是五言诗的奠基人，他的创作完成了从汉乐府民歌向文人诗的转变，名作有《白马赋》（五言诗）、《名都赋》（五言诗）。

2. 建安七子

除"三曹"外，东汉末年还出现了有"建安七子"之称的七位优秀诗人，他们是孔融、陈琳、王粲、徐干、阮瑀、应场、刘祯。他们以写五言诗为主，为五言诗的发展做出了重要贡献。其中，王粲的《七哀诗》成就最高，被看作"七子之冠冕"。

3. 竹林七贤

竹林七贤指曹魏时期的七位隐居竹林、不同流俗的文人，他们是嵇康、阮籍、山涛、刘伶、王戎、向秀、阮咸。

4. 东晋诗人陶渊明

陶渊明是我国第一位以田园为主要描写内容的诗人，开创了田园诗派。代表作有《归园田居》《饮酒》等，自传《五柳先生传》。

5. 南朝诗人谢灵运

谢灵运是我国第一位以山水为主要描写内容的诗人，开创了山水诗派。代表作《登池上楼》。谢灵运的诗总体来看是清新明丽的。

考点 4：

文学常识——

魏晋南北朝、

隋唐五代文学

内容提要：魏晋南北朝文学的成就主要是诗歌、辞赋散文、文学理论和小说；隋唐五代文学的成就主要是诗歌、辞赋散文和传奇。

（二）辞赋散文

曹植的《洛神赋》（"翩若惊鸿，婉若游龙"）、王粲的《登楼赋》、左思的《三都赋》（引出"洛阳纸贵"的典故）、诸葛亮的《出师表》（有成语"妄自菲薄""作奸犯科"）、李密的《陈情表》、王羲之的《兰亭序》、陶渊明的《桃花源记》《归去来辞》等都是千古佳作。北魏地理学家郦道元所著的《水经注》、范晔的《后汉书》、陈寿的《三国志》也名垂史册。

（三）文学理论

我国第一部文学理论和文学批评专论是曹丕的《典论·论文》。
第一篇用赋体写成的创作论是陆机的《文赋》。
第一部诗论是钟嵘的《诗品》。
第一部理论体系完整的文学理论巨著是刘勰的《文心雕龙》。

（四）小说

该时期出现了干宝（东晋）的志怪小说《搜神记》（志怪小说的鼻祖）；刘义庆（南朝宋）的志人小说《世说新语》。《世说新语》是我国第一部笔记体小说，记录士大夫的逸闻趣事，有成语"望梅止渴""口若悬河"。

二、隋唐五代文学

（一）唐代诗歌

唐代是诗歌发展的鼎盛时期，又分为初唐、盛唐、中唐和晚唐四个阶段。

1. 初唐

初唐四杰即王勃、杨炯、卢照邻、骆宾王。他们旨在发扬汉魏风骨，扭转了隋诗浮靡的风格，为唐诗的健康发展做出了贡献。骆宾王的《咏鹅》脍炙人口，流传广泛。王勃的《送杜少府之任蜀州》中"海内存知己，天涯若比邻"的诗句常为离别的人们互勉之用。

陈子昂是初唐四杰之后推动唐诗发展的又一重要诗人。他的《登幽州台歌》"前不见古人，后不见来者，念天地之悠悠，独怆然而涕下"发怀古之幽思，成为千古绝句。

贺知章的诗作《咏柳》《回乡偶书》通俗易懂，传诵至今。

2. 盛唐

盛唐时期流派众多。山水田园诗派的代表人物是王维与孟浩然，并称为"王孟"。王维被称为"诗佛"，代表作品有《鸟鸣涧》《山居秋暝》《使至塞上》。孟浩然的代表作品有《春晓》《过故人庄》。边塞诗派的代表人物有高适、岑参、王昌龄等。高适的代表作是《燕歌行》。岑参的代表作是《白雪歌送武判官归京》（"忽如一夜春风来，千树万树梨花开"）。王昌龄被后人誉为"七绝圣手"，其作品《出塞》（"秦时明月汉时关，万里长征人未还。但使龙城飞将在，不教胡马度阴山。"）意境开阔、感情深沉，《芙蓉楼送辛渐》（"洛阳亲友如相问，一片冰心在玉壶"）展现了诗人宽广的胸怀和坚强的性格。

李白是杰出的浪漫主义诗人，有"诗仙"美誉，其诗风豪迈飘逸。《将进酒》《蜀道难》《静夜思》《秋浦歌》《赠汪伦》《望庐山瀑布》《梦游天姥吟留别》等被千古传诵。

杜甫是伟大的现实主义诗人，其诗风沉郁顿挫。代表作品有《茅屋为秋风所破歌》《春望》，以及表现民间疾苦的"三吏""三别"（《新安吏》《石壕吏》《潼关吏》《新婚别》《无家别》《垂老别》）。

3. 中唐

白居易号香山居士，中晚唐著名的现实主义诗人，倡导"新乐府运动"，提出"文章合为时而著，歌诗合为事而作"的创作口号。讽喻诗有《观刈麦》《轻肥》；感伤诗有《长恨歌》（"在天愿作比翼鸟，在地愿为连理枝。天长地久有时尽，此恨绵绵无绝期"）、《琵琶行》（"同是天涯沦落人，相逢何必曾相识"）。

刘长卿擅长写五言诗，自称"五言长城"，其代表作品有《逢雪宿芙蓉山主人》（"柴门闻犬吠，风雪夜归人")。

韩愈的诗力求新奇、重气势,如《早春呈水部张十八员外》("天街小雨润如酥,草色遥看近却无。最是一年春好处,绝胜烟柳满皇都。")。

孟郊的诗有险奇艰涩的特点,但也有一些真挚深沉、感人至深的诗作,如《游子吟》。他与唐朝诗人贾岛都是苦吟诗人的代表,有"郊寒岛瘦"的说法。贾岛有关于"推敲"的故事。

刘禹锡的诗简洁明快,如《乌衣巷》("旧时王谢堂前燕,飞入寻常百姓家")。

李贺有 **"诗鬼"** 之称。其诗中名句"天若有情天亦老"。

4.晚唐

杜牧擅长七言绝句,诗风豪迈洒脱。因诗歌成就高,人称"小杜",以区别于"大杜"(杜甫)。其代表作品有《泊秦淮》("商女不知亡国恨,隔江犹唱后庭花")、《江南春》等。

李商隐以作无题诗著称,诗风绮丽精工。名句有"夕阳无限好,只是近黄昏";"相见时难别亦难,东风无力百花残。春蚕到死丝方尽,蜡炬成灰泪始干";"身无彩凤双飞翼,心有灵犀一点通"。

唐代诗人合称:"李杜"指李白、杜甫;"小李杜"指李商隐、杜牧;"诗中三李"指李白、李商隐、李贺。

(二) 唐代散文

古文运动由韩愈、柳宗元发起。"古文"指先秦、两汉盛行的,以质朴自然、散行单句为特点的散文,这是和魏晋以来的骈文相对而言的。古文运动提倡古文,反对骈文。

"唐宋八大家"是指韩愈、柳宗元、苏洵、苏轼、苏辙、欧阳修、王安石、曾巩 **(记忆时可按"韩柳、三苏、欧王曾"来记)**。

韩愈位于"唐宋八大家"之首,著有名篇《师说》("师者,所以传道受业解惑也")。

柳宗元的代表作有《捕蛇者说》。

(三) 唐代传奇

唐代传奇指当时流行的文言短篇小说,是在六朝志怪小说的基础上,融合了历史传记故事、诗词歌赋和民间说唱艺术而形成的一种新文体。

唐代传奇的发展经过了初唐时期、中唐时期和晚唐五代时期。代表作品有王度的《古镜记》、陈鸿的《长恨歌传》(陈鸿和白居易是同时期作家,两人出游期间谈及唐玄宗和杨贵妃的故事,后来两人就写了同题材的诗歌《长恨歌》和传奇《长恨歌传》)、元稹的《莺莺传》(讲述贫寒书生张生对没落贵族女子崔莺莺始乱终弃的悲剧故事,元代剧作家王实甫将这一故事改写成《西厢记》)、李朝威的《柳毅传》、裴铏的《聂隐娘》等。

 例题精讲

单选题

1. 下列选项中不是李白的诗作的是 (　　)。

A.《鸟鸣涧》　　　　　　　　B.《秋浦歌》

C.《望庐山瀑布》　　　　　　D.《蜀道难》

2. 唐代诗人中,有"七绝圣手"称号的是 (　　)。

A. 王维　　　　　　　　　　　B. 刘长卿

C. 王昌龄　　　　　　　　　　D. 王粲

3. 魏晋时期,第一个大力写五言诗的是 (　　)。

A. 曹植　　　　　　　　　　　B. 曹丕

C. 曹操　　　　　　　　　　　D. 陶渊明

【答案】 A C A

【解析】隋唐五代文学是常考的内容，需要注意。

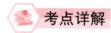考点详解

一、宋代文学

（一）宋词

词是隋唐五代时兴起的一种合乐而歌的新诗体，当时叫"曲子"或"曲子词"，后来才称为"词"，还可称为"诗余""乐府""长短句"。晚唐时期有花间派的词人温庭筠、李煜和韦庄。

词在宋代取得了卓越的成就，代表了一代文学，所以有"宋词"之称，有豪放派和婉约派之分。

豪放派以苏轼、辛弃疾为代表。苏轼号东坡居士，是豪放派的开创者。其代表作有《念奴娇·赤壁怀古》（"大江东去，浪淘尽，千古风流人物"）及《水调歌头·明月几时有》（"但愿人长久，千里共婵娟"）等。苏轼与其父苏洵、其弟苏辙合称为"三苏"。

辛弃疾著有《稼轩长短句》，名篇有《永遇乐·京口北固亭怀古》等。

婉约派以柳永、李清照、姜夔为代表。柳永的《雨霖铃·寒蝉凄切》抒发了离情别绪，凄婉动人。李清照的代表作有《如梦令·昨夜雨疏风骤》。姜夔的代表作有《扬州慢·淮左名都》。

李煜是五代十国南唐后主，他的代表作品有《虞美人》（"春花秋月何时了？往事知多少。小楼昨夜又东风，故国不堪回首月明中。雕栏玉砌应犹在，只是朱颜改。问君能有几多愁，恰似一江春水向东流。"）。

秦观的《鹊桥仙》中有"两情若是久长时，又岂在朝朝暮暮"的名句。

（二）宋诗

宋诗虽不如唐诗，但也取得了不小的成绩。

"白体"诗人王禹偁，其代表作为《村行》。有"梅妻鹤子"雅号的北宋初年诗人林逋以咏梅诗词著称于世，他的《山园小梅》（"疏影横斜水清浅，暗香浮动月黄昏"）因写梅花的姿态神韵而成为千古咏梅绝唱。

南宋诗歌的代表人物有杨万里、陆游、文天祥等。杨万里号诚斋，有"诚斋体"，其作表作品有《晓出净慈寺送林子方》（"毕竟西湖六月中，风光不与四时同。接天莲叶无穷碧，映日荷花别样红。"）、《小池》（"小荷才露尖尖角，早有蜻蜓立上头"）。杨万里与陆游、尤袤、范成大并称为"南宋中兴四大诗人"。爱国诗人陆游的代表作品有《十一月四日风雨大作》《示儿》《游山西村》（"山重水复疑无路，柳暗花明又一村"）等。文天祥是南宋爱国诗人，他的代表作品有《正气歌》和《过零丁洋》（"人生自古谁无死，留取丹心照汗青"）。

（三）宋代散文

欧阳修号醉翁，"唐宋八大家"之一，是北宋诗文革新运动的领袖，继承并发展了韩愈的古文理论，倡导平易流畅、委曲婉转的文风。代表作品有《醉翁亭记》（"醉翁之意不在酒，在乎山水之间也"）。

王安石的代表作品为《游褒禅山记》。

苏轼的散文代表着宋代散文的最高成就，著有《石钟山记》《赤壁赋》等。

范仲淹的作品《岳阳楼记》中有"先天下之忧而忧，后天下之乐而乐"的名句。

（四）宋人话本

话本是宋、元时期在城市的游艺场所里"说话"艺人讲故事的底本。话本内容多取材于现实生活，故事生动曲折，人物形象鲜明，语言通俗明快。话本对明清小说有很大影响。《水浒传》《三国演义》中的故事在话本中已经存在。

二、元代文学

元代文学的主要成就是元曲，包括杂剧和散曲。

元曲四大家即关汉卿、郑光祖、白朴和马致远。关汉卿的代表作品有《窦娥冤》《望江亭》等；郑光祖的代表作品有《倩女离魂》；白朴的代表作品有《梧桐雨》；马致远的代表作品有《汉宫秋》、《天净沙·秋思》（散曲），有"秋思之祖"的赞誉。

王实甫的《西厢记》表达了"愿天下有情人终成眷属"的美好愿望。

 例题精讲

单选题

1．"一门三父子，都是大文豪，诗赋传千古，峨眉共比高。"这首诗中的"三父子"指的是（　　）。

A. 曹操、曹丕、曹植　　　　　B. 苏洵、苏轼、苏辙

C. 班彪、班固、班超　　　　　D. 杜甫、杜牧、杜荀鹤

2．在我国文学史上，"秋思之祖"指的是（　　）。

A. 关汉卿　　　　　　　　　　B. 马致远

C. 辛弃疾　　　　　　　　　　D. 白朴

3．下列选项中不是婉约派代表的是（　　）。

A. 辛弃疾　　　　　　　　　　B. 李清照

C. 柳永　　　　　　　　　　　D. 姜夔

【答案】B B A

【解析】该部分知识点需要能够再现和再认。

考点详解

一、明清小说

（一）明代小说

明代小说包括章回体小说和拟话本小说。

1. 章回体小说

章回体小说是我国古代长篇小说的重要形式，是在宋元讲史话本的基础上产生并发展起来的。代表作品有明代"四大奇书"：《水浒传》《三国演义》《西游记》《金瓶梅》。

考点 6：
文学常识——
明清文学

内容提要：明清文学的主要成就是小说和戏剧。

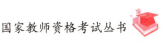

元末明初施耐庵的《水浒传》又名《忠义水浒传》，一般简称为《水浒》。《水浒》是我国文学史上第一部用白话文写成的英雄传奇小说，开创了白话章回体小说的先河。

元末明初小说家罗贯中的《三国演义》是第一部长篇历史演义小说，展现了三国时期魏、蜀、吴之间的政治和军事斗争。

明代吴承恩的《西游记》是第一部神魔小说。

明代兰陵笑笑生的《金瓶梅》是我国第一部由文人独立创作的白话世情章回小说。《金瓶梅》之后，文人创作成为小说创作的主流，而此前的长篇小说都是取材于历史故事、神话或传说。《金瓶梅》以现实社会中的人物和家庭日常生活为题材，使中国小说现实主义创作方法日臻成熟，为其后《红楼梦》的出现做了必不可少的探索和准备。《金瓶梅》被看作"明代四大奇书"之首。

2. 拟话本小说

拟话本小说是由当时的文人模拟话本的形式创作的供人案头阅读的白话短篇小说。代表作是明代冯梦龙的"三言"：《喻世明言》《警世通言》《醒世恒言》，用于劝谕、警戒、唤醒世人，有明确的社会功能。

明代小说家凌濛初著有《初刻拍案惊奇》《二刻拍案惊奇》，也是古代短篇小说中的重要作品。

凌濛初和冯梦龙的作品合称为"三言二拍"，是我国白话短篇小说的经典代表。

（二）清代小说

清代小说的代表作品：《聊斋志异》《儒林外史》《红楼梦》。

蒲松龄的文言短篇小说集《聊斋志异》，虽是描写鬼神故事，但却寄托了对现实生活的认识和评价。

吴敬梓的长篇小说《儒林外史》，批判科举制度对读书人的毒害，是我国古典讽刺文学的代表。

曹雪芹的《红楼梦》是我国古典小说创作的最高峰。作为一部成书于封建社会晚期的文学作品，该小说系统地总结了中国封建社会的文化、制度，对封建社会的各个方面进行了深刻的批判，并且提出了朦胧的带有初步民主主义性质的理想和主张。

二、明清戏剧

明代戏曲的成就主要是指汤显祖的《牡丹亭》，描写了贵族小姐杜丽娘和贫寒书生柳梦梅的爱情故事，用浪漫夸张的艺术手法表现了要求个性解放的思想。

清代戏剧的成就是洪升的《长生殿》，描写了唐明皇和杨贵妃的爱情悲剧。孔尚任所作的《桃花扇》，描写了明末的复社文人侯方域和秦淮名妓李香君的爱情故事，"借离合之情，写兴亡之感"。

例题精讲

单选题

1. 下列作品中不属于中国古代的四大名著的是（　　　　）。

A.《红楼梦》 　　　　　　　　B.《西游记》

C.《水浒传》 　　　　　　　　D.《金瓶梅》

2. 被称为"借离合之情，写兴亡之感"的作品是（　　　　）。

A.《牡丹亭》 　　　　　　　　B.《桃花扇》

C.《长生殿》 　　　　　　　　D.《儒林外史》

3. 虽是描写鬼神故事，但却寄托了对现实生活的认识和评价的清代著名作家蒲松龄的作品是（　　　　）。

A.《聊斋志异》 　　　　　　　B.《神仙传》

C.《搜神记》 　　　　　　　　D.《官场现形记》

【答案】 D　B　A

【解析】 明清时期小说较多，需要加以区分。

 考点详解

关于近代文学，主要介绍以下代表人物：

（1）龚自珍：清代思想家、文学家。名篇有《己亥杂诗》，其中的名句为"我劝天公重抖擞，不拘一格降人才"。他的散文《病梅馆记》表达了要求改革政治、去除禁锢人才的精神桎梏以及追求个性解放的愿望和反抗精神。

（2）梁启超：近代思想家、政治家、教育家、文学家，号任公，所以又被称为梁任公，又号饮冰室主人。著作有《饮冰室文集》。戊戌变法前后，他提出"诗界革命""文界革命""小说界革命"的"三界"革命的口号。

（3）王国维：近代著名学者、国学大师。他是近代中国最早运用西方哲学、美学、文学观点和方法剖析评论中国古典文学的学者，有文学批评著作《人间词话》，提出"境界"说。《人间词话》是晚清以来最有影响的著作之一。

（4）林觉民：革命党人，"黄花岗七十二烈士"之一，著有《与妻书》，情真意切地表达了对亲人的爱以及为国捐躯的决心。

此外，翻译文学兴起，严复、林纾是这个时期著名的翻译家，他们分别翻译了西方社会科学和文学作品，对传播新思想、新文化起到了积极的作用。

 例题精讲

单选题

戊戌变法前后提出了"诗界革命""文界革命""小说界革命"主张的是（　　）。

A. 胡适　　　　　　　　　　B. 王国维

C. 鲁迅　　　　　　　　　　D. 梁启超

【答案】 D

【解析】 梁启超于1898年戊戌变法前后，提出了"诗界革命""文界革命""小说界革命"的"三界"革命的口号。

 考点详解

讲到中国现代文学的开端，先要讲距今100年前的那场新文化运动。

1915年9月，陈独秀主编的《新青年》（第一卷名为《青年杂志》，自第二卷起改名为《新青年》）杂志在上海创刊，标志着新文化运动的爆发。中国先进的知识分子以《新青年》为阵地，高举"民主""科学"两面大旗，对封建主义的社会制度和思想文化进行了猛烈的批判。

为了更好地宣传新思想和新道德，改变陈腐落后的语言形式的束缚，1917年年初又发生了以"反对文言文、提倡白话文，反对旧文学、提倡新文学"为主要内容的文学革命。文学革命的发生标志着中国现代文学的开始。

现代文学确立后，在现代小说、诗歌、戏剧、散文等方面都取得了巨大成就。

考点7：
文学常识——
近代文学

内容提要：中国的古代文学发展到清中叶时，除小说以外，大多数作品都因缺乏新的思想、内容和艺术形式而成就不大，古代文学日趋衰落。1840年，鸦片战争爆发，为抵抗外国的侵略，一部分地主阶级中的开明派发出了改革腐朽内政的呼声。在文学方面，为适应改革的要求，出现了进步的文学新潮流。近代文学的发展序幕随之拉开。

考点8：
文学常识——
现代文学

内容提要：现代文学确立后，在现代小说、诗歌、戏剧、散文等方面都取得了巨大的成就。

一、现代小说

鲁迅是中国现代文学的奠基人，他于 1918 年 5 月发表的小说《狂人日记》是现代文学史上的第一篇白话小说。鲁迅的小说集《呐喊》（《狂人日记》《药》《阿 Q 正传》《故乡》是其中的名篇）和《彷徨》（《祝福》《伤逝》是其中的名篇），被看作中国现代现实主义小说的两座丰碑。此外，他还著有历史小说集《故事新编》、散文集《朝花夕拾》、散文诗集《野草》及众多的杂文集。

茅盾，字雁冰，新文化运动的先驱者之一，现代文学史上著名的社会剖析小说作家，善于创作富有时代色彩的文学作品，代表作品有长篇小说《子夜》、"农村三部曲"《春蚕》《秋收》《残冬》、短篇小说《林家铺子》、散文《白杨礼赞》等。茅盾去世后，根据他的遗愿特别设立了"茅盾文学奖"，以鼓励优秀长篇小说的创作。

巴金的主要作品有"激流三部曲"《家》《春》《秋》（描述了封建大家庭没落的历史）及长篇小说《憩园》和《寒夜》。巴金晚年创作了散文集《随想录》。

老舍是"京味"小说的开创者，笔下重点描绘了北京的市民生活。其主要作品有小说《骆驼祥子》《四世同堂》《月牙儿》《我这一辈子》和戏剧《龙须沟》《茶馆》等。

叶圣陶，中国现代著名作家、教育家。有长篇小说《倪焕之》、童话集《稻草人》等。

冰心，中国现代著名作家、儿童文学作家、散文家。在小说、诗歌、散文领域都有杰出成就。开创了"问题小说"的创作，有小说《超人》等；开创了"小诗派"，有诗集《繁星》《春水》；写作"冰心体"散文，如《寄小读者》等。

郁达夫，中国现代作家、革命烈士。代表作品有《沉沦》《春风沉醉的晚上》等。

萧红，中国现代著名女作家，"东北作家群"的代表作家之一。作品有中篇小说《生死场》，长篇自传体小说《呼兰河传》。

沈从文一直关注"湘西世界"，擅长对人性进行描写，代表作是《边城》，作品借边城小镇来讴歌一种优美、健康、自然和古朴的人性。

张爱玲以表现和反思人性的弱点而著称，尤其关注女性的命运。有小说集《传奇》，代表作是中篇小说《金锁记》。此外，还有《倾城之恋》《沉香屑·第一炉香》《封锁》等名篇。散文集《流言》中有很多自传性的作品，对于了解她的生活经历和思想有很重要的作用。

林语堂，现代著名作家、学者和语言学家。20 世纪 30 年代出版的文集《吾国与吾民》《生活的艺术》，在国外反响热烈。小说《京华烟云》于 20 世纪 30 年代后期完成，是一部仿照《红楼梦》的结构用英文写成的长篇小说，全景式地展现了现代中国社会风云变幻的历史风貌。

张恨水，著名章回小说家，鸳鸯蝴蝶派代表作家。代表作品有《啼笑因缘》《金粉世家》等。

张天翼，抗战时期国统区的代表作家，有短篇小说《华威先生》。

赵树理，抗战时期解放区的代表作家，他的作品乡土气息浓厚，真实地再现了我国农村的巨大变革，也为文艺大众化的发展做出了巨大的贡献。代表作有《小二黑结婚》《李有才板话》《李家庄的变迁》。

孙犁，解放区另一位广有影响的作家，是"荷花淀派"的创始人，代表作有《荷花淀》《白洋淀纪事》。

丁玲的《太阳照在桑干河上》是反映农村土改运动的优秀长篇小说，荣获斯大林文学奖。

二、现代诗歌

郭沫若：中国现代白话新诗的奠基人，代表作是五四时期创作的诗集《女神》（《凤凰涅槃》《炉中煤》《天狗》是其中的经典诗篇）。郭沫若在历史剧创作方面也取得了极高的成就，他在抗战期间创作的包括《屈原》在内的六部历史剧，借古喻今。

新月诗派的闻一多提出新诗"格律化"的艺术主张，认为新诗创作要追求"三美"，即音乐美、建筑美、绘画美。闻一多的代表作是诗集《红烛》和《死水》。新月诗派的另一代表是徐志摩，他的《再别康桥》《沙扬娜拉：赠日本女郎》等都是脍炙人口的佳作。

艾青的《大堰河——我的保姆》是 20 世纪 30 年代的诗坛佳作。抗战初期，艾青有诗作《我爱这土地》，抒发了诗人炽热的爱国之心。

20 世纪 30 年代的诗坛还有一位现代派诗人——戴望舒，有"雨巷诗人"之称，代表作是《雨巷》。

20 世纪 40 年代，解放区诗人李季创作了具有浓厚地方色彩的长篇叙事诗《王贵与李香香》（采用陕北信天游的形式），歌颂了陕北人民在共产党的领导下翻身闹革命的斗争精神。

三、现代散文

朱自清的散文感情充沛、描写细腻，代表作品有《荷塘月色》《背影》等。

四、现代戏剧

田汉是中国现代戏剧的奠基人之一，其创作的歌词后成为国歌《义勇军进行曲》的歌词。他的剧作有《咖啡店之一夜》《获虎之夜》《名优之死》等。

曹禺的作品《雷雨》，被认为是中国现代话剧成熟的标志，它标志着中国文坛终于出现了可以和西方一流的写实主义悲剧相媲美的剧作。此后，他又陆续发表了《日出》和《原野》，这些剧作奠定了曹禺作为 20 世纪 30 年代中国最著名的悲剧作家的地位。他在 20 世纪 40 年代创作的剧作有《北京人》《家》等。

例题精讲

单选题

《朝花夕拾》《子夜》《激流》三部曲、《白洋淀纪事》这些作品与其作者对应正确的一项是（　　）。

  A. 鲁迅、曹禺、茅盾、李健吾

  B. 鲁迅、茅盾、巴金、孙犁

  C. 郭沫若、曹禺、巴金、李健吾

  D. 郭沫若、茅盾、巴金、孙犁

【答案】B

【解析】《朝花夕拾》是鲁迅的散文集；《子夜》是茅盾的长篇小说；《激流》三部曲是巴金的小说；《白洋淀纪事》是孙犁的代表作。本题主要考查对现代著名文学家及其代表作的了解。

考点详解

1949 年 7 月召开的第一次"中华全国文学艺术工作者代表大会"，标志

考点 9：
文学常识——
当代文学

内容提要：当代文学在小说、诗歌、散文和戏剧等方面都取得了巨大成就，涌现了一大批优秀作家和大量优秀作品。

着自"五四"时期以来的新文学进入了当代文学的发展阶段。

一、小说

柳青的《创业史》是一部展现农村巨大变革的长篇小说，是一部史诗式的作品。

杨沫的《青春之歌》是一部展现民主革命时期青年知识分子成长经历的长篇小说。

王蒙的短篇小说《组织部来了个年轻人》体现出了"干预现实"的精神，积极地表达了对党内一些问题的看法。

新时期作家创作中，"伤痕文学"的作品有周克芹的《许茂和他的女儿们》；"反思文学"的作品有古华的《芙蓉镇》；"改革文学"的作品有贾平凹的《腊月·正月》；"寻根文学"的作品有王安忆的《小鲍庄》，莫言的《红高粱家族》等。2012年莫言获得了诺贝尔文学奖。

20世纪80年代以后有代表性的创作如下：

刘心武的《班主任》和《钟鼓楼》等，《钟鼓楼》荣获第二届茅盾文学奖。

路遥的《人生》和《平凡的世界》，《平凡的世界》荣获第三届茅盾文学奖。

霍达的《穆斯林的葬礼》，荣获第三届茅盾文学奖。

陈忠实的《白鹿原》，荣获第四届茅盾文学奖。

王安忆的《长恨歌》，荣获第五届茅盾文学奖。

贾平凹的《浮躁》《废都》《秦腔》等，《秦腔》荣获第七届茅盾文学奖。

二、诗歌、散文、戏剧

艾青的代表作有诗集《归来的歌》。

舒婷，朦胧诗派代表诗人之一，她的代表作有《致橡树》和《祖国啊，我亲爱的中国》。

顾城，朦胧诗派代表诗人之一，《一代人》中的"黑夜给了我黑色的眼睛/我却用它寻找光明"成为中国新诗的经典名句。

魏巍的代表作品有《谁是最可爱的人》。

杨朔的代表作品有《香山红叶》《茶花赋》。

秦牧的代表作品有《花城》《社稷坛抒情》。

刘白羽的代表作品有《长江三日》。

巴金的《随想录》，内容朴实、感情真挚，充满着作者的忏悔和自省，巴金也因此被誉为"二十世纪中国文学的良心"。

田汉的历史剧《关汉卿》，塑造了13世纪的剧作家关汉卿憎恨丑恶、不畏权贵、大义凛然、追求真理的光辉形象。

老舍的《龙须沟》和《茶馆》：《龙须沟》通过新旧社会人们生活和命运的对比来歌颂新生的人民政权。老舍因此获得了"人民艺术家"的称号；《茶馆》更是当代戏剧艺术的经典之作，通过展现清末至国民党统治时期近50年的历史变迁，表达了"埋葬三个旧时代"的主题。

 例题精讲

单选题

1951年，荣获"人民艺术家"称号的作家是（　　）。

A. 巴金　　　　　　　　　　　　B. 茅盾

C. 老舍　　　　　　　　　　　　D. 鲁迅

【答案】C

【解析】老舍的《龙须沟》通过对新旧社会人们生活和命运的对比来歌颂新生的人民政权，老舍先生也因此获得了"人民艺术家"的称号。本题主要考查对当代著名文学家及其代表作品的了解。

考点 10：
文学常识——
外国古代文学
和中世纪文学
　内容提要：外国
古代文学包括古希腊
文学、希伯来文学。
中世纪文学的类型有
教会文学、骑士文
学、英雄史诗、谣曲
和城市文学。

考点详解

一、外国古代文学

（一）古希腊文学

1. 《荷马史诗》

《荷马史诗》是古希腊文学的最高成就，是西方文学史上最早的一部文学巨著，具有里程碑的意义。相传，《荷马史诗》是盲诗人荷马所作，包括《伊利亚特》（又名《伊利昂纪》，意思是伊利昂的故事）和《奥德赛》（又名《奥德修纪》，意思是奥德修斯的战争）。《伊利亚特》主要讲述希腊人远征特洛伊城的故事；《奥德赛》讲述了希腊英雄、木马计的设计者奥德修斯返航途中的历险故事。

2. 寓言

《伊索寓言》是世界上最早的一部寓言集，相传为公元前6世纪被释放的古希腊奴隶伊索所著。伊索善于讲寓言故事，因而深受人们喜爱，所以人们就把当时的古希腊寓言都归附在他的名下。现在家喻户晓的《农夫和蛇》《狼和小羊》《狐狸和葡萄》《蚊子和狮子》等寓言故事就是出自《伊索寓言》。

3. 古希腊戏剧

古希腊戏剧中成就最高的是悲剧和喜剧。悲剧起源于祭祀活动中的"酒神颂歌"，喜剧起源于祭祀活动后的"狂欢游行"。悲剧大多取材于希腊神话。

三大悲剧作家：（1）埃斯库罗斯，被誉为"古希腊悲剧之父"，代表作品是《被缚的普罗米修斯》，叙述了天神普罗米修斯盗火种给人类的故事。（2）索福克勒斯，被誉为"戏剧艺术的荷马"，代表作品是《俄狄浦斯王》。（3）欧里庇德斯，被誉为"舞台上的哲学家"，代表作品是《美狄亚》。

喜剧作家：阿里斯托芬，被誉为"喜剧之父"，代表作品是《阿卡纳人》。

4. 神话

希腊神话包括神的故事和英雄传说。赫西奥德的叙事诗《神谱》是最早的一部比较系统地讲述宇宙起源和神的谱系的作品。

5. 文艺理论

代表人物是柏拉图和亚里士多德。柏拉图提出了"理念论"和"模仿说"，认为文艺源于人对"自然"（世界）的模仿，其主要作品有《理想国》《斐德若篇》等。亚里士多德是柏拉图的学生，他继承、发展了柏拉图的学说，代表作是《诗学》。

（二）希伯来文学

希伯来文化是希伯来民族（今犹太人）在漫长的历史进程中，在广泛接受西亚的美索不达米亚文化和北非的埃及文化的基础上而创造的一种独特的文化。它与古代印度文化、古代中国文化和古代希腊文化一起被誉为世界四大文化宝库，而且对西方近代文化的发展曾经产生了重大影响，与古代希腊文化并称"二希"，成为西方文化的两大书面源头之一。犹太人用古希伯来语创作了大量的文学作品，其中最主要的成就是犹太教教义《希伯来圣经》，即后来人们所说的《旧约》。

二、中世纪文学

中世纪文学是指 5 世纪至 15 世纪这一时期的欧洲文学，具有宗教、神秘、民间文学的色彩。文学类型有教会文学、骑士文学、英雄史诗、谣曲和城市文学。

（一）教会文学和骑士文学

教会文学是中世纪的正统文学，作者是教会的僧侣，所以又称为僧侣文学。主要宣扬禁欲主义和来世思想，以维护封建地主阶级和教会对人民的统治。

骑士文学是指一切关于骑士的文学作品，包括骑士抒情诗、骑士传奇、骑士小说及后来的反骑士小说。

（二）英雄史诗、谣曲和城市文学

早期的英雄史诗反映的是氏族社会末期的历史事件和民族英雄传奇。中期的英雄史诗是封建社会确立时代的艺术作品，代表作如法国的《罗兰之歌》。

谣曲是一种叙事诗，由民间口头文学发展而来，主要表现的是下层人民喜爱的英雄形象，代表性的作品是英国的《罗宾汉谣曲》。罗宾汉的名字在英国家喻户晓，他和他的朋友们劫富济贫、仗义疏财，和中国古典小说《水浒传》中的绿林好汉的形象非常相似。

城市文学又称市民文学，是伴随着城市的兴起而产生的反映市民思想感情的世俗文学。代表作是长篇叙事诗《列那狐的故事》，作品将一只名为列那的狐狸人格化，用动物世界来影射人类社会。

（三）但丁和《神曲》

中世纪欧洲文学最杰出的代表是但丁和他的《神曲》。意大利诗人但丁是中世纪欧洲最伟大的诗人，与莎士比亚、歌德并称为世界文学三大巨匠。其诗作分为《地狱》《炼狱》《天堂》三部，作品以中世纪文学特有的幻游形式，记叙了但丁以自己为假想的主人公，并以活人的身份到冥府游历的过程。作品的深刻内涵在于反映现实、启迪人心。

 例题精讲

单选题

文艺复兴时期，但丁的代表作品是（ ）。

A.《神曲》　　　　　　　　　　B.《茶花女》

C.《堂吉诃德》　　　　　　　　D.《乌托邦》

【答案】A

【解析】但丁是意大利伟大诗人，其主要作品为叙事长诗《神曲》，由《地狱》《炼狱》《天堂》三部组成。本题主要考查对外国文学史中著名文学家及其代表作的了解。

考点详解

一、文艺复兴时期的文学

文艺复兴时期是指 14 世纪至 17 世纪。文艺复兴运动是意大利正在形成中的资产阶级在复兴希腊、罗马古典文化的名义下发起的一场弘扬资产阶级思想和文化的运动。文艺复兴时期的文学是以人本主义文学为主导的。

考点 11：
文学常识——
文艺复兴时期和
17、18 世纪的文学

内容提要：文艺复兴时期的文学是以人本主义文学为主导的，17 世纪的文学以英国资产阶级革命文学和法国古典主义文学为代表，18 世纪是启蒙主义文学发展、兴盛的时期，主要包括英国现实主义小说、法国启蒙主义文学和德国民族文学。

 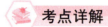

薄伽丘是意大利文艺复兴运动的杰出代表，他的故事集《十日谈》开创了欧洲短篇小说的艺术形式。

塞万提斯是西班牙文学黄金时代的代表作家，为近现代小说的发展做出了重要贡献。代表作是长篇小说《堂吉诃德》。

英国的莎士比亚被称为"人类最伟大的戏剧天才"，是文艺复兴时期欧洲文学最杰出的代表，他以创作悲剧著称。早期的爱情悲剧是《罗密欧与朱丽叶》。他的"四大悲剧"是《哈姆雷特》（最高成就）、《李尔王》、《麦克白》、《奥瑟罗》。他的最后一部悲剧是《雅典的泰门》。他的"四大喜剧"是《威尼斯商人》《仲夏夜之梦》《第十二夜》《皆大欢喜》。莎士比亚在《威尼斯商人》中成功地塑造了高利贷者夏洛克的形象，夏洛克也成为欧洲文学史上非常著名的吝啬鬼形象。

二、17 世纪的文学

17 世纪的文学以英国资产阶级革命文学和法国古典主义文学为代表。

（一）英国资产阶级革命文学

17 世纪的英国文学以体现清教徒思想的作品最为出色，是资产阶级革命的产物。代表作家是弥尔顿，他的作品有长诗《失乐园》和《复乐园》，内容取材于《圣经》故事，歌颂了反抗精神和革命者的气节。

（二）法国古典主义文学

古典主义文学是 17 世纪流行于西欧，特别是法国的一种带有封建色彩的资产阶级文学。因为它效法古希腊、古罗马文学，因而被称为"古典主义"。

法国古典主义悲剧的创始人是高乃依，他的代表作品是《熙德》。法国古典主义喜剧的代表作家是莫里哀，他是世界上数一数二的喜剧家，是法国古典主义最杰出的代表，代表作是《伪君子》和《吝啬鬼》（又被译为《悭吝人》，作品中的"阿巴贡"形象是欧洲文学史上另一个非常著名的吝啬鬼、守财奴的形象）。

三、18 世纪的文学

18 世纪是启蒙主义文学发展、兴盛的时期，主要包括英国现实主义小说、法国启蒙主义文学和德国民族文学。

（一）英国现实主义小说

英国的启蒙文学以现实主义小说的成就为最高。笛福是英国现实主义小说的奠基人，被誉为"欧洲小说之父"。《鲁滨孙漂流记》标志着英国现实主义小说的诞生，作品描写了青年商人鲁滨孙海上遇险后滞留荒岛 28 年，最终回到故乡的故事。

斯威夫特开创了英国文学中的讽刺传统，有讽刺名著《格列佛游记》，作品通过描写主人公格列佛航海遇险，漂流到小人国、大人国等地的见闻，讽刺英国的现实。

菲尔丁是 18 世纪英国最杰出的小说家，他的作品《汤姆·琼斯》代表了 18 世纪英国现实主义小说的最高成就。

（二）法国启蒙主义文学

代表人物是卢梭，其哲理小说《爱弥儿》是法国第一部讨论教育问题的小说。作品以写"我"教育一个叫爱弥儿的学生的全过程来表达作者对儿童教育的理念。卢梭晚年的自传体小说《忏悔录》，名为"忏悔"，实为对社会的"控诉"，控诉社会的黑暗以及统治者和教会对自己的迫害；同时，作品还进行了严厉的自我审视。

（三）德国民族文学

歌德是德国的伟大诗人、作家和思想家，被誉为"天才的诗人"。歌德的中篇书信体小说《少年维特之烦恼》是德国第一部产生世界性影响的作品。歌德的诗剧《浮士德》，表现了主人公不断追求和探索的精神。

席勒创作的剧本《阴谋与爱情》，是反映市民悲剧的代表作。

例题精讲

单选题

莫里哀是法国17世纪伟大的剧作家，下列关于莫里哀的叙述，不正确的是（　　）。

A. 在法国，莫里哀代表着"法兰西精神"

B. 莫里哀是法国芭蕾舞喜剧的创始人

C. 莫里哀是法国享誉世界的著名悲剧作家

D. 《伪君子》是莫里哀杰出的代表作之一

【答案】C

【解析】莫里哀是法国17世纪古典主义文学最重要的作家、古典主义喜剧的创建者。本题主要考查对外国文学史中著名文学家及其代表作的了解。

考点详解

一、英国文学

（一）"湖畔派"三诗人

"湖畔派"三诗人即华兹华斯、柯勒律治、骚塞。湖畔派是19世纪初期英国浪漫主义运动中较早产生的一个流派，以诗歌来赞美湖光山色，由此得名。在文学主张上，湖畔派反对传统的古典主义，主张抒发个人情感，抵制资本主义的城市文明。

（二）拜伦和雪莱

拜伦和雪莱是继湖畔派诗人之后的第二代浪漫主义诗人，他们共同的思想之一是反叛和抗争，在他们的著作中就出现了一些社会叛逆者的形象。拜伦的著作有《唐璜》，这是一部具有政治讽刺性的长篇诗体小说，作品表达了对封建专制主义的仇视和对自由的追求。拜伦还有一组以"东方叙事诗"命名的作品，在这些以东方故事为题材的作品中，他塑造了一批叛逆者的形象，被称为"拜伦式英雄"。

被恩格斯誉为"天才的预言家"的雪莱的作品有长诗《麦布女王》，这是他的第一首长诗，表达了作者对现实的态度和他的政治、哲学及美学观点。此外，雪莱的代表作品还有诗剧《解放了的普罗米修斯》，抒情短诗《致云雀》和《西风颂》。《西风颂》抒发了诗人豪迈、奔放的革命热情，其中的名句"如果冬天已经来临，春天还会遥远么"广为传播。

（三）简·奥斯丁

简·奥斯丁是英国19世纪初期的女作家。她的小说一扫19世纪初期风行一时的假浪漫主义潮流，继承和发展了英国18世纪优秀的现实主义传统，为19世纪现实主义小说的高潮做了准备。虽然其作品反映的广度和深度有限，但对改变当时小说创作中的庸俗风气起了好的作用，在英国小说发展史上有承上启下的意义。其主要作品有小说《傲慢与偏见》《理智与情感》

考点 12：

文学常识——
19 世纪初期的
欧洲文学

内容提要：19世纪初期的欧洲文学以浪漫主义文学为主，注重抒发个人的情感和体验，喜欢歌颂和描写大自然。

《曼斯菲尔德庄园》等。

二、法国文学

法国早期的浪漫主义作家是夏多布里昂，他的中篇小说《阿达拉》标志着法国浪漫主义文学创作的开端。

维克多·雨果是法国浪漫主义文学的领导者，也是整个西方浪漫主义文学的集大成者，他的小说《巴黎圣母院》《悲惨世界》《九三年》等具有史诗般雄壮的风格，有的是浪漫主义小说的经典之作，有的则体现出浪漫主义和现实主义相结合的写作特点。

19世纪30年代，法国的浪漫主义文学和现实主义文学共同发展，出现了缪塞的自传体小说《一个世纪儿的忏悔》、大仲马的《三个火枪手》和《基督山伯爵》（将通俗小说的发展推向顶峰，大仲马也被人们称为"通俗小说之王"）及小仲马的《茶花女》等。

三、俄国文学

俄国浪漫主义文学以诗歌为主，主要特征是对自由的歌颂和对民主的向往，富有战斗精神。

茹科夫斯基是俄国浪漫主义诗歌的奠基人，被誉为"俄国文学史上第一个抒情诗人"。

普希金是俄国浪漫主义文学的杰出代表和现实主义文学的开拓者，是俄国著名的现实主义作家。他早年的诗作《致大海》和《假如生活欺骗了你》（诗歌展示了诗人乐观自信、不屈不挠的情怀）都是浪漫主义文学的佳作。

在东欧，浪漫主义文学的代表人物之一是匈牙利的**裴多菲**。他的诗作《自由与爱情》表达了对自由的向往，以及在追求自由的过程中所表现出的斗争精神，其中的名句是"生命诚可贵，爱情价更高。若为自由故，二者皆可抛"。

例题精讲

单选题

1. 被恩格斯誉为"天才的预言家"的浪漫主义诗人是（　　）。

A. 拜伦　　　　B. 雪莱　　　　C. 巴尔扎克　　　　D. 贝克特

【答案】B

【解析】雪莱被恩格斯誉为"天才的预言家"。

2. 下列作品中，不是雨果创作的是（　　）。

A.《九三年》　　　　　　　　　　B.《悲惨世界》

C.《双城记》　　　　　　　　　　D.《巴黎圣母院》

【答案】C

【解析】《九三年》是法国著名小说家雨果的最后一部长篇小说；《悲惨世界》是雨果在1862年发表的一部长篇小说，也是19世纪最著名的小说之一；《巴黎圣母院》（又译《钟楼驼侠》《钟楼怪人》）也是雨果的著作。《双城记》是英国作家查尔斯·狄更斯所著的一部以法国大革命为背景的长篇历史小说。

考点详解

一、法国文学

司汤达和巴尔扎克是法国现实主义文学的奠基人。

**考点13：
文学常识——
19世纪中期的
欧美文学**

内容提要：19世纪中期的欧美文学主要是现实主义文学，由于具有明显的社会批判性，所以又被称为"批判现实主义文学"。

（一）司汤达

司汤达，也被译为斯丹达尔，19世纪法国杰出的批判现实主义作家。《红与黑》是他的代表作，也是法国批判现实主义文学的奠基之作，是19世纪欧洲文学史上第一部批判现实主义的杰作。作品中的"红"代表了穿红色军服的士兵，"黑"代表了穿黑色衣服的教士，这是19世纪30年代法国社会的青年人出人头地的两条捷径，也代表了当时的社会特征。作品所塑造的青年于连出身寒微，希望通过个人奋斗而跻身上流社会，但最终认清了社会的丑恶本质，为了保持其纯洁的本性，最终选择死亡来表达与上流社会决裂的决心。作品广泛地描写了19世纪初期法国社会各阶层的精神面貌和心理状态，在艺术上具有了注重心理刻画、注重情绪抒发等现代文学形态的特点，所以司汤达又被称为"现代小说之父"。

（二）巴尔扎克

巴尔扎克是19世纪法国伟大的批判现实主义作家，欧洲批判现实主义文学的奠基人和杰出代表。他一生创作颇丰，写了91部小说，这些小说合称为《人间喜剧》，包括《欧也妮·葛朗台》《高老头》《贝姨》《邦斯舅舅》等。《欧也妮·葛朗台》中塑造了欧洲文学史上又一个吝啬鬼、守财奴葛朗台的形象。

《人间喜剧》被称为"法国社会的百科全书"，它描绘了从拿破仑帝国、复辟王朝到七月王朝时期法国社会的不同阶级、不同阶层、不同职业的人物，以及广阔的社会画面，从中可以看出资本主义取代封建主义的必然性和资本主义制度的弊病。

二、英国文学

狄更斯是19世纪英国现实主义文学的奠基人，他为英国批判现实主义文学的开拓和发展做出了卓越的贡献。他的作品广泛而生动地反映了19世纪的英国资本主义社会。重要作品有《匹克威克外传》《雾都孤儿》《远大前程》《双城记》《老古玩店》《大卫·科波菲尔》等。

与狄更斯齐名的英国小说家是萨克雷，他被视为维多利亚时代"一位犀利而无情的讽刺家"，代表作品是小说《名利场》。

勃朗特三姐妹也是该时期的重要作家。夏洛蒂·勃朗特的《简·爱》，讲述了一个在恶劣的环境中奋斗的孤女的故事。艾米莉·勃朗特的《呼啸山庄》被认为是一部非常奇特的小说，作品充满了强烈的反压迫的斗争精神。安妮·勃朗特的代表作是《艾格尼丝·格雷》。

三、俄国文学

普希金是俄国批判现实主义文学的奠基人，被称为"俄国文学之父""俄国诗歌的太阳"。他的代表作长篇诗体小说《叶甫盖尼·奥涅金》塑造了俄国文学史上第一个"多余人"的形象。"多余人"是19世纪俄国文学中所描绘的一种贵族知识分子的典型，他们出身贵族，虽有理想却缺少行动，只能在愤世嫉俗中白白地浪费自己的才华。普希金的作品还有童话诗《渔夫和金鱼的故事》、中篇小说《上尉的女儿》等。

果戈理是19世纪俄国最优秀的讽刺作家，批判现实主义文学的奠基人之一。其代表作品有讽刺喜剧《钦差大臣》、长篇小说《死魂灵》、短篇小说《外套》。

屠格涅夫的主要作品有长篇小说《罗亭》《父与子》《贵族之家》、散文故事集《猎人笔记》、中篇小说《木木》等。

四、美国文学

19世纪50年代的"废奴文学"是美国批判现实主义文学的萌芽，代表作品有希尔德烈斯的《白奴》和斯托夫人的《汤姆叔叔的小屋》。

惠特曼是美国19世纪杰出的诗人。他的创作带有鲜明的民主色彩和乐观精神，反映了美国资本主义上升时期广大人民的情绪和愿望，代表作品是诗集《草叶集》。

例题精讲

单选题

1. 下列说法正确的是（　　　）。

A. 莫泊桑是英国批判现实主义作家

B.《人间喜剧》是巴尔扎克的短篇小说

C. 小仲马的代表作有《茶花女》

D. 亚里士多德是古希腊著名的剧作家

【答案】C

【解析】A 选项中莫泊桑是法国批判现实主义作家；B 选项《人间喜剧》是巴尔扎克的小说集；D 选项亚里士多德是古希腊著名哲学家、科学家和文艺理论家。

2. 文学史上第一个"多余人"的形象出自（　　　）。

A. 普希金《叶甫盖尼·奥涅金》　　　　　B. 莱蒙托夫《当代英雄》

C. 莫里哀《悭吝人》　　　　　　　　　　D. 雨果《巴黎圣母院》

【答案】A

【解析】《叶甫盖尼·奥涅金》是普希金的小说代表作，奥涅金是俄国文学史上第一个"多余人"的形象。莱蒙托夫的《当代英雄》塑造了俄国文学史上第二个"多余人"形象——彼巧林。

考点详解

一、法国文学

这一时期法国文学的代表作家有都德（《最后一课》）、莫泊桑等人。

莫泊桑是 19 世纪后期法国优秀的批判现实主义作家，有"世界短篇小说巨匠"之称，其著名的中短篇小说有《羊脂球》《我的叔叔于勒》《项链》等。莫泊桑的作品构思精巧，注重生动逼真的细节描写和鲜明的对比手法的运用。他与契诃夫、欧·亨利并称为"世界三大短篇小说巨匠"。

二、英国文学

哈代是 19 世纪后期英国文学的代表作家。他的小说创作遵循现实主义的原则，注重描画人性的弱点。哈代的名篇有《德伯家的苔丝》《无名的裘德》《卡斯特桥市长》等。

萧伯纳是英国现实主义剧作家，其代表剧作有《鳏夫的遗产》。

三、俄国文学

这个时期，俄国文学中出现了由贵族地主阶级立场向平民立场转化的"忏悔的贵族"的形象系列。

托尔斯泰的代表作品有自传性三部曲《童年》《少年》《青年》、中篇小说《哥萨克》、长篇史诗体小说《战争与和平》。其长篇小说《复活》中"忏悔的贵族"形象是聂赫留朵夫，这部小说是作家一生思想和艺术探索的总结；长篇小说《安娜·卡列尼娜》塑造了一个追求个性解放、被虚伪道德所束缚和扼杀的贵族妇女安娜的悲剧形象。列宁称托尔斯泰为"俄国革命的一面镜子"。

考点 14：
文学常识——
19 世纪后期的
欧美文学

内容提要：这个时期的文学有自然主义文学、唯美主义文学、象征主义文学、批判现实主义文学。

契诃夫是俄国 19 世纪后期杰出的批判现实主义作家，也是短篇小说艺术大师和戏剧家。其代表作品有《小公务员之死》《变色龙》《套中人》等。

四、美国文学

美国现实主义文学的奠基人是威廉·豪威尔斯。

马克·吐温是美国批判现实主义文学的奠基人，成名作是《傻瓜出国记》，其他代表作有长篇讽刺小说《镀金时代》、儿童文学作品《汤姆·索亚历险记》、短篇小说《竞选州长》《百万英镑》等。马克·吐温被认为是美国的"文坛巨子"。

杰克·伦敦被称为"美国的高尔基"，现实主义作家，代表作有《热爱生命》及长篇自传性质小说《马丁·伊登》等。

五、东欧、北欧文学

19 世纪后期，挪威的批判现实主义文学有了巨大的发展。作家**易卜生**是挪威"社会问题剧"的创造者，也是欧洲现代戏剧的创始人，有"现代戏剧之父"之称。《社会支柱》《群鬼》《人民公敌》《玩偶之家》被称为易卜生的四大社会问题剧。《玩偶之家》揭露了资产阶级婚姻和家庭生活的虚伪和冷酷，提出了妇女解放的问题，主人公娜拉是一个具有叛逆精神的女性形象。

 例题精讲

单选题

1. 下列作家中是世界三大短篇小说巨匠之一的是（ ）。
   A. 契诃夫　　　　　　　　　B. 伏尔泰
   C. 屠格涅夫　　　　　　　　D. 泰戈尔

【答案】A

【解析】契诃夫与法国的莫泊桑、美国的欧·亨利并称为"世界三大短篇小说巨匠"。

2. 欧洲现代戏剧的创始人，有"现代戏剧之父"之称的是（ ）。
   A. 海明威　　　　　　　　　B. 歌德
   C. 易卜生　　　　　　　　　D. 卢梭

【答案】C

【解析】"现代戏剧之父"是挪威著名作家、戏剧家、诗人易卜生。

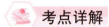 **考点详解**

一、苏联文学

高尔基，无产阶级作家，苏联文学的创始人。代表作品有散文诗《海燕之歌》（又译为《海燕》）、长篇小说《母亲》及自传体三部曲小说《童年》《在人间》《我的大学》。

马雅可夫斯基有诗作《列宁》和《穿裤子的云》。

阿·托尔斯泰有长篇小说《苦难的历程》。

奥斯特洛夫斯基，著名的无产阶级作家、坚强的布尔什维克战士。代

考点 15：
文学常识——
20 世纪的文学

内容提要：20 世纪初期的文学除了继承 19 世纪的文学传统外，更注重对人的精神和个性进行探索。20 世纪现代主义文学包括象征主义、表现主义、意识流小说、未来主义、超现实主义、存在主义文学、荒诞派戏剧、"黑色幽默"和魔幻现实主义等。

表作品有长篇小说《钢铁是怎样炼成的》，描写了革命者在革命斗争中的成长经历。小说主人公保尔·柯察金的名言："……当他回首往事时，不会因为虚度年华而悔恨，也不会因为碌碌无为而羞耻……"

法捷耶夫有长篇小说《青年近卫军》。

帕斯捷尔纳克有长篇小说《日瓦戈医生》。

肖洛霍夫，20世纪苏联文学的杰出代表，代表作品有中篇小说《一个人的遭遇》、长篇小说《静静的顿河》。

华西里耶夫有小说《这里的黎明静悄悄》。

二、法国文学

罗曼·罗兰，法国小说家、戏剧家和散文家，有"欧洲的良心"之称。《约翰·克利斯朵夫》是他的第一部长篇小说，他也因此获得了1913年的法兰西学院文学大奖和1915年的诺贝尔文学奖。

欧仁·鲍狄埃，法国革命家，法国工人诗人，《国际歌》的词作者。

三、英国文学

约翰·高尔斯华绥是英国著名小说家和剧作家，20世纪最有成就的现实主义作家之一，于1932年获得诺贝尔文学奖。代表作品有《福尔赛世家》三部曲：《有产业的人》《骑虎》《出租》。

劳伦斯，20世纪英国文学史上最重要的作家之一，代表作品有长篇小说《虹》《查泰莱夫人的情人》。

毛姆，英国小说家、戏剧家。他的长篇小说《人性的枷锁》表现了社会对人的压抑和奴役的主题。

四、德语国家文学

亨里希·曼的三部曲《臣仆》《穷人》《首脑》，揭露了帝国主义的罪恶。

托马斯·曼有代表作《布登勃洛克一家》。

茨威格是奥地利著名作家、小说家和传记作家，擅长心理描写。其著名小说《象棋的故事》以反法西斯为主题。他的名篇还有《一个陌生女人的来信》。散文《世间最美的坟墓》是他在1928年到俄国旅行拜谒列夫·托尔斯泰墓地后写下的文章。

雷马克，德国小说家，著有反战小说《西线无战事》。

五、美国文学

20世纪美国的现实主义文学呈多元局面。

欧·亨利是美国著名的短篇小说大师，被誉为"美国的莫泊桑"，代表作品有《麦琪的礼物》《最后一片藤叶》《警察与赞美诗》等。

德莱赛著有小说《嘉莉妹妹》和《美国的悲剧》等，这些作品被称为"人间悲剧"。

海明威1954年获得诺贝尔文学奖，其作品有小说《太阳照常升起》《老人与海》《永别了武器》《丧钟为谁而鸣》。

六、其他流派的文学

卡夫卡是奥地利表现主义小说的代表作家，代表作是《变形记》，表现了人的"异化"。《城堡》表现了"卡夫卡式"小说的典型特征。

加西亚·马尔克斯，哥伦比亚作家，拉美魔幻现实主义作家，代表作是长篇小说《百年孤独》这也是20世纪最重要的经典文学巨著之一。1982年，加西亚·马尔克斯获诺贝尔文学奖。

例题精讲

马尔克斯因哪部作品荣获诺贝尔文学奖？（　　）

A.《百年孤独》　　　　　　　　B.《玩偶之家》

C.《老人与海》　　　　　　　　D.《变形记》

【答案】A

【解析】马尔克斯是拉美魔幻现实主义作家，于1982年因其代表作长篇小说《百年孤独》而获诺贝尔文学奖。

第五章
艺术鉴赏常识

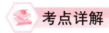

考点详解

一、绘画

（一）中国绘画

顾恺之，擅画人像和佛像等，传世摹本有《女史箴图》《洛神赋图》等几种，其中以《洛神赋图》数量最多。

张僧繇，成语"**画龙点睛**"的故事即是关于他的传说。

张择端，故宫博物院所藏《清明上河图》是他的传世名作。

郑板桥，原名郑燮，字克柔，号板桥，为"扬州八怪"之一，其诗、书、画世称"三绝"，擅画兰、竹。

齐白石，近现代中国画大师，世界文化名人。擅画花鸟、虫鱼、山水和人物，篆刻自成一家，亦能诗文。代表作有《蛙声十里出山泉》《墨虾》等。

张大千，别号大千居士，四川省内江市人，国画家，20 世纪中国画坛最具传奇色彩的人物。绘画、书法、篆刻、诗词无所不通，开创了泼墨泼彩的新风格。

徐悲鸿，现代画家、美术教育家，代表作有《八骏图》《愚公移山》等。

（二）外国绘画

达·芬奇，文艺复兴时期的一位博学者，除了是画家外，他还是雕刻家、建筑师、音乐家、数学家、工程师、发明家、解剖学家、地质学家、制图师、植物学家和作家。与米开朗琪罗和拉斐尔并称"文艺复兴三杰"。代表作有《蒙娜丽莎》《岩间圣母》《最后的晚餐》等。

拉斐尔，意大利画家、建筑师。代表作有《西斯廷圣母》《雅典学院》《大公爵的圣母》。

毕加索，西班牙画家、雕塑家。他是有史以来第一个生前亲眼看到自己的作品被收藏进卢浮宫的画家。代表作品有《斗牛士》《格尔尼卡》《和平鸽》《梦》《亚威农少女》。

凡·高，荷兰后印象派画家。出生于新教牧师家庭，是后印象主义的先驱，并深深地影响了 20 世纪的艺术发展，尤其是野兽派与表现主义。凡·高的作品有《星夜》《向日葵》《有乌鸦的麦田》等。

二、书法

（1）商朝：甲骨文已经成为比较成熟的文字，用于王室和贵族的占卜

考点 1：
艺术鉴赏——
中外艺术成就
概览（一）
内容提要：中外艺术成就概览（一）主要包括绘画、书法、雕塑、手工艺、建筑等方面的内容。

活动。

    （2）西周：金文是铸刻在青铜器上的文字。

    （3）秦朝：标准字体是小篆，民间流行更简化的隶书。

    （4）汉朝：隶书是主要字体，东汉末年书法成为一种艺术，蔡邕是当时有名的书法家。

    （5）曹魏：钟繇开始把隶书转化为楷书。

    （6）东晋：**"书圣"** 王羲之，代表作有《兰亭序》。

    （7）唐代：盛唐时期的颜真卿创"颜体"，代表作有《多宝塔碑》和《颜氏家庙碑》；中晚唐时期的柳公权创"柳体"，代表作有《神策军碑》。张旭和怀素和尚被誉为**"草圣"**。

    （8）宋代：有著名的宋四家——苏轼、黄庭坚、米芾、蔡襄。宋徽宗赵佶也是一位杰出的书法家，以**"瘦金体"** 著称。

    （9）元朝：赵孟頫与唐朝的欧阳询、颜真卿和柳公权并称为"楷书四大家"。

    （10）当代：2009 年，中国书法、篆刻艺术被联合国教科文组织列入人类非物质文化遗产名录。

三、雕塑

（一）中国雕塑

（1）商周：古蜀国的青铜雕塑，包括太阳神树、青铜大立人像和凸目人面像等。

（2）秦朝：秦始皇陵兵马俑，是迄今为止出土的世界上最大的艺术宝库，被誉为世界上"第八大奇迹"。

（3）两汉：陶俑，以仕女俑最为著名。河北满城的西汉中山靖王陵，出土了三件国宝级的文物：长信宫灯、博山炉和金缕玉衣。甘肃武威出土的东汉铜奔马，又名马踏飞燕，是国之重宝。

（4）魏晋南北朝：山西大同的云冈石窟、河南洛阳的龙门石窟和甘肃的麦积山石窟。

（5）隋唐：甘肃敦煌莫高窟是我国石窟艺术的精华。

（6）北宋：重庆大足石刻在佛教造像中加入了大量表现民间生活的内容。

（二）外国雕塑

（1）米开朗琪罗，意大利雕塑家、绘画家、诗人兼建筑师。其作品以人物**"健美"** 著称，即使是女性的身体也描绘得肌肉健壮。代表作有雕像《大卫》《摩西》《哀悼基督》等，绘画作品有《末日审判》等。

（2）奥古斯特·罗丹，法国雕塑艺术家，代表作有《思想者》《加莱义民》《青铜时代》。

四、手工艺

中国古代手工艺技术的成就主要体现在瓷器、纺织品、漆器、玉器等方面。

青铜器在商周时期达到了登峰造极的高度。汉代以后逐渐没落，工艺失传。

中国陶瓷有着悠久的历史，有秦代的兵马俑、汉代的釉陶、唐代的唐三彩等。到了唐宋时期，瓷器的生产迅速发展，逐渐取代了陶器的历史地位。宋代"五大名窑"：汝窑、官窑、哥窑、钧窑、定窑。景德镇瓷器发达于元代，景德镇在明代成为全国制瓷中心。景德镇有四大传统名瓷：青花瓷、粉彩瓷、颜色釉瓷和玲珑瓷。

中国四大名绣：蜀绣、苏绣、湘绣、粤绣。

南京云锦、中国蚕桑丝织技艺于 2009 年被联合国教科文组织列入人类非物质文化遗产名录。

五、建筑

（一）中国古建筑

中国古建筑的特点：以木结构建筑为主；在造型上，人字屋顶和飞檐斗拱是最典型的东方风格。

保留至今的杰出的中国古代建筑代表见下表。

中国古代建筑分类	代表
皇家建筑	明清皇陵清东陵、清西陵、明十三陵、南京明孝陵
宗教建筑	嵩山古建筑群、武当山古建筑群、五台山古建筑群、布达拉宫
防御工事	长城、藏羌碉楼

（二）外国建筑

（1）哥德式建筑风格：尖形拱门、肋状拱顶与飞拱。

（2）巴洛克建筑风格：喜好富丽的装饰和雕刻，运用对比强烈的色彩，常用穿插的曲面和椭圆形的空间。

（3）洛可可建筑风格：纤弱娇媚、华丽精巧、甜腻温柔、纷繁琐细。1699 年，建筑师、装饰艺术家马尔列在金氏府邸的装饰设计中大量采用曲线形的贝壳纹样，由此而得名。

（4）法国古典主义建筑：代表作品有巴黎卢浮宫的东立面、凡尔赛宫和巴黎伤兵院新教堂等。凡尔赛宫不仅创立了宫殿的新形制，而且在规划设计和造园艺术上都为当时欧洲各国所效法。

（5）木条式建筑风格：一种纯美洲民居风格，主要特点是水平式、木架骨的结构。

（6）概念式建筑风格：一种模型建筑，力求摆脱对建筑本身的限制和约束而创造出一种个性化色彩很强的建筑风格。

 例题精讲

单选题

名画《大公爵的圣母》的作者是（　　　）。

A. 米开朗琪罗　　　　　　　B. 达·芬奇

C. 拉斐尔　　　　　　　　　D. 毕加索

【答案】C

【解析】对欧洲著名画家及其作品要能够识记。

 考点详解

一、园林艺术

法国凡尔赛宫及庭院：位于法国巴黎凡尔赛镇，是法兰西国王路易十四至路易十六的主要住处，也是当时法国的政治中心。

新加坡植物园：该园是新加坡园林艺术的代表。其中，胡姬花（兰花）是新加坡植物园最有特色、最吸引游人的一种植物。这里种植的名贵品种"卓锦·万代兰"，被定为新加坡国花。

北京颐和园：中国现存规模最大、保存最完整的皇家园林，中国四大名园之一（另三座为承德避暑山庄、苏州拙政园、苏州留园），被誉为皇家园林博物馆。

考点 2：
艺术鉴赏——
中外艺术成就
概览（二）

内容提要：中国四大名园在世界园林艺术史上享有盛名。中外的音乐和舞蹈代表作及作者需要识记。中国的代表剧种和著名电影作品及导演，也是常考点。

二、音乐

（一）中国音乐

伯牙，古代传说人物，生于春秋战国时代，相传琴曲《高山流水》是他的作品。

师旷，春秋时代晋国音乐家，相传《阳春》《白雪》是他的作品。

嵇康，三国时魏国著名的文学家、哲学家、音乐家，以所弹《广陵散》知名。

华彦钧，现代民间音乐家，人称"瞎子阿炳"，创作了《听松》《二泉映月》《寒春风曲》等二胡曲。

刘天华，现代作曲家、民族乐器演奏家，创作了《良宵》《光明行》《空山鸟语》等二胡曲，发展了二胡的表现手法。

聂耳，我国无产阶级革命音乐的奠基者，作品有歌曲《义勇军进行曲》《开路先锋》《大路歌》《前进歌》《铁蹄下的歌女》等及歌剧《扬子江暴风雨》。

冼星海，现代作曲家、人民音乐家，作品有大合唱《黄河》《生产》、歌曲《到敌人后方去》《在太行山上》、交响曲《民族解放》《神圣之战》、交响组曲《满江红》等。

麦新，现代作曲家，其作品《大刀进行曲》《游击队歌》在群众中广泛流传。

（二）外国音乐

约翰·塞巴斯蒂安·巴赫，德国作曲家，代表作有《b小调弥撒曲》、《马太：受难曲》和管弦乐《序曲》等。

弗朗兹·约瑟夫·海顿，著名的奥地利作曲家，维也纳古典乐派的早期代表，德国国歌的作者。

沃尔夫冈·阿玛迪乌斯·莫扎特，奥地利作曲家，不仅是古典主义音乐的杰出大师，更是人类历史上极为罕见的音乐天才，有"音乐神童"的美誉。代表作有歌剧《费加罗的婚礼》《魔笛》《唐璜》等，并首创独奏、协奏曲形式。

路德维希·凡·贝多芬，德国作曲家，维也纳古典乐派代表人物之一。代表作有九大交响曲中的降E大调第三交响乐"英雄"、C小调第五交响乐"命运"、F大调第六交响乐"田园"、D小调第九交响乐"合唱"等交响曲，《热情》《悲怆》《暴风雨》等钢琴奏鸣曲，以及舞剧《普罗米修斯》等。

弗朗茨·泽拉菲库斯·彼得·舒伯特，奥地利作曲家，早期浪漫主义音乐的代表人物，也被认为是古典主义音乐的最后一位巨匠，被称为"歌曲之王"。代表作有《魔王》《野玫瑰》等。

约翰·巴普蒂斯特·施特劳斯，奥地利作曲家，一生创作了150多首圆舞曲、数十首波尔卡舞曲和进行曲。他的最大成就是和作曲家约瑟夫·兰纳一起，共同奠定了维也纳圆舞曲的基础，他也因此享有"圆舞曲之王"的美称。名作有《蓝色多瑙河》和《维也纳森林的故事》。

彼得·伊里奇·柴可夫斯基，俄国伟大的作曲家，有舞剧《天鹅湖》《睡美人》《胡桃夹子》等。

弗朗兹·李斯特，匈牙利作曲家、钢琴家、指挥家和音乐活动家，浪漫主义音乐的主要代表人物之一，被誉为"钢琴之王"。主要作品有《但丁神曲》《浮士德》《匈牙利狂想曲》。

弗雷得利克·肖邦，波兰作曲家、钢琴家，年少成名，主要作品有《革命练习曲》。

居塞比·威尔第，意大利伟大的歌剧作曲家，有"意大利革命的音乐大师"之称。代表作有《弄臣》《游吟诗人》《茶花女》《假面舞会》等七部歌剧，奠定了他歌剧大师的地位。后来，应埃及总督之请，为苏伊士运河通航典礼创作了《阿伊达》。

皮埃尔·狄盖特，国际无产阶级革命歌曲《国际歌》的作者。此外，其代表作还有《前进！工人阶级》《巴黎公社》《起义者》等歌曲。

三、舞蹈

舞蹈是八大艺术之一，是于三度空间中以身体为语言作"心智交流"现象之人体的运动表达艺术，一般有音乐伴奏，是以有节奏的动作为主要表现手段的艺术形式。它一般借助音乐，也借助其他道具。舞蹈本身有多元的社会意义及作用，包括运动、社交、求偶、祭祀和礼仪等。

（一）古典舞蹈

古典舞蹈是在民族、民间舞蹈的基础上，经过历代专业工作者的提炼、整理、加工、创造，并经过长期艺术实践的检验而流传下来的，具有一定的典范意义和古典风格特点的舞蹈。世界上许多国家和民族都有独具风格的古典舞蹈。欧洲的古典舞蹈，一般泛指芭蕾舞。

（二）民族、民间舞蹈

民族、民间舞蹈是由广大人民群众在长期历史进程中集体创造，不断积累、发展而形成的，并在群众中广泛流传的一种舞蹈形式。它直接反映人民群众的思想感情、理想和愿望。由于各国家、各民族、各地区人民的生活方式、劳动方式、历史文化和风俗习惯，以及自然环境的差异，民族、民间舞蹈形成了不同的民族风格和地方特色。

（三）现代舞蹈

现代舞蹈是 19 世纪末和 20 世纪初在欧美兴起的一种舞蹈流派。其主要观点是反对当时古典芭蕾的因循守旧、脱离现实生活和单纯追求技巧的形式主义倾向，主张摆脱古典芭蕾过于僵化的动作程式的束缚，以合乎自然运动法则的舞蹈动作，自由地抒发人的真实情感，强调舞蹈艺术要反映现代社会生活。

（四）当代舞蹈（新创造舞蹈）

当代舞蹈是不同于上述三种风格的新风格的舞蹈，它常常根据表现内容和塑造人物的需要，不拘一格地借鉴和吸收各舞蹈流派的各种风格、各种舞蹈表现手段和表现方法，兼收并蓄，为我所用，从而创作出不同于已经形成的各种舞蹈风格的、具有独特新风格的舞蹈。

（五）芭蕾舞

芭蕾舞是一种经过宫廷的职业舞蹈家提炼加工、高度程式化的剧场舞蹈。"芭蕾"这个词本是法语"Ballet"的音译，意为"跳"或"跳舞"，其最初的意思只是以腿、脚为运动部位的动作总称。法国宫廷的舞蹈大师们为了重建古希腊风格的融诗歌、音乐和舞蹈于一体的戏剧理想，创造出了"芭蕾"这样一种融舞蹈动作、哑剧手势、面部表情、戏剧服装、音乐伴奏、文学台本、舞台灯光和布景等多种成分于一体的综合性舞剧形式，在西方剧场舞蹈艺术中占统治地位达数百年。

四、中国戏曲

中国的五大戏曲剧种是京剧、评剧、豫剧、越剧和黄梅戏。此外，昆曲的影响也较大。

（一）京剧

京剧又称京戏，是中国影响最大的戏曲剧种，分布地以北京为中心，遍及全国。自清朝乾隆五十五年（1790 年）起，原在南方演出的三庆、四喜、和春与春台四大徽班陆续进入北京，其与来自湖北的汉调艺人合作，同时接受了昆曲、秦腔的部分剧目、曲调和表演方法，又吸收了一些地方民间曲调，通过不断交流、融合，最终形成了京剧。京剧流传全国，影响甚广，有**"国剧"**之称。它走遍世界各地，成为介绍、传播中国传统文化的重要手段。

（二）评剧

评剧是流传于我国北方的一个戏曲剧种，于清末在河北滦县一带的小曲"对口莲花落"的基础上形成，先是在河北农村流行，后进入唐山，称"唐山落子"。20 世纪 20 年代流行于东北地区，并开始出现了一批女演员。20 世纪 30 年代以后，评剧表演在京剧、河北梆子等剧种的影响下日趋成熟，出现了李金顺、刘翠霞、白玉霜、喜彩莲和爱莲君等流派。1950 年以后，《小女婿》《刘巧儿》《花为媒》《杨三姐告状》《秦香莲》等剧目在全国产生了很大的影响，出现了新凤霞、小白玉霜和魏荣元等著名演员。现在，评剧仍在华北和东北一带流行。

（三）豫剧

豫剧是发源于中国河南省的一个戏曲剧种，以唱腔铿锵大气、抑扬有度、行腔酣畅、吐字清晰、韵味醇美、生动活泼和善于表达人物内心情感而著称，凭借其高度的艺术性深受各界人士欢迎。因其音乐伴奏用枣木梆子打拍，故早期得名河南梆子，豫剧是在继承河南梆子的基础上通过不断改革和创新发展起来的。除河南省外，鄂、皖、苏、鲁、冀、晋、陕、甘、蜀及台湾、新疆等省、自治区都有专业豫剧团，豫剧在台湾舞台上与歌仔戏、京剧呈三足鼎立的局面。豫剧在 2006 年被列入第一批国家级非物质文化遗产名录。

（四）越剧

越剧是中国五大戏曲剧种之一，位列全国第二大剧种。越剧长于抒情，以唱为主，声音优美动听，表演真切动人、唯美典雅，极具江南灵秀之气。剧目以"才子佳人"的题材为主，艺术流派纷呈。主要流行于上海、浙江、江苏、福建、江西和安徽等广大江南地区，以及北京、天津等北方地区，鼎盛时期除广东、广西、西藏等少数省、自治区外，全国都有专业剧团的存在。新中国成立后，越剧多次随周恩来总理出访各国，在海外亦有很高的声誉和广泛的群众基础。1954 年，在日内瓦会议上，在周恩来的指示下，新中国第一部彩色戏曲电影《梁山伯与祝英台》被用来招待外宾，并获得了广泛赞誉。越剧在 2006 年被列入第一批国家级非物质文化遗产名录。

（五）黄梅戏

黄梅戏旧称黄梅调或采茶戏，中国五大戏曲剧种之一。黄梅戏唱腔淳朴流畅，以明快抒情见长，具有丰富的表现力；表演质朴细致，以真实活泼著称。一曲《天仙配》让黄梅戏流行于大江南北，在海外亦有较高的声誉。关于黄梅戏的发源地，一说为安徽怀宁黄梅山；另一说为湖北黄梅县一带。黄梅戏在 2006 年被列入第一批国家级非物质文化遗产名录。

（六）昆曲

昆曲发源于 14、15 世纪苏州昆山的曲唱艺术体系，是糅合了唱念做打、舞蹈及武术的表演艺术。昆曲是我国最古老的剧种之一，也是我国传统文化艺术中的珍品，以曲词典雅、行腔宛转、表演细腻而著称，被誉为"百戏之祖"。昆曲以鼓、板控制演唱的节奏，以曲笛、三弦等为主要伴奏乐器，其唱念语音为"中州韵"。昆曲在 2001 年被联合国教科文组织列为"人类口述和非物质遗产代表作"。

五、中国电影

中国第一部电影是戏曲片京剧《定军山》，内有《请缨》《舞刀》等片段。该片于 1905 年由北京丰泰照相馆摄制，为无声片，长约半小时。

中国第一部故事片是《难夫难妻》，于 1913 年在上海拍摄，为无声片，由郑正秋编剧，郑正秋和张石川联合导演。

中国第一部有声电影是《歌女红牡丹》，由明星影片公司于 1931 年摄制。

中国第一部获得国际大奖的影片是 20 世纪 30 年代由蔡楚生导演的《渔光曲》，在 1935 年莫斯科国际电影节上获"荣誉奖"。

中国第一部彩色电影是 1948 年拍摄于上海的戏曲片《生死恨》，由华艺影片公司出品。费穆导演，梅兰芳主演，著名摄影师黄绍芬为摄影指导，李生伟任摄影师。

新中国成立后的第一部故事片是《桥》，编剧于敏，导演王滨，由东北电影制片厂于1949年摄制。

新中国成立后的第一部译制片是《团的儿子》，原译名《小英雄》，翻译杨范、陈涓，译制导演周彦，由上海电影制片厂于1950年译制。

中国第一部彩色舞台纪录片是《梁山伯与祝英台》，编剧徐进、桑弧，导演桑弧、黄沙，由上海电影制片厂于1953年摄制。

中国第一部彩色故事片是《祝福》（鲁迅著，夏衍改编，桑弧导演），由北京电影制片厂于1956年摄制。

中国与外国合拍的第一部彩色故事片是1958年由北京电影制片厂与法国加朗斯公司合摄的《风筝》，导演王家乙、罗歇·比果。

中国第一部彩色宽银幕故事片是《老兵新传》，编剧李准，导演沈浮，由上海海燕电影制片厂于1959年摄制。

中国第一部彩色立体宽银幕故事片是《魔术师的奇遇》，编剧王炼、陈恭敏、桑弧，导演桑弧，由上海天马电影制片厂于1962年摄制。

中国第一部遮幅式宽银幕故事片是1977年拍的《青春》，编剧李云官、王炼，导演谢晋。

中国第一部获得法国戛纳国际电影节最高奖项"金棕榈奖"的电影是《霸王别姬》，导演陈凯歌。

 例题精讲

单选题

中国第一部荣获柏林国际电影节"金熊奖"的电影是（　　　）。

A.《本命年》　　　　　　　　B.《一个都不能少》

C.《霸王别姬》　　　　　　　D.《红高粱》

【答案】D

【解析】《红高粱》于1988年获第三十八届柏林国际电影节金熊奖。

模块五
教师基本能力

模 块 分 析

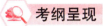 **考纲呈现**

1. 信息处理能力

具有运用工具书检索信息、资料的能力。

具有运用网络检索、交流信息的能力。

具有对信息进行筛选、分类、存储和应用的能力。

具有运用教育测量知识进行数据分析与处理的能力。

具有根据教育教学的需要，设计、制作课件的能力。

2. 逻辑思维能力

了解一定的逻辑知识，熟悉分析、综合、概括的一般方法。

掌握比较、演绎、归纳的基本方法，准确判断、分析各种事物之间的关系。

准确而有条理地进行推理、论证。

3. 阅读理解能力

理解阅读材料中重要概念的含义。

理解阅读材料中重要句子的含义。

筛选并整合图表、文字、视频等阅读材料中的主要信息及重要细节。

分析文章结构，把握文章思路。

归纳内容要点，概括中心意思。

分析、概括作者在文中的观点、态度。

4. 写作能力

掌握文体知识，能根据需要按照选定的文体写作。

能够根据文章中心组织、剪裁材料。

具有布局谋篇，有效安排文章结构的能力。

语言表达准确、鲜明、生动，能够运用多种修辞手法增强表达效果。

备考策略

教师基本能力模块主要考查信息处理能力、逻辑思维能力及阅读理解能力、写作能力，其中重点是对概念关系、命题推理及 Word、Excel、PowerPoint 操作常识的考查和文章重要信息、句子含义理解、语言表达及议论文写作能力的检测。

本模块的题型涉及单项选择题、材料分析题及作文。其中，阅读理解类材料通常考查的是对核心概念、句子、主旨的理解，只要具备基本的分析能力，即可轻松作答。

逻辑部分和信息处理部分各考查 2 道单项选择题，考生可通过多做题来提高应考能力。

作文主要从教育理念的角度来考查考生的文字表达能力，考生在备考过程中务必先建立写作框架，然后将观点与内容填充到框架之中，多看范文、多积累教育案例，以提高临场写作能力。

知识逻辑思维导图

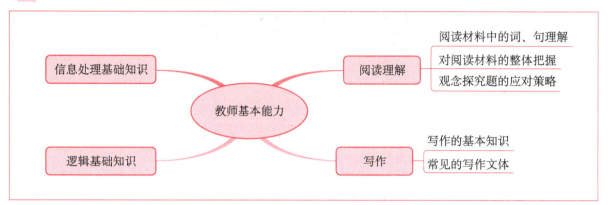

第一章

信息处理基础知识

考点详解

当今社会，科学技术迅速发展，知识更新日新月异，教师肩负着传承文化、服务社会、培育人才的重任，必须具备良好的信息选择、加工与处理能力，以利于更好地完成教育教学任务。

一、计算机概述

（一）计算机的概念

计算机是电子数字计算机的简称，是一种自动高速地进行数值运算和信息处理的电子设备，也是一种按程序自动进行信息处理的通信工具。

（二）计算机的诞生与发展

1. 计算机的诞生

1946 年，在美国宾夕法尼亚大学，由莫奇来（Mauchly）和爱科特（Eckert）领导的研制小组为精确测算炮弹的弹道特性而制成了 ENIAC（电子数字积分器与计算器）计算机。它的出现具有划时代的伟大意义。

2. 计算机的发展

从第一台计算机诞生到现在，计算机技术经历了大型机、微型机及网络阶段。对于传统的大型机，根据计算机所采用电子元件的不同分为电子管、晶体管、集成电路和大规模、超大规模集成电路四代。

我国在微型计算机方面，研制开发了长城、方正、同方、紫光、联想等系列；在巨型机技术领域中，研制开发了"银河""曙光""神威"等系列。

二、工具书

工具书是指专供查找知识信息的文献，常见的工具书有字典、词典、百科全书、年鉴、手册等。

工具书检索的一般程序如下。

（一）根据需要确定检索范围

检索者应当熟悉自己所要检索的资料的性质，看看属于哪个学科或哪一类，尽量缩小检索范围，便于快速检索。如果一时确定不了检索范围，就只能利用综合性工具书了。

（二）熟悉和利用现有的对口工具书

工具书种类繁多，只有对各种工具书都比较熟悉，才能够按图索骥。

每种工具书都有一定的收录范围和编纂目的，尽可能多地熟悉各种不同的工具书，检索资料时就能够事半功倍。

（三）查阅凡例和熟悉排检法，检索出所需资料

工具书的凡例说明了该工具书的编纂原则、编纂时间、出版时间、所收词目数量和范围、怎么注音、如何解释、如何使用检索等内容。目录则列出了该工具书全部内容的标题，列出了各种不同的排检方法。

（四）摘录和复制资料

常见的方式有：（1）卡片摘录，这种方式在所需要的资料很少的时候适用。（2）复印，这种方式在所需要的资料很多的时候适用。（3）下载打印，这种方式适用于电子数据或资料。（4）剪贴，这种方式适用于自己订阅的报刊。（5）电脑保存，这种方式适用于有自用电脑的人。采用电脑保存方式必须做好数据、资料备份或将其保存到移动硬盘里，以免因重新安装系统或不小心格式化硬盘而造成数据、资料丢失。

（五）整理资料

整理资料一般采用分类整理法，有笔记式、卡片箱式、袋装式等各种形式。

三、文献检索

文献检索的全称为信息的存储与检索，有广义和狭义之分。广义的文献检索是指将信息按一定的方式组织和存储，并根据信息用户的需要找出有关信息的过程。狭义的文献检索是指从信息集合中找出所需要的信息的过程。

（一）文献检索的步骤

文献检索是一项实践性很强的活动，它要求我们善于思考，并通过经常性的实践，逐步掌握文献检索的规律，从而迅速、准确地获得所需文献。一般来说，文献检索可分为以下几个步骤：（1）明确查找的目的与要求。（2）选择检索工具。（3）确定检索途径和方法。（4）根据文献线索，查阅原始文献。

（二）文献检索的方法

1. 直接法

直接法又称常用法，是指直接利用检索系统（工具）检索文献信息的方法。它又分为顺查法、倒查法和抽查法。

（1）顺查法。顺查法是指按照时间顺序，由远及近地利用检索系统进行文献信息检索的方法。这种方法能收集到某一课题的系统文献，适用于较大课题的文献检索。

（2）倒查法。倒查法是指由近及远，从新到旧，逆着时间顺序，利用检索工具进行文献检索的方法。采用此法应将重点放在近期文献上，可以快速获得最新资料。

（3）抽查法。抽查法是指针对项目的特点，选择有关该项目的文献信息最可能出现或最多出现的时间段，利用检索工具进行重点检索的方法。

2. 追溯法

追溯法是指不利用一般的检索系统，而是利用文献后面所列的参考文献，逐一追查原文（被引用文献），然后再从这些原文后所列的参考文献逐一扩大文献信息范围，一环扣一环地追查下去的方法。采用追溯法可以像滚雪球一样，依据文献间的引用关系，获得更好的检索结果。

3. 循环法

循环法又称分段法或综合法，是指分期、分段地交替使用直接法和追溯法，以取长补短、相互配合，获得更好的检索结果的方法。

 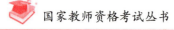

四、 网络信息的检索与利用

（一）图书信息检索

不论是过去还是现在，图书馆都以其丰富的藏书向我们提供多种信息，是我们获取资源的重要途径。过去，查找图书馆中的图书主要通过目录，这是一种传统的图书查询方法。现在，图书馆一般备有计算机书目检索终端，供读者检索、查询图书。书目检索终端提供了书名、作者、索书号、ISBN 号、关键字等多种检索途径，读者可以根据自己的需要和所掌握的相关信息选择检索途径，也可以将掌握的几条信息组配起来进行检索。

（二）目录型检索工具

目录型检索工具也称主题目录或主题指南，它是按等级排列的主题类索引，排列的方法有字母顺序法、时间顺序法、地点法、主题法等，或者将各种方法综合使用。目录型检索工具能让用户通过主题浏览 Web 站点列表，检索相关信息。现在有许多网站（如 Yahoo、Sohu 等）专门收集 Internet 上的信息地址，并编制成目录提供给网上用户。

目录型检索工具的使用方法如下：

（1）选择目录大类中的项目，然后一步步地缩小范围。

（2）用一个含义较广的关键词（如教育、教育技术、信息资源等）查询，然后继续点击更详细的标题。

（3）目录间通常会有很大的差别，如果一个目录不能提供合适的结果，可以用另一个目录试试。

（三）网页搜索引擎

如果希望得到与特定内容有关的具体信息，并且知道与之相关的标题词组或专用术语，可以使用搜索引擎来搜索信息。

搜索引擎的使用方法如下：

（1）选择搜索引擎。

（2）确定搜索主题，以决定搜索用的关键字。现在各种搜索引擎的设置都非常简便、实用，只要根据提示单击相应按钮就可以进行相关操作。

（3）缩小搜索范围。各种搜索引擎都有缩小搜索范围的功能，如谷歌的"高级搜索"和"在结果中再搜索"、百度的"在结果中找"等。只要对搜索条件进行限制，就能更精确地搜索到更有价值的资源。

五、 信息的筛选与分析

（一）信息的筛选

1. 鉴别真伪

即看信息内容与已掌握的可靠数据资料是否有明显冲突，同一条信息内容是否自相矛盾，信息来源是否可靠，信息传输的方式是否可靠。

2. 价值鉴定

即确定信息是否有价值并评估价值的大小。信息价值的高低，取决于对信息的需求程度。

（二）信息的分析

分析信息首先要对信息进行分类，然后在同类信息中做进一步的比较和分析。

信息分类的第一步是辨类，即对信息做主题分析，分辨其所属类别；第二步是归类，即依据辨类的结果，将信息归位于分类体系中。将信息分类后，即可对信息做进一步分析。常用的信息分析方法有以下几种。

1.归纳法和演绎法

这是两种最基本、最常用的逻辑推理思维方法。归纳法即从同类中的若干个别或特殊对象中推出有关该类事物的一般性结论。演绎法以一般性原理为前提，推出有关特殊的个别事物的结论。进行信息分析时，经常将这两种方法结合在一起使用。

2.比较法和分类法

比较法就是将一个事物同其他事物进行对比研究，或将事物不同阶段的情况进行对比研究，找出它们的相同点和不同点，从而得出关于事物性质和发展规律的科学结论。分类法是根据对象的相同点和不同点，将调查对象区分为不同种类的逻辑方法。比较法和分类法有密切的联系，用比较法得到的事物之间的相同点和不同点，可以作为分类的依据；而对事物做分类后，又便于对不同类的事物进行深入的比较研究，从而找出本质上的差异。

3.分析法和综合法

分析法即把事物的整体分解为各个部分、各个方面、各个要素，再分别加以研究的方法。综合法是在分析的基础上，把对事物的各个部分、各个方面的认识组合为一个整体认识的方法。反复运用分析法和综合法，可以使研究不断深入。

4.定量分析法和定性分析法

定量分析法是指通过对事物各种数量关系的研究来认识事物的方法。对调查材料的定量分析，就是通过统计和概率计算，得出可靠的数据，从而揭示事物各个方面的数量关系和变化趋势。定量分析具有逻辑的严密性和可靠性，结论往往有较强的说服力。定性分析法是指通过对事物规定性的研究来认识事物的方法。对调查材料的定性分析，就是在对大量材料进行综合分析的基础上，对调查对象做出性质上的判断。由于任何事物都具有量和质两方面的规定性，量的变化发展到一定程度必然引起质的变化，而质的差别也表现为一定数量关系的不同。因此，定量分析法和定性分析法总是结合在一起使用。一般情况下，任何定性分析都应在定量分析的基础上进行，其结论才更为可靠。

5.系统分析法

系统分析法就是按照系统论的原理，把调查材料当作反映客观情况的集合，从整体功能上去分析材料的一种方法。采用系统分析法不仅要研究调查材料之间的内部联系，而且要从调查材料整体与外部环境的关系上综合考察。此外，还要注意调查材料在时间、空间、功能、逻辑等各方面的有序性等问题。

六、 Office 系列工具中的常用工具

Office 系列工具中的常用工具的图标如下所示。

（一）Word——文字处理软件

Word 是微软公司开发推出的一款文字处理软件，用于文字资料的编辑和保存。Word 从发布至今已有多个版本，历年发布的新版本都在原有基础上优化了软件的功能。

1. Word 窗口的组成

Word 窗口由工作区、标题栏、菜单栏、工具栏和状态栏等元素构成。

工作区：中间空白的区域为工作区，所有的操作结果将显示在工作区。

标题栏：在整个 Word 窗口的最上方，显示本文档的名称和当前 Word 文档的版本。

菜单栏：在标题栏下方，显示不同功能的工具栏选项卡，如开始、插入等。

工具栏：为所属每一菜单栏的具体工具，每个工具都有自己的作用。

状态栏：在整个 Word 窗口的最下方，显示本文档的字数、行数、页数、视图模式、缩放比例等。

2. Word 的基本功能

Word 的工具栏中工具繁多，功能齐全，考试中主要考查常用工具按钮的使用。2013 版 Word 中的常用工具及其功能如下表所示。

工具名称	工具图标	所属菜单	功能
复制			将内容复制到粘贴板上，等待被粘贴到指定位置（快捷键：Ctrl＋C）
剪切			将内容移动到粘贴板上，等待被粘贴到指定位置（快捷键：Ctrl＋X）
粘贴	粘贴 ▾		将粘贴板上的内容移动到指定位置（快捷键：Ctrl＋V）
格式刷			可以快速将指定段落或文本的格式用到其他段落或文本上
粗体	B		将所选文字字体加粗，起到强调的作用（快捷键：Ctrl＋B）
左对齐		开始	段落或者文章中的文字沿水平方向向左对齐
居中对齐			段落或者文章中的文字沿水平方向中间集中对齐
右对齐			段落或者文章中的文字沿水平方向向右对齐
字体颜色	A		给文字设定颜色，未设定时文字默认为黑色
查找			在文中找到指定内容（快捷键：Ctrl＋F）
替换	ab↵ac		把查找到的内容替换为指定内容，可批量修改（快捷键：Ctrl＋H）
中文版式			该功能按钮下拉菜单中有纵横混排、合并字符、双行合一和字符缩放几个功能，可对文章进行相应排版

续表

工具名称	工具图标	所属菜单	功能
插入表格		插入	可在文档中插入自定义行数、列数的表格
插入图片			可在文档中插入图片，插入后可调整图片的大小和位置
插入图表			可在文档中插入在 Excel 中编辑好的图表
文本框			可在文档中插入文本框，文本框中可输入文字、数字、符号等
艺术字			可在文档中加入艺术字，自定义文字、数字、符号等内容
批注			在文档指定位置加入批注，批注内容显示在文档正文两侧
页眉和页脚			在文档页眉和页脚输入文字、数字、符号，应用于整个文档
页码			可自定义页码于页眉或页脚
水印			可自定义水印于文档最底层，文档内容显示于水印上方
文字方向		页面布局	可自定义设置文字的排列方向，如横向、纵向、旋转自定义角度排列等
文字环绕			可设置多种文字与图片结合排列方式
分隔符			点此按钮让页与页之间的间距隐藏或显示
字数统计		审阅	可对文档中字数、字符数、页数、段落数予以统计
繁转简			可将文档中所有繁体字转换为简体字
简转繁			可将文档中所有简体字转换为繁体字

（二）Excel——数据处理软件

Excel 是微软公司研发和推出的一款数据、表格处理软件，它可以进行各种数据处理、统计分析和辅助决策操作，广泛应用于管理、统计、财经、金融等众多领域。

1. Excel 基本构成

工作簿：一个 Excel 文件就是一个工作簿，是计算和存储数据的文件，扩展名为 .xls。

工作表：工作表是工作簿中的一页，新建一个工作簿默认打开 3 张工作表，依次为 sheet1、

sheet2、sheet3，最多可打开255张工作表。用户根据实际情况可增减或选择工作表。工作表用于输入数据、执行计算和组织信息，每个工作表包含256列和65 536行。

单元格：单元格是组成工作表的最小单位，由行列交叉构成，相当于工作表中的一小格。每个单元格用它所在的列号加行号来引用，行用阿拉伯数字表示，列用大写英文字母表示，当超过26列时用两个字母AA、AB、AC…AZ、BA、BB…IV表示。每个单元格可输入2 000个以内的字符。

单元格区域：区域是连续的单元格，用"左上角单元格：右下角单元格"表示。"："为区域运算符，如（A1：B4）。

2.Excel基本操作命令（见下表）

操作	工具图标	主要功能	操作步骤
筛选（"开始"菜单）	筛选	按照一定条件显示信息	1. 选择需要筛选信息所在列 2. 点击筛选按钮后，该列上方出现筛选状态的下拉菜单按钮 3. 输入筛选条件 4. 点击"确定"
排序（"开始"菜单）	排序	按照一定顺序排列信息	1. 选择需要排序信息所在列 2. 点击排序按钮选择排序方式（升序、降序、自定义）
分类汇总（"数据"菜单）	分类汇总	按照一定条件把信息进行分类并求和	1. 在按照一定顺序排列好的工作簿中，在数据区域选中任何一个单元格 2. 点击分类汇总图标 3. 在弹出的对话框中输入信息： （1）"分类字段"框中进行分类汇总的列标题 （2）在"汇总方式"框中选择汇总方式（如求和） （3）在"选定汇总项"中可以选择一个或者多个要进行分类汇总的字段 4. 编辑完后点击"确定"
图表（"插入"菜单）	图表	把Excel中的数据以图表的形式呈现	1. 选择记录要制作表格的信息的工作簿界面 2. 插入→图表→选择图表样式 3. 编辑图表中相应的内容
			图表类别： 条形图（横向）、柱形图（纵向）：表现数据大小 线形图：表现数据的变化 饼图：表现数据所占百分比

（三）PowerPoint——演示文稿制作软件

PowerPoint能够制作出集文字、图形、图像、声音及视频等多媒体元素于一身的多媒体演示文稿，在教师教学中的使用非常普遍。

PowerPoint基本操作总结见下表。

操作	功能按钮	操作方法
新建幻灯片	新建幻灯片	方法一：开始→新建幻灯片 方法二：在大纲视区选中需要新建幻灯片的位置，按回车键 方法三：在大纲视区选中需要新建幻灯片的位置，单击右键选择新建幻灯片

续表

操作	功能按钮	操作方法
插入文本	文本框▾	步骤一：用鼠标左键点击选中幻灯片视区需要插入文本的位置 步骤二：插入→文本框
插入图片	图片▾	步骤一：用鼠标左键点击选中幻灯片视区需要插入图片的位置 步骤二：插入→图片（本地图片）
插入音频	声音	步骤一：用鼠标左键点击选中幻灯片视区需要插入音频的起始页面 步骤二：插入→声音（本地音频）mp3、wma等格式
复制→粘贴	复制 粘贴▾	方法一：选中需要复制的信息→单击右键选择"复制"→选中要复制到的位置→单击右键选择"粘贴" 方法二：选中需要复制的信息→按"Ctrl＋C"组合键→选中要复制到的位置→按"Ctrl＋V"组合键 方法三：选中需要复制的信息→单击开始选择"复制"→选中要复制到的位置→单击开始选择"粘贴"
剪切→粘贴	剪切 粘贴▾	方法一：选中需要复制的信息→单击右键选择"剪切"→选中要复制到的位置→单击右键选择"粘贴" 方法二：选中需要复制的信息→按"Ctrl＋X"组合键→选中要复制到的位置→按"Ctrl＋V"组合键 方法三：选中需要复制的信息→单击开始选择"剪切"→选中要复制到的位置→单击开始选择"粘贴"
动画方案	动画方案	动画→动画方案 动画方案包括版式、幻灯片切换效果（页面）、自定义动画等多方面内容
动画设计	自定义动画	插入→自定义动画→添加效果→选择动画效果→开始方式、方向、速度 动画效果：进入、强调、退出、动作路径
幻灯片切换	切换	插入→自定义动画→切换→选择切换效果→切换速度→切换方式
更换模板	设计 更多模板 导入模板	默认模板：点击"设计"菜单，会显示出PPT自带模板，点击需要的模板即可更换 更多模板：在"设计"菜单中点击"更多模板"，有根据主题划分的多个模板，点击需要的模板并下载，下载成功后即可更换 本地模板：在"设计"菜单中点击"导入模板"，即可浏览计算机里的文件，在相应位置选择计算机中已有模板文件即可更换

例题精讲

单选题

1. 下列选项中，关于 Word 中"项目符号"的说法不正确的是（　　）。

A. 项目符号可以改变　　　　　　　　B. 项目符号只能是阿拉伯数字

C. 项目符号可增强文档可读性　　　　D. ＄和@都可定义为项目符号

【答案】B

【解析】项目符号就是放在文本前面的圆点或其他符号，不但能起到强调的作用，使文章条理更清晰，还可以达到美化版面的作用。Word 中的项目符号可自定义为圆圈、方框、阿拉伯数字等。可通过定义新项目符号完成对项目符号的设定。

2. 在 Word 中，下列操作不能实现的是（　　　）。

A. 在页眉不能插入页码　　　　　　　B. 奇偶页页眉不同

C. 在页眉插入分页符　　　　　　　　D. 在页眉插入剪贴画

【答案】C

【解析】分页符是分页的一种符号，位于上一页结束以及下一页开始的位置，不能在页眉中进行操作。

3. 在 Word 中，要将某一文本段的格式复制到其他文本段，应选择的功能按钮是（　　　）。

A. 　　　　B. 　　　　C. 　　　　D.

【答案】C

【解析】A 是保存，B 是撤销，D 是格式刷。该考点属于识记范畴。

4. 下列选项中，不属于 Excel 的主要功能的是（　　　）。

A. 电子表格处理　　　　　　　　　　B. 图形处理

C. 文件传输　　　　　　　　　　　　D. 数据库管理

【答案】C

【解析】Excel 是运行于 Windows 环境下的电子表格软件，具有电子表格处理、图形处理和数据库管理三大功能。

5. 在 PowerPoint 中，演示文稿的基本组成单元是（　　　）。

A. 文本　　　　　　B. 图形　　　　　　C. 工作表　　　　　　D. 幻灯片

【答案】D

【解析】幻灯片是演示文稿的基本构成单位，每张幻灯片包括文字、图案、声音、视频、图表、动画效果等。

6. 在 PowerPoint 中，对幻灯片中某对象简历超链接时需要添加的是（　　　）。

A. 文本框和超链接点　　　　　　　　B. 文本和图片

C. 文本框和动作按钮　　　　　　　　D. 超链接点和动作按钮

【答案】D

【解析】添加超链接最重要的是超链接点和动作按钮。

7. 在空白幻灯片中，不能直接插入的是（　　　）。

A. 艺术字　　　　　　B. 剪贴画　　　　　　C. 文字　　　　　　D. 图表

【答案】C

【解析】在制作 PPT 的过程中，插入文字时，需要先插入文本框，然后添加文字。

8. 在 PPT 中，新建一个演示文档时，第一张幻灯片的默认格式是（　　　）。

A. 项目清单　　　　　　B. 两栏文本　　　　　　C. 标题幻灯片　　　　　　D. 空白

【答案】C

【解析】新建一个演示文档，第一页默认的是标题幻灯片。

第二章

逻辑基础知识

 **考点详解**

逻辑是研究思维的形式及其规律的科学。概念是思维形式最基本的组成单位，是构成命题、推理的要素。

一、概念

（一）概念的内涵与逻辑特征

概念有两个基本的逻辑特征：内涵和外延。

概念的内涵是指概念所反映的事物的特性或本质；概念的外延是指概念适用的范围，即在哪一类事物中能够使用这个概念，比如"人"这个概念适用于古今中外的一切人，不仅仅是"中国人"或"现代人"，但不适用于猩猩、狗等。

一个概念的内涵越多，它的外延就越小；反过来，概念的内涵越少，它的外延就越大。例如，"圆珠笔"这个概念的内涵，比"笔"的内涵要丰富。"圆珠笔"除了有笔的一般特点外，还增加了"笔珠用金属制成，用油墨水书写"这一特点；"圆珠笔"的外延比"笔"的外延要小，它把毛笔、铅笔、钢笔等都排除在外。

（二）概念外延之间的关系

概念外延之间的关系共有五种，即全同关系、属种关系、交叉关系、矛盾关系和对立关系。

1. 全同关系

全同关系亦称为同一关系。对于任意两个概念 A、B，如果它们的外延完全相同（即所有的 A 是 B，并且所有的 B 是 A），那么，概念 A 与概念 B 之间就具有全同关系。例如："斯德哥尔摩"和"瑞典的首都"，"村上春树"与"《挪威的森林》的作者"，"长江"与"中国最长的河流"，为全同关系。

如果两个概念外延完全重合，内涵也完全相同，那么它们就是不同语词表达的同一个概念，而不是具有全同关系的不同概念，例如：土豆和马铃薯，它们是同一个概念。

2. 属种关系

属种关系亦称真包含关系。对任意的两个概念 A、B，如果 B 的外延完全在 A 的外延之中，而 A 的外延只有部分与 B 的外延相同（即所有的 B 是 A，而且有的 A 是 B，有的 A 不是 B），就称概念 A 真包含概念 B，概念 B 真包含于概念 A。或称 A 和 B 之间具有属种关系，并且称 A 为属概念，B

为种概念。

3. 交叉关系

对任意的两个概念 A、B，如果 A 的部分外延与 B 的部分外延相同，A 的部分外延与 B 的外延不相同，B 的部分外延与 A 的外延不相同（即有的 A 是 B，有的 A 不是 B，有的 B 是 A，有的 B 不是 A），就称 A 和 B 之间具有交叉关系。

4. 矛盾关系

具有这种关系的两个种概念，其内涵互相否定，一个概念以否定另一个概念的内涵作为自身的内涵。如在"颜色"这个属概念下的"白"和"非白"两个种概念就具有矛盾关系。具有矛盾关系的两个概念称为"矛盾概念"。

5. 对立关系

对立关系是指在对立的两种情况之外，还存在其他情况，非此不一定彼，非彼不一定此。比如"红色"和"白色"，不是"红色"不一定就是"白色"。

概念间的关系按其性质来分，可以分为相容关系和不相容关系两大类，具体如下图。

关系	相容关系			不相容关系	
	全同关系	属种关系	交叉关系	矛盾关系	对立关系
定义	两个概念具有相同的外延	一个概念的外延包围着另一概念的全部外延	两个概念的外延具有交叉	一个概念的外延是另一个的补概念	一个概念的外延小于另一个的补概念
规则	所有的 P 都是 S，所有的 S 都是 P	所有的 P 都是 S，但有的 S 不是 P	有的 S 是 P，有的 S 不是 P	所有 S 都不是 P	所有 S 都不是 P
文式图	S P	S P	S P	S P	S P
示例	等边三角形和正三角形	法律和刑法	军人和医生	白马和非白马	白马和黑马

二、命题

（一）命题概述

1. 命题的概念

在现代哲学、逻辑学、语言学中，命题是指一个判断的语义。命题是对思维对象有所断定的思维形式。例如：（1）夹馅面包是面包；（2）茄子不是水果。这两个例子就是两个命题。例（1）肯定"夹馅面包"具有"面包"的属性；例（2）否定"茄子"具有"水果"的属性。

思维对象是指作为思维主体的人所思考的一切对象，它既包括客观上存在的事物对象，也包括人类思维的现象。

命题有时也称作判断。

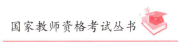

2. 命题的性质

命题具有以下两个基本的逻辑性质：

（1）必须对事物的情况有所断定。

有所断定是指对思维对象的性质、关系等的肯定或否定。任何一个命题都有其确定的断定内容。在同一思维过程中，它肯定什么就肯定什么，否定什么就否定什么。命题的这个逻辑性质，目的是要消除日常语言的歧义性，从而以具有明确断定内容的判断来加强人们相互之间的沟通。如"秋田犬来自日本"就是一个命题。

（2）必须有真和假的区分。

既然命题是对事物情况的断定，它就应该如实地反映事物的本来面目。这样就必然存在所作的断定是否符合客观实际的问题。如果一个判断符合客观实际，那么这个命题就是真的；如果一个判断不符合客观实际，那么这个命题就是假的。如"有些狗是哈士奇"符合客观实际，为真；而"所有的狗都不是哈士奇"不符合客观实际，则为假。而"这个人是个小偷"可能为真也可能为假，需要参照其他的标准来判断，但它也是一个命题。

3. 命题的分类

根据不同的划分标准，可以对命题进行不同的分类。根据命题中是否包含有"必然""可能"等模态词，可将命题划分为模态命题和非模态命题。

（1）模态命题。

模态命题是包含有"必然""可能"等模态词的命题，反映事物情况必然性的命题为必然命题，而反映事物情况可能性的命题为可能命题。如"今天必然要下雪"和"宇宙中可能有外星人"都属于模态命题，分别是必然命题和可能命题。

（2）非模态命题。

非模态命题则是指不含有模态词的命题。根据是否包含有其他命题，将其划分为简单命题和复合命题。

简单命题是本身不再包含其他命题的命题，如"小萨不懂考古知识"。复合命题是由两个或两个以上的简单命题通过一定的逻辑联结词结合而成的命题。组成复合命题的简单命题叫作肢命题。复合命题根据其逻辑联结词的不同性质可分为联言命题、选言命题、假言命题和负命题。

例如：1）既要长高又要变壮。2）或者你去出差，或者我去出差。3）如果市场单价上涨，那么居民消费指数就会上升。4）并非所有男人都那么靠谱。

以上几个例子都属于复合命题。例1）是联言命题，包含了"要长高"和"要变壮"两个命题；例2）是选言命题，包含了"你出差"和"我出差"两个命题；例3）是假言命题，包含了"市场单价上涨"和"居民消费指数上升"两个命题；例4）是负命题，包含了"所有男人都那么靠谱"这个命题。

4. 命题的形式

命题的形式由逻辑变项和逻辑常项组成。逻辑变项是指命题形式中可变的部分；逻辑常项是指某一命题形式中固定不变的部分。对于简单命题和复合命题来说，其形式是不同的。

（1）简单命题。

如"所有金属都是导电的""有些教育家不是搞数学研究的"等，这类命题可以写成"所有 S 都是 P""有些 S 不是 P"的表达形式，其中，"S"和"P"是逻辑变项，"所有……都是……""有些……不是……"是逻辑常项。

（2）复合命题。

如"如果天气转暖，那么积雪开始融化""或者你去照顾小孩，或者我去照顾小孩"等，这类命题可以写成"如果 p，那么 q""或者 p，或者 q"，其中，"p""q"是逻辑变项，"如果……那么……""或者……或者……"是逻辑常项。

逻辑常项是判定一种命题形式的类型的唯一根据，也是区别不同类型的命题形式的唯一根据。无论给逻辑变项代入何种具体内容，命题形式都不会改变。

5. 命题的真值

一个命题要么是真的，要么是假的，无所谓真假的语句不表达命题。而符合事实的命题是真的，它就不可能是假的；不符合事实的命题是假的，它就不可能真。因此一个命题不可能既真又假。我们把真假叫作命题的逻辑值，又称作命题的真值。

对于简单命题，我们可以直接以事实为根据来判定其真假。比如"有的植物已经灭绝了"这个命题符合事实，因此为真。

而复合命题则不同，它是由联结词联结命题而构成的，从这个意义上讲，复合命题描述的是肢命题之间的逻辑关联，命题之间的逻辑关联就表现为肢命题的真假对整个复合命题真假的制约关系。复合命题的真假是由肢命题的真假决定的。

逻辑关联由联结词决定。联结词不同，肢命题之间的逻辑关联就不同，肢命题的真假对整个复合命题真假的制约情况也不同。把一种形式的复合命题的肢命题真假对复合命题真假的制约情况列出来，就得到一张表，叫作该种形式复合命题的真值表。

（二）复合命题

复合命题是包含了其他命题的一种命题，一般来说，它是由若干（至少一个）简单命题通过一定的逻辑联结词组合而成的。

1. 联言命题及其推理

联言命题是断定事物的若干种情况同时存在的命题。联言命题所包含的肢命题称为联言肢。

表达联言命题的逻辑联结词有"……和……""既……又……""不但……而且……""一方面……另一方面……""虽然……但是……"等。

例如：这项水利工程使附近几个县的农田受益，并且为这一地区的小工业提供了动力。

如果取"并且"作为联言命题的典型联结词，用"p""q"等来表示联言肢，那么联言命题的表述形式为：p 而且 q。逻辑上则表示为：$p \wedge q$（读作"p 合取 q"）。

2. 选言命题及其推理

选言命题是断定事物若干种可能情况的命题。选言命题也是由两个以上的肢命题所组成的。包含在选言命题里的肢命题称为选言肢。

（1）相容的选言命题。

断定事物若干种可能情况中至少有一种情况存在的命题就是相容的选言命题。

表达相容的选言命题的逻辑联结词有"或……或……""可能……也可能……""也许……也许……"等。通常用如下形式来表示相容的选言命题：p 或者 q。逻辑上则表示为：$p \vee q$（读作"p 析取 q"）。

例如：小李学过英语或者法语。

相容选言推理有以下两条规则：

1）否定一部分选言肢，就要肯定另一部分选言肢。

2）肯定一部分选言肢，不能否定另一部分选言肢。

（2）不相容的选言命题。

不相容的选言命题是断定事物若干可能情况中有而且只有一种情况存在的命题。

表达不相容的选言命题的联结词有"或……或……两者必居其一""要么……要么……""不是……就是……"等。

例如：一个三角形，要么是钝角三角形，要么是锐角三角形，要么是直角三角形。

根据不相容选言命题的逻辑性质（选言肢不能同真），不相容选言推理有以下两条规则：

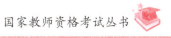

1）肯定一个选言肢，就要否定其余的选言肢。

2）否定一个选言肢以外的选言肢，就要肯定未被否定的那个选言肢。

3．假言命题及其推理

假言命题是断定事物情况之间条件关系的命题。在假言命题中，表示条件的肢命题称为假言命题的前件，表示依赖该条件而成立的命题称为假言命题的后件。假言命题因其所包含的联结词的不同而具有不同的逻辑性质。

（1）充分条件假言命题及其推理。

充分条件假言命题是指前件是后件的充分条件的假言命题。

充分条件假言命题的联结词有"如果……那么……""只要……就……""若……必…"等。充分条件假言命题的表述形式是：如果 p，那么 q。逻辑上则表示为：p→q（读作"p 蕴含 q"）。

例如：如果在淀粉溶液里加入碘酒，那么淀粉溶液会变蓝。

充分条件假言推理有以下两条规则：

1）肯定前件就要肯定后件，否定后件就要否定前件。

2）否定前件不能否定后件，肯定后件不能肯定前件。

（2）必要条件假言命题及其推理。

必要条件假言命题是指前件是后件的必要条件的假言命题。所谓前件是后件的必要条件，是指如果不存在前件所断定的事物情况，就不会有后件所断定的事物情况，即前件所断定的事物情况的存在对于后件所断定的事物情况的存在来说是必不可少的。

必要条件假言命题的联结词有"只有……才……""不……（就）不……""没有……没有……"等。必要条件假言命题的表述形式为：只有 p，才 q。逻辑上则表示为：p←q（读作"p 反缊含 q"）。

例如：只有接受教育，才能不做文盲。

必要条件假言推理有以下两条规则：

1）否定前件就要否定后件，肯定后件就要肯定前件。

2）肯定前件不能肯定后件，否定后件不能否定前件。

（3）充分必要条件假言命题及其推理。

充分必要条件假言命题的联结词有"只要而且只有……才……""若……则……且若不……则不……""当且仅当……则……"等。充分必要条件假言命题的表述形式为：当且仅当 p，则 q。逻辑上则表示为：p↔q（读作"p 等值于 q"）。

4．负命题

（1）负命题的概念。

通过对原命题断定情况的否定而作出的命题，叫作负命题。

负命题的逻辑公式是：如果用 p 表示原命题，那么，负命题即为"并非 p"。

（2）负命题的种类。

任何一个命题都可对其进行否定而得到一个相应的负命题。简单命题的负命题实质上即为对当关系中的相应矛盾命题。复合命题的负命题如下：

1）联言命题的负命题。

由于联言命题只要其肢命题有一个为假，该命题就是假的，因此，联言命题的负命题是一个相应的选言命题。例如：某某人工作既努力又认真。这个联言命题的负命题不是"某某人工作既不努力又不认真"这个联言命题，而是"某某人工作或者不努力，或者不认真"这样一个选言命题。如果用公式表示，则为：并非"p∧q"等值于"非 p∨非 q"。

2）选言命题的负命题。

①相容选言命题的负命题。

因为相容选言命题只要其肢命题中有一个为真，则整个选言命题就是真的，故相容选言命题的负命题不能是一个相应的选言命题，而必须是一个相应的联言命题。

例如：这个学生或者是文艺爱好者，或者是体育爱好者。这一选言命题的负命题就不是"这个学生或者不是文艺爱好者，或者不是体育爱好者"，而只能是"这个学生既不是文艺爱好者，又不是体育爱好者"这样一个联言命题。如果用公式来表示，则为：并非"p∨q"等值于"非p∧非q"。

②不相容选言命题的负命题。

由于不相容选言命题只有当选言肢仅有一个是真的时，整个选言命题才是真的，所以当选言肢同真或同假时，它就是假的。如果用公式来表示，则为：并非"要么p要么q"等值于"p且q"或"非p且非q"。

3）假言命题的负命题。

①充分条件假言命题的负命题。

由于充分条件假言命题只有当其前件真、后件假时，它才是假的，因此，一个充分条件假言命题的负命题只能是一个相应的联言命题。例如：如果起风了，就会下雨。其负命题则为：起风了，并未下雨。如果用公式来表示，则为：并非"p→q"等值于"p∧非q"。

②必要条件假言命题的负命题。

由于必要条件假言命题只有当其前件假而后件真时，它才是假的，因此，一个必要条件假言命题的负命题也只能是一个相应的联言命题。例如：只有年满十八岁，才有选举权。其负命题则为：没有年满十八岁，也有选举权。如果用公式来表示，则为：并非"p←q"等值于"非p∧q"。

③充分必要条件假言命题的负命题。

由于充分必要条件假言命题其前件既是后件的充分条件，又是后件的必要条件，因而，对于一个充分必要条件假言命题来说，其负命题既可以是相应的充分条件假言命题的负命题，也可以是相应的必要条件假言命题的负命题。例如：并非当且仅当得了肺炎才会发高烧。其等值命题是：或者得了肺炎但不发高烧，或者没有得肺炎但却发高烧。如果用公式来表示，则为：并非"p↔q"等值于"p∧非q"∨"非p∧q"。

4）负命题的负命题。

负命题作为一种较特殊的复合命题，自身当然也有相应的负命题。如果用公式来表示，则为：并非"并非p"等值于"p"。

三、推理

（一）推理及其结构

推理是由一个或几个已知命题推出新命题的思维形式。

推理包含两部分的命题：一是已知的命题，它是推理的根据，叫作推理的前提；二是由此而推导出的命题，叫作推理的结论。逻辑学主要研究推理过程中前提和结论之间的关系。

（二）推理的分类

根据不同的划分标准，推理有不同的分类：

（1）根据推理思维进程的方向不同，可分为演绎推理、归纳推理、类比推理三类。

（2）根据前提与结论之间是否具有蕴含关系，可分为必然性推理和或然性推理两类。

（3）根据前提的数量，可分为直接推理和间接推理两类。

上述关于推理的分类，由于划分标准不同，所以是互相交叉的。同一个推理可以分属不同的种类。比如三段论推理属于演绎推理，也属于必然性推理，还属于间接推理。

1. 演绎推理

（1）演绎推理的概念。

由一般的原理出发，推出某个特殊情况下的结论，就是演绎推理。

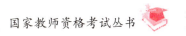

（2）演绎推理的特点。

演绎推理的前提是一般性原理，演绎所得的结论是蕴含于前提之中的个别、特殊事实，因此演绎推理是由一般到特殊的推理。

在演绎推理中，前提与结论之间存在着必然的联系，只要前提和推理形式是正确的，结论必定正确。因此，演绎推理是数学中严格的证明工具。

（3）演绎推理的一般模式：三段论。

大前提：已知的一般原理。

小前提：所研究的特殊情况。

结论：根据一般原理，对特殊情况作出的判断。

2. 归纳推理

（1）归纳推理的定义。

归纳推理是指以个别或特殊性认识为前提推出一般性认识为结论的推理；也可以说是由已知为真的命题做前提引出可能真实的命题做结论的推理。

（2）归纳推理的分类。

根据前提所考察对象的范围不同，归纳推理可分为完全归纳推理和不完全归纳推理。完全归纳推理考察了某类事物的全部对象，不完全归纳推理则仅仅考察了某类事物的部分对象。

需要注意的是，归纳推理中的"完全"和"不完全"是相对的，它是就推理前提的数量方面来说的。所谓"完全"，是从整体上对一类对象的全体加以考察；所谓"不完全"，则是从局部（部分）上对一类对象的全体加以推断。因此，它只具有相对的意义。

1）完全归纳推理。

完全归纳推理，是以某一类对象中的每一个成员都具有或不具有某种属性为前提，因而推断出该类对象的全体都具有或不具有这种属性的推理。因此，完全归纳推理的前提是个别性的，其结论却是一般性的。

2）不完全归纳推理。

不完全归纳推理，是以某一类对象中的部分对象具有或不具有某种属性为前提，因而推断出该类对象的全体具有或不具有这种属性的一般性结论的推理。

不完全归纳推理根据前提中是否考察了事物对象与其属性间的内在联系，可以分为简单枚举归纳推理和科学归纳推理。

（3）归纳推理的方法。

运用归纳推理，必须占有材料，使用观察、实验和调查等收集材料的方法。在观察、实验和调查中获得的材料，需要运用比较、归类、分析和综合以及抽象和概括等整理材料的方法进行加工整理，才能形成正确的结论。

3. 类比推理

（1）类比推理的概念。

类比推理是根据两个或两类对象有部分属性相同，从而推断出它们的其他属性也相同的推理，简称类推、类比。

（2）类比推理的运用。

类比推理能够使人们举一反三，触类旁通，获得创造性的启发或灵感，从而找到解决难题之道。类比推理的结论是或然的，也就是说可能为假，因为事物之间固然有相似之处，但也有差别。因此，从两个或两类事物在某些地方相似，推出它们在另外的地方仍相似的结论就不具有必然性。类比结论的可靠性程度取决于许多因素，要降低或然性程度，就要注意以下问题：

第一，类比对象之间的相同点越多，其结论的可靠性程度也就越大。

第二，已知相同属性与推出属性之间的相关程度越高，类比结论的可靠性越大；相关程度越低，可靠性越小。如果我们能证明甲对象所具有的 A、B、C 属性，与 D 属性之间存在着某种联系，即只要有 A、B、C 属性存在，便必然有 D 属性存在，那么由于乙对象也具有 A、B、C 属性，所以我们推断它也具有 D 属性便是必然的、正确的。反之，如果我们发现在乙对象的属性中，有某种属性不能与 D 属性并存，那么我们说乙对象也可能具有 D 属性的结论便是错误的。

第三，不能将甲对象所具有的某种偶然性来跟乙对象类比，因而推断乙对象也具有这种偶然性。

四、逻辑基本规律

（一）同一律

同一律的基本内容是：在同一思维过程中，每一思想自身必须是同一的。

同一律的公式是：A 是 A。公式中的 A 可以表示任何思想，即可以表示任何一个概念或任何一个命题，也就是说，在同一思维过程中，所使用的每一概念或判断都有其确定的内容，不能任意变换。同一律要求人们在运用概念时必须保持概念的同一性，违反这一要求就会犯"偷换概念""混淆概念"的错误。

（二）矛盾律

矛盾律实际上是禁止矛盾律或不矛盾律。矛盾律的基本内容是：在同一思维过程中，两个互相矛盾的思想不能同时是真的；或者说，一个思想及其否定不能同时是真的。

矛盾律的公式是：并非（A 而且非 A）。公式中的"A"表示任一命题，"非 A"表示与 A 具有矛盾关系或反对关系的命题。

（三）排中律

排中律的基本内容是：在同一思维过程中，两个互相矛盾的思想不能同假，必有一真。排中律的公式是：A 或者非 A。排中律的主要作用在于保证思想的明确性，而思想的明确性也是正确思维的一个必要条件。例如：我不能说同意你的意见又否定你的意见。

 例题精讲

单选题

1. 学校开设体育课的主要目的是使学生的身体变得健康。体育课应该集中于增氧锻炼，增氧锻炼比集体运动更能促进参与者的健康，并且实际上只有一小部分学生参加集体运动。以上观点如果正确，作者将最有效地反对下面哪一项？（ ）

　　A. 学校里使用身体训练计划来鼓励学生养成终身的健康习惯

　　B. 年轻的学生应该参加社区运动队

　　C. 学校依赖增氧练习计划来帮助所有的孩子变得身体健康

　　D. 学校大部分体育课用来进行集体运动

【答案】D

【解析】本题为削弱型题目。题干中作者的观点是：体育课应该集中于增氧锻炼。其论据是：学校开设体育课的主要目的是使学生的身体变得健康，增氧锻炼比集体运动更能促进参与者的健康，并且实际上只有一小部分学生参加集体运动。D 选项，学校大部分体育课用来进行集体运动，正是作者所反对的观点。本题与正常的削弱型题目有所不同，通常削弱型题目都是要求寻找能够削弱题干的选项，而本题则要求寻找题干能够削弱的选项，即选择与题干观点不同的选项。

2. 在防治癌症方面，橙汁有多种潜在的积极作用，尤其由于它富含橙皮素和柚苷素等类黄酮抗氧化剂。研究表明，橙汁可以减少儿童患白血病的风险，并有助于预防乳腺癌、肝癌和结肠癌。根据研究结果，橙汁的生物效应在很大程度上受到其成分的影响，而其成分的变化又依赖于气候、土

壤、水果成熟度以及采摘后的存储方法等条件。由此可以推出（　　　）。

A. 并非所有的橙汁都有相同的防癌功效

B. 过度饮用橙汁会给身体健康造成不良影响

C. 相对于健康儿童而言，白血病患儿的橙汁饮用量较小

D. 生长于良好的气候土壤条件下、成熟并避光保存的橙子最有功效

【答案】A

【解析】本题为归纳推理题。题干中主要讨论橙汁的防癌作用，在最后强调橙汁的生物效应受环境等因素的影响。A选项强调并不是所有的橙汁功效都相同，符合可能优先原则。B选项内容题干中并没有提到，故排除。C选项题干中并没有将健康儿童与白血病患儿饮用橙汁量进行比较，故排除。D选项虽然提到了橙汁的功效与环境有关，但题干中并没有提到储存方式，且这种是否是"最有效"的方式有待考证，故排除。

3. 下列选项中与"三角形—几何图形"逻辑相同的是（　　　）。

A. 矩形—椭圆形　　　B. 菱形—六边形　　　C. 圆形—三角形　　　D. 梯形—四边形

【答案】D

【解析】根据题干中的信息可知，三角形和几何图形的关系是包含关系，只有D选项是包含关系，梯形属于四边形。

4. 与"耕耘：收获"关系相同的是（　　　）。

A. 聪明：机智　　　B. 努力：成功　　　C. 肯定：自信　　　D. 发展：进步

【答案】B

【解析】本题考查的是条件与结果的关系，有了耕耘才会有收获，有了努力才能成功。故选B。

5. 找规律填数字是一项很有趣的活动，特别锻炼观察和思考能力，下列选项中，填入数列"36、24、15、12、（　　　）、9"空缺处的数字，正确的是（　　　）。

A. 8　　　　　　　B. 7　　　　　　　C. 6　　　　　　　D. 5

【答案】C

【解析】根据题干已知序列可知：$36-24+3=15$，$24-15+3=12$，则有 $15-12+3=6$，验证该数有：$12-6+3=9$。故本题选C。

第三章
阅读理解

阅读理解能力是指通过阅读获取信息的能力，包括：理解阅读材料中重要概念或句子的含义；筛选并整合图表、文字、视频等阅读材料的主要信息及重要细节；分析文章结构，把握文章思路；归纳内容要点，概括中心意思；分析、概括作者在文中的观点、态度；根据上下文合理推断阅读材料中的隐含信息。

 **考点详解**

一、阅读中对词语及其表达的重要概念的理解

概念是反映客观事物本质属性的思维形式。某一事物的所有性质及同其他事物之间的关系，是事物的属性。为该事物所特有的并对该事物有决定意义的属性，是其本质属性。阅读中的重要概念是指与整体文意密切相关或是文章重点论述的一个"概念性"词语。

重要概念一般包括：体现作者立场、观点的词语；表现文章主题思想的词语；反映深层次含义的词语；对文章结构起照应连接作用的词语；比喻、借代、反语等特殊的词语；根据语境而作别种义项理解的词语。

二、阅读中对重要句子的理解

所谓重要句子，指的是那些对文意表达起重要作用的关键性语句。

重要句子一般包括：能点明主旨或能显示脉络层次的关键性语句；在文中起重要作用的中心句、总结句、过渡句或对文脉的推进与转接有关键性作用的语句；内涵较为丰富而且具有提示性或引导性的语句；比较含蓄的、有深层含义的语句。

 例题精讲

> 阅读理解

谈美
朱光潜

我刚才说，一切事物都有几种看法。你说一件事物是美的或是丑的，这也只是一种看法。换一个看法，你说它是真的或是假的；再换一种看法，你说它是善的或是恶的。同是一件事物，看法有多种，所看出来的现象也就有多种。

比如园里那一棵古松。无论是你是我或是任何人一看到它，都说它是古松。但是你从正面看，我从侧面看。你以幼年人的心境去看，我以中年人

的心境去看，这些情境和性格的差异都能影响到所看到的古松的面目。古松虽只是一件事物，你所看到的和我所看到的古松却是两件事。假如你和我各把所得的古松的印象画成一幅画或是写成一首诗，我们俩艺术手腕尽管不分上下，你的诗和画与我的诗和画相比较，却有许多重要的异点。这是什么缘故呢？这就是由于知觉不完全是客观的，各人所见到的物的形象都带有几分主观的色彩。

假如你是一位木商，我是一位植物学家，另外一位朋友是画家，三人同时来看这棵古松。我们三人可以说同时都"知觉"到这一棵树，可是三人所"知觉"到的却是三种不同的东西。你脱离不了你的木商的心习，你所知觉到的只是一棵做某事用值几多钱的木料。我也脱离不了我的植物学家的心习，我所知觉到的只是一棵叶为针状、果为球状、四季常青的显花植物。我们的朋友画家什么事都不管，只管审美，他所知觉到的只是一棵苍翠劲拔的古树。我们三人的反应态度也不一致。你心里盘算它是宜于架屋或是制器，思量怎样去买它，砍它，运它。我把它归到某类某科里去，注意它和其他松树的异点，思量它何以活得这样老。我们的朋友却不这样东想西想，他只在聚精会神地观赏它的苍翠的颜色，它的盘屈如龙蛇的线纹以及它的昂然高举、不受屈挠的气概。

从此可知这棵古松并不是一件固定的东西。它的形象随观者的性格和情趣而变化。各人所见到的古松的形象都是各人自己性格和情趣的返照。古松的形象一半是天生的，一半也是人为的。极平常的知觉都带有几分创造性；极客观的东西之中都有几分主观的成分。

问题：

（1）作者为什么说"这棵古松并不是一件固定的东西"？

（2）请另举一例，谈谈你对文中画线句"极客观的东西之中都有几分主观的成分"的理解。

【参考答案】（1）因为古松的形象一半是天生的、客观存在的，另一半将随着观者的性格情趣和观点态度而展示出不同的面目。

（2）对于极客观的东西，它的形象随着观者的情趣和性格的差异呈现出迥异的面目，其主观成分源自观者的主观色彩知觉。对于文中的客观事物古松，木商、植物学家、画家三种人群分别代表着三种不同的主观色彩认知——实用态度、科学态度、美感态度。

比如，对于生活中极客观的茶壶，实用主义者研究它的生活实用价值，可以用来泡茶、解决口渴问题；商人会考虑到做茶壶买卖是否会带来利益；养生家会考虑茶壶的有机组成部分甚至其化学成分，用此类茶壶泡茶是否有益身体健康；艺术家则会将全副精神倾注于茶壶本身，不计实用性，不推求关系、条理和因果，只是直觉地感知它的造型、花样、颜色的优美。观者从多种不同的角度，用三种不同的感知——实用态度、科学态度、美感态度，使得客观事物的形象带有主观色彩。

 **考点详解**

一、分析文章结构，把握文章思路

（一）文章结构

结构是文章的内部组织形式，反映作者对客观事物的认识过程。结构要服从文章主题表达的需要。一般认为，文章的结构包括段落、层次、开头、结尾、过渡、照应、标题、款识、补记等。

考点2：对阅读材料的整体把握

内容提要：对阅读材料的把握容易出现的问题有两个方面：一方面是在具体的题目作答中，对材料的阅读侧重于部分特殊信息；另一方面是在阅读中缺乏有机联系意识，碎片化程度较高。故在答题中务必先对材料进行整体性阅读，在这一过程中概括总结各段材料的基本内容，在此基础上形成对整体材料的有机理解，进而整体把握。

文章从结构来看，有六种类型，即并列关系、承接关系、递进关系、转折关系、因果关系和解证关系。

（二）文章思路

思路是指作者谋篇布局的思维轨迹。厘清作者的思维轨迹，是把握文章结构的重要一环。思路厘清了，文章的"文脉"就抓住了，文章的整体结构也就了然于胸，这是对任何文章整体认识和理解的关键一环。

文章从思路上看，有如下三种类型：时间型、空间型、逻辑型。

时间型主要反映时间顺序，如先后、早晚等；空间型主要反映空间顺序，如上下、内外等；逻辑型主要反映逻辑顺序，如正反、主次、类比、归纳、证明、阐释、叙议等。例如，记叙文一般以时间先后为序，因为事情发生总有先有后；游记常以游踪，即空间方位为线索，因为游览总是从甲地再到乙地。

二、题型分析

（一）含义理解题

含义理解题要求通过阅读材料，理解材料中的关键或重要语句的含义。理解语句含义包括三层意思：一是表层字面义；二是语境临时义；三是句外延伸义。关键或重要语句的类型主要有：

（1）从内容上看，指能揭示文章题意、主旨的语句，有概括段意作用的语句。

（2）从表达上看，指文章中那些抒情和议论的语句，如以"可见""因此""所以""由此可见"等作为语言标志的语句。

（3）从结构上看，指领起后文或收束前文的语句，表示过渡的语句，有重要指示代词的语句，位于文段开头或结尾的领起性、总结性语句等。

（4）从修辞上看，指运用比喻、反问、排比、象征等手法的语句，以及语意比较含蓄的语句等。

（二）词语理解题

词语理解题要求解释文中某一词语的含义。这里所讲的"词语的含义"，不是指一般的词典义，而是这个词语在一定的语言环境中临时的、具体的、附加的、动态的、不同于词典义又与词典义有着某种内在联系的新的含义。这里所说的词语，不是一般意义上的词语，而是在文章中具有重要作用和意义的词语，即"重要词语"，其一般具有以下特点：（1）文章题目；（2）指代词；（3）文段中反复出现；（4）作为线索或者照应上下文；（5）暗示主旨大意；（6）含义特殊或词义丰富；（7）表达有特色或使用修辞。

词在文章中通常不是孤立出现的，总要与其他词语组合才能表达某种意思。词语的含义有本义、引申义、比喻义、临时义等，无论这个词在句中的含义是原本固有的还是临时产生的，只要语言环境确定，词义就会确定。所谓"语言环境"，也可称"语境"，包括文章用语的时间、地点、人物、对象、场合、题旨、上下文等。一个词用得好不好，如何使用、借鉴或领会词的含义，都必须放到语境中考查。答题时一定要注意在词的前后找答案或找解答的依据。

解答这类题目，要做到：

（1）能理解词语的表面含义、深层含义和言外之意，并能理解其表达效果。

（2）能确定词语指代的内容：一般出现在上文，找出后代入原文，看是否通顺合理。

（3）能确定使用了什么修辞手法，如比喻、拟人等。

解答时有两种答题方式：一种是通过对上下文的分析，直接写出该词语的意思；另一种是在解释完该词语的本义后，再加上"在文中指的是……"。

三、答题步骤

（一）通读全文，掌握大意。

答题开始前，先快速浏览整篇文章，掌握大意。在浏览的同时要重视标题（中心）、开头段（观点）、结尾段（结论）及各段落的首句（主题句），厘清脉络，了解文章内容梗概，不要把时间花在生词难句上。

1. 通读全文，了解文章

在通读全文时，要养成动笔的好习惯，可用笔标记出重要的字、词、句，具体包括如下内容：

（1）了解文章的主要内容：哪些人？什么事？什么景？什么物？什么话题？

（2）了解文章的结构脉络：作者的情感变化是怎样的？材料有哪些？是怎样安排的？文章是怎样过渡的？厘清文章的线索、顺序、层次等。

（3）了解文章的情感主旨。

2. 了解文章情感主旨的方法

（1）抓住文章中的关键词句。文章中关键的词句包括：标题、开头句、结尾句、独立成段的句子、中心句、警句、比喻句、连问句、过渡句、抒情句、议论句、反复出现的词句、重点关联词等。应特别注意那些体现作者立场观点、反映文章深层次内容、内涵较为丰富、形象生动的词句，文章的主旨往往就隐藏在这些句子里。

（2）厘清文章的结构。从结构形式入手比较容易把握文章的思想内容。

3. 厘清记叙文的结构

厘清记叙文的结构，可从以下几方面进行：

（1）找出文章的线索。记叙文的线索形式有：以时空转移为线索，以一人、一事、一物为线索等。

（2）明确文章的写作顺序。记叙的顺序，我们要掌握顺叙、倒叙和插叙。顺叙就是按照事件发生、发展的时间先后顺序来进行叙述的方法，如《皇帝的新装》。倒叙是根据表达的需要，把事件的结局或某个最重要、最突出的片段提到文章的前边，然后再从事件的开头按事情原来的发展顺序进行叙述的方法。插叙是在叙述中心事件的过程中，为了帮助展开情节或刻画人物，暂时中断叙述的线索，插入一段与主要情节相关的内容的叙述方法，如《羚羊木雕》。

（3）把握文章的详略安排。文章中详写的部分一般是主旨所在，略写的部分是对文章主旨的补充。要学会根据文章详略提炼情感主旨。

（二）审读问题，理解题意

作答阅读理解题时，可以先看问题，确定答案所在范围，然后带着这些问题仔细阅读，将题干和文章对应起来，找出每一题的出题点，以做到有目的的阅读。具体做法如下：

（1）找准原文中与题目对应的相关区域。看题目涉及文中哪些段落或区域，和哪些语句有关，并作出标记。

（2）联系上下文，抓住关键词句理解题意。

（3）分析综合，"顺藤摘瓜"。结合试题（"顺藤"）找到关键段、句，深入理解文章，分析综合，归纳出答案要点（"摘瓜"）。

（三）厘清要点，认真答题

根据答题要求，对文本内容进行概括提炼、加工改造，尽可能利用原文中的关键性文字答题。

（1）引用原文。题目要求引用原文答题的，直接找出原文写上即可。

（2）抓住关键词句。没有明确要求引用原文答题的，不能机械地照抄原文的句子。一般来说，句子中的某些关键词即为答案要点，答题时要抓住这些关键词，进行有效的提取、重组、概括、归纳。

（3）有一些题目是以选择题形式出现的，我们要了解这类题错误选项设置的规律（如断章取义、偷换概念、范围不清、无中生有、强加因果、有意混淆偶然必然已然未然），把选项和原文中的相关语句进行一对一的比较，作出准确的判断和选择。

（四）复读全文，验证答案

答题完毕后，应对照答案将文章从头到尾再看一遍，以确保答案要点正确无误。

四、答题技巧

（一）巧用信息，整体把握

词句理解型题目中，文段提供了很多重要信息，比如文章的作者、写作时间和文后注释等，要特别关注后面的题目，从题目的要求中揣度文章的主旨。明确出题意图后，再整体把握材料，就可以形成正确的解题思路。

（二）确定区域，圈点勾画

阅读大段材料，主要用精读的方法，需逐字逐句推敲揣摩。可以先看题目涉及文中哪些段落或区域，确定某一答题区域后，再仔细阅读每一句的意思，进而厘清段落之间的关系。阅读时反复琢磨题干，圈画与之相关的内容，答题时就不再需要从头至尾搜寻，从而可以节省答题时间。

（三）尊重原文，摘取信息

词句理解型题目的答案通常就在原文中，不需要凭空想象。若离开了原文，会出现答不准、答不全的情况。在原文中找答案是准确解答题目最重要、最有效的方法，可以从原文中概括提炼答案。同时，找出的语句不一定能够直接使用，必须根据题目要求进行加工，或摘取词语，或压缩主干，或抽取要点，或重新组织。

（四）先拟草稿，再写全写顺

词句理解型题目判分有两个基本要求：一是"踩点"给分；二是文通字顺。根据阅卷规则，多写一般不扣分，在不限定字数的情况下要尽可能多地陈述自己的见解。同时要保证字迹工整、条理清晰。解答阅读理解题与写作文一样，十分注重语言表达的基本功，为了确保答题质量、提高得分率，应该先拟草稿经修改后再正式作答。

 例题精讲

阅读理解

一个真正的文学批评家，应该坚守自己独立的批评品格，远离世俗的主流风尚，对文学进行精神与灵魂的审视，而不是庸常的絮语。然而，中国当下文学的主流批评恰恰存在着一定的灵魂缺失与精神萎缩。文学批评渐渐被市场与媒体所左右，总是在大而无当的赞歌与恣肆恶意的攻击之间进退维谷，作家和读者很难听到真正的批评的声音。大多数文学批评家将自己的批评视角与笔墨投向了文学的热闹喧嚣之地，而对一些处于边缘地位因种种缘故未能进入主流文坛的作家作品，却少有注意。事实上，在一些边缘作家的作品里，我们往往能够读到异于所谓主流的特别内容。譬如王小波，他在世的时候，并没有多少批评家的目光注意到他，关于其作品的译介自然也是其身后的事情了。而王小波的出现无疑显示了文学的另一种可能，他的作品在精神上和鲁迅式的焦灼与反抗，可谓有着异曲同工之妙：对人间猥琐的嘲弄，对现实生活的焦虑，对芸芸众生的哀怜，以及回到生活的深处与内心的深处，"将人的狂放、朗然之气弥散在作品中""在嘲弄社会的同时，也忽视了自我"。显然，王小波之死唤醒了一种新的文学批评的诞生，即充满学术良知、生存尊严与批评真理的文学批评。不过，这种文学批评并非当前文坛的大多数，恰恰相反，它只在少数批评家那里存在着，热闹的文坛依然那么热闹，热闹过后，一片虚无。文学批评的光芒，倘若日益被甚嚣尘上的商业化炒作完全掩盖，文学批评的末路或许也就为期不远了，我们的文学批评必须对此有所警觉。

（摘编自陈劲松《文学批评的姿态》）

问题：

（1）材料最后一句：我们的文学批评必须对此有所警觉的"此"指代的内容是什么？

（2）结合文本，请简要分析当下文学批评存在的弊端。

【参考答案】（1）"此"指的是文学批评日益趋向商业化炒作；文学批评的末路也许为期不远。

（2）文学批评存在的弊端：灵魂缺失与精神萎缩；文学批评缺乏客观性；缺少对优秀的边缘文学作品的注意；文学批评家们少有充满学术良知、生存尊严与批评真理的文学批评。

考点详解

考生在回答观念探究题时应注意以下几点：

（1）对所阅读的文章要形成明确的观点。此类题是开放性试题，没有统一的看法和理解，因此考生要对自己认定的观点有信心，要能明确表达自己的观点。

（2）表达自己的观点时，可以适度摘录原文，也可以与实际生活事例相结合，或是运用相关理论进行有理有据的阐述。阐述观点时还要选择适当的表达方式（记叙和议论相结合），语言要简明扼要，表达的思想感情要积极健康。

考点3：
观念探究题的
应对策略

内容提要：观念探究题主要针对文章的内容、观点或写作技巧进行提问，考查考生对这些内容的理解，并能根据文章的已知内容推测、想象未知的内容。

 例题精讲

阅读理解

材料1：

传统民居中轴对称、院落重门的格局没有改变，放大的空间营造出超越民居的大格局，它不仅可以应付这个庞大家庭现实生活的需要，还处处殚精竭虑，把王朝的秩序和信仰纳入其中，让帝王的生活成为权力的展示和伦理的示范。这里曾经是皇帝一个人的庭院，体现着天下一人的权威，古代帝王以无限权力在他的家国里俯仰天下，就体现在这一个又一个巨大的空间里。

问题：谈谈你对紫禁城的建筑"源于古人聚居的居住形式"而又"超越民居"的理解。

【参考答案】紫禁城的建筑中轴对称、院落重门，源于古人的居住形式，满足居住的需要，跟民居有相似的建筑结构和建筑形式。至于"超越民居"，主要是考虑到满足居住、办公、外交等多重职能；建筑中考虑到宫廷大家庭维护王朝秩序的需要，房间设置、机构职能多于民居；房屋面积大、数量多、高度高，体现地位和权力；建筑中融入了人文理念，即"家""国"意识。

材料2：

1992年，在澳大利亚昆士兰州的天阁露玛（Tangalooma），人们开始将鱼投入水中供野生海豚食用。1998年，海豚开始回报人类，它们将鱼扔上码头。在喂养动物的过程中，人们获得了一丝乐趣。但动物是怎么想的呢？

查尔斯·达尔文（Charles Darwin）认为动物和人类的智力只是程度上而非本质上的区别。他晚年的著作《人和动物的感情表达》（*The Expression of Emotions in Man and Animals*）研究了鸟类、家畜、灵长类动物以及不同人的喜悦、爱和悲伤。达尔文对待动物的态度，尽管很容易被那些每天接触狗、马或老鼠的人所认同，但却违背了当时欧洲根深蒂固的理念——动物完全没有思想。这种古老的理念源于17世纪伟大哲学家勒内·笛卡尔（Rene Descartes）的学说：人是理智的生灵，与上帝的思想相连，而动物只是肉体机器。他的追随者之一尼古拉·马勒伯朗士（Nicolas Malebranche，法国著名的神学家和哲学家，十七世纪笛卡尔学派的代表人物）这样描述动物："不因食物而快乐，不因痛苦而哭泣，成长而不自知：它们无欲无求，无所畏惧，一无所知。"

20世纪的大部分时间里，生物学界更忠于笛卡尔而非达尔文的学说。动物行为学的学生并没有排除动物具有思想的可能性，但是思考这个问题几乎无关紧要，因为它无法回答。人们可以研究动物的输入（如食物和环境）或输出行为，但动物本身仍然是一个黑盒子：情绪或思想等不可观察的东西超越了客观调查的范围。一位行为主义者曾这样写道："在任何试图了解动物行为的尝试中都应当极力避免认为动物具有意识思维，因为这是无法检测且空洞……"

然而，这些关于动物的狭隘想法也受到了前所未有的反对。1976年，纽约洛克菲勒大学的教授唐纳德·格里芬（Donald Griffen）不畏阻碍，出版了《动物的知觉问题》（*The Question of Animal Awareness*）一书。他认为动物确实能够思考，而且这种能力应该受到适当的科学研究。

在过去40年间，野外和实验室的大量研究工作，推动了远离行为主义、接近达尔文观点的共识。然而研究进展仍然艰难而缓慢，正如行为主义者所警告过的，这两种研究类型的证据都可能具有误导性。虽然实验室中进行的实验是严谨的，但动物在实验室中的表现难免异于野外。野外观察则可能被认为是奇闻逸事而不被接受。虽然有的野外观察持续数年甚至几十年之久，并在一定程度上防范了缺乏严谨性的问题，但这样的研究并不多见。

尽管如此，现在大多数科学家认为他们可以满怀信心地说：有些动物确实以有意识的精神体验方式处理信息和表达感情。他们一致认为大鼠、小鼠、鹦鹉和座头鲸等动物有着复杂的思维能力；一些物种具有曾被认为只属于人类的特性，例如为物品命名和使用工具的能力；还有少数动物，如灵长类动物、鸦科（乌鸦家族）和鲸类（鲸鱼和海豚）具有一些人类眼中接近于文化的东西，它们借此形成了通过模仿和示范向后代传递信息和能力的独特行为方式。没有任何动物能够单独拥有所有的人类心智特性，但是几乎所有单一的人类心智特性都存在于某种动物身上。

（摘编自《动物有思想吗?》　翻译：黄森）

问题：

（1）人们对"动物是否有思想"这一问题的认识，经历了哪些阶段性过程？请结合文本，简要概括。

（2）文章认为现阶段应如何推进对动物心智的研发？请结合文本，简要分析。

【参考答案】（1）经历了三个阶段：17世纪到20世纪相当长的时间，人们更忠于笛卡尔学说，即动物完全没有思想；19世纪，达尔文认为动物和人类的智力只是程度上而非本质上的区别；1976年后，美国学者唐纳德·格里芬提出动物能够思考的观点，随后数十年间大量的野外和实验室的研究工作得以开展。

（2）有两种方式，一种是野外研究。野外观察则可能被认为是奇闻逸事而不被接受。虽然有的野外观察持续数年甚至几十年之久，并在一定程度上防范了缺乏严谨性的问题，但这样的研究并不多见。另一种是实验室研究。虽然实验室中进行的实验是严谨的，但动物在实验室中的表现难免异于野外。

第四章

写 作

 考点详解

一、认识写作

（一）写作的含义

写作是以语言文字为载体，反映客观事物、表达思想感情、传递知识信息的创造性的精神劳动过程。简言之，写作是将思维和语言文字联结在一起的精神劳动，其成果就是文章。

写作是一种复杂的创造性的脑力劳动过程。写作活动大致可分为采集、构思、表述三个阶段，具体又可分为采集、立意、选材、谋篇、起草、修改等几个环节。每个阶段和环节都有自身的特点、规律和要求。

（二）写作的种类

(1) 文学创作：诗歌、散文、小说、戏剧——"作品"。

(2) 文章写作：记叙文、说明文、议论文——"文章"。

(3) 文书拟制：办公文书、专业文书——"文书"。

二、写作四要素

写作四要素是指主题、材料、结构、语言（见下图）。

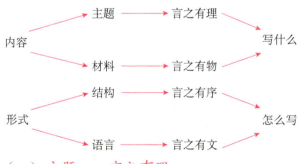

（一）主题——言之有理

主题是作者在说明事物、阐述道理、反映生活时，通过全部文章内容所表现出来的基本思想或观点。文章的主题是衡量、评价文章质量高低、价值大小、内容好坏的重要尺度。

文章都应该有明确的主题。当然，不同体裁的文章表现主题的方法不尽相同，或直接提出（如议论文），或曲折展示（如文学作品），不论表现方法如何，主题思想都应该是明确的。

常见的表现主题的方法如下：

考点 1：
写作的基本知识

内容提要：写作考查考生的基本能力，出题和考查形式与中考、高考存在着很大的差异。虽然写作有方法，但无定法。如何找准立意、谋篇布局、组织语言是写作环节中的重点和难点。

（1）开门见山，开宗明义。即开篇就把主题直接扼要、明确而醒目地提示出来。

（2）片言居要，点题显旨。即在文章的关键处用一两句精彩、精辟的话，将全文主题点出来。点题的形式，或在篇首，或在篇中，或在篇末，应以文而定。

（3）一以贯之，依源扣题。

（4）夹叙夹议，表露主旨。

（二）结构——言之有序

结构是指文章内部的组织构造，是文章的框架、布局、脉络思路，是材料的载体，是思想流动的路径。

结构的基本形式分为开头（凤头）、中段（猪肚）和结尾（豹尾）三个部分。布局一篇文章，一般都要先考虑这三部分的构成方式、内容及结构技巧。"起要美丽，中要浩荡，结要响亮"才是好文章。"寿星头、马蜂腰、水蛇尾"的文章为劣作。

结构的安排要领涉及以下方面：

1. 开头和结尾

开头：一是揭示全篇内容；二是开门见山地点题。

结尾：一是提纲挈领作结论；二是承上启下点明主题；三是引经据典回味浓；四是发出号召激斗志。

2. 层次和段落

段落是构成文章的最小单位，具有换行另起的明显标志，是文章的思想内容在表达时由于转折、强调、间歇等情况所造成的文字的停顿，也称"自然段"。

层次着眼于思想内容的划分，段落着眼于文字表达的需要。二者之间的关系，有时是一致的，即一个段落就是一个层次；有时层次大于段落，一个层次由若干段落组成；有时段落大于层次，即一个段落之中包含了几个内容有别的层次。

3. 过渡和照应

过渡和照应是使文章"气血贯通""脉络分明"的一个重要手段。

过渡，是指上下文之间的衔接、转换。论述问题"由总到分"或"由分到总"的转折处需要过渡；文章内容由一层意思转换为另一层意思的交接处，一般需要过渡；叙述与议论、顺叙与插叙等相转接的地方，也往往需要过渡。常见的过渡方式有以下几种：

（1）用关联词语或转折词语过渡：一般将过渡词语放在句子或段落的开头。常用的过渡词语有：由此可见、总之、因此、综上所述、总而言之、然而、可见、但是等。

（2）用句子过渡：在需要过渡的层次或段落之间，安排一个起承上启下作用的句子，即过渡句。

（3）用段落过渡：在需要过渡的层次或段落之间，安排一个起承上启下作用的段落。

照应，是指文章前后内容上的关照、呼应。文章前面说过的后面要有着落；后面准备提到的前面要有伏笔或暗示。前呼后应，文章的结构就显得紧凑，层次也就更为分明。

照应的方式一般有两种：开头与结尾照应；行文与标题照应。

（三）材料——言之有物

材料是构成文章的基本要素之一。所谓材料，是作者为了写作的需要，从生活中摄取、搜集到的一系列事实现象和理论依据。简单地说，凡是用来表现主题的事物与观念都可称为材料。它不仅指用于具体文章中的材料，也指作者写作前搜集和积累的材料，其范围极为宽泛，世上万物以及人们的各种观念几乎都有可能成为文章写作的材料。

（四）语言——言之有文

语言是人类交流思想的最有效的物质媒介，也就是说，语言是思想的表现形式，思想与语言的关系是内容与形式的关系。语言依附于思想，但离开了语言，赤裸裸的思想也是无法存在的。思想与语言相互作用，贯穿于整个写作过程。

我们将文章语言的基本要求概括为：准确、简明、朴实、生动。

三、文章的立意

所谓立意，是指确定文章的主题（中心思想、中心论点）。立意是一篇文章的根本，它直接关系到文章的选材、布局，乃至文章的深度，"意在笔先"。

立意是要给文章定"灵魂"。一篇文章由三个因素构成：思想内容、组织结构、语言表达。这三者的完美统一体就是一篇好文章。思想犹如灵魂，结构好似骨架，语言好比血肉。灵魂纯洁高尚，骨架端正完整，血肉坚实丰满，才能是一个健康的人。这三者中，以灵魂为主导，如果灵魂污浊卑劣，即使骨架好、血肉好，也定是个"败类"。为人如此，文章亦然。因此，写作前要先定个好思想，即"立"个好"意"。

立意的原则为：要明确、深刻、健康；要反映时代的风貌；要歌颂"真、善、美"，批判"假、恶、丑"。

 例题精讲

【写作题】

阅读下面一则故事，根据要求写一篇作文。

有一个孤儿院的男孩悲观地问孤儿院院长："像我这样没有人要的孩子，活着究竟有什么意思呢？"院长交给他一块石头，说："明天，你拿这块石头到市场去卖，但不是真卖，不论别人出多少钱，绝对不能卖。"第二天，男孩蹲在市场的角落，真有好多人要买那块石头，而且价钱越出越高。晚上，院长要男孩明天拿石头到黄金市场去叫卖。在黄金市场，竟有人出比昨天高十倍的价钱要买那块石头。最后，院长叫男孩到宝石市场去卖这块石头，结果，石头的身价较昨天又涨了十倍，甚至被传言成"稀世之宝"。院长对男孩说："生命的价值也就像这块石头一样，一块不起眼的石头，由于你的珍惜而提升了它的价值。"

请以"珍惜"为话题写一篇作文，可以写你的经历、体验、感受、看法和信念，也可以写故事、寓言等。

要求：（1）立意自定，文体自选，题目自拟。（2）不少于800字。（3）不得抄袭。

【解析】以上面的材料为例，我们把文章的立意角度分为四种：

第一种：从实立意与从虚立意。

有些东西是具体的，有些东西则是抽象的。值得我们珍惜的对象有许多，可以从"实"立意，如珍惜大自然、环境、土地、水资源、粮食、动物、鸟类、植物、朋友等；也可以从"虚"立意，如珍惜荣誉、幸福、感动、灵感、诚信、创新精神、美好的情感、纯真的友谊、锻炼的机会、自己的个性、自己的思想、时间、今天、现在、每一天。

第二种：肯定立意与否定立意。

所谓肯定立意，就是从歌颂、赞美人、事、景、物的真、善、美的角度立意，从肯定、赞成某种思想、观点、行为、潮流的正确性、正义性、积极性的角度立意。所谓否定立意，就是着重从贬抑、鞭挞人、事、景、物的假、丑、恶的角度立意，从否定、批判某种思想、观点、行为、风气的错误性、消极性、反动性的角度立意。

第三种：顺向立意与逆向立意。

在历史的发展进程中，人们对一些事物、人物逐渐形成比较一致的情感倾向，某些观点、看法也逐渐为大家所认同而广泛流传。从与通常的情感倾向或与传统的观点、看法一致的角度来确立文章的中心，就是顺向立意；反之，则是逆向立意。

第四种：纵向立意与横向立意。

万事万物都不是静止不变的，而是不断变化、发展的。人们对各种事物的认识、看法、情感、态度等也不是一成不变的。着重从发展的角度来确立文章的中心就是纵向立意。着重从联系着眼来确立文章的中心，就是横向立意。

 考点详解

一、议论文写作

（一）文体常识

1. 含义

议论文是以议论为主要表达方式，对某个问题或某件事进行分析、评论，通过摆事实、讲道理直接表达作者的观点、立场、态度、看法和主张的常用文体。可以剖析事物、论述事理、发表意见、提出主张。

2. 三要素

议论文的三要素是指论点、论据、论证，具体见下表。

	含　义	目　的	要　求
论点	是对所议论对象（事件、现象、人物、观念）所持的见解和主张，是正确、鲜明地阐述作者观点的句子	证明什么	正确、鲜明、深刻、突出、新颖、有针对性
论据	是支撑论点的材料，是作者用来证明论点的理由和根据	用什么证明	真实、典型、充分、新鲜
论证	即运用论据来证明论点的过程和方法	怎样证明	严密

3. 立论和驳论

（1）立论。

立论是指对客观事物或问题直接提出见解和主张，阐明其理由，表明自己的态度。立论需要做到以下几点：

1）论点要正确、鲜明。

正确就是指论点本身要符合客观实际，并经得起实践的检验。鲜明就是说作者必须旗帜鲜明地表示肯定什么、否定什么、赞成什么、反对什么，决不可含含糊糊、模棱两可。同时要注意，在表明自己的看法和主张时，这些看法和主张必须是经过认真的思考或者实践的检验，确实是自己所独有的正确的认识和见解，或者是切实能解决实际问题的主张。要使读者感到有新意，能增长知识。

2）论据要真实、充分。

也就是说，必须举出足够多的事实或公认正确的道理，证明论点的正确性。作为论据的事实，包括有代表性的确凿的事例或史实，以及统计数字等。用事实作论据，有很强的说服力。

3）论证必须符合正确的推理形式。

写立论性的文章，要言之成理，合乎逻辑。论点统帅论据，论据证明论点。论据必须足以证明论点，论点必须是从论据中推断出来的必然结论。

4）必须围绕所论述的问题和中心论点来进行论证。

考点2：
常见的写作文体

内容提要：在国家教师资格考试中，议论文与记叙文是经常考查的文体。考生在立意、构思时需要从整体上把握，并结合已有材料，才能撰写出符合考试要求的文章。

开篇提出怎样的问题，结篇要归结到这一问题上。在论证过程中，不能离题万里，任意发挥，或者任意变换论题。如果有几个分论点，每个分论点都要与中心论点有关联，要从属于中心论点。

5）"立"往往要在"破"的基础上进行。

在立论的过程中，往往需要提到一些错误的见解和主张，加以否定和反驳，以增强论证的效果。

（2）驳论。

驳论是指通过揭露和驳斥错误、反动的观点来确立自己的论点。论辩是针对对方的观点加以批驳，在批驳的同时阐述己方的观点。

驳论的方式有驳论点、驳论据、驳论证过程。

1）直接驳斥对方的论点。先举出对方的荒谬论点，然后用正确的道理和确凿的事实直接驳斥，揭示出谎言与事实、谬论与真理之间的矛盾。

2）通过批驳对方的论据来驳倒对方的论点。论据是论点的根据，是证明论点的。错误和反动的论点，往往是建立在虚假的论据之上的，论据被驳倒了，论点也就站不住脚了。

3）通过批驳对方的论证过程的谬误来驳倒对方的论点。

4. 论证方法

（1）举例论证（事实论证）。

列举确凿、充分、有代表性的事例来证明论点，增强文章的说服力。

（2）道理论证。

可以用马列主义经典著作中的精辟见解、古今中外名人的名言警句以及人们公认的定理公式等来证明论点。

（3）对比论证。

拿正反两方面的论点或论据作对比，在对比中证明论点。

（4）比喻论证。

用人们熟知的事物作比喻来证明论点，使文章浅显易懂，易于被读者理解和接受。

（5）引用论证。

引用论证比较复杂，这与具体的引用材料有关。引用论证有引用名人名言、格言警句、权威数据、名人佚事、笑话趣闻等。

（二）议论文的写作方法

1. 拟好题

（1）直接以文章的论点为题目。

以文章的论点为题，不但能让读者一开始就明白文章的论点是什么，而且可以时时提醒作者，论证时不忘紧扣论点，不要偏离中心。

（2）用文章议论的话题拟订题目。

所谓话题，就是现实生活中的一些事件、问题或现象等。作者可根据自己的观察提炼出自己的论点，并加以论证。

单一型的问题拟订题目时比较简单，为避免与记叙性文章的题目相混淆，也为了突出议论文题目的特征，可以在前面加上"小议""谈谈""论""试论""简析""浅谈"等词。如：在"奉献"前面加上"小议"，变成"小议奉献"，议论文题目的特征就明显了。

有时题目也可以是两者关系的问题。如历史学家顾颉刚的《怀疑与学问》，就论证了"怀疑"和"学问"的辩证关系。"勤奋与成果""爱国与奉献""敬母与做人""想和做"等题目都是这种类型。论证时必须清楚证明两者的关系。

有时题目可以是从所给的材料中求得启示，产生联想。这类题目的一般形式是"从……说起"

"从……想到的""……的启示""……之我见"等。

有时为了使读者一眼就能看出作者的观点，或者让读者明白褒贬的对象，可以采用正题和副题相结合的方式来拟定题目。

2. 开好头

议论文的开头要讲究"短、快、靓"。

短，即要简洁，最好两三句成段，引入本论。开头短，可避免冗长之赘，并在空间上突出其内容的重要性。

快，即入题要快，最好三言两语就点明文章的基本观点或议论的话题。因为评分标准中有"中心明确"的细则，开篇确定中心，有利于阅卷者按等计分，也有利于作者展开论述，不致出现主旨不清、中途转换论题等作文大忌。

靓，即要精彩。这也是传统文论中所说的"凤头"。精彩的开头，最突出的效果是吸引阅卷者，给阅卷者留下好的印象。文章开头要精彩，多用比喻、类比、排比等修辞引入论点，还可引用名言、讲述寓言故事导入话题。

议论文常见的开头方法如下：

（1）开门见山法。

【例】

华盛顿儿童博物馆墙上的这句话，正说明了这样一个道理——学贵于知之，更贵于行之。（《知行合一贵于行之》）

（2）设喻开篇法。

在文章开头先叙述一个故事、一则寓言或者一个笑话，然后从中引出想要阐述的中心论点。这样在开头可以一下子吸引读者，使文章意趣顿生。

【例】

蜗牛执着地向金字塔的顶端爬行，它坚信毅力是最大的天赋；蜘蛛没有翅膀却可以把网结在空中，它坚信梦想是最好的翅膀；叶子在风雨中飘摇却依然坚守在枝头，它坚信一生执着的绿能换来金色的秋天。大自然的万物都在为自己的理想而执着奋斗着，这是因为：梦想是迈向成功的垫脚石。海阔凭鱼跃，天高任鸟飞。社会个体、国家和民族都应怀揣着梦想前行。（《与梦想同行》）

（3）引用名言法。

【例】

高尔基曾经说过："只有爱孩子的人，他才可以教育孩子。"师爱，是教育的前提和开始，是通往教育成功的桥梁，也是最基本的教育原则。（《师爱无限》）

（4）设问开篇法。

【例】

"教育从心开始"早就被人们提出来了，但一般的人都会认为这是指对学生的关爱，而我认为它更深、更广的含义应该指教育的机智。教师被人们誉为太阳底下最光辉的职业，是塑造人类灵魂的职业，那么，它不是一门艺术吗？因为艺术需要体现美和创造性，而教育正好体现了这个特点，一个搞艺术的人，难道不需要用心吗？（《教育从心开始》）

（5）解释概念法。

在文章开头，就将标题或相关概念的含义解释一下，从而明确全文的中心论点。

【例】

我国很早以前就有"自强"一词。《易经·乾》说："君子以自强不息。"自强，就是自己努力向上。一个人要有所作为，应具备的品质是：既不要自卑，也不要自负，而要自强。（《自强自负自卑》）

（6）叙事开篇法。

【例】

1859年，英国哲学家、社会学家斯宾塞提出了一个著名命题：什么知识最有价值？这像一颗炸弹扔在了教育阵营里，触动了占据各种立场的人士的神经，一场争论从那时至今未休。教育关乎知识，知识关乎课程，课程研究正是在这里正式拉开帷幕。（《什么知识最有价值》）

（7）排比式开头法。

【例】

宽容如天空般辽阔，它有着一种博大的胸怀，一种豁达的风范，一种不拘小节的洒脱，一种有容乃大的胸襟，更是一种宁静淡泊的人生境界。对于他人的无心之过，要用博大的胸怀包容；对于他人不同的批评之声，能以宽容的心态去接纳。宽容给对方让出了一缕阳光，更给自己赢得了一片晴空。（《宽容》）

3. 写好中间段

议论文的结构是否严谨，条理是否清楚，论证是否严密，论据是否典型，关键在中间段的写作。结构、条理、论证和论据是议论文评分的重要细则，写作议论文时要尽量关注这些细则。

中间段常见的论述模式是：首句为小论点或承上启下的过渡句；中间围绕小论点，运用恰当的事实、理论论据，或针对现实生活中的某些现象，分析说理；最后结合论述内容写一两句小结的话语。其中，首句和末句的写作最重要，它能直接勾勒文章的脉络，显示全文的论述思路。

另外，文章的中间段还常用正反对比式。许多道理只要从正反两面说了，就基本上可做到论述严密。在考场中熟练地运用这一模式，可迅速地展开写作，减少失误，节省时间。同时，它可使阅卷者便捷地依据评分标准，在中档以上分项计分，避免不利于考生的个人评分因素出现。

4. 结好尾

常言道："编筐织篓，全在收口。"议论文的结尾是延伸文意、收束全文的关键，是对论点的充分显示和升华，也是衡量考生写作水平的标尺。好的结尾必然使文章整体结构更加严谨自然、完整统一，必然使文章的内容和主旨更加深刻、鲜明。因此，一定要尽力写好议论文的结尾，切不能掉以轻心。教育家叶圣陶先生曾说："若是找不到适当的结尾而勉强作结，就像行路的人歇脚在日晒风吹的路旁，总觉得不是个妥当的办法。"

【例】

冰心说道："爱在左，同情在右，走在生命的两旁，随时撒种，随时开花，将这一径长途，点缀得香花弥漫，使穿枝拂叶的行人，踏着荆棘，不觉得痛苦，有泪可落，却不悲凉。"教师要以爱去播种，以心去耕耘，以智去劳作，在学生美好的心里种下智慧的种子，收获爱的结晶。（《师爱》）

【例】

没有蓝天的深邃，就没有白云的飘逸；没有大海的壮阔，就没有鱼儿的优雅。作为一名人民教师，要找到自己教书育人的位置，找到自己的光源，发出自己的声音。唯有如此，学生的未来才有希望之光相随；唯有如此，教育事业的明天才会迸发出瑰丽的色彩！（《教书育人——教师的天责》）

5. 语言形象畅达

语言是作文评分的重要标准。议论文的语言，要准确鲜明、生动形象。有些同学写议论文，常摆出说大道理的架势，将哲学原理和辩证法的术语一股脑搬出来，以求说理充分、透彻，但效果并不好。一个道理有一千种说法，要尽量选用形象生动的说法。议论文要注意运用比喻、排比、对偶和反复等修辞手法，使文章具有华美流畅感；注意运用假设句、反问句或整句，增强文章的不可辩驳之势。修饰语言之功，虽不是一朝一夕可成，但只要积行成习，自然会有长进。

（三）议论文的基本结构方式

（1）纵贯式结构方式。按照引论（导论、绪论）、本论（正文）、结论三部分组织材料，叫纵贯式结构方式。它大体上是按照"提出问题—分析问题—解决问题"的逻辑顺序来安排的，又称为"三段式结构方式"。

（2）并列式结构方式。围绕中心论点，从不同角度进行论证，形成若干分论点，几个分论点构成并列关系，共同论证中心论点，这就是议论文的并列式结构方式。

（3）递进式结构方式。在阐述中心论点时，各层次、段落之间是环环相扣、逐层深入的关系，前一部分论述是后一部分论述的基础，最后推导出文章的结论。

（4）对比式结构方式。这是把正反两方面的观点、事例，对比地组合在一起的结构方式，形成强烈的反差，从而更有力地突出正面的论点和主张。

在议论文中，上述结构方式常常交错使用，一般是以某一种结构方式为主，以其他方式为辅，这样既可使行文富于变化，又不会使文章杂乱无章。

二、记叙文写作

（一）含义与特点

记叙文是以叙述表达方式为主，以描写、抒情、说明、议论表达方式为辅，以写人物的经历和事物发展变化为主要内容的一种文体。

记叙文写作，就是要把自己的亲身感受和经历，通过生动、形象的语言描述给读者。记叙文写的是生活中的见闻，要表达出作者对于生活的真切感受。

记叙文的特点：通过生动形象的事件来反映生活、表达作者的思想感情，文章的中心思想蕴含在具体材料中，通过对人、事、物的生动描写来表现。

（二）分类

（1）侧重写人的记叙文，以人物的外貌、语言、动作、心理描写为主，通过特定的环境描写刻画人物性格，塑造人物形象，反映生活，表现文章主题。

（2）侧重记事的记叙文，以叙述事情的发生、发展、经过和结果为重点，通过事情的起因、经过和结果来表现主题。

（3）侧重绘景的记叙文，以描绘景物、寄托情怀为主。

（4）侧重状物的记叙文，以状物为主，借象征抒怀，寄托作者的思想感情。

（三）表达方式

记叙文以叙述为主要表达方式，为了让记叙生动，在写记叙文的时候，还需要辅之以描写；为了让记叙过程流露感情色彩，还需要辅之以抒情；为了让记叙的人和事有意义，还需要辅之以议论；在记叙的过程中，有些地方还需要辅之以说明。灵活、综合运用表达方式，可以使记叙文变得更有表现力、更具感染力。

（1）叙述：把人物的经历和事物的发展变化过程表达出来的一种表达方式。它是写作中最基本、最常见，也是最主要的表达方式。

（2）描写：是对人物的外貌、动作，事物的性质、形态，景物的状貌、变化所作的具体刻画和生动描摹。

（3）抒情：是作者通过作品中心人物表达主观感受，倾吐心中情感的文字表露，可分为直接抒情、间接抒情两种。直接抒情即直抒胸臆。间接抒情是在叙述、描写、议论中流露出爱憎感情。

（4）议论：根据作品写出自己的见解或道理。记叙文中的议论往往起画龙点睛、深化中心、揭示记叙目的和意义的作用。

（5）说明：是用简明的语言客观而准确地解说事物或阐述事理的一种表达方式。

（四）记叙文六要素

记叙文六要素包括时间、地点、人物及事情的起因、经过、结果。

（五）叙述方式和叙事线索

1. 叙述方式

（1）平行叙述法，即分别叙述发生在同一时间不同地点的事件或人物活动的写作方法。一般有两种方式：一种是并列平叙，即"花开两朵，各表一枝"；另一种是交叉平叙，即把两件或两件以上的事，两条或两条以上的线索，交叉地进行叙述。

（2）对比叙述法，即将不同的事物或同一事物的两个方面进行对比叙述，以突出事物的特征，增强表达的效果，表现作者的爱憎的写作方法。对比可分为两种：横比，即正反或矛盾的两种事物进行对比，是通过各自不同的特点来说明问题、表达观点；纵比，即同一事物的两个不同方面或同一事物的前后变化进行对比，是通过事物的发展变化来说明问题、表达观点。

（3）夹叙夹议法，即一边叙述，一边议论，以取得叙事与明理浑然一体的效果的写作方法。一般来说，在记叙类作品中，作者的爱憎褒贬是通过记叙和描写在字里行间自然流露出来的。但是，这种自然流露有时并不能圆满表达作者的意图。为了更清晰地表达作者的观点和情感，可以适当地采用议论的方式。议论本身是一种价值判断，这种判断越准确、越深刻，就越能反映生活的本质，也就越能显示作品的思想意义。

夹叙夹议的特点：一是由叙而议，再叙再议，多层叙述与多层议论，穿插交错，由浅入深，由轻而重，螺旋上升，最后归入题旨；二是叙议结合，边叙边议，贯穿全篇。在文章中运用夹叙夹议法，不仅能升华思想意义，而且可以强化感情。

2. 叙事线索

记叙文的叙事线索：（1）以时间为线索；（2）以事件为线索；（3）以某物为线索；（4）以某人为线索；（5）以见闻为线索；（6）以地点的转换为线索；（7）以感情为线索。

（六）常用修辞

（1）比喻。根据事物的相似点，用具体的、浅显的、熟知的事物来说明抽象的、深奥的、生疏的事物，即打比方。作用：能将表达的内容说得生动具体形象，给人以鲜明深刻的印象。

（2）拟人。把物当作人写，赋予物以人的言行或思想感情，用描写人的词来描写物。作用：把禽兽鸟虫花草树木或其他无生命的事物当成人写，使具体事物人格化，语言生动形象。

（3）夸张。故意夸大或缩小事物的性质、特征等。作用：揭示事物本质，烘托气氛，加强渲染力，引起联想效果。

（4）排比。把结构相同或相似、语气一致、意思相关联的句子或成分排列在一起。作用：增强语言气势，增强表达效果。

（5）对偶。用字数相等，结构形式相同，意义对称的一对短语或句子，表达两个相对或相近的意思。作用：整齐匀称，节奏感强，高度概括，易于记忆，有音乐美感。

（6）设问。为了引起别人的注意，故意先提出问题，然后自己回答。作用：提醒人们思考，有的是为了突出某些内容。

（7）引用。引用现成的话来提高语言表达效果，分直接引用和间接引用两种。

（8）对比。把两种不同事物或者同一事物的两个方面，放在一起相互比较。运用对比，必须对所要表达的事物的矛盾本质有深刻的认识。对比的两种事物或同一事物的两个方面，应该有互相对立的关系，否则是不能构成对比的。

例题精讲

写作题

1. 阅读下面的材料，根据要求写一篇作文。

一个小女孩的玩具车碰倒了一位老人，老人坐在地上与家长理论。有人录下现场视频传至网上，不少人认为老人是碰瓷。老人经检查，确诊是桡骨骨折。事实是，老人并非碰瓷，还婉拒了女孩家人更多的赔偿和照顾。

综合上述材料所引发的思考和感悟，写一篇不少于800字的论说文。

写作要求：用规范的现代汉语写作。角度自选，立意自选，标题自拟。

【立意分析】（1）偏见，不要戴着有色眼镜看世界。用心感受世界，先入为主会让你无法拨开迷雾看到事情真相。

（2）社会环境对人的影响，看多了碰瓷，类似的事情发生，不管真相如何就会直接定性。

（3）请用理解、真诚、善良的心来看待和理解这个世界或者社会。

（4）透过现象看本质、将心比心、传道先做人、"当局者迷旁观者清"，这些立意均可。

2. 阅读下面的材料，根据要求写一篇作文。

妈妈与孩子讨论：是棉被把人暖化了，还是人把棉被暖化了？孩子认为是人把棉被暖化了，棉被是保存温暖的。

写作要求：（1）选准角度，自定立意。（2）自拟题目。（3）除诗歌外，文体不限。（4）不少于800字。

【立意分析】本题的材料内容是妈妈与孩子关于"棉被"的讨论，教育类考生可以写"教师与学生"，教师在付出一定的劳动后，就会"温暖"学生；"教师与自身工作"，面对教师这个平凡的岗位，只要教师努力付出，就能适应工作，享受工作，并得到相应的回报。参考标题：师爱无限、奉献、换位思考、爱是相互依存、幸福教育、付出终会有回报。

3. 阅读下面的材料，根据要求写一篇作文。

常言道："上山容易，下山难。"这句话是说，上山虽然费力，但不容易发生危险；下山虽然省力，但却容易失足跌下山。其实，这句简单的话语蕴含着丰富的人生哲理。

要求：用规范的现代汉语写作。自定立意，自拟题目，自选文体，不少于800字。

【立意分析】从材料中可以知道"上山容易，下山难"主要是针对上山、下山过程中所遭遇的风险而言的，下山比上山面临更多的考验和危险，因此是比较困难的一件事情。下山之难在于下山无须太多的体力，人容易放松自己，使看似简单的事变得风险倍增。上山之时，人往往精力集中、准备充分反而不会有大的危险。联系教育实际，随着"互联网+"的推进，教育改革势在必行。基于此，可以从教师要"居安思危""常备不懈""防患未然"等角度进行写作。

4. 阅读下面的材料，根据要求写一篇作文。

著名教育家张伯苓十分注意对学生进行文明礼貌教育，并且身体力行、为人师表。有一次，他发现一个学生的手指被香烟熏黄了，便严肃地劝告那个学生："烟对身体有害，要戒掉它。"没想到那个学生有点儿不服气，俏皮地说："那您吸烟就对身体没有坏处啦？"张伯苓面对学生的责难，歉意地笑了笑，立即叫工友将自己所有的烟取来，当众销毁，还折断了自己用了多年的心爱的烟袋杆，诚恳地说："从此以后，我与这位同学共同戒烟。"他以后果然再也不吸烟了。

要求：请用规范的现代汉语写作，自定立意，自拟题目，自选文体，不少于800字。

【立意分析】"以身作则，为人师表"是材料中给出的关键信息点，考生可以从"为人师表"的角度出发，阐述教师职业道德在教师实际工作生活中的重要性，围绕教师在教育教学活动中的言传身教和榜样的作用展开写作即可。

5. 有一种叫作"诡异谷"的现场：当机器人跟人类的样貌非常接近时，或是电脑生成的人物变得越来越逼真时，反而会给人带来一种不真实、不舒服的感觉。

2001年的电影《最终幻想：灵魂深处》是有史以来第一部CGI（纯电脑生成影像）影片，其中的人物角色全部都是用人造影像合成，几乎无一例外地完美。但是这部影片却遭到了评论界的批判和市场的失败。此后，3D动画师们学会了将不完美因素融入设计，创作出的人物也更讨人喜欢。

综合上述材料所引发的思考和感悟，写一篇论说文。

要求：用规范的现代汉语写作，角度自选，立意自定，标题自拟，不少于800字。

【立意分析】结合材料可以直观看出材料中给出的关键词，如不完美、真实、逼真、批判、失败等，可以根据所学过的职业理念、职业道德等理论知识，从教师、学生或者国家等不同维度进行论述。比如我们要求学生"完美"，成绩、身心、阅历都需要处处"完美"，在"完美"的背后，可能学校、家庭对学生的爱护与管理往往逆着学生的身心发展规律而行，反倒会导致学生的"失败"，进而严重影响到学生的发展潜能，甚至会影响学生的一生。

附录 1

"综合素质"（小学）考试大纲

一、考试目标

主要考查申请教师资格人员的下列知识、能力和素养：

1. 具有先进的教育理念。
2. 具有良好的法律意识和职业道德。
3. 具有一定的文化素养。
4. 具有阅读理解、语言表达、逻辑推理、信息处理等基本能力。

二、考试内容模块与要求

（一）教师职业理念

1. 教育观。

理解国家实施素质教育的基本要求。

掌握在学校教育中开展素质教育的途径和方法。

依据国家实施素质教育的基本要求，分析和评判教育现象。

2. 学生观。

理解"人的全面发展"的思想。

理解"以人为本"的含义，在教育教学活动中做到以学生的全面发展为本。

运用"以人为本"的学生观，在教育教学活动中公正地对待每一个学生，不因性别、民族、地域、经济状况、家庭背景和身心缺陷等歧视学生。

设计或选择丰富多样、适当的教育教学活动方式，因材施教，以促进学生的个性发展。

3. 教师观。

了解教师专业发展的要求。

具备终身学习的意识。

在教育教学过程中运用多种方式和手段促进自身专业发展。

理解教师职业的责任与价值，具有从事教育工作的热情与决心。

（二）教育法律法规

1. 有关教育的法律法规。

了解国家主要的教育法律法规，如《中华人民共和国教育法》《中华人民共和国义务教育法》《中华人民共和国教师法》《中华人民共和国未成年人保护法》《中华人民共和国预防未成年人犯罪法》《学生伤害事故处理办法》等。

了解《国家中长期教育改革和发展规划纲要（2010—2020 年）》的相关内容。

2. 教师的权利和义务。

理解教师的权利和义务，熟悉国家有关教育法律法规所规范的教师教育行为，依法从教。

依据国家教育法律法规，分析、评价教师在教育教学实践中的实际问题。

3. 学生权利保护。

了解有关学生权利保护的教育法规，保护学生的合法权利。

依据国家教育法律法规，分析、评价教育教学活动中的学生权利保护等实际问题。

（三）教师职业道德规范

1. 教师职业道德。

了解《中小学教师职业道德规范》（2008 年修订），掌握教师职业道德规范的主要内容，尊重法律及社会接受的行为准则。

理解《中小学班主任工作规定》的文件精神。

分析、评价教育教学实践中教师的道德规范问题。

2. 教师职业行为。

了解教师职业行为规范的要求。

理解教师职业行为规范的主要内容，在教育活动中运用行为规范恰当地处理与学生、学生家长、同事以及教育管理者的关系。

在教育教学活动中，依据教师职业行为规范，爱国守法、爱岗敬业、关爱学生、教书育人、为人师表。

（四）教师文化素养

了解中外科技发展史上的代表人物及其主要成就。

了解一定的科学常识，熟悉常见的科普读物。

了解一定的文学知识和文化常识。

了解中外文学史上重要的作家作品。

了解一定的艺术鉴赏知识。

了解艺术鉴赏的一般规律，并能有效地运用于教育教学活动。

（五）教师基本能力

1. 阅读理解能力。

理解阅读材料中重要概念的含义。

理解阅读材料中重要句子的含义。

筛选并整合图表、文字、视频等阅读材料中的主要信息及重要细节。

分析文章结构，把握文章思路。

归纳内容要点，概括中心意思。

分析、概括作者在文中的观点、态度。

2. 逻辑思维能力。

了解一定的逻辑知识，熟悉分析、综合、概括的一般方法。

掌握比较、演绎、归纳的基本方法，准确判断、分析各种事物之间的关系。

准确而有条理地进行推理、论证。

3. 信息处理能力。

具有运用工具书检索信息、资料的能力。

具有运用网络检索、交流信息的能力。

具有对信息进行筛选、分类、存储和应用的能力。

具有运用教育测量知识进行数据分析与处理的能力。

具有根据教育教学的需要，设计、制作课件的能力。

4. 写作能力。

掌握文体知识，能根据需要按照选定的文体写作。

能够根据文章中心组织、剪裁材料。

具有布局谋篇，有效安排文章结构的能力。

语言表达准确、鲜明、生动，能够运用多种修辞手法增强表达效果。

三、试卷结构

模 块	比 例	题 型
职业理念	15％	单项选择题 材料分析题
教育法律法规	10％	
职业道德规范	15％	
文化素养	12％	
基本能力	48％	单项选择题 材料分析题 写作题
合 计	100％	单项选择题：约39％ 非选择题：约61％

四、题型示例

1. 单项选择题。

（1）小明在课堂上突然大叫，有的同学也跟着起哄。下列处理方式，最恰当的一项是（   ）。

A. 马上制止，让小明站到讲台边　　　　B. 不予理睬，继续课堂教学

C. 稍做停顿，批评训斥学生　　　　　　D. 幽默化解，缓和课堂气氛

（2）"五岳"是我国的五大名山，下列不属于"五岳"的一项是（   ）。

A. 泰山　　　　　　B. 华山　　　　　　C. 黄山　　　　　　D. 衡山

阅读下面文段，回答问题。

子曰："学而不思则罔①，思而不学则殆②。"（《论语·为政》）

【注释】①罔：迷惑、糊涂。②殆：疑惑、危险。

（3）下列对孔子这句话的理解，不正确的一项是（   ）。

A. 在孔子看来，学和思二者不能偏废，主张学与思相结合

B. 孔子指出了学而不思的局限，也道出了思而不学的弊端

C. 光学习不思考会越学越危险，光思考不学习会越来越糊涂

D. 孔子学与思相结合的思想，在今天仍有其值得肯定的价值

2. 材料分析题。

阅读下面材料，回答问题。

学生王林在学校因同学给他起外号，将同学的鼻子打出了血。班主任徐老师给王林的爸爸打电话，让他下午到学校来。放学时，王林的爸爸刚来到校门口，等在那里的徐老师当着众人的面，第一句话就是："这么点儿大的孩子都管不好，还用我教你吗？"

问题：

请从教师职业道德规范的角度，对徐老师的做法进行评价。

3. 写作题。

请以"我为什么要当教师"为题，写一篇论说文。要求观点明确，论述具体，条理清楚，语言流畅。不少于800字。

附录 2

教师资格考试"综合素质"（小学）笔试题型解析

如果说教师资格考试中的科目"教育教学知识与能力"是从业务的角度对教师进行引导与培训，那么"综合素质"科目更多是从精神层面对教师的思想进行建构。"综合素质"科目涉及教师职业理念（教育观、学生观与教师观）、教师职业道德、常见的教育法律法规、教师的文化素养与教师的基本能力，这些无一不是对教师的软性能力进行训练与提升。

通过对历年考题的大数据分析汇总后不难发现，"综合素质"科目的考题知识覆盖范围、考查形式与分值分布相对固定，基本可以做到有规律可循，通过下表便可直观分析：

	单项选择题	材料分析题	写作题	合计
教师职业理念	4×2 分	1×14 分		22 分
教育法律法规	8×2 分			16 分
教师职业道德	4×2 分	1×14 分		22 分
教师文化素养	9×2 分			18 分
教师基本能力	4×2 分	1×14 分	1×50 分	72 分
合计	58 分	42 分	50 分	150 分

教师职业理念部分主要包含教育观、学生观及教师观三大部分内容，每年的题量约为 4 道单项选择题和 1 道材料分析题，在材料分析题中"三观"都有涉及，但学生观部分是出题频率最高的。

教育法律法规部分每年会考查 8 道单项选择题，涉及小学教师的权利与义务、小学生的权利与保护及《中华人民共和国教育法》《中华人民共和国教师法》《中华人民共和国未成年人保护法》等常见法律法规。因教育法条内容相对枯燥死板，需各位考生准确记忆并理解重要法条的含义及表述，并结合实际案例做到活学活用，切勿死记硬背。

教师职业道德部分考查的题型、题量与教师职业理念部分相对一致，4 道单项选择题和 1 道材料分析题，内容主要包含教师职业道德与教师职业行为两部分，材料分析题每年考点会集中于教师职业道德规范的六条内容，即"三爱二人一终身"。

教师文化素养部分覆盖的知识点内容非常广泛，题量约为 9 道单项选择题，因该部分考查范围甚是广泛，考生难以在短时间内全部掌握，建议大家在备考过程中每天抽出固定时间，认真浏览文化素养知识，形成印象记忆，以便在考试过程中选择正确的答案。

教师基本能力部分的考题所占分值比例最大，涉及阅读理解、逻辑思维、信息处理与写作四部分。阅读理解 1 道题，以阅读理解类的材料分析题呈现，分值 14 分；逻辑思维和信息处理各 2 道单项选择题；写作 1 道题，共计 50 分。因此，这一部分需要考生多花费些时间和精力去充分备考。

"综合素质"科目的考试题型为单项选择题、材料分析题和写作题三种，接下来我们分别介绍一下。

一、单项选择题

单项选择题的考试内容历来属于散点式考查，对于知识记忆的精准度要求比较高。有些选择题的答案是固定的，如对作家作品的考查，要求信息点必须精准。有些考题则较为灵活，根据实际生活经验判断就会得出答案。

【真题】《国家中长期教育改革和发展规划纲要（2010－2020年）》指出，建立以提高教育质量为导向的管理制度和工作机制，把教育资源配置和学校工作重点集中到（　　）。

A. 强化均衡发展，提高教育质量上来

B. 强化特色发展，适应社会需要上来

C. 强化内涵发展，提高办学特色上来

D. 强化教学环节，提高教育质量上来

【答案】D

【解析】《国家中长期教育改革和发展规划纲要（2010－2020年）》指出，建立以提高教育质量为导向的管理制度和工作机制，把教育资源配置和学校工作重点集中到强化教学环节，提高教育质量上来。本题考查的是书本中固定的知识点，只有准确掌握书本中的知识点，才能够正确回答。

【真题】平时爱搞笑的小东几次竞选班干部均落选了。对此，班主任应采取的恰当做法是（　　）。

A. 提醒小东低调做人，注意拉票

B. 建议小东放弃竞选，安于现状

C. 鼓励小东不要气馁，继续努力

D. 安慰小东顺其自然，随缘认命

【答案】C

【解析】老师最应该做的就是鼓励小东，继续加油才会获得成功。本题是通过实际生活中的案例来考查所学的知识点。这类比较灵活的题，可以依据自身的日常生活经验作答。

二、材料分析题

材料分析题的回答有其固定的答题逻辑与模板，考生需要做的则是迅速在材料中找到材料所对应的书本中的知识点。答题时一定要有理有据，抓住关键的知识点展开论述。书写时，首段为答题的理论知识点，然后围绕这一知识点进行论述。论述过程中应适当联系生活实际，用实际事例作为阐述观点的材料。选用的事例要与观点统一，阐述时需注意语言的条理性，知识点的表述要层次清晰、详略得当。

【真题】

刚接班的宋老师在班上设置了一个"微语"本，要求同学们各取一个昵称，每天可以在"微语"本上写下自己的感想。同学们都非常兴奋，纷纷在本子上留言，坦陈进入六年级后的心声。

一天，宋老师在"微语"本上发现一个署名为"霜美人"的留言，字里行间透露出失落和伤感。霜美人是谁呢？他（她）怎么了？带着疑惑，宋老师通过一段时间的观察，对比字迹，发现霜美人原来是一个大眼睛的女生——李小霜。

经了解，小霜自幼父母双亡，由爷爷奶奶抚养，家庭经济拮据。但小霜学习十分努力，成绩优秀，每年都被评为优秀学生。学习之余，她还坚持自己的业余爱好——舞蹈。

有一天，宋老师对小霜说："我刚接手咱们班，对同学们不了解，不如你当我的助手，好吗？"小霜爽快地答应了。

在接下来的日子里，宋老师对小霜更加关注了，在生活上关心、照顾，在学习上严格要求，同时，利用班会等机会让小霜展示舞蹈特长。慢慢地，小霜在"微语"本上的留言渐渐不再显得忧伤。在协助宋老师的班级工作上，她也很主动，十分负责，人也自信多了。

在学校组织的迎新年联欢晚会上，小霜别具创意地用报纸折叠了一套晚礼服，在舞台上走秀。演出很成功，小霜的脸上露出了开心的笑容。

请结合材料，从教师职业道德的角度，评析宋老师的教学行为。

【参考答案】材料中宋老师的行为充分体现了教师职业道德的要求，促进了每个学生的全面发展，是值得我们学习和借鉴的。宋老师的行为贯彻了教师职业道德，具体分析如下：

（1）宋老师贯彻了关爱学生。"关爱学生"要求教师关心爱护学生，对学生严慈相济，做学生的良师益友。材料中，宋老师生活上关心、照顾，学习上严格要求小霜，有利于良好师生关系的建立。

（2）宋老师贯彻了教书育人。"教书育人"要求教师遵循教育规律，实施素质教育。材料中，宋老师针对小霜的特点，鼓励她展示特长，因材施教，促进学生全面发展。

（3）宋老师贯彻了爱岗敬业。"爱岗敬业"要求教师对工作高度负责。材料中，宋老师针对学生存在的问题，尽职尽责地处理，践行了自己作为教师应尽的职责。

总之，作为一名教师，应该积极践行教师职业道德，关心爱护每一位学生，因材施教，不断促进学生的发展。

【解析】本题明确要求用教师职业道德的知识去回答，首先应找出教师职业道德所涉及的关键词："三爱二人一终身"。也就是说，材料中体现了"三爱二人一终身"中的哪个关键词，就要把那个关键词所体现的知识点答上。其次，该题参考答案是按照总分总的结构进行叙述的，一开始做了总述，然后进行论点分述，结尾做总结点题。在论点分述的过程中，主要分成了两部分，前半部分做理论阐述，后半部分做材料分析。

三、写作题

在"综合素质"科目的考试中，写作部分的分值大，要想拿到高分，更应充分准备。

动笔之前：审清题目，理解题干，通过材料，确定立意。

动笔之后：布局结构，匹配素材，卷面整洁，规范书写。

【真题】当年济南老火车站被拆，是这座历史文化名城长久的痛，这一建于100多年前的哥特式老建筑，被誉为"20世纪初世界上优秀的交通建筑，是当时中国可与欧洲著名火车站相媲美的建筑作品"。最近，当地媒体就复建展开了新一轮调查投票，想弥补当年的遗憾。

综合上述材料所引发的思考和感悟，写一篇不少于800字的议论文。

要求：用规范的现代汉语写作，角度自选，立意自定，标题自拟。

【解析】落笔之前：题目立意较为简单，即教师要积极弘扬传统文化。

落笔之后：议论文结构为常用的五段三分式。

开头段：教师要积极弘扬传统文化。

分论点1：传统文化对当今社会的影响。

分论点2：教师要树立弘扬传统文化的观念。

分论点3：教师在课堂内外引导学生认识并弘扬传统文化。

结尾段：教师要不断地自我成长，积极弘扬传统文化，具体应该怎么办。

图书在版编目（CIP）数据

小学综合素质/《小学综合素质》编写组主编 . - -修订本 . - -北京：中国人民大学出版社，2020.3
（国家教师资格考试丛书）
ISBN 978-7-300-26726-5

Ⅰ．①小…　Ⅱ．①小…　Ⅲ．①小学教师-教师素质-资格考试-自学参考资料　Ⅳ．①G625.1

中国版本图书馆 CIP 数据核字（2019）第 028597 号

国家教师资格考试丛书
小学综合素质（最新修订版）
《小学综合素质》编写组　主编
Xiaoxue Zonghe Suzhi

出版发行	中国人民大学出版社			
社　　址	北京中关村大街 31 号		**邮政编码**	100080
电　　话	010 - 62511242（总编室）		010 - 62511770（质管部）	
	010 - 82501766（邮购部）		010 - 62514148（门市部）	
	010 - 62515195（发行公司）		010 - 62515275（盗版举报）	
网　　址	http://www.crup.com.cn			
经　　销	新华书店			
印　　刷	北京宏伟双华印刷有限公司		**版　　次**	2016 年 4 月第 1 版
				2020 年 3 月第 2 版
规　　格	205mm×280mm　16 开本		**印　　次**	2020 年 3 月第 1 次印刷
印　　张	17.25			
字　　数	488 000		**定　　价**	52.00 元